Ein Pferd ein Freund

Die schönsten Pferdegeschichten

BLV

Herausgegeben von Ute Seeßlen

Die Deutsche Bibliothek - CIP-Einheitsaufnahme

Ein Pferd, ein Freund:
d. schönsten Pferdegeschichten/[hrsg. von Ute Seeßlen]. -
9. Aufl. - München ; Wien ; Zürich : BLV, 1995
ISBN 3-405-14868-5

NE: Seeßlen, Ute [Hrsg.]

BLV Verlagsgesellschaft mbH
München Wien Zürich
80797 München

Neunte Auflage

Umschlaggestaltung: Sander & Krause Werbeagentur, München
Titelfoto: Mauritius Bildagentur
Illustration: Ulrik Schramm
Druck und Bindung: Milanostampa S.P.A., Farigliano

Printed in Italy · ISBN 3-405-14868-5

Inhalt

Siegfried Stander In der Kalahari

Der Überfall war mit unfehlbarer Genauigkeit geplant und durchgeführt. Kurz nach Sonnenuntergang waren die fünf Löwen, zwei Weibchen und drei Männchen, erschienen und hatten seither in dem hohen Gras gewartet. Als die Zeit gekommen war, erhob sich der größere Löwe und trottete, ohne auch nur einen Blick auf seine Gefährten zu werfen, in die Dunkelheit. Er schritt leichtfüßig über den sandigen Boden, bewegte sich mit unendlicher Grazie, wissend um seine Schnelligkeit und Kraft, ohne Furcht, stahlhart und rücksichtslos. Er umging den Kral von rechts, auf der dem Feuer abgewandten Seite, sich gegen den Wind haltend. Auch die anderen erhoben sich nach einer Weile und schwärmten, immer unter dem Wind, zu einem flachen Halbkreis um den Kral aus. Das war eines von etlichen festgelegten Manövern, die sie schon unzählige Male ausgeführt hatten. Jeder von ihnen kannte das Spiel Zug um Zug.

Ein heiseres Bellen des großen Löwen war das Signal. Er hatte sich inzwischen bis unmittelbar an die Umzäunung vorgearbeitet. Nun knurrte er einmal und zeigte sich, damit die künftigen Opfer seine Witterung bekämen, und dann übersprang er den eineinhalb Meter hohen Zaun mit einem einzigen gezielten Satz und brüllte wieder, während er mitten unter den Pferden landete. Die übrigen vier Löwen lauerten gespannt und unbeweglich.

Die Pferde schrien, und der Löwe brüllte, und der Wächter taumelte noch halb im Schlaf auf die Füße, trat in die Kohlen, und dann schrie auch er. Seine Kameraden, überzeugt, daß er dem Löwen in die Pranken geraten wäre, kreischten schrill. Sie krochen auf allen vieren umher und tappten nach ihren Speeren und Wurfknüppeln.

Der Löwe im Innern des Krals antwortete ihnen, und im Blutrausch schlug er mit seinen Tatzen nach den Pferden, die sich rings um ihn drängten. Aber er sprang nicht und versuchte nicht zu töten. Er wich den rasend herumfetzenden Hufen aus und brüllte von neuem.

Dann, wie erwartet, brachen die Pferde aus. Eine dunkle rotbraune Stute wagte in ihrer wahnsinnigen Angst zuerst den Sprung. Sie fegte dabei Zweige der Umzäunung herab; die anderen Pferde folgten blindlings, bahnten sich gewaltsam einen Weg durch die Dornen. Schnaubend und schreiend schlugen sie nacheinander aus, um als erste durch die Lücke zu entkommen. Einmal draußen, fächerten sie auseinander und stoben in wilder Flucht davon, in die Nacht hinaus.

Im hohen Gras warteten die Löwen.

Inzwischen jedoch hatten sich die Männer von ihrem ersten Schrecken erholt. Sie hatten das Feuer mit Armen voll dürren Grases wieder entfacht und ihre Waffen gefunden. Sie ergriffen brennende Scheite als Fackeln. Angeführt von dem Besitzer ihrer einzigen Feuerwaffe, eines uralten, notdürftig mit Drahtbändern zusammengeflickten Vorderladers, liefen sie hinaus, um den Pferden den Weg abzuschneiden.

Da entdeckte der Mann mit dem Gewehr den großen Löwen immer noch innerhalb des Geheges, als er sich gerade gemächlich durch die von den Pferden getrampelte Lücke entfernen wollte. Der Mann hielt mitten im Laufe inne und schoß, und die Schrotladung pfiff dem Löwen um die Ohren. Der blieb stehen und knurrte seinen Angreifer böse an; dann plötzlich, mit einem gewaltigen Satz, verschwand er in den nächtlichen Schatten.

Der Knall des Schusses und die aufgeregten Rufe der Männer trieben die Pferde nach links, weg von den wartenden Löwen, die eben mit gespannten Muskeln zum Sprung ansetzten. Die Pferde schwenkten ab, Hufe trommelten in der Finsternis, Staub wirbelte auf, wo sie noch eben gewesen waren. Eine der Löwinnen wimmerte leise, und ein Schauer enttäuschter Erwartung durchlief sie. Sonst aber rührten die Löwen sich nicht, nicht einmal, als einer der Männer, nur ein paar Schritte von ihnen entfernt, vorbeistolperte. Erst als der Führer des Rudels aus zweihundert Meter Entfernung mit dröhnendem Brüllen seine Niederlage verkündete, erhoben sie sich, einer nach dem anderen, und schritten langsam und würdevoll davon. Der große Löwe kam angetrottet, noch immer ließ er dröhnende Laute des Protests hören, und als er die anderen eingeholt hatte, ließen sich alle fünf auf ihre Keulen nieder und begannen nun erst richtig zu brüllen, ganz tief, wuterfüllt, die Erde erschütternd, so daß ein altes Gnu, das weit draußen allein durch die Steppe wanderte, verwirrt den Kopf schüttelte und ein paar hohe, nervöse Galoppsprünge vollführte.

Nach einer Weile verstummten die Löwen. In einem weiten Kreis zogen sie aus dem Wind und folgten der Spur der fliehenden Pferde. Die Nacht war noch lang, und es bestand genügend Aussicht, diese zahmen Geschöpfe zu überlisten.

Die Fuchsstute war mit den anderen davongestürmt. Aber sie erinnerte sich des Fohlens und schwenkte herum gegen den Strom der Flüchtenden, wieherte in hohen, ängstlich besorgten Tönen, um es zu sich zu rufen.
Taumelnd holte das Fohlen sie schließlich ein, mit vor Aufregung hervorquellenden Augen, auf einer Hinterhand lahmend, die in dem Gedränge einen Tritt abbekommen hatte. Es hatte den Angstgeruch der anderen gewittert und war in wilder Panik um sie herumgerast, unfähig, zu sehen oder zu verstehen, woher die Gefahr drohte. Nun ragte die tröstende Mutter-Gestalt wieder neben ihm auf, und die Angst war vergessen. Es stieß mit dem Maul nach dem Euter und versuchte zu trinken.
Aber die Stute, der noch nicht überstandenen Gefahr bewußt, schob es ungeduldig beiseite, den Kopf erhoben, die Ohren gespitzt, und lauschte auf das Krachen in den Büschen, wo die anderen Pferde rannten. Dann brüllten die Löwen, und sie wirbelte in scharfem Galopp davon. Das Füllen, ebenso erschrocken, jagte hinterher, um an ihrer Seite zu bleiben, taumelig zuerst und über seine eigenen ungeschickten Glieder stolpernd, schließlich aber fand es instinktiv den richtigen Rhythmus und rannte durch die Nacht, lief locker und freudig neben der Stute her.
Sie waren fast zwei Kilometer gelaufen, ehe sie nach und nach das Tempo verringerten. Aber wieder brüllten die Löwen, weit weg, und die Stute preschte erschreckt von neuem davon.
Drei Kilometer vom Lager entfernt, im streifigen Schatten einer dichten Gruppe kahler, krummästiger Büsche von Dornakazien, blieb sie endlich stehen. Das Fohlen war völlig erschöpft. Sein Atem kam röchelnd, durchbebte es wie ein Schluchzen, und seine Beine zitterten. Es sank auf das spröde Gras, ließ den Kopf hängen und streckte den Hals in stummer Verzweiflung. Die Stute stubste den zarten, erschlafften Körper mit der Nase und wieherte leise zur Ermunterung. Sie leckte dem Fohlen die Stirn und die Ohren, wie eine Katze ihrem Jungen, und stieß es wiederum sanft an, so daß es sich schließlich, unter Aufbietung seiner letzten Kräfte, wackelig erhob. Dann trank es, dankbar und gierig.
Es trank noch immer — mehr Trost suchend als Sättigung, denn Hunger und Durst waren gestillt — als die Löwen sie wiederfanden.
Die einzige Warnung war das Knistern im Gebüsch an ihrer Flanke. Als die Stute, sich aufbäumend, herumfuhr, war der große Löwe bereits mitten im Sprung. Er landete halb rittlings auf ihrem Widerrist, spreizte die Krallen, um einen Halt zu finden, und sein gewaltiges Gewicht warf sie seitlich um. Da schrie sie auf und versuchte auszuschlagen, aber der Löwe drückte sich

flach an den Boden, um ihren durch die Luft sausenden Hufen auszuweichen, und setzte von neuem zum Sprung an, er krallte sich in ihre Kehle, und mit einem seitlichen Schlag seiner großen Pranken brach er ihr das Genick. Im Sterben schlug sie noch einmal aus und traf dabei das Fohlen schmerzhaft in die Rippen, so daß es krachend kopfüber in das Unterholz flog. Zitternd sprang es auf. Dort ringsum drohten noch etliche dieser dunklen klobigen Gestalten. Und da war auch der inzwischen gefürchtete Geruch. Es brach durch das Dornengestrüpp und rannte, von Todesfurcht getrieben.

Eine der Löwinnen holte unentschlossen zu einem Schlag nach ihm aus und verfehlte es, setzte ihm dann drei oder vier Sprünge weit nach. Aber das Knurren des Löwen, der schon am Kadaver der Stute riß, rief die Löwin zurück und sie ließ das davonhüpfende kleine Tier laufen.

Die ganze Nacht hindurch rannte das Fohlen, weiter und weiter hinaus in die Wildnis. Die Erschöpfung zwang es gelegentlich stehenzubleiben, aber dann krachte hinter ihm unheildrohend ein Zweig oder ein Vogel rührte sich im Schlaf oder der Wind seufzte und trieb es weiter. Es lief ohne Plan, ohne jede Orientierung, suchte einzig in verzweifelter Bewegung vor dem Erlebnis des Schreckens zu fliehen.

Die Dämmerung fand es weit draußen in der Ebene, es ging jetzt – laufen konnte es nicht mehr – durch das spröde, kniehohe Gras, das sich endlos ringsum erstreckte. Das Fohlen war das einzige lebendige, sich bewegende Wesen in dieser ganzen spiegelhellen Weite. Mit dem ersten Morgenlicht war das Wild zu den Wasserstellen hinuntergezogen, um zu trinken. Das Fohlen war allein. Es hatte nicht gewußt, was es heißt, allein zu sein.

Die bizarre Silhouette eines Affenbrotbaumes zeichnete sich gegen den fernen Horizont ab, und das Fohlen hielt darauf zu, von einem ihm gar nicht verständlichen Impuls und Instinkt getrieben, um Schatten vor der bevorstehenden Hitze zu suchen. Der große Baum war vor einem Jahrhundert schon abgestorben. Weiße Ameisen hatten ihn ausgehöhlt, so daß nur wenig davon übriggeblieben war außer der hornartigen Hülle seiner Rinde. Aber er stand, wie er noch weitere hundert Jahre stehen würde, und unter seinen Geborgenheit bietenden, weitausladenden Ästen sank das Fohlen nieder und schlief.

Es lag den ganzen Vormittag dort, rührte sich kaum. Nur hin und wieder durchlief ein Zittern seinen Körper und ließ erkennen, daß es lebte und die Furcht nicht vergessen hatte.

Am Nachmittag erwachte es, stand eifrig auf und begann nach der Stute zu suchen. Es war hungrig und konnte nicht verstehen, warum sie nicht da war, um seinen Hunger zu stillen. Sie hatte es noch nie im Stich gelassen.

Endlich wurde ihm gewiß, daß es die Stute nicht finden konnte, und so rieb es seinen dünnen Hals an der rauhen Rinde, zum Trost und um das Jucken dort zu lindern, wo irgendwann während des Tages eine Tampan-Zecke hingekrabbelt war und sich festgesetzt hatte. (Die Batawanas glauben, daß die Tampans unmittelbar aus dem Staub entstehen, und vielleicht haben sie recht.) Dann warf es seine Hinterbeine in die Höhe und trabte davon, dorthin, wo in weiter Ferne der Busch gerade noch als dünner dunkler Strich zu erkennen war.

Es war noch immer sehr heiß in der Ebene, und bald verlangsamte das Fohlen seinen Schritt. Es war hungrig und durstig. Die Mahlzeit der letzten Nacht war vergessen, als ob es sie nie gegeben hätte.

Einmal scheuchte es zwei kleine Rotböcke auf, die aus dem Gras davonschossen und es so in Schrecken versetzten, daß es kurz in einen scharfen Galopp fiel. Und einmal blieb ein vorübertrabender schwarzrückiger Schakal stehen und beobachtete es aus hundert Meter Entfernung.

Die Sonne sank durch den blassen Himmel hinab über den Rand der Welt, hinterließ ein langsam sich verdunkelndes Leuchten, hochrot und orange. Noch immer strebte das Pferdchen dem fernen Busch zu, abwechselnd trabend und im Schritt, kehrte pfeilgerade und sicher zu der Dornakaziengruppe zurück, von wo es in der vorigen Nacht geflohen war.

Es erkannte sie aus einiger Entfernung, wieherte freudig und begann zu laufen.

Fünfzig Meter davon entfernt blieb es voll Schreck stehen. Der Löwengeruch hing noch immer in den Bäumen, vermischt mit Menschengeruch und einem anderen, süßlich und stärker, der es den Kopf hin und her bewegen und unsicher und ängstlich schnuppern ließ.

Der Mond war jetzt aufgegangen, aber sein Licht durchdrang die Schatten kaum. Das Pferdchen starrte mißtrauisch in die Dunkelheit. Es konnte nichts erkennen. Schließlich überwand der Hunger die Vorsicht, und es ging langsam näher, mit stakenden, behutsamen Schritten.

Ein Geier flog mit klatschendem Schwingenschlag aus den Zweigen auf und jagte das Fohlen beinahe in die Flucht. Allmählich aber gewöhnte es sich an die seltsamen Laute des Busches, und so stand es nur eine Zeitlang ganz still. Der merkwürdige, unheimliche Geruch wurde hier stärker.

Was die Löwen von der Stute übriggelassen, das hatten die Geier, Hyänen und Schakale gefressen. In diesem Haufen blutiger Knochen und Fetzen schmutzverkrusteten Fells erkannte das Fohlen nichts von ihr. Der Todesgeruch erschreckte es, aber es konnte unmöglich wissen, was da verendet war, und so würde es das Verschwinden der Stute nie verstehen, bis es im Lauf der Zeit, dem Gesetz der Natur folgend, ihre Existenz überhaupt vergessen würde.

Die Treiber hatten den Kadaver am Vormittag hier gefunden, von den kreisenden Geiern geführt, und hatten geflucht und mit Steinen und Prügeln geworfen, um die Löwen zu vertreiben. Vorher schon hatten sie mit Erfolg alle anderen Pferde aufgespürt, denn die waren in der Nacht zusammengeblieben, und das hatte sie vor dem Schicksal der Stute bewahrt. Die Männer waren nicht sonderlich erschüttert über den Verlust der Stute. Sie hatte ja schon gefohlt, zu früh, und außerdem war sie das Pferd des jungen Mannes gewesen, der geschlafen hatte, als er hätte Wache halten sollen. Das erschien ihnen durchaus angemessen und war Gegenstand vieler Witzeleien, während sie ihre Reise nach Nordwesten fortsetzten. Sie machten sich auch keine großen Sorgen um das verlorene Fohlen. Es war offenbar verjagt worden, und wenn es nicht schon irgendwo in der Nähe getötet worden war, so würde es doch in diesem wilden Land gewiß nicht lange leben. Sie hatten noch einen weiten Weg, und ein dem Untergang geweihtes Fohlen war kein Grund, um sich aufzuhalten.

Als das Fohlen jetzt herumschnupperte, erhob sich leise eine alte Hyäne hinter den Überbleibseln des Kadavers. Sie hatte eine verkümmerte Pfote, das Andenken an die viele Jahre zurückliegende Begegnung mit einem Stachelschwein, und daher nur drei brauchbare Beine, was für die meisten Zwecke ausreichte, für einen Kampf aber eine arge Behinderung bedeutete. Wenn sie eifrig angelaufen kam, um sich ihren jüngeren und gewandteren Vettern bei den Überresten eines Opfers zuzugesellen, dann fuhren die anderen knurrend auf sie los, und ein seitlicher Stoß mit der Schulter genügte meistens, um sie umzuwerfen und zu vertreiben, so daß sie grollend und mit erzwungener Geduld dem Mahl nur von weitem zusehen konnte.

Für gewöhnlich bestand ihre Nahrung aus zweimal abgenagten Knochen und kleinen Restchen Fleisch von den unzugänglicheren Teilen eines Kadavers. Daher war sie abgemagert und verwahrlost, und die borstigen Haare um ihren großen, schweren Kopf waren ausgefallen und hatten kahle Stellen mit nackter roter Haut hinterlassen.

Feige oder auch nicht, und trotz ihres traurigen Zustands, war sie noch immer ein riesiges Tier mit starken Knochen und von einer wilden, rohen Kraft. Jetzt war sie verzweifelt. Im Lauf des Tages hatten sich Enttäuschung und Wut in ihr aufgestaut, als ihre verstohlenen Versuche, auch ein Maulvoll Fleisch zu ergattern, immer wieder zunichte gemacht worden waren. Sie war bereit, zu reißen und zu zerfetzen, ihre Wut an jedem ihr vom Zufall über den Weg gesandten Opfer auszulassen. Die gewohnte Vorsicht war vergessen, vergessen auch die kalten berechnenden Tricks des Jägers.

Hätte sie gewartet, hätte die Hyäne ohne Zweifel ihr Ziel erreicht. Ihre scharfe Ausdünstung verlor sich in dem verwirrenden Gemisch der anderen Gerüche. Sie hätte nur dort bleiben müssen, verborgen von dem gewölbten Käfig der Rippen, bis das Fohlen nahe genug war. Ein Vorschnellen, ein Sprung hätten dann seinem Leben ein Ende bereitet.

Aber das zögernde Näherkommen ihres erhofften Opfers steigerte noch ihre Ungeduld, und plötzlich, mit einem Knurren, sprang sie auf und schnellte vor.

Das Fohlen wirbelte beim ersten Laut davon, aber ihr Angriff brachte die Hyäne bis auf einen halben Schritt heran, und die stählerne Falle ihrer riesigen Zähne schnappte nur wenige Zentimeter von einer Fessel des Pferdchens entfernt zu.

Dreißig Schritte rasten sie hintereinander her, das Fohlen in einem schwingenden Galopp, die Hyäne verzweifelt bemüht, es in weiten Sprüngen einzuholen. Aber auf drei Beinen konnte sie nicht rasch und nicht nahe genug herankommen, um es mit einem Sprung zu töten. Mit einem fauchenden Knurren, diesmal voll ohnmächtiger Wut und Enttäuschung, gab sie die Jagd auf. Sie blieb stehen und sah dem Fohlen nach, das auf seinen hohen Beinchen davongaloppierte, in das Mondlicht. Sie winselte und kehrte hinkend um, zurück zu dem von den Geiern verschmähten Skelett.

Das Fohlen glaubte noch immer den stinkenden Atem seines Verfolgers zu spüren, die Hyäne hinter sich hertappen zu hören. Es floh, ohne innezuhalten, nach der weiten Ebene, die, das hatte es nun gelernt, Sicherheit bot.

Aber heute nacht gab es nirgends Rast noch Ruh, nicht einmal, als die vertraute Wurstform des Affenbrotbaumes vor ihm auftauchte. Zuerst trieb es die Angst und dann der Durst weiter, vorbei an dem Baum, an den es sich erinnerte, weit über die Ebene, auf der hell das Mondlicht lag.

Ehe der Morgen kam, hatte es viele Kilometer zurückgelegt, immer in nördlicher Richtung. Manchmal fiel es in einen eifrigen Trab, wenn es glaubte, die Stute gleich hinter der Anhöhe zu finden. Nach und nach wurde die Grassteppe schütterer. Als die Sonne aufging, hatte das Fohlen den Rand des großen Beckens erreicht.

Hier blieb es lange stehen. Diese Stille kannte es nicht. Es spürte das Fremde dieser Landschaft, ihre Unwirtlichkeit und Kälte, und daß es sie fürchten sollte.

Aber es war sehr durstig und es wußte, daß es irgendwo Wasser geben mußte. Schließlich stieg es die flache Böschung hinunter zu dem völlig ebenen, von Salzstreifen überzogenen Boden des Beckens. Die Kruste zerbröckelte unter seinen Hufen, aber der Schlamm darunter war hart und fest zusammengebacken, und das Fohlen schöpfte wieder Mut und begann am Rande der Salzpfanne entlangzutrotten.

Seltsame kleine Inseln, mit grobem Gras bewachsen, erhoben sich in einigem Abstand voneinander. Auf einer graste eine Herde Springböcke. Einer der Böcke hob den Kopf, als das Pferdchen vorbeilief, und sofort sahen auch alle anderen Tiere der Herde auf, verharrten wie versteinert in dieser Haltung. Das Fohlen lief weiter, an den Inseln vorüber, und die Springböcke blickten ihm nach, bis es in der Ferne ganz klein geworden war, ehe sie wieder zu grasen begannen.

Eine zweite Herde trabte davon, hob sich gelb und rot von dem mattgetönten Hintergrund des Beckens ab. Ihr Leittier, ein großer Bock mit ausladenden Hörnern, schoß in plötzlichem Lauf davon, vielleicht vor Schreck, vielleicht auch aus purer Freude an der Bewegung. Er steigerte sein Tempo mühelos, flog dahin in gewaltigen, weitausgreifenden Sprüngen, lief pfeilgerade an dem Pferdchen vorbei und ihm voraus, seine Hinterläufe hochwerfend wie zum Spott.

Das Fohlen wandte kaum den Kopf.

Nachdem es den trockenen Ufern des Beckens etliche Stunden lang gefolgt war, kam es endlich zu einer von vielen Füßen zertrampelten schlammigen Senke; daneben lagen verstreut die Knochen eines Gnu-Bullen, der hierhergekommen war, um zu sterben. Das Skelett war ausgebleicht wie Pergament, die grobgebuckelten Hörner über dem weißen Schädel zersplittert.

Das Pferdchen schnüffelte an den Knochen und den Schlammfladen. Dann stürzte es eifrig auf den feuchten Schaum in der Mitte des Wasserloches zu, und als seine Vorderbeine den Rand berührten, brach er unter ihnen weg, und es fiel, alle viere von sich streckend, in den Morast. Durch die eingebrochene Schlammkruste stieg Wasser rings um seinen Körper auf. Es leckte daran. Das Wasser schmeckte salzig und bitter wie Aloe.

Das Fohlen wandte den Kopf zurück und streckte seinen Hals, als böte es ihn dem Opfermesser der Sonne dar. Der ausgebleichte Schädel des Gnus grinste es mit entblößten Zähnen an.

Da begann es einen lautlosen Kampf, um seine Beine aus dem Schlamm zu befreien, und das gelang ihm auch. Noch zweimal rollte es sich platschend zur Seite und war auf festem Grund. Zitternd stand es aufrecht, das Fell schlammbedeckt, sein Atem ging schwer. Nach einer Weile zog es weiter, und so fanden es die wilden Hunde.

Zuvor hatten die Hunde versucht, sich an eine Herde von Springböcken anzuschleichen, in der Hoffnung, sie in die Flucht zu jagen und dann eines der schwächeren weiblichen Tiere von den übrigen abzudrängen. Aber ein junger, ungeduldiger Hund hatte die Herde aufgestört, noch ehe die übrige Meute sich entsprechend formiert hatte, und so den geplanten Überfall vereitelt.

Die enttäuschten, hechelnden Hunde trotteten in langgezogener Formation am Fuß eines hohen, grasbedeckten Rückens entlang, der weit in das Becken hinausragte. Ihr Anführer hatte das kleine Pferd entdeckt, als es diese Erhebung überquerte; zum Angriff übergehend, wechselte er sofort vom Trott zu raschem Lauf. Die übrige Meute folgte ihm nach, kläffend vor Erregung. Aber auch das Fohlen schwenkte ab, lief verzweifelt einen Halbkreis und war an ihnen vorbei. Es war ihnen an Schnelligkeit überlegen, aber nicht an Ausdauer, und so nahmen sie gelassen die Verfolgungsjagd in der ihnen eigenen Form auf. Zuerst gab einer, dann ein anderer das Tempo an, während die übrigen etwas zurückfielen.

Gegen die Ebene zu verbreiterte sich der Grasrücken, verzweigte sich zu einem Gewirr von etwa drei bis fünf Meter hohen Dünen, die den Rand des Beckens in eine Vielzahl von kleineren Senken teilten. Zwischen diesen irrrte das Pferdchen verzweifelt umher und suchte einen Ausweg in die Ebene.

Einmal lief es in eine Falle, einen schmalen Einschnitt zwischen den Dünen, der an einem steilen Hang endete. Es mußte über den rutschenden Sand dieser Barriere hinaufstürmen, erreichte mit knapper Not den Kamm und hörte, wie das schrille Gebell der Hunde nun triumphierend in einen tieferen Ton umschlug. Sie hatten den Rücken zu seiner Linken überquert und versuchten, ihm den Weg abzuschneiden, sprangen mit flatternden Ohren durch das hohe Gras, ihr Opfer hetzend. Das Fohlen machte eine scharfe Wendung nach rechts, lief jetzt den Kamm des Rückens entlang und gewann wieder einen Vorsprung vor den Hunden. Aber es kam nur mühsam vorwärts, der Sand gab unter seinen Hufen nach, und es stolperte über das büschelige grobe Gras. Es war zum Zusammenbrechen müde. Die Hunde begannen erneut aufzuholen. Ihr belferndes Gekläff klang wieder tiefer, zuversichtlich und siegesgewiß. Aus dem hohen Gras, durch das sie jetzt sprangen, tauchten immer wieder ihre eifrig Ausschau haltenden Köpfe auf und zeigten genau, welchen Weg sie nahmen.

Nach fünfzig Metern schwenkte das Pferdchen noch weiter nach rechts, stolperte und rutschte die Düne hinunter.

In etwa zweihundert Meter Entfernung blieb eine Herde Zebras, die gerade von einer Salzlecke kam, stehen und starrte auf das langbeinige, taumelnde, schlammverkrustete Geschöpf, das verzweifelt auf sie zugestürzt kam, und auf die Kette hetzender Hunde, die eben hinter ihm über den Grasrücken setzte. Die Zebras schnaubten und peitschten erregt mit ihren Quastenschwänzen.

Normalerweise wären die ängstlichen und leicht erschreckten Tiere beim ersten Anblick der Hunde davongelaufen und hätten das kleine Pferd seinem Schicksal überlassen. Aber vor ein paar Tagen hatte ein Leopard eines ihrer Fohlen getötet. Seither hatte das Muttertier, das sein Junges verloren hatte, nicht aufgehört, es zu suchen. Mit unbeirrbarer Hartnäckigkeit hatte es stets von neuem versucht, andere halbwüchsige Fohlen ihren Müttern abspenstig zu machen, und es geduldig ertragen, immer wieder zurückgewiesen zu werden.

Jetzt, in dieser ungelenken Pferdegestalt, so schlammverkrustet, daß keinerlei Zeichnung sichtbar war, schien sie zu erkennen, was sie verloren hatte. Mit einem Freudenruf löste sie sich von der aufmerksam gewordenen Herde und galoppierte auf das Fohlen zu.

Das Leittier der Herde, ein herrlicher, zwölf Hand hoher Hengst, mit einem Fell, das glänzte, als leuchteten die cremefarbenen Streifen von innen her, stand ein paar Schritte von der Herde entfernt und blickte ihr, den kräftigen Hals reckend, besorgt nach. Durch seine geblähten Nüstern stieß er einen bellenden Warnruf aus, aber sie beachtete ihn nicht und lief weiter auf das Fohlen zu. Er trabte mit kurzen Schritten näher, und die übrige Herde (es waren, mit dem halben Dutzend Fohlen, fünfundvierzig Zebras), folgte gehorsam und bot so den Angreifern eine geschlossene Front. Die Anführer der Hunde wurden unsicher und langsamer. Mit einer aufgeschreckten, in die Flucht geschlagenen Zebraherde, von der man ein Tier abdrängen und hetzen konnte, hätten sie leichtes Spiel. Aber sie wußten aus Erfahrung, daß eine wachsame Herde in Verteidigungsstellung, die Fohlen geschützt in ihrer Mitte, ein beachtlicher Kampfgegner sein konnte. Ein scheinbar zufälliger, ungezielter Schlag dieser scharfen Hufe konnte einen Bauch aufreißen oder einen Kopf zerschmettern.

Ein junger Hund blieb mit einem ungelenken kleinen Sprung stehen, und in kauernder Haltung beobachtete er, wie das Pferdchen ungelenk auf das Zebra zugaloppierte. Er warf wie entschuldigend einen Blick auf seine Jagdgenossen. Aber auch die ließen sich nun rund um ihn auf ihre Hinterläufe nieder.

Die Hunde saßen ungefähr in einem Halbkreis, die kalten gelben Augen auf

die entschwindende Beute geheftet. Sie japsten nach Luft, und ihre langen Zungen gingen wie Weberschiffchen hin und her.
Die Zebrastute schnupperte ängstlich besorgt an dem Fohlen. Etwas war fremd an ihm, ein ihr nicht vertrauter Geruch, der nur zum Teil von der trocknenden Schlammschicht überdeckt wurde. Nervös tänzelnd wandte sie sich ab. Aber das Pferdchen hatte schon ihren Muttergeruch gewittert und die scharfe Süße der Milch in ihrem gespannten überstraffen Euter. Es stieß mit dem Maul danach, von einem mörderischen Hunger getrieben, der keinen Aufschub duldete. Nach kurzem Zögern gab sie seinem Drängen nach.
Das Fohlen trank, bis es sich übergeben mußte und sein Kopf zwischen den Knien auf und ab schwankte. Dann trank es wieder, während die Herde geduldig wartete. Einige der anderen Stuten kamen freundlich heran, um es ebenfalls zu beschnuppern. Seine Adoptivmutter fuhr herum und schlug mit den Hinterbeinen nach ihnen aus.
Schließlich gab der große Leithengst das Zeichen zum Aufbruch, und die Herde zog weiter. Das Pferdchen ging mit ihnen, trottete zutraulich neben der beruhigenden massigen Gestalt der Stute her. Ab und zu stieß es mit seinen weichen Lippen nach ihrem Euter, aber nicht aus Hunger, denn sein Bäuchlein war dick und hart wie eine Trommel, sondern nur um sich zu vergewissern, daß die Milch noch da war. Es hatte dreißig Stunden lang keine bekommen.
Ehe sie den Rand des Beckens erreichten, erbrach es noch einmal die ungewohnt dünne Milch. Aber es trank wiederum, und diesmal behielt es sie bei sich.
Der große Hengst führte seine Herde mit unfehlbarem Orientierungssinn durch den Busch, wo er am schüttersten und die Gefahr eines Hinterhaltes am geringsten war, hinaus auf die vertrauten Weidegründe.
Das Fohlen war so jung, daß es noch nicht gelernt hatte, Gras zu rupfen, daher wollte es wieder trinken. Aber die Stute war ausgemolken und ließ es nicht an sich heran, und schließlich scheuchte sie es mit einem kräftigen Knuff in den Hals weg. So trollte es sich traurig davon und beobachtete den großen Hengst, der in einiger Entfernung von seiner Herde, ohne sie aber aus den Augen zu lassen, graste. Wenn ihm das Fohlen zu nahe kam, hob das alte Zebra den Kopf und starrte es mit stechenden roten Augen an. Da lief das Pferdchen weiter.
Es fand die Zebrafohlen zwischen den ruhig grasenden Erwachsenen, spielend und sich balgend. Sie hielten inne, als es herankam, und betrachteten es neugierig. Mit zwei Wochen war es genauso groß wie die meisten von ihnen,

aber es bestand fast nur aus Beinen und Hals und Ungeschicklichkeit und hatte nichts von ihrer muskulösen Gedrungenheit.
Es wollte gern mitspielen, konnte aber nicht mit ihnen Schritt halten. Sie versetzten einander Hufschläge und Bisse mit der gleichen Begeisterung wie die ausgewachsenen Zebras, und nach einer Weile blieb das Pferdchen mit schmerzenden Rippen lieber abseits stehen und sah zu.
Sie spielten weiter, ohne es zu beachten, während die Herde gemächlich über die Ebene weiterzog. Schließlich begab sich das Fohlen auf die Suche nach seiner neugefundenen Mutter. Hier wenigstens war ihm Geborgenheit sicher.
Diese Nacht verbrachten sie in einer seichten Mulde südlich des Makarikari-Beckens. Die Zebras befanden sich in Gesellschaft einer großen Anzahl von Springböcken, die nach Süden wanderten, einem uralten Trieb folgend. Während der Nacht wurden die Springböcke von einem vorbeiziehenden großen Rudel Löwen aufgescheucht. Aber der Leithengst der Zebras, obwohl auch er bei dem ersten erschreckten Schnauben und dem Klang wild donnernder Hufe aufgesprungen war, blieb ruhig. Die Löwen hatten in einer Niederung südlich des großen Beckens ein Gnu getötet und gefressen, sie waren satt. Irgendwie wußte er das, und so stand er breit und würdig und stolz da und sah den Löwen nach, wie sie, vierzehn an der Zahl, einer hinter dem anderen den Wildpfad entlangtrabten und ihr Fell silbergrau im Mondlicht schimmerte.

Mary O'Hara Kobolds Abenteuer

Der Kampf mit dem Adler

Waren die Jährlinge erst einmal draußen auf freier Weide, gab es keinerlei regelmäßige Aufsicht mehr über sie. Wenn jemand gerade zufällig über die Sattelhöhe ritt, brachte er einen Bericht mit heim über ihren derzeitigen Zustand, ihr Wachstum, eventuelle Veränderungen in ihrer Farbe oder dem Aussehen, ob das Rudel sich geteilt hatte oder überhaupt ganz verschwunden war, – was aber nur bedeutete, daß sie eben in einer der vielen kleinen Schluchten am Berghang weideten und der nächste Tag sie schon wieder draußen auf dem offenen Plateau finden würde.

Doch der Zufall wollte es, daß die Jungen ausgerechnet am Tage, nach dem der Kobold davongetrabt war, aus ihrer Schule herüberkamen. Ihr erstes war es, sich in den Sattel zu schwingen und zu den Jährlingen hinauszureiten, – vor allem natürlich zum Kobold. Nach gründlicher Suche einen vollen Nachmittag lang kamen sie nach Hause und meldeten ihn als vermißt.

Alles begab sich auf die Suche. Rob fuhr mit dem Wagen die umliegenden Farmen ab und stellte Nachforschungen an. Er schlug einen Suchzettel in der Poststelle an. Das Gestüt selbst wurde von einem zum andern Ende durchkämmt, weil es denkbar war, daß der Kobold sich aus einem frühreifen und unziemlichen Interesse für Stuten einem der älteren Rudel hätte angeschlossen haben können. Aber als die Woche zu Ende ging, gab Rob die Suche auf, und die Arbeit auf dem Gestüt nahm wieder den gewöhnlichen Verlauf. Er erklärte einfach kurz abschließend, daß das Fohlen schon wieder auftauchen würde. Es sei davongelaufen, – es würde auch wiederkommen. Pferde taten das immer. Hatten sie erst einmal genügend Orientierungsvermögen, so kamen sie an den Ort ihrer Geburt zurück.

Ken war wie betäubt vor Kummer. Den ganzen Winter über hatte er immerzu an den Kobold gedacht, und wie es sein würde, wenn er erst einmal mit ihm zusammen sein und mit der Arbeit an ihm beginnen könnte. Von dem Geld, das er sich mühsam aus seinem Taschengeld zusammensparte, hatte er sich kurz vor der Abfahrt aus Laramie eine Stoppuhr gekauft. Er fingerte oft unbewußt daran herum, – glatt, rund und kühl steckte sie in der kleinen

Hosentasche gleich unterm Gürtel. Die Berührung allein war aufregend, — so voll Versprechungen wie der Gong zum Mittagessen. Nun war sie ein toter Gegenstand, — kalt und schwer.
Wenn er abends in seinem Bett lag, stellte er sich allerhand vor, was dem Fohlen passiert sein könnte. Vielleicht hatte die Erde unter ihm nachgegeben, als es über eine Schlucht sprang — und dann der Sturz, ein gebrochenes Bein. Er sah es sterbend liegen, — nun bereits tot, und die Präriewölfe und wimmelnden Würmer fraßen an ihm. Ein Gebüsch konnte den toten Körper so leicht ihren Blicken entzogen haben, — und wieviel Tausende solcher Büsche gab es auf dem Gestüt! Vor einem Jahr war so etwas mit Dixie passiert. Sie hatten das Skelett erst sechs Monate später gefunden.
Noch etwas anderes war einmal passiert, — ein Rudel Pferde hatte unweit der Überlandstraße gegrast. Ein Auto fuhr dort vorbei, voll mit lärmenden, scheußlich aussehenden Männern. Als sie auf die Paßhöhe hinauffuhren, hatte einer von ihnen geschrien: »Seht ihr den alten Gaul da oben? Wetten, daß ich den treffe?« Er hatte nach dem Gewehr gegriffen, sich im Wagen aufgestellt und abgedrückt.
Die Streckenarbeiter, die an dem längs der Straße verlaufenden Eisenbahnabschnitt arbeiteten, hatten alles mit angesehen. Sie sahen den Kerl schießen, sahen die Stute ein paar krampfhafte Sprünge machen und dann mit einem Ruck niederstürzen, hörten den Ausbruch heiseren Gelächters bei den Männern, sahen den Wagen schneller werden und hinter der Höhe verschwinden.
Ken durchschüttelte es in seinem Bett. Ein Schimmelfohlen mitten in einem Rudel dunkler Pferde, — wie leicht zu entdecken und zu treffen! Dennoch, — es hätte ja dann die Leiche dasein müssen, sie hatten aber keine gefunden. Darin lag noch ein kleiner Trost.
In dieser Zeit nährte sich der Kobold auf den üppigen Weideflächen südlich der Grenze. Wenn er oder irgendeiner der Jährlinge auch beim nachmittäglichen Spiel auf der Sattelhöhe, ohne es zu spüren, mehr als dreißig Kilometer zurücklegen konnte, so hatte er doch eine volle Woche gebraucht, um den Weg bis zum Fuße der Buckhorn-Gebirgskette zurückzulegen. Es gab unterwegs allzuviel zu sehen. So viele Täler und Schluchten zu erforschen. So viele Hügel, auf denen man stehen mußte, um sich umzublicken, zu beobachten, zu wittern, — ein so weites Land, so viele Rudel Antilopen und Elche. Und auf jeder Wiese schmeckte das Gras anders.
Dann waren auch die vielen Stunden, in denen er nur dastand und nach Norden blickte, — zum Gestüt. Und sein Körper spannte sich dann, und dieses Prickeln und Zucken durchlief ihn.

Pferde scheinen oft mehr von ihrem unbewußten als ihrem bewußten Denken angetrieben zu werden. Ruft man sie, achten sie überhaupt nicht darauf, sondern grasen weiter, als hätten sie nichts gehört. Geht man dann auf den Stall zu und entschwindet schließlich ihrem Gesichtskreis — werden sie weitergrasen. Aber langsam werden sie sich zum Stall vorarbeiten. Endlich werden sie, als sei dies gänzlich nur ein Zufall, am Koppelgatter stehen und sagen: »Also da wäre ich.«

In dieser Art hatte sich der Kobold vorwärtsbewegt. Nach seinem ersten energischen Start hatte er sich dann nur so dahintreiben lassen. Doch nun — war er da.

Der Fluß war es, der ihn interessierte. Er hatte ihn schon meilenweit vorher gerochen, ehe er ihn erreichte. Nie bisher hatte er Ähnliches gesehen. Er brauchte lange dazu, ehe er zu dem Schluß kam, daß nichts Gefährliches daran sei, obgleich es sich bewegte. Es stürzte sich in die Tiefe und sprang. Es warf sich über Felsen. Es schleuderte dicke Brocken von sich selbst in die Luft. Also war es lebendig. Es hatte auch eine Stimme. Eine laute Stimme, die niemals ihren sprudelnden Klang abbrach. Unaufhörlich redete es, wisperte, gluckste, kicherte. Weil er selbst Kraft besaß, spürte er sie auch im Fluß. In seinem Anblick versunken am Uferrand stehend, fühlte er sich herausgefordert und machte sich bereit, zurückzuschlagen.

Nach einer Stunde hatte er die Tatsache hingenommen, daß der Fluß ihn nicht angreifen würde. Der ignorierte ihn. Nichts, was er tat, änderte etwas an seinem Lauf oder Benehmen. Endlich trank Kobold von seinem Wasser, und der Fluß hatte nicht einmal dagegen etwas.

Er folgte stromaufwärts seinem Lauf. Das führte ihn weiter hinein in jene Berge, die steiler wurden, je näher sie zusammenrückten, bis sie sich als jähe Wände fast über ihn neigten. Und der Fluß wurde schmaler zwischen den höheren Schroffen, seine Stimme ein tiefes Brüllen. Ab und zu konnte er, wenn er vorausblickte, ihn von einer Felswand niederstürzen sehen, — blau im Fall, weiße Schleier darunter.

Das Vordringen wurde schwieriger und das Futter spärlicher. Er mußte vom Flußufer abbiegen, um einmal ein Nest voll Gras und Klee zu entdecken, aber wie üppig und saftig das war!

Und die ganze Zeit über hatte er das befriedigende Gefühl, daß er dorthin ging, wohin er wollte. Des Morgens zwar suchte er sich eine erhöhte Stelle, kletterte hinauf und sah nordwärts zum Gestüt hin. Manchmal stieß er dann auch ein heftiges Wiehern aus. Aber wenn er sich wieder auf den Weg machte, dann ging es weiter die Schlucht hinauf.

Aus den Beobachtungen an Pferden muß wohl das Sprichwort entstanden sein: »Die fernsten Felder sehen immer am grünsten aus.« Der Weg auf dem gegenüberliegenden Ufer schien dem Kobold immer der bessere. Er durchquerte den Fluß viele Male. Ein Sprung von einem Stein zum andern, dann ein Tauchen bis zum Hals und ein paar Schwimmbewegungen brachten ihn hinüber. Gleich darauf sah es ihm wieder besser aus auf der Seite, die er eben verlassen hatte, und schon mußte er zurück.

So konnte es geschehen, daß er, auf einem flachen Stein stehend, sich gerade zusammenraffte, um auf einen anderen Felsbrocken mitten im Fluß zu springen, als ihm *das Ding* gegen seine Beine geschleudert wurde und ihn so erschreckte, daß er schlecht absprang, in die Tiefe plumpste und von da an nichts mehr wußte als die Notwendigkeit, die Nase über dem Wasser zu behalten und sich herauszuarbeiten.

Als er das schließlich fertiggebracht hatte, befand er sich einige Meter flußabwärts. Noch während er sich schüttelte, warf er den Kopf herum, um zurückzublicken. Was war das, was ihn gestoßen hatte? Er mußte es wissen. Es war noch dort auf dem Stein, auf dem er gestanden hatte, und es rührte sich nicht. Mit gespitzten Ohren, ohne es aus den Augen zu lassen, ging der Kobold zurück und sah es sich genau an.

Ein Fohlen! Ihm selbst garnicht so unähnlich, nur daß es nicht völlig weiß war, sondern braune Stellen hatte. Es sah wirklich Calico ähnlich, seiner scheckigen Oma.

Kobold packte ein Schauder am ganzen Körper. Das Fohlen hatte keine Augen, – sie waren ihm herausgerissen. Und ein halbes Dutzend klaffende Wunden ...

In diesem Augenblick war es, daß er hochsprang, um sich der flügelschlagenden schwarzen Wolke zu erwehren, die vom Himmel auf ihn niedergestoßen war. Riesige Schwingen schlugen ihm um den Schädel. Diese Kreatur war ebenso groß wie er. Kobold stieß den ersten gellenden Angstschrei seines Lebens aus, als er einen Augenblick lang das furchtbare Gesicht dicht vor sich sah und der große Hakenschnabel nach seinen Augen zielte.

Kobold bäumte sich hochauf und überschlug sich, während der Adler mit Flügeln, Schnabel und Krallen auf ihn eindrosch. Auf dem schmalen steinigen Uferrand, halb in und halb außer dem Wasser, mühte sich Kobold, durch Drehen und Wenden unter dem Tier freizukommen. Als er wieder auf den Füßen stand, senkte er mit dem Instinkt des kämpfenden Hengstes blitzschnell den Kopf, um seinen Feind ins Bein zu beißen. Er erwischte ihn mit den Zähnen und fühlte es knirschen.

Die andere Klaue hieb auf ihn ein und fetzte ihm die Schulter auf. Die schlagenden Flügel knallten ihm wie Keulen gegen den Kopf. Er ließ nicht locker. Wieder und wieder traf ihn der Schnabel. Das Blut spritzte ihm aus Nacken und Bauch.

Plötzlich war es davon, dies Tier, schoß senkrecht in die Luft empor und glitt dann zwischen die schützenden Kiefern. Kobold stand allein da, und der dünne, zum Teil mit dichtem Federflaum besetzte Schenkel mit der krallig gebogenen kalten Klaue baumelte noch halb aus seinem Gebiß. An seinem Ende traten ein paar Tropfen scheußlich riechenden Blutes heraus.

Er ließ ihn fallen und schauderte. Es jagte ihm Entsetzen ein. Dann mußte er noch einmal, aus unersättlicher Neugier, sich niederbeugen und daran riechen.

Niemals würde er diese Witterung vergessen. Sie ließ ihn hochschrecken und sich schnaubend auf der Hinterhand herumwerfen. Seine Ohren erfüllte der Lärm, den der Adler vollführte, – ein zorniges Kreischen: »Kark! Kark! Kark!« Er machte einen Satz, nur fort von diesem verhängnisvollen Fleck, kletterte flußabwärts über die Felsbrocken, möglichst weg vom Flußufer, dorthin, wo man leichter vorwärtskam. Der Adler äugte von einer hohen Kiefer. Er saß auf einem kahlen Ast, mühsam mit einer Klaue, einem Stumpf und gebreiteten Flügeln das Gleichgewicht haltend. Bei seinen wiederholten Wutschreien wurde der Wald ringsum lebendig von kleinen, verschreckt herumhuschenden Tieren. Seine Augen, furchtbar durch die Weite ihres Blickfelds und ihre räuberische Entschlossenheit, blieben auf das Fohlen geheftet, das dort nach Norden davongaloppierte, ein weißer Streifen längs der dunklen Schlucht und schließlich nur noch ein bewegter Fleck auf der Ebene, in etwa acht Kilometern Entfernung.

Der Kobold machte von einer Geschwindigkeit Gebrauch, die er nie zuvor angewandt hatte; sie war auf ihn gekommen, zusammengerollt wie eine unsichtbare, mikroskopisch kleine Schlange, in den Chromosomen, die von seinen Ahnen her sich in ihm zusammengefunden hatten.

Es war ein grandioses Rennen.

Als am nächsten Morgen die Sonne aufging, stand der Kobold in aller Gemütlichkeit unter den Jährlingen des Gänseland-Gestüts, gab die Flanken den köstlichen, tief eindringenden Strahlen preis und schnaubte leise in Seelenruhe und wonnigem Behagen.

Das hielt eine Woche an, – die Seelenruhe und die Wonne. Eine Woche, in der, wie das der Zufall gab, keiner von den McLaughlins entdeckte, daß der verlorene Sohn zurückgekehrt war.

In dieser Woche passierte es, daß der junge Ken McLaughlin, aus verzweifelter Wut über den Verlust seines Fohlens, auf der Spitze des Burgfelsens stand und die heißgeliebte Stoppuhr, mit der er seinen zukünftigen Renner hatte kontrollieren wollen, in den Abgrund pfefferte.

Am Ende dieser Woche ließ der Kobold das Rudel der Jährlinge hinter sich und wurde wieder südwärts getrieben. Sein Entsetzen hatte sich, wie dies bei allem Entsetzen sein sollte, in Wissen gewandelt und in ein Hinnehmen der Gefahr; er war um eine Erfahrung reicher. Und jene Berge dort hinten übten eine unwiderstehliche Anziehungskraft auf ihn aus. Er ging noch langsamer als zuvor. Eine ganze Woche verbrachte er auf gemeinsamer Weide mit einem kleinen Antilopenrudel in einem muldenartigen Tal am Wege. Und er erforschte eingehend beide Uferseiten am unteren Lauf des Flusses.

Als er schließlich den Felsen erreichte, wo ihn der Adler angegriffen hatte, war es bereits Ende Juli. Diesmal lag kein scheckiges Fohlen auf einem Stein mitten im Fluß, kein Vogelungeheuer war in der Luft.

Kobold brachte eine halbe Stunde an diesem Fleck zu, witternd und schnaubend, jeden Zentimeter des schmalen Uferstreifens absuchend, wo er damals mit dem Adler gekämpft hatte. Etwas wie ein vertrockneter krummer Ast lag da, mit einem schwärzlichen Klümpchen am unteren Ende. Er umkreiste es, stieg hoch und zertrat es im Niederfallen. Er zerstampfte es dann völlig und trampelte es in die Erde hinein.

Er verfolgte den Lauf des Gießbachs weiter nach oben, bis es nicht mehr ging. Jetzt füllte er die Schlucht. Bäche rannen von den Seiten herunter zu ihm über die Klippen. In den Felsspalten waren noch Schneenester. Das reißende Wasser war hochgeschwollen von der Frühlingsschmelze. Es trommelte und sprudelte. Ein toter Baumstamm, der mit ihm davontrieb, wurde meterhoch in die Luft geschleudert.

Kobold sah lange auf den Fluß. Er hob den Kopf. Was war dahinter? Dort oben? Seine Nüstern bebten. Der Fluß und die Felswände waren so hoch und steil, daß er den Himmel nicht mehr sehen konnte, nur noch zackige Schroffen, die sich immer dichter schoben. Aber hinter all das dort oben mußte er gelangen.

Kühe und Pferde sind aus Instinkt kundige Pioniere und werden stets den leichtesten Weg durch ein gebirgiges Terrain finden. Kobold bog nach Osten zu vom Fluß ab. Es war eine halsbrecherische Kletterei, aber es zeigten sich Absätze in den Schluchtwänden, und das Umherlaufen mit den Zuchtstuten auf der Sattelhöhe hatte ihn trittsicher wie eine Ziege gemacht. Stunden mühsamen Weges brachten ihn endlich auf die letzte grünbewachsene Bergterrasse, ehe der steinerne Grund zu einer nahezu lotrechten Klippe emporschoß. Der Ort war fast wie ein Park mit Kieferngruppen und felsigen Hügeln, kleinen Tälern und Gehölz, und am Fuße der Klippe und auf ihrem Gipfel verstreut war eine Anzahl jener riesigen Steine mit glattgeschliffener Oberfläche, von denen auch einer auf der Spitze des Burgfelsens auf dem Gänseland-Gestüt balancierte.

Diese Felsblöcke, von denen manche groß wie ein Haus, völlig glatt und kreisrund sind, kann man überall im Gebiet der mittelkontinentalen Wasserscheide finden, und jeder Betrachter gerät darüber ins Nachdenken, welch mächtiger Gletscher in welch sagenhafter Urzeit sie geschliffen und poliert haben könnte, um sie dann auf schmalen Felsplatten hängen, auf Gipfeln balancieren oder über Spalten schweben zu lassen, wo einige Zentimeter mehr Raum auf einer der Seiten genügt haben würden, um sie krachend in die Tiefe zu schicken.

Kobold war hungrig. Erst orientierte er sich und begann dann zu grasen. Als er um eine Baumgruppe bog, blieb er stehen und hob ruckartig den Kopf. Dort, keine hundert Meter entfernt, dicht am Fuße der Klippenwand, grasten zwei hübsche kastanienbraune Fohlen.

Kobold verhielt sich einen Augenblick ganz still und genoß die Spannung und das Vergnügen, jemandem seiner Art zu begegnen. Dann wieherte er und stampfte mit dem Fuß auf. Die Fohlen blickten hoch. Mit harmloser Freundlichkeit trabten sie auf ihn zu. Als Fremder mußte Kobold sofort gewisse Dinge ergründen. Waren dies Stuten oder Hengste? Woher kamen sie? Würden sie ihm freundlich oder feindlich gesinnt sein? Genau also wie Kinder, die sich begegnen, einander fragen: ›Wie heißt du? Wie alt bist du? Wo wohnst du?‹, so tauschten diese Fohlen alle nötigen Informationen aus, indem sie schnaubten und quiekten und umeinander herumsprangen.

Das wurde unterbrochen durch ein schallendes Gewieher, das direkt aus der Felswand zu tönen schien. Die Fohlen gehorchten unverzüglich. Sie wieherten zur Antwort und galoppierten auf die Wand zu, und zwar schräg hinüber zu einer Stelle in einiger Entfernung, wo sich ein zackiger Riß den Felsen hochzog. Und dann galoppierten sie zu des Kobolds Erstaunen direkt in die Wand hinein und verschwanden.

Der Kobold galoppierte hinterher. Als er um den Vorsprung der Felsspalte bog, fand er sich in einer schmalen Kluft, die den Felswall durchbrach und ein Stück in sein Inneres führte. Von den Fohlen war nichts mehr zu sehen, aber der Pferdegeruch auf diesem Durchgang war unverkennbar. Zuversichtlich trabte Kobold weiter.

Auf einmal ertönte ein schrilles Kreischen von oben, und der Schatten weitgespannter Flügel trieb über die Kluft.

Solange er lebte, würde ein beweglicher Schatten, der von oben her über ihn fiel, den Kobold ruckartig zu erschrockenem Handeln zwingen. Er duckte sich, zurückzuckend, und suchte mit aufgeworfenem Kopf und angestrengtem Blick seinen Feind zu erspähen. Aber weder sehen noch begreifen konnte das Fohlen das Adlernest, das weit oben unter dem Gipfel an einem Felsvorsprung klebte und auf dessen Rand ein Adler saß, während der andere — der mit dem einen Bein — weiter unten über der Kluft dahintrieb.

Fohlen und Adler leben auf anderer Ebene. Nur durch den kalten Schatten, der auf ihn fiel, nur durch das Kreischen mit seiner seltsamen Mischung von Wildheit und Trauer, nur durch das Entsetzen und den Schauder, der ihn durchlief, konnte der Kobold von der Gefahr wissen.

Er stürzte vorwärts, direkt auf einen Felsblock zu, der anscheinend den Weg abschloß. Aber als er dort ankam, machte der Gang eine Wendung. Er setzte sich immer weiter im Zickzack fort. Vom Adler sah und hörte er nichts mehr.

Endlich gingen die seitlichen Wände schräger auseinander und ließen einen breiteren Keil des Himmels sichtbar werden. Und vor ihm erschien eine Anzahl der mächtigen Geschiebeblöcke, die heruntergerollt zu sein schienen, um die Felsenspalte endgültig zuzuschütten.

Aber noch immer war da der Pferdegeruch, — Kobold lief weiter. Und eine Biegung zeigte ihm einen gangbaren Weg hindurch, — eine Art Schlüsselloch, überdacht von einem einzelnen mächtigen Felsblock, der an einer leichten Unebenheit der Seitenwände hängen geblieben war. Dahinter erspähte der Kobold blauen Himmel und Grüngras. Er galoppierte darunter durch und fand sich in strahlendem Sonnenschein und mit einem weiten Ausblick auf Tal und Berg.

Kobold hatte seinen Weg in den Krater eines erloschenen Vulkans gefunden. Mehr als drei Kilometer breit und in ungleichmäßiger Länge dehnte sich das Tal, auf dem das herrlichste Berggras ihm bis an den Bauch reichte. Hier und da hoben sich felsige, baumbestandene Schroffen aus dem Boden, die ebenso hinaufragten wie der zerklüftete senkrechte Klippenwall, der es umringte und abschloß. Außerhalb dieser Kraterwände hoben sich noch höhere Berge, die von Stangenkiefern, Wacholder und Espen überzogen waren. An den tiefergelegenen Hängen des steinernen Walls gab es enge Schluchten mit dichtem Zitterpappelgehölz, das seine Wurzeln tief unter die Gletscherbäche senkte, die aus tausend Spalten zusammensickerten, um sich unten im Tal in einem ziemlich breiten Fluß zu vereinen, der sich dort entlangschlängelte. Wo er den Felswall erreichte, hatte er sich durchgewühlt und in einen schmalen tosenden Wasserfall verwandelt.

Hier in dieser Höhe von über viertausend Metern lag ein unvergleichlich fruchtbares Tal, von dem kein Mensch wußte. Bergsteiger und Erholungsuchende kennen jene Gebirge, die unweit der Zivilisation liegen, nicht aber jene unzugänglichen Bergfesten, die sich Hunderte von Meilen in den Rockies aneinanderreihen, ihre einsamen Gipfel nur den Wolken, der Sonne und den schwebenden Adlern entgegenreckend.

Kobold stand regungslos und ließ seine Blicke prüfend über das Tal hinwandern, mit erhobener Schnauze alle Botschaften auffangend und kostend und lesend, die es ihm zuwarf. Er wußte bereits eine Menge darüber. Dies war der Ort, der ihn gerufen hatte, und er war dem Rufe gefolgt. Jene Pferde dort drüben, die starke, weit auseinandergezogene, ruhig grasende Herde, das waren die Pferde, die er gesucht hatte.

Stuten! Seine Nüstern bebten. Er wieherte laut. Die Stuten hoben ihre Köpfe, die Fohlen blickten sich um. Was für herrliche Tiere, – groß, glatt, glänzend. Ihr bloßer Geruch, frisch und stark, war voll von Gesundheit und Kraft. Die Stuten waren schwarz und kastanienbraun und rotgolden und die Fohlen ebenso, bis auf einige wenige Schecken.

Aufwiehernd hoben sie die Köpfe und trabten dem Ankömmling entgegen. Kobold rannte glücklich auf sie zu. Stuten waren ihm vertraut. Er hatte die meiste Zeit seines Lebens mit ihnen verbracht.

Sie quirlten um ihn herum, aufgebracht und erregt durch die Ankunft eines Fremden. Er ließ alle Gedanken an Furcht oder Vorsicht fahren vor Seligkeit, endlich da zu sein. Er empfing und beroch und begrüßte alle einzeln. Das Quieken und Wiehern, die Sprünge und Schnaufer und das verspielte Ausschlagen, all das war ein ergötzliches Vergnügen. Einige suchten wohl den Eindringling davonzutreiben, aber ihre Bisse und Hiebe waren nur matt.

Auf der Kuppe eines nahen Berges stand ein mächtiger weißer Hengst. Der Wind wehte entgegengesetzt dem Weideplatz der Stuten, was für den Kobold ein glücklicher Umstand gewesen war. Nun aber bemerkte der Albino den Tumult in seinem Harem und warf beobachtend den Kopf auf.

Das Tier war fast zwei Meter hoch. Es war schneeweiß. Sein Körper besaß eher Kraft und Stärke als Anmut. Er war nicht glatt. Er war knorrig wie ein alter Eichbaum. Sein Fell war von vielen Narben verunziert. Sein hohes Alter ließ sich an den eingefallenen Flanken, Schultern und Wangen erkennen. Hinter dem dunklen Glanz seiner Augen brannte ein flammendes Feuer, und an ihm entzündete sich eine unwiderstehliche Willenskraft und ein Naturell, das wie der Kern eines Wirbelsturmes war.

Er überblickte sein Königreich. Seit Jahren hatte er so gestanden, sein Königreich überblickend. Und – falls Pferde so weit denken können – auch überlegend, wer es erben solle, wenn sein Ende nahte. Er hatte keinen Nachkommen. Wie wäre dies möglich gewesen? Er gestattete keinem Fohlen, länger als ein Jahr bei der Stutenherde zu bleiben, noch etwa einem mehr als zweijährigen Hengst den weiteren Aufenthalt im Tal. Da und dort lagen im hohen Gras die blanken Knochen derer, die ihm getrotzt hatten. Und wenn je einer versuchte, zurückzukehren, nachdem er vertrieben worden war, – er versuchte es nicht ein zweites Mal.

Als Kobold die unverkennbare scharfe Witterung des Hengstes auffing, löste er sich von der Herde, um ihm entgegenzugehen. Er sah ihn droben auf einer Höhe, und mit freudigem Aufwiehern trabte er los.

Der Albino kam von oben herab auf ihn zu.

Kobold, der selbst ein Geschöpf voller Feuer und Elektrizität war, empfand die kraftgeladene Spannung des näherkommenden Hengstes dermaßen, daß er es fast nicht ertragen konnte. Kobold blieb stehen. Es fuhr ihm durch den Kopf, daß er vielleicht die falsche Richtung eingeschlagen hatte. Aber er behauptete seinen Platz.

Er wartete. Nie zuvor hatte er Ähnliches gesehen oder empfunden. Der Hengst war so gesammelt, seine Kraft so zusammengefaßt und verhalten, daß er in Kurven gebaut schien. Sein mächtiger Nacken wölbte sich über dem tief zurückgenommenen Kinn, erhaben gerundet der Kamm des Schädels mit den langen Ohren, die wie zwei Speerspitzen nach vorn stachen. Sein Gesicht war furchterregend, – dieser wilde Ausdruck! Diese feurigen Augen! Und seine gewaltigen, muskulösen Beine, die im Bogen weit ausgreifend vorwärtsdrängten, daß der massige Körper durch die Luft zu schweben schien, – und dann die starken Hufe, die wie Schmiedehämmer auf den Boden schlugen und wieder abprallten, daß die Berge erzitterten und das Echo wie Donner über das Tal hallte!

Der Kobold behauptete dennoch seinen Platz. Der Albino verlangsamte sein Tempo, kam näher, – blieb stehen. Ihre Nasen waren einander auf etwa einen halben Meter nahe.

Eine volle Minute standen sie sich gegenüber und blickten sich an. Sie waren einander gleich. Stamm und Zweig vom gleichen Baum. Und aus dieser verwirrenden Ähnlichkeit – da jeder sich wie in einem Zerrspiegel erblickte – flammte Entsetzen und Wut auf.

Kein Hengst mit einiger Selbstachtung würde sich so weit herabwürdigen, einen bloßen Jährling anzugreifen oder ihn auch nur ernst genug zu nehmen, um ihm eine heftige Strafe zukommen zu lassen. Plötzlich aber hob der Albino seinen rechten Huf und versetzte damit einen furchtbaren Hieb, begleitet von einem schnaubenden Aufschrei unheimlicher Wut. Und dadurch hatte er gleichzeitig seinen Erben anerkannt und zu vernichten gesucht.

Der Hieb war blitzschnell ausgeführt worden. Aus dieser gewaltigen Höhe würde er den Kobold auf der Stelle getötet haben, wenn er, wie beabsichtigt, dessen Kopf getroffen hätte.

Jedoch der Kobold war mit der gleichen Schnelligkeit begabt, und seine Reflexe reagierten rascher als ein Gedanke. Er warf sich zur Seite. Der große Huf streifte seinen Hals, riß ihm ein Stück Fleisch aus der Schulter und warf ihn um.

Um seinen Angriff zu vollenden, senkte der Hengst die Nase zur Erde, drehte sich um und hämmerte mit seinen Hinterhufen los, um den fallenden Körper des Fohlens zu treffen und ihm so den Rest zu geben.

Aber der Kobold war zu rasch und zu weit seitlich gerollt, landete auf den Füßen und wirbelte herum, um sich seinem Gegner zu stellen.

Der Hengst stürzte sich auf ihn – den Kopf wie ein todbringendes Geschoß weit vorgestreckt, das verzerrte Maul offen und bißbereit, die großen Zähne, gelbe Steinplatten, entblößt –, in dem wilden und furchtbaren Gesicht zwei Augen, die wie Feueropale glühten.

Der Kobold warf sich herum und raste geradewegs auf die Stutenherde zu. Sie hatten sich zusammengedrängt und gespannt beobachtet. Sie öffneten ihre Reihen und ließen ihn ein.

Sie wurden auseinandergerissen unter dem Anprall des besinnungslos daherrasenden Albinos. Kobold wich aus. Er fühlte die Zähne des Albinos reißend an seinem Schenkel hinuntergleiten, ein Stück Fleisch herausbeißen, – er schrie gellend und duckte sich hinter einer anderen Stute. Der Angriff des Albinos ließ sie die Balance verlieren, und Kobold kam unter sie zu liegen. Er fühlte einen brennenden Schmerz an seinem Ohr und riß sich los. Wieder kam er auf die Füße und drängte sich zwischen eine größere Gruppe von Stuten und Fohlen. Als er auf der anderen Seite herauskam, hatte der Albino ihn für den Moment aus den Augen verloren. Das war seine Chance. Er floh auf das Schlüsselloch im Felswall zu, der Albino hinter ihm in donnernder Verfolgung. Als er den Torgang hinter sich hatte, folgte er dem Zickzackweg der engen Kluft, und daß er kleiner war, erwies sich hier als Vorteil. Als er auf der anderen Seite herauskam, war der Albino ein gutes Stück zurück, rannte aber noch immer.

Es wurde eine lange Jagd. Kobolds Jugend und seine Gewandtheit im Ausweichen und Umgehen von Hindernissen — und die Deckung, die ihm Felsen und Baumgruppen gaben — retteten ihn. Etwa zehn Kilometer flußabwärts war er endlich allein, als der Nachmittag schon in Dämmerung überging. Er hinkte von der schmerzhaften Wunde an seiner Schulter. Er ließ den Kopf auf die eine Seite hängen, um sein zerrissenes Ohr zu schonen, das er ab und zu ein wenig schüttelte, daß die Blutstropfen sprühten, als könne er damit den Schmerz abschütteln. Sein ganzer Körper schmerzte. Sich nur zu bewegen — nun, da er zu rennen aufgehört hatte — war tödliche Qual. Schiefgezogen und zitternd stand er unter einem Baum, die ganze Nacht hindurch, ohne zu fressen.

Am Morgen trottete er zum Fluß hinüber und trank in tiefen Zügen.

Die Erinnerung an alles, was geschehen war, hatte sich unauslöschlich in ihn eingegraben. Er stand dem Felswall zugekehrt, spitzte sein eines gesundes Ohr, drehte den Kopf so lange, bis er die Witterung hatte, und stand angespannt lauschend, witternd und sich — fast als sähe er ihn leibhaftig vor sich — das entsetzliche Ungeheuer vorstellend, das ihn zu Tode erschreckt und überlistet hatte. Er spürte den Trieb in sich, zu wiehern und es herauszufordern, — aber weder die Kraft noch den Mut. Keine Sorge, — der Tag würde kommen. Geduld. Er hatte Wunden, die erst heilen mußten.

Kobold weidete, bis sein Magen gefüllt und seine Kraft wieder hergestellt war, dann machte er sich auf den Weg nach Hause.

Glenn Balch Die Pferdefänger kommen

Es war wieder Sommer geworden auf den mit Salbei überwachsenen Hängen von Uinta. Eine Mustangherde weidete verstreut über das grüne, grasbedeckte Tal, und die Pferde hoben sich als leuchtende Farbflecken von dem grünen Hintergrunde ab. Ihre Schweife und Mähnen waren lang und üppig dick, und sie bissen hungrig das saftige Gras ab.

Die Landschaft trug bunten Schmuck; die Bergabhänge beiderseits waren purpurrot und grün mit dichtem Wacholder bewachsen, und am oberen Ausgang des Tals lag ein Haufen gewaltiger Granitbruchstücke gegen den Fuß einer verschrammten Felsklippe hin, die vom Sonnenlicht gelb überzogen war. Dahinter und darüber erhob sich ein schlanker Gipfel, majestätisch in seiner Einsamkeit, an seinen verwitterten Abhängen glitzerten diamantene Flecke von nicht geschmolzenem Schnee. In dieser verlassenen Gegend verriet nichts, daß andere Wesen als Tiere jemals ständig hier gewesen waren, keine Hütte war zu sehen, kein Zaun, nicht einmal ein Rauchwölkchen.

Die wilde Herde war eine buntscheckige Sammlung von Farben, Braune, Füchse, Rappen, Grauschimmel, Schwarzbraune und dazu eine kleine, aber auffallende Anzahl von jungen Rotschimmeln. Der Leithengst selbst war ein majestätischer, lichter Rotschimmel, der jetzt, da seine Schutzbefohlenen weideten, wachsam und mit gespannter Aufmerksamkeit auf einer Bodenerhebung in der Nähe stand und immer wieder seinen trockenen, ramsnasigen Kopf erhob, um den Wind zu prüfen.

Dicht beim entfernten Rande der Wiese graste die braune Stute Dolly. Ihr Bauch war rund, und auf den Rippen hatte sie Fleisch. Die staubigen Striemen waren längst von ihrem seidenweich behaarten Rumpf verschwunden. Von den grausamen Hieben, die sie bekommen hatte, war nur eine undeutliche Erinnerung an Schreck und Schmerz zurückgeblieben. Sie hatte nun einen neuen Lebensinhalt, denn an ihrer Seite tollte ein mageres, großäugiges Saugfohlen umher, natürlich ein kleiner Rotschimmel.

Einen Sprößling aufzuziehen ist eine ernste Sache für eine wilde Stute, aber obwohl die Braune selbst als Haustier geboren und gehalten worden war,

zeigte sie sich dennoch von der Natur für diese Aufgabe wohl ausgerüstet. Gesunder Pferdeinstinkt war ihr von Generationen ihrer wilden Vorfahren überkommen, den sie nun auch ihrem Sohn um so stärker vererbt hatte, als ihr die Flucht aus der von den Menschen beherrschten Welt geglückt war.
Nach der Geburt des kleinen Burschen war sie zu vorsichtig gewesen, um ihn sogleich mit in die wilde Herde zu nehmen, sie hielt sich vielmehr an den niederen, mit Buschwerk bewachsenen Hängen über dem kleinen, mit Gras überzogenen Tale auf, in dem die Mustangs weideten. So lebten sie miteinander mehrere Tage an den äußeren Rändern des Graslandes, blieben stets von den anderen Pferden entfernt, aber immer nahe genug; und wenn die anderen sie besuchen wollten, dann schlug die Braune sie mit mütterlichem Ungestüm, der keine Widerwehr erlaubte, in die Flucht.
Während dieser Zeit wuchs der kleine Bursche rasch, stellte sich fest auf die Beine und wußte bald, sie schnell und behende zu gebrauchen. Viele Dinge lernte er und wurde wirklich geradezu klug und welterfahren. Er lernte, daß der Erdboden hart ist und daß es weh tut, wenn man darauf niederstürzt. Er kam dahinter, daß das grüne Untergras dicht am Boden gut schmeckt, daß fließendes Wasser der Bäche wohl mundet, daß gewisse Witterungen, wie solche von Coyoten, Wölfen und Silberlöwen, Anzeichen von Gefahr bedeuten, und daß man überhängende Felsen meiden muß, weil dort schlitzäugige Räuber umherschleichen könnten. Schließlich lernte er noch augenblicklichen und flinken Gehorsam auf der Mutter Warnungen und Weisungen.
Eines Tages wieherte sie ihn zu sich an ihre Seite und führte ihn den Abhang hinunter, dorthin, wo die wilde Herde weidete. Die Pferde zollten ihnen kaum Aufmerksamkeit, gerade, daß sie für einen Augenblick die Köpfe hoben, als die braune Stute gleichmütig weidend zwischen ihnen hindurchschritt, während ihr Sohn, aufgeregt und aus großen Augen blickend, sich ganz dicht bei ihr hielt. Einem jungen Pferde, das sich neugierig fragend mit stolz erhobenen Trabschritten nähern wollte, zeigte die Braune die Zähne und jagte es davon.
Der Rotschimmelhengst war ein kraftvoll gebautes Tier mit einem mächtigen Hals, wallender Mähne und Schweif. Aus seinen Augen blitzte wildes Feuer. Widerrist und Brust trugen Narben aus vielen verzweifelten Kämpfen. Er bewachte seine Herde umsichtig und galoppierte draufgängerisch und herausfordernd jedes fremde Pferd an, das sich sehen ließ. Gewöhnlich folgte dann ein Kampf, und der Rotschimmel wurde niemals überwunden. Er kämpfte mit einer erbarmungslosen Wildheit, die hinreißend und furchtbar anzusehen war. Manchmal kehrte er dann blutig und verschrammt zurück, Hals, Wider-

rist und Rücken zerquetscht und mit tiefen Wunden bedeckt, aber stets kam er stolz und selbstbewußt, er wieherte ungestüm seinen Triumph heraus, so daß sein herausfordernder Hengstruf über die Weiden hallte. Er bot den furchteinflößenden Anblick von naturhafter Kraft, Mut und Feuer, wenn er seinen trockenen Kopf hoch erhoben hielt, seine Augen blitzen ließ und mit hohem Kniebug trabend seinen unerschrockenen Stolz ausdrückte, während Mähne und Schweif im Winde wehten und rubinrote Blutstropfen aus den Wunden über sein seidenweiches Rotschimmelhaar zu Boden rannen. Das war seine Art, der Herde darzutun, daß sie ihm gehörte und nichts zu fürchten hatte. War er denn nicht der Herr und Meister der Hochweiden?

Obzwar dieser großartige Hengst der Vater des Rotschimmelfüllens war, schenkte er dem kleinen Burschen niemals besondere Beachtung. Seine Aufgabe war es, die gesamte Herde zu führen und zu schützen, und dieses Amt übte er hingebungsvoll und mit wildem Eifer aus. Dennoch sollte des Fohlens Schicksal durch seine Abstammung von ihm und nicht minder durch die Eigenschaften, die ihm von der Mutter geworden waren, bestimmt werden. Das Füllen erbte des Hengstes unbezwungenen Kampfgeist, der im Leben stets vor Knechtschaft bewahrt.

Nachdem er der Herde zugesellt war, hatte der kleine Rotschimmel noch andere Fohlen gefunden, gleichaltrige mit hochaufgeschossenen Beinen und dicken Kniegelenken gleich ihm, und er tollte, sich mit ihnen neckend, über die Weiden; vor allem an kühlen Nachmittagen, wenn Regen in der Luft lag. Ihr herrlichster Zeitvertreib war es, umherzurennen und die kleinen Hufe in die Luft zu feuern; wenn sie dann müde geworden waren, gingen sie wieder zu den älteren Pferden zurück, die ruhend und dösend im Schatten lagen, und jedes Fohlen suchte sich seine Mutter.

Unter den Füllen war eins, mit dem sich der kleine Rotschimmel sehr eng befreundete. Es war ein pechschwarzer Rappe mit einem weißen Farbspritzer auf der Nase. Seine Mutter war ebenfalls ein durchgegangenes Reitpferd, und von allen Fohlen in der Herde erwies es sich als das einzige, das es mit dem kleinen Rotschimmel aufzunehmen vermochte, ob im Hintenausschlagen oder im Wettlaufen. Der kleine Rappe war schnell wie der Wind, aber der Rotschimmel wiederum zeigte sich besser auf der langen Strecke, er lief noch immer, wenn jener schon ermüdet war.

Im ersten Sommer auf der lieblichen Hochweide von Uinta wurde dem kleinen Rotschimmel ein glückliches und sorgenloses Dasein. Überall wuchs das üppige Gras kniehoch, und auch nicht ein einziges Mal war er in irgendwelche Bedrängnis geraten. Aber als er sich gerade daran zu gewöhnen begann, daß er niemals Kümmernis im Leben haben würde, fing sein gelbliches Rotschimmelhaar an, dichter zu werden. Kalte Winde erhoben sich und pfiffen in den Nächten über das Hochland. Die Tage wurden kürzer, und eines trüben Morgens bedeckte ein seltsames, weiches, feuchtes, weißes Fell den Erdboden. Die Fohlen tollten unbekümmert darüber hin, aber die älteren Pferde witterten in den Wind und begannen, bedächtig den Weg zur Niederung zu suchen. Am Nachmittag war der Schnee verschwunden, und die Herde hielt zum Weiden an. Aber am nächsten Morgen war der Schnee wieder da, und die Herde setzte unter der Führung des klugen, erfahrenen Hengstes ihre Wanderung fort. Auf ihrem Zuge waren die Pferde nicht allein, zu ihren Seiten wanderten in gleicher Richtung Wild und Elche.

Schließlich erreichten sie, getrieben vom Schnee, der mit jedem Tag zunahm, die einsamen Ufer eines Flusses im Tiefland. Hier machte der Hengst halt; er wagte sich nicht weiter wegen einer abgelegenen Ranch und des Stacheldrahts, mit dem die Weiden umgeben waren. Die Herde überwinterte hier, und es war ein harter, langer Winter, vor allem für die Fohlen. Ganze Tage und Nächte hindurch waren sie gezwungen, mit krumm gezogenen Rücken gegen den Sturm zu stehen, und mehr als einmal wurden ihre Lenden, Rücken und Widerriste mit Eis überzogen, wenn sie auch auf unsicheren Beinen schwankend an den windgeschützten Seiten ihrer geduldigen Mütter standen. Der Schnee wurde immer höher, und auf ihm bildete sich eine unwegsame Harschkruste, die es den Pferden schwer machte, zum Futter, das darunter wuchs, zu gelangen. Bald waren die Spitzen ihrer Hufe durch das dauernde Scharren fast bis aufs rohe Fleisch abgeraspelt, sie wurden brüchig, blutig und entzündet, so daß schon das bloße Gehen Qual bereitete. Und wo die Pferde ihre Hufe hinsetzten, ließen sie rote Spuren auf dem Schnee zurück.

Die braune Stute nahm ihren Sohn zu den Weiden am Flußufer, wo sie sich von den Zweigspitzen und der Rinde nährten, so weit sie nur hingelangen konnten, ohne mit ihren schmerzenden Hufen scharren zu müssen.

Aber es drohte ihnen noch eine andere Gefahr. Silberlöwen tauchten auf und Wölfe, die ihnen ständig wie Schatten folgten und auf die Gelegenheit lauerten, um ein schwaches Fohlen zu reißen. Der alte Rotschimmelhengst versuchte, sie mit gebleckten, gelben Zähnen und weitaufgerissenen, feuersprühenden Augen anzugreifen und immer wieder zu verjagen. Er war Tag und Nacht dauernd auf Wache, bis er so abgetrieben, mager und verbraucht war, daß er sich kaum noch auf den Beinen halten konnte. Trotz seiner Umsicht und der Wachsamkeit der Stuten gelang es den Silberlöwen und Wölfen, verschiedene Fohlen und auch einige der erwachsenen Pferde zu reißen.

Dem kleinen Rotschimmel kam es in seiner jugendlichen Unerfahrenheit vor, als ob diese harten Lebensbedingungen nie enden wollten, aber eines Tages schließlich wurde der Schnee unter ihren entzündeten Hufen zu Matsch, der sich bald in Wasser auflöste, das in den Fluß rann und die bisher verdeckt gelegenen jung grünenden Schößlinge des Grases freigab. Und dann begann die Herde, weidend und allmählich wieder zu Kräften kommend, langsam ihre Frühlingswanderung zurück zu den Hochweiden.

Der Schnee wich schneller, als die Pferde marschieren konnten. Er hinterließ ihnen einen wundervoll saftigen, grünen Teppich aus Gras, mit dem sie ihre mageren Bäuche jeden Tag mehr rundeten, und sichtlich rasch erholten sie sich von den Härten des Winters. Die Rippen und Hüftknochen traten gleichsam wieder in ihre Körper zurück, und das lange Hungerhaar über ihren Hufen begann auszugehen, die Entzündungen heilten, und das Horn wurde wieder hart wie Stahl. Die Fohlen verspürten von neuem den Drang zum Laufen und Ausschlagen, und der Leithengst warf wieder wie gewöhnlich seinen Kopf auf und wieherte jedem fremden Pferd, das sich am Horizont blicken ließ, seine Herausforderung entgegen.

Im Spätfrühling war der lange, harte Winter schon vergessen, und die wilden Pferde zogen wohlgenährt, stark, glücklich und zufrieden über die Hochweiden. Die mit hohen Grasbüscheln überdeckte Wiese war ihr unberührtes Königreich. Die jungen Fohlen meinten, daß es immer so bleiben würde, aber als die heißen Tage anbrachen und unter den Bäumen an den nördlichen Berghängen die letzten Schneebänke dahinschmolzen, begannen die älteren Pferde eine nervöse Unruhe zu zeigen. Jeden Tag zog die Herde nun einige Meilen weiter. Wenn sie gelegentlich weidete, stand der Leithengst, eine einprägsame Erscheinung von urwüchsiger Kraft und wildem Mut, stundenlang auf einer günstig gelegenen Bodenerhebung. Er überwachte die Gegend rundum und prüfte die Luft mit seiner feinen Nase, während seine Herde unter ihm graste.

Als so die Zeit verging und nichts Aufregendes geschah, begannen die Fohlen, diese Vorsicht und Wachsamkeit nicht mehr ernst zu nehmen, sie galoppierten und rasten innerhalb der Herde umher und feuerten nach Herzenslust ihre Hufe in die Luft. Die ernste, wachsame Erscheinung des Rotschimmelhengstes ließ sie gleichgültig. Es konnte ihnen ja nichts zustoßen, weder Wölfe noch Silberlöwen wagten sich jetzt in ihre Nähe, da sie wieder Kräfte besaßen und ihre Bewegungsfreiheit nicht durch Schnee behindert war. Unter den Jährlingen, die in der Herde umherrannten und tollten, waren das Rappfohlen und der kleine Rotschimmel die schnellsten. Der Rappe war ein feiner Spielkamerad, aber er wurde zu rasch müde, er blieb hinter dem Rotschimmel zurück und konnte nur mit den langsameren Fohlen auf den Endstrecken ihrer Wettläufe mitkommen. Wenn der Rotschimmel bei solchen Gelegenheiten alle in Grund und Boden galoppiert hatte, fühlte er sich als erwachsenes Pferd, er kam sich wirklich so stolz, gewichtig und unbezwingbar vor, wie sein Vater aussah.

Aber die Zeit kam, da seine Eitelkeit einen schweren Schlag erhalten sollte. Eines Tages schien der Hengst ganz besonders erregt auf seinem Wachtposten zu sein, er stampfte den Boden und schüttelte seinen mächtigen ramsnasigen Kopf. In der Dämmerung des folgenden Abends führte er dann die Herde einige Meilen weiter in die schützende Deckung eines Gehölzes von Espen, deren Blätter immerwährend zitterten. Am nächsten Morgen wurden die wilden Pferde durch das alarmierende Schnauben des Hengstes aufgeweckt, und als der Rotschimmeljährling seinen Kopf hob und in den Wind schnupperte, stellte er fest, daß in der Luft ein fremdartiger Geruch lag, den er bisher noch nicht kennen gelernt hatte. Die Witterung rührte weder von Wölfen noch von Raubkatzen her, dennoch verspürte er unwillkürlich Angst, als er seine Nüstern vollsog. Einige Minuten später, da das erste Grau des aufziehenden Morgenlichts sich über das Hochland ergoß, führte der Hengst die Pferde in einer festgeschlossenen, erregten Gruppe aus dem Espengehölz heraus. Kaum hatten sie dessen Rand überschritten, als sie von rechts Hufschläge vernahmen und drei Pferde erblickten, die fremdartige Gestalten auf ihren Rücken trugen und von einer Anhöhe herab im frühen, trügerischen Morgenlicht geraden Wegs auf sie zurasten.

Das knarrende Schnarchen des mächtigen Rotschimmelhengstes ließ keinen Zweifel zu. Es war Warnung und Befehl zugleich, und einen Augenblick darauf war die Herde in wilder Flucht auf den Beinen. Seltsame, markerschütternde Rufe und Schreie drangen von den Reitern herüber, die versuchten, Schrecken und Verwirrung zu verbreiten. Das Rotschimmelfohlen war erschrocken, arg sogar, denn es hörte ja zum erstenmal eine menschliche Stimme. Der kräftige, umherrennende und ausschlagende Jährling vom Tag zuvor war noch fest im Glauben gewesen, daß er schon die Klugheit der Reife besäße, aber nun erkannte er, daß er noch ein kleines, dummes Pferd war, und fühlte sich bei dem Hengst wohlgeborgen, denn ohne dessen Weisung und Führung wäre er verloren gewesen und hätte weder gewußt, was er tun, noch wohin er sich wenden sollte.

Die Pferde, die vor ihm im Morgendämmer liefen, waren ihm zu langsam für seine schreckliche Furcht. Er bog aus und überholte sie mit großen Sprüngen; mit der Trittsicherheit einer Bergziege raste er in vollem Galopp über den steinigen, unebenen Boden. Die Rufe und Schreie waren im Donner der Hufe untergegangen, aber die Angst erfüllte ihn noch immer. Er wollte bis zum Ende der Welt laufen, immer nur rennen und nicht mehr aufhören, bis diese fremden Wesen keine Möglichkeit mehr hatten, ihm nahe zu kommen. Von diesem Trieb besessen, überholte er rasch die anderen Pferde, die in einer auseinandergezogenen Kolonne ruhig dahingaloppierten. Er lief zu den vorderen Pferden auf, er schoß weiter, bis seine Nase in gleicher Höhe mit dem wehenden Schweif des Leithengstes war. Dann setzte er zu einem verstärkten Tempo an, das ihn sicher aus dem Donner der Hufe hinter sich und über den mächtigen Leithengst hinaus vorwärtsgeschnellt haben würde, wenn dieser nicht, empört und rasch, in seiner Flucht innegehalten und ihn mit gebleckten Zähnen zurückgetrieben hätte.

Eingeschüchtert und bestürzt über diesen unerwarteten Unwillen des Herrschers, fiel das Fohlen zurück an eine Stelle mitten in der Herde, es fand Zeit, um sich zu schauen, und stellte zunächst einmal fest, daß die Herde nicht, wie er gemeint hatte, in panischer Angst dahinrannte, sondern sich vielmehr auf einer planmäßigen, wohlgeregelten Flucht befand. Der Rotschimmelhengst, der leicht, mit erhobenem Kopf, vorangaloppierte, war völlig Herr der Lage. Der Jährling, der sich vor der glänzenden Klugheit des alten Leithengstes dumm vorgekommen und gehorsam in eine der Reihen hinter den vordersten Stuten zurückgewichen war, begnügte sich nun mit bloßem Laufen. Manchmal hielt er inne, um einen Blick nach der Staubwolke am Schluß der Herde zu werfen. Der kluge, alte Hengst hielt seine Herde gut zusammen. Nach dem Aufbruch in voller Karriere hatten die Pferde einen beachtlichen Vorsprung vor ihren Verfolgern gewinnen können, und nun hatte der Hengst das Tempo einsichtsvoll zu einem ruhigen Galopp verkürzt. Von Zeit zu Zeit pflegte er zur Seite zu springen und plötzlich mit erhobenem Kopf anzuhalten, während die Herde an ihm vorüberdonnerte. Nach wenigen Minuten hatte er als hervorragender Führer einen Überblick über die Lage gewonnen. Dann eilte er seinen Pferden wieder nach, setzte sich an die Spitze. Von dort aus regelte er das Tempo, wählte die Richtung und bestimmte die Taktik der Flucht.

Als die Überraschung und der Schreck vor dem plötzlichen Angriff nachgelassen hatten, fand der Jährling Muße, die älteren Pferde, die in seiner Nähe liefen, zu beobachten, und er entdeckte, daß sie, mehr ärgerlich als verängstigt, ein gleichmäßiges Tempo hielten und dem Leithengst mit allen Anzeichen unbedingten Vertrauens in seinen Scharfsinn folgten. Auch seine eigene Mutter, die nahe bei ihm mit ihren langen, mühelosen Sprüngen galoppierte und ein neues, hochbeiniges Saugfohlen an ihrer Seite laufen hatte, zeigte nur den Ausdruck williger Zustimmung.

Als er zurückschaute, sah er durch einen Spalt in der Staubwolke, daß die Reiter nun weit im Hintertreffen lagen, und eine Welle von Erleichterung und Vertrauen überkam ihn. Jetzt schien es keinerlei Gefahr mehr zu geben, denn die Pferde hätten, wenn es sein müßte, ihr Tempo ums Doppelte verschärfen können. So suchte er nach dem Rappjährling, lief dicht zu ihm hin und schlug gleichsam in großartiger Prahlerei mit den Hinterbeinen aus. Der Rappe erwiderte mit einem herausfordernd kecken Quieken und ließ dabei seine harten, runden Hufe in die Luft wirbeln.

Aber ehe sie sich es versahen, mußten sie feststellen, daß sie zu ihrem Unglück die Ausdauer ihrer Verfolger unterschätzt hatten, denn sobald nach einer ruhelos verbrachten Nacht der nächste Morgen angebrochen war, wurden sie wiederum getrieben. Diesmal war es nur ein Reiter, der sie in Galopp hielt. Als die Sonne hoch am Himmel stand, nahm ein zweiter Reiter, der aus einer unerwarteten Richtung auftauchte, die Jagd auf. Am Nachmittag wiederholte sich das. Die Pferde wurden auf Ablösung getrieben nach einem Lieblingstrick der Mustangfänger. Stunde um Stunde ging es so weiter, ausgeruhte Reiter auf frischen Pferden, die vorher an günstigen Punkten postiert waren, setzten wechselweise die Verfolgung fort. Auf diese Art hielten sie die Herde den ganzen Tag über in ständiger Bewegung über Bergrücken hinweg, über weite Wiesen und durch Canyons, die mit Felsblöcken übersät waren. So andauernd blieben die Reiter hinter ihnen, daß die Pferde nur gerade hin und wieder ein Maulvoll Gras erschnappen konnten, und in der folgenden Nacht waren sie zum Weiden zu müde.

Der mächtige Rotschimmelhengst hielt ständig scharfe Wacht auf einer nahen Bodenerhebung, während der ganzen Nacht, und vor Tagesanbruch führte er seine Schützlinge in die offene Weide. Aber bevor sie noch zu grasen begonnen hatten, kam auch schon ein Reiter in gestrecktem Galopp auf sie zu. Der Hengst trat ihm mit ein paar versuchsweise herausfordernden Schritten entgegen, dann drehte er auf der Hinterhand ab und gab mit knarrendem Schnarchlaut den Befehl zur Flucht.

Den ganzen heißen Morgen lang wurden sie in Bewegung gehalten und auch den noch heißeren Nachmittag hindurch. Der Hengst schlug einen weiten Bogen ins Vorgebirge hinein, um die Verfolger abzuschütteln, aber als die Herde Stunden später auf ihre geliebten Weiden zurückgaloppierte, war der

Reiter, ein kleiner Punkt in der Entfernung, noch immer hartnäckig auf ihrer Spur. Und es vergingen nur ein paar Minuten, bis ein neuer Reiter erschien, der die Jagd weiter aufnahm.

Nun gab es kein Hintenausschlagen und kein Umhertollen mehr. Die Schwungkraft ihrer Galoppsprünge war verlorengegangen. Die alten Pferde liefen mit verbissener, stampfender Beharrlichkeit, ihre Hufe schlugen schwer den Boden. Auch der prächtige Hengst begann zu ermüden, seine Flanken waren eingefallen und mit Schweiß verkrustet, aber das Feuer blitzte noch immer aus den Augen seines stolz aufgeworfenen Kopfes, und er blieb unermüdlich in Wachsamkeit und Führung.

Die Saugfohlen kamen nun ganz von Kräften, und die Mutterstuten, die mit ihnen zurückblieben, bildeten eine dauernde Quelle der Besorgnis für den Rotschimmel. Die Hufe der armen, kleinen Burschen waren fast bis aufs rohe Fleisch abgelaufen bei den andauernden Fluchtmärschen über scharfes Gestein. Ihre Bäuche waren aufgezogen und leer. Einige stürzten, andere wurden zu Boden gestoßen, wenn sie versuchten, Milch von ihren galoppierenden Müttern zu saugen. Die Jährlinge hielten sich besser. Aber als der dritte Tag vorüber war, zeigten auch sie sich ermattet, müde, hungrig und fußkrank. Stundenlang waren sie blindlings hinter dem Rotschimmel hergaloppiert, gehorsam, zufrieden, daß er die Führung hatte, und viel zu ermüdet, um sich wirklich darum zu kümmern, was geschah.

Es war spät am Nachmittag, während einer der seltenen Verschnaufpausen, als das langbeinige Saugfohlen der braunen Stute im Laufen von ihrer Seite auf einen Flecken Gammagras niederfiel und sich weigerte, von der Stelle zu gehen. Als es Zeit wurde, die Flucht wieder aufzunehmen, stieß die Stute den Kleinen leicht an, aber es war zwecklos. Er war entkräftet, vollkommen erledigt, und die Stute weigerte sich, ihn zu verlassen. Der Leithengst trieb sie mit gebleckten Zähnen weg, aber sie wich ihm aus und kehrte wieder zu dem kleinen seidenhaarigen Bündel zurück, das ausgestreckt im grünen Gras lag.

Der Hengst hob seinen Kopf. Der Reiter war nun dicht herangekommen, und die Herde stand auf dem Sprung zur Flucht. Mit einem wütenden Quieken stürzte der Hengst auf das Fohlen los und tötete es, indem er ihm mit seinen mächtigen Kiefern die Hirnschale zertrümmerte. Jetzt, und nur jetzt war die Stute gewillt, den Platz zu verlassen, sonst hätte sie gerne den Kampf mit allen drei Reitern zugleich aufgenommen, bevor sie ihr noch lebendes Fohlen im Stich gelassen hätte.

Vor Einbruch der Nacht wurde die Jagd so heiß, daß der Hengst zwei weitere

Saugfohlen tötete, deren Mütter sie nicht verlassen wollten. Später wurden einige andere Stuten so matt und blieben so weit mit ihren Füllen zurück, daß er gezwungen war, sie allein zu lassen. Aber als sie mit den letzten Kräften ihrer Beine vor dem herankommenden Verfolger zur Seite galoppierten, wurden sie nur mit ein paar Blicken gestreift, die Reiter hatten es demnach auf Stuten und Saugfohlen nicht abgesehen.

Die Dunkelheit brach herein, bevor noch die Jagd ihr Ende nahm, und die Sterne standen schon am Himmel, als der Hengst seine Pferde, die die Köpfe hängen ließen, zu einer kleinen, mit Gestrüpp bewachsenen Felsspalte, dem Eingang zu einer schmalen, üppig mit Weiden bestandenen Schlucht führte. In der willkommenen Dunkelheit fanden sie nun den unruhigen Schlaf äußerster Erschöpfung, manche blieben stehen, andere legten sich nieder. Auf den Rändern der Schlucht ging der mächtige Hengst ruhelos auf und ab, ein wütendes, gelbes Nachtgespenst.

Als sie durch dröhnenden Hufschlag und schrille, gellende Schreie geweckt wurden, machten sich die Pferde im Zwielicht der Morgendämmerung erregt auf die Beine. Der Rotschimmeljährling schloß sich dem wüsten Durcheinander der Mustangs an, die wie ein wilder Strom durch die Schlucht zu deren Ausgang wogten. Völlig erschrocken und verwirrt, hatten die jüngeren Pferde nur einen Gedanken, vor diesen Schreien und Rufen zu fliehen, die anscheinend gleichzeitig vom oberen Ende und den Seiten der Schlucht zu ihnen drangen; sie wollten eine möglichst weite Entfernung zwischen sich und diese Gefahrenquellen legen.

Aber einer von ihnen hatte klaren Kopf behalten. Der Hengst ging sie mit gebleckten, zuschnappenden Zähnen an, ungestüm versuchte er, sie zur Seite zu drängen, um sie davor zu bewahren, daß sie Hals über Kopf in die Falle am unteren Ende stürmten. Aber es waren ihrer zu viele für ihn, und ihre Furcht war zu groß. Sie rasten, sich überstürzend, in die steilwandige Schlucht hinein, das Rufen und Schreien erscholl schon dicht hinter ihnen, und als sie die Klugheit ihres Leithengstes begriffen, da war es zu spät.

Das Rotschimmelfohlen, das dem wilden Gedränge weit vorausgelaufen war, sah sich plötzlich einer verklemmten Mauer von Pferdeleibern gegenüber. Die Tiere vor ihm schlugen aus und quiekten, während sie sich durch eine enge Stelle zwischen den beiden Felsmauern durchzukämpfen suchten, die höchstens zwei bis drei Pferden zugleich Durchlaß bot.

Der kleine Hengst rannte in die Rümpfe vor sich, und die durch und durch erschrockenen Pferde hinter ihm stießen wiederum gegen ihn, um die Verwirrung und den Tumult auf die Spitze zu treiben.

Der Leithengst war verschwunden, und nun tauchten von hinten aus der Staubwolke unheimlich daherfliegende Gestalten auf, Männer auf Pferden, pfeifende Lassos schwingend. Sie sprengten zwischen die Mustangs. In einem Verzweiflungsausbruch hämmerten die Tiere gegen die Mauer verklemmter Rümpfe vor ihnen und wurden zurückgeschlagen. Da flogen ihnen die Schlingen entgegen und senkten sich durch das stauberfüllte Licht des frühen Tages. Neben dem Rotschimmelfohlen hing schon ein starker, dreijähriger Brauner, sich vor rasender Angst überschlagend, am Ende eines Lassos. Eine kräftige, junge Stute sauste an seiner Nase vorbei, sie hatte ein Seil um den Hals, das gespannt über ihre Brust lief. Eine andere Schlinge, die seinen Widerrist traf, rutschte ab. Da wurde der kleine Rotschimmel kopflos vor Angst, er sprang, wie wahnsinnig geworden, eine der steilen Felsmauern an, schnellte sich hoch hinauf dagegen. Es erschien unmöglich, aber irgendwo vermochten seine harten, runden Hufe in dem ungewissen Licht einen Halt zu gewinnen. Mit einer mächtigen Anstrengung kletterte er hoch und kam über den Rand der Schlucht hinweg. Dann schoß er, so schnell ihn seine Beine zu tragen vermochten, von diesem Felseinschnitt fort, der versperrt war von verwirrten, kämpfenden Pferden und gellend schreienden Männern.

Gegen Abend des Tages, der dem Ereignis in der Schlucht folgte, erblickte der Rotschimmeljährling, nachdem er eine lange Strecke allein zurückgelegt hatte, ein anderes junges Pferd und erkannte in ihm seinen guten Freund, den Rappen mit der weißen Schnippe auf der Nase. Auch ihm war es auf irgendeine Art gelungen, zu entkommen, und er zeigte sich froh darüber, daß er nun wieder in der Gesellschaft des Rotschimmels war. Abgetrieben und erschöpft, aber nicht mehr von den Reitern verfolgt, wandten sie sich zu einem kleinen Tal, das sie in der Nähe wußten, und weideten auf dem reichlich wachsenden Gras. Vor Anbruch der Nacht hatten sich noch verschiedene andere Mitglieder der Herde eingefunden, und beim ersten Morgenschein zeigte sich auch der Leithengst, mager und müde, aber noch immer voll Feuer und Wachsamkeit, auf einer Bodenerhebung in der Nähe. Obwohl die Pferde den Tag über ängstlich wachsam waren, konnten sie die gefürchteten Reiter nirgendwo erblicken, und am Abend waren sie wieder richtig satt und ruhten sich aus. Ein paar Tage später hatte sich auch die ganze Herde zusammengefunden, bis auf ein paar schöne Drei- und Vierjährige, die nie wieder auftauchten.
Mit den Tagen, die vergingen, gewannen sie immer mehr ihre Kräfte zurück, und ihre abgenützten Hufe wuchsen nach. Keine Reiter kamen mehr, und sie begannen sich von ihrem Schrecken und ihrer Angst zu erholen. Zwei Wochen

später rannten sie frei und unbeschwert auf den Hochweiden umher, und der prächtige Hengst wieherte wieder jedem fremden Pferd, das sich näherte, seine kühnen Kampfrufe entgegen. Auch die Jungpferde nahmen bald ihre Spiele wieder auf, sie jagten, übermütig einander neckend, in den grünen Tälern umher und warfen ihre Hinterhufe mit feuriger Ausgelassenheit in die Luft.

Der Rest des Sommers verstrich ohne aufregende Erlebnisse, und der kleine Rotschimmel war traurig, als die Nächte kalt wurden, rauhe Winde daherfegten und die kalte, weiße Schneedecke sie wiederum ins Tiefland zum Fluß hinunterzutreiben begann. Der Winter war diesmal milder als im vorigen Jahr, daher befand sich die Herde im Frühling in guter gesundheitlicher Verfassung, als sie auf die Hochweiden von Uinta zurückgekehrt war.

Die Pferdefänger kamen dieses Frühjahr wieder. Sie verfolgten die Mustangs drei Tage lang, aber es gelang ihnen schließlich nur, drei oder vier junge Tiere einzufangen, denn der Führer der Herde war zu klug, als daß er seinen Schutzbefohlenen erlaubt hätte, nochmals in eine Falle zu gehen. Den Reitern war es niemals gelungen, nahe an den kleinen Rotschimmel und den jungen Rappen, die stets nebeneinander liefen, heranzukommen.

Im nächsten Frühling, als beide drei Jahre alt waren, erschienen wieder einmal die Pferdefänger im Hochland von Uinta. Der Leithengst witterte sie eines späten Nachmittags, er warf den Kopf auf und stieß einen warnenden Schnarchlaut aus. Die Herde lief weit in die aufziehende Abenddämmerung und hielt erst zur Nachtruhe an, als sie eine kleine tiefe Schlucht erreicht hatte, in der es viel Gras gab und auch eine kühle, klare Quelle.

Die ganze Nacht über blieben sie unbelästigt, aber bevor noch am nächsten Morgen die Sonne sehr hoch gestiegen war, erschien auf dem Berggrat zur Linken ein Reiter und galoppierte in unregelmäßigen Sprüngen zu den Pferden hinunter. Vom Leithengst geführt, schossen die Mustangs durch den von Weiden gesäumten, seichten Bach hinaus ins Weite. Sie hatten ihre Köpfe mit den weit geöffneten Nüstern aufgeworfen, und ihre Mähnen und Schweife flogen. Gegen Mittag nahm ein anderer Reiter die Jagd auf, und am Nachmittag tat es ein dritter, so daß die Pferde den ganzen Tag über in Bewegung gehalten wurden, manchmal in raschem Trab, aber zumeist im Galopp. Der Hengst hielt seine Schutzbefohlenen in einer festgeschlossenen Gruppe zusammen, indem er gelegentlich zum Ende der Herde zurückfiel und dann die Nachzügler mit gebleckten Zähnen antrieb.

In der Nacht ruhten sie für wenige Stunden in einem Espendickicht und wurden frühzeitig durch starken Menschengeruch wieder aufgescheucht. Kaum

hatte der Rotschimmelhengst sie in Gang gebracht, so erschien auch schon ein hartnäckiger Reiter. Dieser Mann war ein kluger Pferdefänger. Er machte keinen Versuch, ihnen nahe zu kommen, er trieb sein Reitpferd auch nicht durch Schläge zur Höchstgeschwindigkeit an, sondern begnügte sich damit, in ruhigen Sprüngen oder Schritten hinter der Herde zu bleiben. So schonte er sich und sein Pferd so viel wie möglich und erreichte dennoch durch seine beunruhigende Gegenwart, daß sich die Pferde die Beine müde liefen.
Während des ganzen Tages kam er ihnen niemals gefährlich nahe. Trotzdem hielten er oder die anderen Reiter, die in gewissen Zeitabständen auftauchten und die Jagd fortsetzten, die Pferde ständig in Bewegung, sie erlaubten ihnen niemals eine Pause, die lang genug war, um mehr als ein paar Mäuler voll Gras oder einen kleinen Schluck Wasser zu nehmen.
Am dritten Tag wiederholte sich, was am zweiten geschehen war, aber er wurde für die Mustangs noch beschwerlicher. Die Aufregung und die fortgesetzte Nervenanspannung hatten ihre Widerstandskräfte gebrochen, und durch das unausgesetzte Laufen über scharfes Felsgestein und groben Sand hatten sich ihre Hufe bis fast auf die Kronen abgenutzt. Stuten mit Saugfohlen begannen an diesem Nachmittag aus der Kolonne zurückzufallen. Bei Einbruch der Nacht waren die meisten Füllen und ihre Mütter über eine weite Fläche entlang der letzten Spur verstreut, und nur etwa die Hälfte der Herde, zumeist Jungpferde und güste Stuten, war beim Leithengst geblieben, der sie nun in die Weidenbüsche entlang des Flusses trieb, für die wenigen Ruhestunden, die sie so notwendig brauchten.
Diese Gruppe von Pferdefängern zeigte sich als die klügste und hartnäckigste, die bisher auf die Hochweiden von Uinta gekommen war. Sie hatten die Jagd zu einem Wettkampf um die größere Ausdauer gemacht, und sie ritten eingehalfterte Pferde. Andererseits kannten die Mustangs die Gegend ganz genau und waren durch keinerlei Gewicht belastet. Ein einzelner Reiter hätte daher niemals Erfolg haben können, aber sie waren zu dritt, und da sich der Rotschimmelhengst instinktiv stets in einem großen Umkreis des Landes auf gleichem Kurs hielt, der ihm vertraut war, konnten sich die Reiter jeweils an bestimmten Punkten ablösen. Ein Mann war immer auf der Jagd, während sich die anderen ausruhten.
Nach drei Tagen fortgesetzten Rennens waren die Mustangs weich, erschöpft und lahm geworden. Die Herde war bis unter die Hälfte ihrer ursprünglichen Kopfzahl zusammengeschmolzen, aber die Pferde, die sich gehalten hatten, besaßen doch noch so viel Feuer und Kräfte, um davonzusprengen, sobald der sie verfolgende Reiter zu nahe herankam.

Am vierten Tage erschienen alle drei Reiter auf frischen Pferden zum erstenmal gemeinsam. Einer hielt auf die Mitte der Herde zu, während die anderen in weiten Abständen auf dem rechten und linken Flügel ritten. Heute wurde die wilde Herde nicht nur verfolgt, sondern getrieben. Jeder Versuch, seitwärts auszubrechen, wurde jeweils durch die Reiter auf den Flügeln vereitelt, indem sie in schnellster Gangart vorwärts sprengten, und schließlich waren die Mustangs zu müde, um sich noch darum zu scheren, wohin sie liefen, solange ihnen nur die Reiter nicht zu dicht auf die Fersen kamen.
Die Nacht überraschte sie auf einer Weide vor einem Canyon. Hier verschwanden die Reiter, gleichsam auf ein verabredetes Zeichen, in der Dämmerung, und die wilden Pferde hielten an, wo sie waren. Sie legten sich nieder, um ihre wunden Hufe und lahmen Beine vom Körpergewicht zu entlasten. Der alte Rotschimmel hielt in der Nähe Wache; er war abgetrieben, mager und ließ den Kopf vor Erschöpfung hängen.
Vor Anbruch des nächsten Morgens wurden sie aus ihrem angstvoll unruhigen Dösen durch gleichzeitig einsetzende, schrille Schreie aufgejagt, die von drei Seiten zugleich zu kommen schienen. Das Geschrei wurde durch das Knallen von Gewehrschüssen verstärkt, die in die graue Morgendämmerung über die Köpfe der Pferde hinweg abgefeuert wurden. Ins Mark erschrocken, sprangen sie auf die Beine und liefen in wilder Unordnung durchs Zwielicht des heraufziehenden Tages. Die Herde wurde dicht an ihren Seiten und am Schluß durch Schüsse und Schreie verfolgt. Die Mustangs flogen in vollem Lauf über die Weide, der Rotschimmel an der Spitze, bis sie sich plötzlich vor dem Eingang zu dem von steilen Felsmauern gesäumten Canyon befanden. Instinktiv witterte der alte Hengst eine Falle. Er hielt sofort an und versuchte, seitwärts auszubrechen, aber es war zu spät. Eine scharf reitende, lassoschwingende Gestalt stürzte auf ihn zu aus einer Wolke lichten Dunstes und trieb ihn zurück. Dadurch kamen die wilden Pferde zum Halt, sie quirlten ständig im Kreise herum, jedes suchte einen Durchschlupf zum Entkommen. Die schreienden Reiter schlossen sie von drei Seiten ein. Sie sprengten rasch hin und her, um die Mustangs zurückzutreiben; nur den Eingang zum Canyon ließen sie ihnen offen. Selbst als die Reiter so dicht herangerückt waren, daß das Sausen ihrer geschwungenen Lassos hörbar wurde, behauptete der mächtige Hengst noch seinen Platz und hielt die Herde vom Canyon zurück. Aber schließlich schossen sie, plötzlich verängstigt durch diese furchterregenden Männer, in kopflosem Lauf, dem kein Einhalt mehr geboten werden konnte, in die V-förmigen Felsmauern hinein. Mit einem trotzigen, schrillen Aufwiehern stand der Hengst als Letzter da. Mit widerwilligen

Tritten wich er langsam vor den herankommenden Reitern zurück. Seinen stolzen Kopf hielt er erhoben, seine dicke Mähne und sein dichter Schweif wehten und seine vorstehenden Augen blitzten zornig in den frühen Morgen hinein. Das Tier bot einen prächtigen Anblick in seinem naturhaften Mut und seinem Trotz.

Etwa eine Meile weit rannten sie den Canyon hinauf durch einen schmalen Engpaß, der in ein kleines, rundes Tal mit ebenem, grasbedecktem Boden führte, welcher von einem langsam rinnenden, klaren Gewässer durchzogen wurde. Für einen Augenblick schien es den Pferden, als ob sie freigekommen wären, aber ein rascher Blick zeigte ihnen, daß sie rundum von steilen Felsmauern eingeschlossen waren. Sie erkannten, daß sie in einer Falle staken, und jedes Pferd war nun sich selbst überlassen. Sie stampften mit den Beinen, wirbelten durcheinander und versuchten, nach hinten zu drücken, in der Hoffnung, auf die freien Flächen der Hochweide zurückkehren zu können. Aber es gab keine Möglichkeit, denn hinter ihnen drängten die anderen heranstürmenden Pferde herein, und denen folgten die schreienden, lassoschwingenden Reiter.

Als die Herde schließlich in das kleine Tal hineingezwungen war, hielten die Reiter ihre schwitzenden Pferde bei dem schmalen Felseingang an und schauten unter ihren großen Hüten hervor, breit und vergnügt grinsend, über die Mustangs. Der alte Hengst rannte unten an den Felswänden rundum und suchte nach einem Ausgang. Die anderen Pferde folgten ihm erregt und nervös und suchten mit. Sie fanden zwei schmale, steil aufwärts führende Pfade, die durch Bergwild getreten waren — als Wechsel zum Wasser in dem kleinen Tal. Die Pferde hätten darüber hinausklettern können, so steil und gewunden sie auch waren, wenn nicht frisch gefällte Baumstämme quer darüber gelegen hätten, Blöcke, die nicht zu überspringen waren. Die Pferdefänger hatten sorgfältig alle Ausgänge versperrt.

Aber der Hengst gab nicht so leicht auf. Er machte den verzweifelten Versuch, einen Schieferfelsrutsch zu erklimmen. In vollem Galopp ging er ihn an, sprang hoch dagegen, wühlte mit den Hufen den scharfen Schiefer auf, während ihm seine Schutzbefohlenen hoffnungsvoll zusahen. Aber das Gestein glitt und rollte ihm unter den Beinen weg. Er mußte aufgeben und rutschte zum Talboden zurück.

Nun war die Falle wirklich zugeschnappt. Die Reiter schienen in keiner Eile zu sein. Sie errichteten aus Baumstämmen eine hohe Absperrung am Ausgang des kleinen Tals. Nachdem sie sich davon überzeugt hatten, daß alles zuverlässig fest war, ritten sie durch den Engpaß davon. Als sich die Mustangs allein sahen, suchten sie weiter die Felswände ab, nach und nach prüften sie alle möglichen Felsspalten und Stellen, die danach aussahen, als würden sie einen Aufstieg erlauben. Aber überall stießen sie bei ihren Anstrengungen auf unüberwindliche Steinblöcke oder kreuzweise aufgeschichtete Baumstämme. Nach einigen Stunden wußten die Pferde nichts mehr zu unternehmen. Da sie völlig ausgehungert waren, gaben sie die Suche auf und begannen das Gras abzuweiden, das den Boden des kleinen Tales überzog.

Am nächsten Morgen erschienen die Männer wieder an der Baumstammabsperrung, und vor ihrem Anblick liefen die Mustangs Hals über Kopf zum oberen Ende des Tals. Von dort aus beobachteten sie, erregt stampfend, wie die Sperre vorerst niedergelegt wurde und man verschiedene gesattelte und bepackte Pferde durch die Öffnung führte. Dann bauten die Männer die Stämme wieder auf, sattelten ihre Tiere alle ab und ließen sie frei. Die zahmen Pferde gingen zuerst zu dem kleinen Fluß, tranken sich satt und begannen dann geruhsam zu weiden. Die Mustangs beobachteten sie mißtrauisch und liefen fort, wenn ihnen die mit dem Geruch von Menschen und Satteldeckenschweiß behafteten Pferde nahekamen. Der Rotschimmel ging mit gebleckten Zähnen gegen sie los, aber sie wollten ihn nicht annehmen und mit ihm kämpfen.

Nachdem sie ihre Pferde freigelassen hatten, zündeten die Männer nahe beim Gewässer ein Feuer an und kochten ihr Essen. Die Mustangs, die zusammengedrängt am oberen Ende des Tals standen, konnten sie lachen und reden hören. Aber die Männer machten an diesem Nachmittag keinen Versuch, die Tiere mit den Wurfschlingen einzufangen.

Als es dunkel geworden war, begann die wilde Herde, vom Hunger getrieben, auf einem kleinen Platz nahe beim oberen Felswall zu grasen. Nachdem sie dort das Gras abgeweidet hatte, löste sich die Herde auf, die einzelnen Mustangs mischten sich unter die zahmen Pferde und grasten mit ihnen gemeinsam über das ganze Tal, nur die Stelle mieden sie, wo die Männer ihr Lager aufgeschlagen hatten. Gegen Morgen hatten sie ihr Mißtrauen gegenüber den zahmen Tieren verloren, die ja auch nur Pferde waren wie sie selber und weder die Absicht noch die Fähigkeit hatten, ihren wilden Vettern Böses zu tun. So vergingen drei Tage. Die Männer lebten wohl mit den wilden Pferden zusammen in dem kleinen Tal, aber sie machten nie den Versuch, sich ihnen zu nähern oder sie zu fangen. Während dieser Zeit gewannen die Tiere zum großen Teil ihre alten Kräfte wieder, und ihre wunden Hufe heilten aus. Auch gewöhnten sie sich an den Geruch und den Anblick der Männer. Sie fürchteten sich nicht mehr vor den Stimmen der Menschen und ihrem Ge-

lächter. Sie faßten wieder Mut und Hoffnung, nicht zuletzt durch die ruhige Unbekümmertheit der zahmen Pferde.
Aber diese kurze, friedliche Zeit dauerte nicht an, denn am vierten Tage holten sich die Männer drei ihrer Pferde heran, sattelten sie und ritten quer durch das Tal. Sie ließen die Schlingen ihrer Lassos rasch in den Wurfhänden kreisen. Die wilden Pferde, die schon etwas vertraut geworden waren, quirlten in einem erregten Haufen gegen die Felsmauer, aber die Reiter kamen ihnen nach, immer näher und näher, bis es dem alten Rotschimmel zuviel wurde. Er brach nach rechts aus zu dem mit Steinblöcken übersäten Fuß der Felsmauer. Das wirkte wie ein Auftakt, denn im nächsten Augenblick setzten ihm die Männer nach, alle drei, die Lassos über den Köpfen wirbelnd.
Der Leithengst brachte rasch genügend Abstand zwischen sich und sie, aber sie jagten ihn und überholten ihn in einer Ecke. Wiederum brach er aus, entwich einer fliegenden Schlinge, raste quer durch das Tal und schnellte sich gegen den Schieferfelsrutsch im wiederholten Versuch, ihn zu erklettern. Da schoß eine Schlinge blitzschnell vor und legte sich über des Rotschimmels Ohren. Der erfolgreiche Reiter wendete und ritt weg, während sein Pferd sich gegen den Zug des Lassos stemmte, der am Sattelhorn festgemacht war. Der Leithengst wurde aus dem Gleichgewicht gerissen, er warf sich in der Luft herum wie eine Katze und rutschte über das Schiefergeröll herunter auf den Talboden. Dabei bot er einen großartigen Anblick wilden Trotzes mit seinem aufgeworfenen Kopf und den flammenden Augen. Und dann griff er an, unversehens und naturgewaltig wie ein Blitz.
Die beiden anderen Reiter ließen ihre Wurfseile vorwärts und nach unten kreisend schnellen, sie zielten nach seinen Beinen, aber er war ihnen zu schnell. Der Mann auf dem Lassopferd warf sich zur Seite, doch des angreifenden Rotschimmels Maul traf ihn und stieß ihn im Nu aus dem Sattel. Sein Pferd überrollte sich seitwärts bei dem Zusammenprall.
Der Rotschimmelhengst stürmte im Drang nach Freiheit davon, aber das Seil, das noch am Sattelhorn des gestürzten Reitpferdes festgemacht war, schnellte straff auf und wirbelte ihn herum. Da wurde das mächtige Tier bösartig. Kalte, grausame Wut brannte in ihm auf.
Mit einem schrillen Zornesschrei stürzte es mit gefährlich bleckenden Zähnen auf den am Boden liegenden Mann los. Dessen blasses Gesicht überzog sich mit dem Ausdruck des Schreckens, aber da fuhr die Hand eines anderen Reiters rasch zur Hüfte, und es erscholl ein lauter Knall. Der Rotschimmel stolperte mitten in seinem Ansturm, brach in die Knie und rollte wie ein schwerer Sack zu Boden. Er schlug noch ein paarmal wie im Krampf aus, dann lag er ganz

ruhig. Und jetzt erst, da die Schlinge von seinem seidenhaarigen, schweißbefleckten Hals genommen wurde, berührte ihn zum erstenmal die Hand eines Menschen. Er hatte als ein Wilder gelebt und war nun auch als ein Wilder gestorben, aber sein unbezähmbarer Mut pulste in den Adern des jüngeren Rotschimmels, seines Sohnes!

Ein starker Blutgeruch lag in der Luft, als die drei Reiter ihre Lassos aufnahmen und wieder zu den erschrockenen Mustangs ritten. Als die Tiere Hals über Kopf aus ihrer Ecke herausrasten, sauste eine Wurfschlinge in großen Kreisen durch die Luft und landete über dem Hals des jungen Rotschimmelhengstes. Da er mit voller Schnelligkeit lief, riß ihn ein furchtbarer Ruck plötzlich zu Boden und schlug ihm den Atem aus den Lungen. Bevor er wieder Luft schöpfen konnte, saß schon ein Mann auf seinem Kopf. So wild er auch aushauen mochte, es gelang ihm nicht, den Reiter abzuschütteln, und schon war ein handfester Lederhalfter über seine Nase gestreift und hinter seinen Ohren zugeschnallt. Dann durfte er sich hochrappeln. Als er zitternd auf gespreizten Beinen dastand, bemerkte er, daß das andere Ende des am Halfter befestigten Seils von einem Mann auf einem Pferd festgehalten wurde. Noch einmal unternahm der Rotschimmel einen ungestümen Fluchtversuch, aber er wurde nur wiederum mit einem Ruck, der ihn nun auf die Nase traf, kurz herumgerissen. Ein paar Augenblicke später wendete der Mann sein Pferd und ritt davon, während er den Rotschimmel hinter sich herzog. Ein anderer Reiter schlug von hinten mit einem Seil auf ihn ein und zwang den Mustang zu folgen. Und nachdem ihm seine erste Unterweisung darüber, wie er sich am Strick führen zu lassen hätte, zuteil geworden war, wurde er an einem festen Baum kurz angebunden.

Die drei Reiter kehrten dann zu der Herde zurück und fingen einen anderen großen Vierjährigen heraus, warfen ihn, brachten ihm das Gehen am Führseil bei und banden ihn dann an einen anderen Baum neben dem Rotschimmel an. Das wiederholte sich den ganzen Morgen lang, und zu Mittag stand ein Dutzend der wilden Pferde, darunter der leichtfüßige Rappe, an Bäumen, angebunden mit Stricken und festen Halftern. Diese Beute schien den Männern zu genügen, denn sie entfernten die Baumstammsperren am Ausgang des Tals, und der Rest der erschrockenen Pferde konnte ungehindert entkommen. Die Mustangs stürmten mit fliegenden Mähnen und Schweifen in einer Staubwolke durch die Öffnung und verließen die Gefangenen, die ihnen, sich heftig gegen die Stricke wehrend, nachwieherten. Und als eine leblose Masse blieb die Leiche des mächtigen Rotschimmelhengstes zurück, der einst ihr stolzer Führer gewesen war.

Bertrand Shurtleff Der lange Winter

Blizzard genoß die letzten Sommerwochen sehr. Seine neue Gefährtin war zwar nur ein recht unansehnliches Saumtier und mehrere Jahre älter als er; aber sie bedeutete ihm alles, wonach er sich sehnte.
Er konnte ihr die gleichen Aufmerksamkeiten erweisen, die seine Mutter ihm erwiesen hatte; er konnte vor allem die Rolle des Lehrers und Beschützers übernehmen, nach der seine Männlichkeit verlangte. Da er das freie Leben in der Wildnis kannte, vermochte er der Stute bei vielen Schwierigkeiten beizustehen, die bisher die Menschen für sie bewältigt hatten. Er konnte sie lehren, wie man an einem Sumpf vorbeikam, ohne in ihm zu versinken; konnte ihr zeigen, wo wohlschmeckende Blätter und das süßeste Gras zu finden waren; er wußte, wo sie am Tage ein paar Augenblicke ungestört einnicken durften, und kannte die Stellen, wo sie in verhältnismäßiger Sicherheit die langen Nächte verbringen konnten. Wenn er ein besonders saftiges Büschel Gras fand, rief er sie herbei und ließ sie fressen, und wenn sie an einen Bach oder an einen Teich kamen, ließ er sie zuerst trinken, indessen er stolz die Wache hielt. Witterte eines von ihnen nur die geringste Gefahr, lag die leiseste Beunruhigung in der Luft, stolzierte er mit erhobenem Kopf um sie herum und stieß ein drohendes Wiehern aus. Das alles machte ihm offensichtlich Freude.
Seine herausfordernde Stimme machte überall Eindruck, sogar auf die Braunbären, die vor seinem drohenden Geschmetter allen Appetit auf Pferdefleisch verloren und sich lieber mit Beeren vollstopften, um sich für den langen Winterschlaf eine ausreichende Reserve an Fett anzumästen. Obwohl sie noch niemals in ihrem Leben einem kämpfenden Hengst begegnet waren, ahnten sie doch, daß er ebenso gefährlich sein müsse wie eine Bärenmutter, die ihr Junges verteidigt.
Blizzard und seine Gefährtin bewegten sich Gras rupfend weiter und weiter durchs Tal. Hin und wieder sah er auf ihren Weg zurück, um sich zu vergewissern, daß der Mann, von dem er die Stute weggelockt hatte, sie nicht mehr verfolgte. Die Stute war also jetzt frei wie er selber, konnte laufen,

wohin sie wollte, und fressen, soviel sie konnte, und während der langen Stunden der Nacht würde sie neben ihm liegen.

Mit ihrer wilden Flucht in die Freiheit hatte sich ihr Leben völlig verwandelt. Statt saurer Arbeit unter den ungeduldigen Befehlen eines Menschen gab es jetzt nichts als angenehmes Herumschlendern, Fressen und Schlafen. Keine unbequemen Lasten drückten auf sie; keine Riemen, keine Leine scheuerten ihr Fell wund. Sie brauchte nicht morgens, wenn es eben dämmerte, auf die Beine zu springen und sich schwere Lasten aufladen zu lassen, um dann stundenlang an der unbarmherzigen Leine eines Menschen einherzulaufen.

Jetzt durfte sie morgens so lange faulenzen, wie sie wollte, es sei denn, daß Blizzard sie durch eine Neckerei in Bewegung brachte. Dann bummelten sie über die kleinen Grasstreifen, die zwischen den Bäumen verstreut lagen, oder fraßen, wann immer sie Lust hatten, von den einladenden Büschen und Bäumen die Blätter ab. Oft standen sie auch nebeneinander, den Kopf am Schweif des andern, und wedelten sich die Fliegen und Moskitos weg. In solchen Stunden legte Blizzard seinen Hals über den ihren und sah träumend ins Weite. Nach seiner langen Einsamkeit hatte er doppelt das Bedürfnis, sie zu verwöhnen, ähnlich wie er verwöhnt worden wäre, wenn er mehr als diese eine kleine Fuchsstute um sich gehabt hätte. Er genoß das höchste Glück in seinem kurzen Dasein.

Aber in wenigen Wochen mußte Frost auf Gras und Sträucher fallen. Die Zeichen des herannahenden Winters störten Blizzard auf und erweckten dunkle Erinnerungen an lange Monate des Hungerns. Er fühlte jetzt die gleiche Unruhe, die seine Mutter empfunden, wenn auf den Sümpfen sich das erste Eis gebildet hatte und die Blätter bitter und trocken geworden waren.

Er hatte keine Hufeisen, wie es Prinzessin gehabt hatte, um das immer dicker werdende Eis aufzuschlagen; aber seine Hufe waren vom ständigen Herumwandern, vom Stampfen und Scharren hart und rund geworden; auch wußte er jetzt, welche Stellen an den Bächen offenblieben. Das Eis war fürs erste keine Gefahr für die beiden Pferde.

In den wenigen Wochen sommerlichen Überflusses war Daisy ebenso rund und fett geworden wie Blizzard. Da die Menschen sie auch während der langen Winterzeit mit Futter versorgt hatten, konnte sie die Sorgen ihres Gefährten nicht verstehen. Sie war es gewohnt, geführt zu werden und hatte sich vom ersten Tag an seiner Führung willig unterworfen; so überließ sie ihm denn jetzt auch die ganze Verantwortung.

Als das Gras immer seltener wurde und die Blätter von den Bäumen fielen, wurde sie unzufrieden. Sie verlangte nach dem gleichen Futter und der gleichen Menge, wie es ihr die schwindenden Sommermonate geboten hatten. Doch der Hengst wollte sich nicht durch unnützes Herumwandern die stattliche Fettschicht ablaufen, die er sich während der Zeit des Überflusses zugelegt hatte. Er fühlte, daß sie ihr Fett für die bevorstehende lange Fastenzeit brauchten, und versuchte es ihnen durch eine gewisse Gemächlichkeit zu bewahren; indessen sie den immer kürzer werdenden Tag über nach Futter suchen wollte und weiter und weiter trieb.

In diesem Herbst gab es wieder viele Kaninchen; darum konnten die Raubtiere aufs Fleisch der Pferde leichter verzichten. Die Bären hatten sich an Beeren fettgefressen; sie achteten nicht auf den stolzen weißen Hengst und seine dicke kleine Stute.

So blieben sie denn von allen Verfolgern unbehelligt, und nur Blizzards Sorge vor dem nahenden Winter ging ihnen nach. Unruhig zogen sie über Hügel und Täler.

Die erste große Freude über ihr Beisammensein hatte sich allmählich in die Annehmlichkeit gegenseitiger Gewöhnung verwandelt, nicht anders wie es bei einem glücklich verheirateten Menschenpaar zu gehen pflegt. Jedem war die Gegenwart des andern etwas Selbstverständliches. Und doch konnten sie es nicht lange aushalten, wenn sie einander aus dem Auge verloren. Dann warfen sie unruhig den Kopf hoch, wieherten leise und ein wenig ängstlich, um sich ihrer Nähe zu versichern, und paßten auf, daß sie nicht allzuweit voneinander wegliefen.

Eines Tages hatte sich die Stute von dem schlafenden Blizzard weiter entfernt, als sie gedacht. Obgleich sie überall an Zweigen und Kräutern nur verächtlich schnupperte, war sie doch immer weiter das Tal hinabgezogen. Außer dem Moos hatte der Frost hier alles Grün geschwärzt und welk gemacht. Sie ahnte nicht, wie eifrig sie in wenigen Wochen nach den zähen, winterfesten grünen Polstern scharren würde. Immer wenn sie angewidert aufsah, meinte sie, ein paar Schritte weiter etwas Besseres finden zu können. Sorglos wanderte sie, ohne aufzusehen, überzeugt, ihr Gefährte würde ihr schon nachkommen, wenn er aus seinem Dösen erwachte und sah, daß er allein war. Indem sie hin und wieder die Ohren nach hinten drehte, ging sie weiter und weiter.

Als sie dann endlich merkte, daß auch sie allein war und kein besorgter Freund nach ihr rief, hielt sie inne, sah sich um und wartete. Er kam immer noch nicht. So sehr sie auch horchte, weder hörte sie ihn hinter sich herstürmen noch irgendwo einen Huf auf die harte Erde stampfen.

In diesem Augenblick fiel der erste Schnee, wirbelten winzige weiße Flocken hernieder und stiegen mit dem sanften Atem der Luft wieder empor, bis sie sich auf Nadeln und Zweigen niederließen oder auf die dunklen Polster des Mooses fielen.

Eine innere Stimme kündete ihr, daß dies der Anfang der großen Schneefälle war, die bald alles Leben hier zudecken würden. Sie warf ihren Kopf hoch und wieherte. Es war eine erste sanfte Frage an ihren Gefährten. Sie bekam keine Antwort und wieherte lauter, indem sie alle Kraft ihres kleinen fetten Leibes zusammennahm und in einen wilden schmetternden Ruf ausbrach. Es überfiel sie ein furchtbares Entsetzen bei der Vorstellung, der Wildnis plötzlich allein gegenüberzustehen, vor der sie ihr ganzes Leben über bewahrt geblieben war.

Als sie immer noch keine Antwort bekam, jagte sie auf ihrer eigenen Fährte mit weit ausgreifenden Hufen zurück; sie wollte wissen, was ihrem Freund passiert sein mochte, und war in größter Sorge, sie könnte ihn verlieren.

Ihre Sorge verwandelte sich in Furcht. Sie beschleunigte ihren Schritt noch mehr. Bei jedem dichten Buschwerk, vor jedem Dickicht gestürzter Bäume schnaubte sie fragend, ob nicht ihr Freund dahinter hervortreten wolle. Als sie noch immer nichts von ihm hörte, preschte sie rücksichtslos über alle Hindernisse hinweg.

Plötzlich brach unter ihrer Last eine morsche Wurzel. Ein Eisen verfing sich und hielt ihren Huf fest. Mit einem Ruck versuchte sie ihn loszubekommen, wobei sie das Eisen abriß und sich den Fuß schlimm verstauchte. Stolpernd konnte sie gerade noch ihr Gleichgewicht wiedererlangen; aber der Schmerz im Fußgelenk ließ sie ihr verletztes Bein hochziehen. Sie berührte den Boden kaum mit der Spitze des Hufs, als sie weiterhumpelte.

Endlich kam Blizzard angelaufen. Als er sie hinken sah, erfaßte ihn Sorge. Er berührte sie sanft mit der Schnauze, stellte sich neben sie und versuchte der Zitternden durch Berührung mit seinem eigenen ruhigen Leib die Aufregung zu nehmen. Ihre Angst ließ allmählich nach; mit dem verrenkten Fuß konnte sie jedoch immer noch nicht auftreten; unter Schmerzen und mit größter Vorsicht hinkte sie vorwärts.

Für die nächsten zwei Wochen verdoppelte er seine Wachsamkeit. Er stolzierte in großen Kreisen um sie herum und bot allen, die es wagen sollten, sich seiner Freundin zu nähern, Trotz. Jeder, der es hören konnte, verstand, daß er bis zum lezten Atemzug kämpfen würde, um sie zu schützen. Wenn der Hunger sich meldete, streifte er umher, um nach Zweigen und winterfesten Kräutern zu suchen, blieb, wenn er welche gefunden, davor stehen und rief so lange, bis sie kam und fraß. Fand er Wasser, so lief er zu ihr und führte sie zur Tränke.

Und doch vermißte die Stute die menschlichen Wesen, die für sie gesorgt, wenn sie sich verletzt hatte, und die wohltätige Pflege, die sie ihr hatten angedeihen lassen, wenn sie im Stall stand und sich von irgendwelchen Beschwerden erholt hatte. Es ging ihr jetzt wie mancher menschlichen Ehefrau, die, wenn das Leben einmal seine Härte zeigt, ihren Mann daran erinnert, daß sie vor ihrer Ehe bessere Zeiten gekannt habe. Jetzt, da der weiße Schnee die Welt bedeckte und die Nächte immer kälter wurden, schienen der Stute die Freuden des Sommers nur allzu kurz gewesen zu sein.

Allmählich heilte ihr Fuß soweit, daß sie Blizzard nachhumpeln konnte, wenn er die Hügel auf- und niederstieg. Er beobachtete, wie das kurzbeinige Rotwild in den Tälern seine Winterquartiere anlegte und die Wege zu den lebenerhaltenden Büschen zurechttrampelte, von denen es während der kommenden Kälte fressen würde.

Er brauchte seine Methoden jetzt nicht mehr zu studieren oder sich an die Fersen einer der plumpen Elchkühe zu heften, die sie gelegentlich trafen. Die Scheusale wollten noch immer nicht die Nähe eines zweiten Pflanzenfressers dulden, der ihnen ihr Winterrevier kahlfressen könnte; und Blizzard war viel zu stolz, als daß er unter den Augen seiner sanften Stute vor einem unbewehrten Kuhkopf oder dem mächtigen Schaufelgeweih eines Elchbullen hätte davonlaufen mögen.

So zog er denn diesmal ohne Führung los, um sich mit seiner Gefährtin ein geeignetes Winterquartier zu suchen. Sie gingen im Schutz einer Barriere von Bäumen und Büschen. Der Schnee lag verhältnismäßig niedrig, weil hier der Wind nicht hatte herankommen und ihn zusammenfegen können. Danach wurde er allmählich höher und höher. Er wuchs langsam, aber stetig mit jedem leichten Schneefall während des grauverhangenen Tages und während der langen kalten Nacht, so daß Daisy mit immer größerem Widerstreben ihrem Freund folgte und ihre kurzen Beine zuletzt kaum noch aus den Massen hervorziehen konnte.

Da Blizzard durch Erfahrung wußte, wie lang ihnen der Winter werden würde und wie sehr sie bis zum Frühling noch hungern müßten, hatte er sich nicht zu früh in ein Gehege einsperren wollen. Jetzt aber war der Augenblick gekommen, wo er nicht mehr wagte, noch weiter herumzustreifen. Er ging zu dem Platz zurück, den er sich für seine Zwecke bereits ausgesucht hatte. Bisher hatte er ihn gemieden, um den begrenzten Vorrat an genießbaren Zweigen zu schonen und für die Zeit der schlimmsten Not aufzusparen.

Die Stute schien ein wenig gekränkt zu sein, daß ihr dieses Futter so lange vorenthalten worden war. Hochzufrieden machte sie sich sogleich ans Fressen und achtete nicht darauf, daß Blizzard mit aufgerichtetem Kopf sich durch den Schnee kämpfte und in einem ungefähren Kreis durch das dichte Gebüsch einen Pfad zurechttrampelte. Dieses Gehege sollte viel größer werden als das vorjährige, das für Blizzard und Prinzessin nur eben ausgereicht hatte.
Diesmal war es Blizzard, der seine Begleiterin drängte herumzutraben, den Schnee festzustampfen und darauf zu achten, daß neue Schneefälle ihnen die Wege nicht wieder zuwarfen. Wie seine Mutter das junge Fohlen gebissen und gezerrt hatte, daß es sich in seiner spielerischen Art an der Arbeit beteiligte, so mußte er nun seine Freundin dazu bringen, mit ihm durch die schneidende Kälte zu stolpern. Ihr Fuß war noch immer nicht ganz in Ordnung; immer noch hinkte sie. Aber Blizzard wußte, daß ihr Leben von der Größe ihres Geheges abhing und von der Anzahl der Pfade, die sie innerhalb desselben anlegten; auf ihnen würden sie, wenn der Schnee höher würde, an die nahrungsspendenden Büsche herankommen. Sein Trieb zu beschützen, der durch die Not doppelt herausgefordert wurde, ließ ihn mit dem Futter sparsam umgehen Er fraß gerade so viel von Zweigen und Rinden, daß sein knurrender Magen sich nicht allzu laut meldete. Seine Gefährtin aber vermochte ihre Gier nicht zu bezähmen. Sie war gewohnt, daß man sie für ihre Arbeit im Sommer während der Wintermonate entschädigte und ihr reichlich zu fressen gab. So mußte er denn manchmal seinen Kopf unter ihren Hals schieben, wie es Prinzessin seinerzeit mit ihm gemacht hatte, und sie vom Futter wegdrängen oder sie dazu treiben, mit ihm aufs neue über die verschneiten Wege zu laufen.
Die Pferde genossen in ihrem stillen Gehege ein paar Wochen der Ruhe. Dann erschienen wieder die Wölfe. Doch in diesem Jahr fanden die Räuber keine erschöpfte Stute mit einem erschrockenen Fohlen vor, sondern einen reifen Hengst, der sie mit rollenden Augen und heftig schlagenden Hufen zum Kampf herausforderte. Obgleich sie vor Hunger heulten, hielten sie diesmal keine Wache, sondern liefen bald wieder über die glitzernde Schneekruste weg, um sich nach einer leichteren Beute umzusehen.
Die Nordlichter warfen ihre geisterhaften Strahlen gegen den Himmel, und während der wenigen Stunden zwischen Auf- und Niedergang glänzte der Mond über den leuchtenden Schnee. Die grauen Tage zogen nur langsam dahin. So wenig die Pferde auch fraßen, bald waren die Zweige bis auf bloße Stümpfe weggefuttert und die vereisten Pfade in der Suche nach den zählebigen Moospolstern überall aufgescharrt. Das Fett, das die beiden während

der Sommermonate aufgespeichert hatten, schmolz weg, und ihre Knochen traten sogar durch das verfilzte, dichte Winterfell. Aber dennoch schienen sie besser über den Winter zu kommen als Blizzard und Prinzessin seinerzeit, weil sie mehr Büsche in ihr sorgfältig angelegtes Gehege einbezogen und sich in den ersten Wochen beim Fressen zurückgehalten hatten.

Dann setzte unerwartet Tauwetter ein, begleitet von einem Landregen. Als die Witterung wieder umschlug, wurde die verkrustete Schneedecke noch fester. Die Wölfe zogen ihren Vorteil daraus und quälten alles Wild, das sich zwischen Schneewänden eingeschlossen hatte, mit immer heftigeren Angriffen. Knapp eine halbe Meile von den Pferden entfernt, belagerten sie ein Rotwildgehege und erfüllten mit ihrem Knurren, Heulen, Bellen und Schnappen die nächsten zwei Nächte mit Entsetzen.

Blizzard warf unruhig den Kopf auf und nieder und zuckte nervös mit den Ohren. Er fürchtete, daß der Lärm ein Auftakt zu einem Angriff auf ihn und die Stute sein könnte.

Die Wölfe hatten dort drüben ihre Taktik gewechselt. Nachdem sie ihre Opfer ermüdet hatten, wandten sie sich jetzt unmittelbar gegen das Leben der Gefangenen. Knurrend, bellend, beißend und hin- und herschießend karriolten sie auf dem Rand der Einfriedigung herum. Damit veranlaßten sie den verteidigenden Bock, sich von einer Gasse in die andere zu stürzen. Mit gesenktem Gehörn jagte er bis zur Erschöpfung hin und her. Die messerscharfen Ränder seiner Schalen trommelten auf dem Eis. Seine Nüstern schnaubten Trotz.

Einige beherztere Wölfe sprangen endlich hinunter und rasten wie toll auf den Verbindungswegen des Geheges herum, schnappten nach den Beinen der Gefangenen oder tauchten mit bleckenden Zähnen drohend unter ihren Kehlen auf. Zu Tode erschrocken, verteidigten sich nun auch Rehe und Kitzen und schlugen, so gut sie konnten, mit ihren scharfen Vorderläufen aus.

Aber noch fehlte den Wölfen der Mut, ihre mächtigen Gebisse in die Kehle oder die Halsader ihrer Opfer zu schlagen. Sie wußten sehr wohl, was für eine wütende Flut an Tritten, Stößen und Stichen auf sie niedergehen würde, wenn sie es wagen sollten, ein erlegtes Tier dort unten zu zerreißen und sein Blut zu lecken. Ihr Ziel war vielmehr, die ganze kleine Gesellschaft zu ermüden und ihren Verteidiger zu erschöpfen und zu töten.

Während der geängstigte Hengst horchte und mit angelegten Ohren auf den Angriff wartete, der jetzt nach seinem Gefühl beginnen mußte, setzten die Wölfe ihr furchtbares Spiel fort. Wieder und wieder fiel der Bock auf die List seiner Feinde herein und rannte von einer Ecke zur andern, bis er endlich zur

Rache schritt und mit einem gewaltigen Satz auf den Schneewall sprang. Er hatte erwartet, seine Läufe würden im weichen Schnee versinken; statt dessen landeten sie auf hartem Eis. Sofort schlug er seine scharfen Schalen in die verkrustete Schneedecke, um festen Halt zu gewinnen; dann richtete er sein Gehörn gegen den Kreis schnappender Wölfe und trieb ihn in ruhmlose Flucht. Ab und zu schnitt eine seiner Schalen durch eine weichere Stelle der Schneedecke, so daß das zarte Bein bis zum Knie versank; aber jedesmal gelang es ihm, es rechtzeitig wieder herauszuziehen, aufs neue Fuß zu fassen und den nächsten Angriff der Wölfe abzuschlagen.

Hinter ihm im Gehege drängte sich die erschrockene Herde gegen den Wall; die Tiere hoben ihre kleinen schwarzen Schnauzen und spannten erregt die großen Lauscher, um zu hören, wie der Kampf da draußen verlaufe. Sie waren bereit, tapfer mit den Hufen zu schlagen, wenn die Wölfe zurückkämen, bevor ihr Beschützer wieder bei ihnen war. Dicht zusammengedrängt und die Köpfe nach außen gewandt, bildeten sie einen schützenden Ring um die Kitzen und warteten.

Der Bock fühlte, daß er weggelockt worden war und inzwischen einige seiner Feinde sich zurückschleichen und seinen Harem angreifen könnten. Dicht vor dem Gehege der Pferde drehte er um und floh in sein Reich zurück.

Jetzt machten die Wölfe mit ihren Angriffen Ernst. Es ging ihnen darum, den von seiner Herde getrennten Bock zu töten. Ihre Klauen setzten sie auf der vereisten Fläche in Vorteil. Die scharfen Schalen des Rehbocks glitten dagegen auf der harten Eisschicht immer wieder aus oder brachen an dünneren Stellen durch. Bedroht an Kehle und Flanken mußte er sich mal nach der einen, mal nach der andern Seite wenden, indessen die mageren grauen Gestalten hin- und herflitzten.

Zwei der übermütigsten Angreifer bekamen endlich seine scharfen Spieße zu fühlen; sie zogen sich, vor Schmerz kläffend, zurück und jagten in wilder Flucht vor dem Rest des Rudels davon, wohl wissend, daß die eigenen Genossen sie zerreißen würden, sobald diese merkten, daß sie verwundet waren.

Jedesmal, wenn der Bock zustieß, gewann er Zeit, sich ein paar Schritte nach seinem Gehege zurückzuziehen; dann schlossen ihn die Bestien wieder ein mit ihrem wütenden Lärm und ihrem entsetzlichen Gestank. Doch endlich gelang ihm der Rückzug. Mit gesenktem Gehörn die Angreifer im Schach haltend, ging er Schritt für Schritt rückwärts, bis er den Rand seines Grabens erreicht hatte. Hier warf er sich herum und sprang flink ins Gehege zurück. Die verängstigten Rehe öffneten ihren Ring, um den erschöpften Bock in ihre Mitte zu nehmen. Die Wölfe aber heulten ihre Enttäuschung laut in die Nacht.

Ein leichter Flockenfall, der inzwischen niedergegangen war, sollte ihnen jedoch noch zum Verhängnis werden. Einer der kühneren Angreifer war zu stürmisch gegen den Grabenrand vorgeschossen. Durch den weichen Neuschnee vermochte er mit seinen Krallen nicht bis zum festen Eisgrund durchzudringen, und so rutschte er denn in einer weißen Puderwolke den Wall hinunter. Sofort versuchte er in einem mächtigen Satz wieder zu entkommen und die Wand hinaufzuspringen; aber er konnte sich auf dem verschneiten Rand nicht halten und glitt zurück. Indessen war mit gesenktem Gehörn der Bock herbeigestürzt und trieb seine Spieße, da er den Kopf wieder hob, dem gleitenden Wolf tief in den Rücken. Mit einer Kraft, die ein Beobachter dem Tier kaum zugetraut hätte, warf er sein Opfer auf den Spitzen seines Gehörns weit über den Rand des Grabens.
Die Wölfe stürzten sich auf den geschlagenen Genossen, endeten sein Leben und zerrissen ihn. Einander drängend, schiebend, stoßend, gerieten sie dabei immer näher an den Rand des Grabens. So purzelte noch einer aus dem Rudel die glatte Wand hinab und wurde unten von Schalen und Spießen bearbeitet. Der verzweifelte Wolf verbiß sich ins glatte Gehörn des Bocks, bekam aber, bevor er Schaden anrichten konnte, die schlagenden Hufe ins Gedärm, so daß sein fürchterliches Gekläff schnell erstarb.
Oben indessen, vom Geruch des Blutes aufgestachelt, stieß und drängte und riß sich das hungrige Rudel weiter um den Kadaver, bis ein drittes, ja ein viertes Mitglied der räuberischen Horde herunterstürzte und ein Opfer des tapferen Bockes wurde. Schließlich kamen die Tiere zur Besinnung. Sie entdeckten ihre Verluste und zogen eines nach dem andern allmählich fort.

Die ganze Zeit über war Blizzard mit aufgerichtetem Kopf in seinem Gehege herumgelaufen, hatte Wache gehalten, hatte der zitternden Stute Mut zugerufen und der Welt mit der Kraft seiner gewaltigen Lungen verkündet, daß er ein Kämpfer sei, der sich vor nichts fürchtete.
Aber schließlich hatte ihn die bittere Kälte zu der frierenden Gefährtin zurückgetrieben. Er drängte sich dicht an sie heran und steckte ihr seinen Kopf unter die Flanke, um Augen und Schnauze vorm Erfrieren zu schützen. Bei der furchtbaren Kälte wagten sich selbst die Wölfe nicht mehr ins Freie. Nichts rührte sich in dieser Welt aus Schnee und Kälte; kein Laut war zu hören außer dem Krachen des Eises, das von einem entfernten Teich über den glitzernden Schnee zu ihnen herüberscholl, oder dem gelegentlichen Knall der im Frost berstenden Rinden. Auch die großen weißen Eulen flogen nicht mehr durch die Dämmerung. Die kleinen Nager, von denen sie lebten, konn-

ten sich nicht mehr in die Kälte wagen und lagen wohlverborgen in ihren Nestern.
Die Pferde mochten kaum noch fressen und lagen dicht beieinander. Ihr Atem wurde zu Eis, sobald er ihr langes Fell berührte. Sie achteten nicht mehr auf das graue Licht des ewig bedeckten Himmels und sorgten sich um nichts, als daß unter der mörderischen Kälte ihr Blut in Bewegung blieb und nicht erfror. Nur das bißchen Fett, das ihren ausgemergelten Leibern noch geblieben war, hielt sie am Leben. Es wurde für Herz und Blutkreislauf in Energie verwandelt, deren Verbrauch sie dadurch zu drosseln versuchten, daß sie sich so wenig wie möglich bewegten.
So lebten sie eine ganze Woche lang. Sie lagen bei dem Mangel an Bewegung wie gelähmt und betäubt, bis sie wieder von dem Kläffen auf Beute ziehender Wölfe aufgeschreckt wurden. Steif und schwerfällig brachten sie sich auf die Beine und suchten nach Futter, um ihren knurrenden Magen zu beruhigen. Es war ein großes Glück, daß die Wölfe das Rotwild angegriffen hatten; denn in ihrem gegenwärtigen Zustand hätten die Pferde den Bestien nicht lange widerstehen können. Es gab noch immer ein paar Zweige, die sie mit hochgerecktem Kopf erreichen, immer noch ein wenig Rinde, an der sie nagen, oder etwas Moos, nach dem sie scharren konnten. Aber der Hunger, der sie jetzt quälte, konnte von so magerer Kost nicht befriedigt werden. Wieder und wieder strichen sie durch ihr kleines Reich und suchten, was sich fressen ließ, scharrten und nagten und gingen dabei Äste an von der Dicke eines menschlichen Handgelenks.
Der Schneewall um sie herum war härter als der des vorigen Jahres; aber hie und da gab er dennoch nach, wenn sich Blizzard mit der Kraft der Verzweiflung auf die Hinterbeine stellte und mit seinen Hufen auf ihn einschlug. Manchmal kam er in langwieriger, mühsamer Arbeit bis zu einem Busch außerhalb des Geheges. Wenn er am Ziel war, völlig erschöpft, zitternd und naß von Schweiß, dann konnte er nur noch wie betäubt auf die Zweige starren, die er mit einer sehr selbstsüchtigen Gefährtin teilen mußte, die um nichts mehr wußte als um ihren Hunger. Er hatte die Arbeit gehabt, und während er hinterher, da er wieder abkühlte, doppelt unter der Kälte litt, fraß sie weit mehr als die Hälfte von dem mühsam erkämpften Futter weg.
Aber mit der Zeit überfiel ihn eine große Gleichgültigkeit. Es zeigte sich, daß sein männlicher Beschützertrieb doch schwächer war als Prinzessins Muttertrieb, dem er sein Leben zu verdanken hatte. Er rief die Stute nicht mehr zu sich, wenn er etwa einen frischen Klumpen gefrorenen Mooses freischarrte oder einige Zweigstummel fand, die sie bis dahin übersehen hatten. Er stieß

sie nicht mehr mit der Schnauze an, damit sie mit ihm durch die beißende Kälte trabte. Er war zufrieden, wenn er sich allein auf den ausgetrampelten Pfaden dahinzuschleppen vermochte, um zu suchen, suchen, suchen, was er haben mußte und was er doch nicht fand.

Manchmal überfiel ihn eine völlige Apathie; dann stand er wie gelähmt mit zu Boden hängendem Kopf. In solchen Augenblicken merkte die Stute, daß sie allein war und daß ihr ohne die wärmende Nähe seines Leibes kalt wurde. Sie trottete dann zu ihm hin und beide legten sich wieder nieder, um sich den Rest ihrer Wärme zu erhalten.

Da sie Eis und Schnee fressen mußten, um Wasser zu bekommen, waren ihre Mäuler wund; die stechenden Nadeln, die sie von den schneebeladenen Fichtenzweigen abästen, das Aufsplittern der dicken Äste hatte ihre Lefzen zerrissen. Jedes Glied schmerzte, wenn sie sich bewegten, als ob sie schon das höchste Alter ihrer Art erreicht hätten. Doch trotz dieser Not wollte keiner von ihnen den Kampf aufgeben; so mächtig war noch immer ihr Lebenstrieb. Erinnerungen an ihre gemeinsamen idyllischen Tage tauchten in ihnen auf, Träume von saftigem Gras und zarten Schößlingen, bis sie wieder ruhelos durchs Labyrinth ihres Geheges zogen und nach Nahrung suchten.

Seit einigen Tagen lagen die Wölfe wieder im Kampf mit dem benachbarten Rotwildgehege. Die Pferde waren darüber tief erschrocken. Sie mußten fürchten, daß die verzweifelten Bestien zu ihnen kämen und sie angriffen, wenn die Wölfe von dem tapferen Bock wieder fortgejagt werden würden. Aber der alte Bock war ebenfalls schwächer geworden. Auch im Gehege des Rotwilds war das Futter von Monat zu Monat knapper geworden. Der ungewöhnlich strenge Winter verwandelte die sichere Zuflucht in ein furchtbares Gefängnis der Verzweiflung.

Der Mangel an Nahrung hatte auf den Bock den gleichen zermürbenden Einfluß wie auf den Hengst. Er konnte zwar noch immer sein hübsches Gehörn gegen die zurückgekehrten Teufel stoßen, aber seine Kraft und Schnelligkeit waren dahin. Die Wölfe, die ihn fortgesetzt umkreisten und beobachteten, erkannten diese Schwächezeichen und wußten, daß ihre Zeit gekommen war.

So rückte denn mit der Nacht auch die furchtbare Todesstunde heran. Der Wald erscholl vom Blöken der erschrockenen Herde, vom trotzigen Gebrüll des Bocks, vom Schnappen und Bellen der Wölfe, das schließlich in ein Gekläff des Triumphs und der Freude überging und nur hin und wieder, wenn das Gehörn und die Hufe ihr Ziel erreichten, von einem durchdringenden Schmerzgeheul unterbrochen wurde.

Die schwachen Rehe und Kitzen waren vor den mörderischen Fängen der

Wölfe hilflos. Das Gehege wurde ein wahres Schlachthaus für die triumphierenden Bestien. Der Schnee war mit Blut bespritzt; durch den nächtlichen Wald verbreitete sich der Geruch des Todes. Er zermürbte die gefangenen Pferde fast noch mehr als die schleichende Kälte während der letzten Wochen. Auf Tage hinaus hatten die Wölfe nun ihr Wildbret; sie leckten an den Häuten, zerkrachten und benagten die zarten Knochen. Während sie schmausten, klang ihr Lustgeheul durch den Wald.

Aber das Fleisch des Rotwilds bestand nach der langen Hungerszeit fast nur noch aus schwer verdaulichen Sehnen, während das lebenerhaltende Fett, nach dem sich die Wölfe sehnten, verbraucht worden war. Die Wölfe fühlten sich bald krank und verkrochen sich in ihre Höhlen, wo sie ihre Beschwerden ausschlafen konnten. Als sich der Hunger wieder meldete, zogen sie aufs neue auf Raub aus.

In der Ruhepause nach dem Lärm und Blutgestank des Gemetzels hatte Blizzard einen neuen Angriff auf ihre Gefängnismauern unternommen. Er war zu einem Buschdickicht durchgedrungen, das ihnen mehr an Futter bot, als sie seit Wochen gehabt hatten. Die Arbeit hatte den steifen Gliedern und verkrampften Muskeln wohlgetan und das Futter ihm und der apathischen Stute neue Kraft zugeführt. Er hatte dabei auch eine neue Art gefunden, sich durch den Schnee zu schlagen. Bisher hatte er sich immer auf die Hinterbeine gestellt und mit fuchtelnden Vorderhufen den Schnee unter sich weggeschaufelt. Das war eine anstrengende Haltung gewesen, die ihn schnell ermüdete. Jetzt schlug er auf diese Art nur noch die feste Schneekruste durch; war sie einmal gebrochen, dann scharrte, trampelte und wälzte er mit dem Gewicht seines warmen Rumpfes den weichen Schnee zusammen, so daß ein schmaler Pfad entstand.

Die Stute lernte diese Methode ebenfalls und konnte ihm bald bei solchen Unternehmungen helfen. Unvermeidlicherweise wurden bei diesem Verfahren alle kleineren Büsche erst einmal niedergetreten; aber sie konnten sie leicht aus dem Schnee wieder herausscharren. Bald lernten sie, bei jedem Knacken den Kopf in den Schnee zu stecken und nach der Beute zu schnappen; mit einem energischen Kopfschütteln entfernten sie dann den Schnee von den Zweigen und fraßen schnell die Köstlichkeit, bevor der andere sich an der Mahlzeit beteiligen konnte.

Der Kampf kostete den Pferden fast ebensoviel Energie, wie sie aus diesem mühsam eroberten Futter zurückgewannen; aber er hielt sie in Bewegung und gab ihrem Magen Beschäftigung. Jeder Meter, den sie hinzugewannen, brachte ihnen Moos, das sie freischarren, und Rinden, die sie abreißen konnten.

Indessen hatten sich die Wölfe von der Magenverstimmung erholt, und Hengst und Stute waren wieder so weit zu Kräften gekommen, daß sie für eine neuerliche Belagerung einigermaßen gerüstet waren. Ihre Gelenke und Muskeln waren wieder in Übung, wenn ihre Kräfte auch nicht gerade zugenommen hatten. Die Wölfe schnüffelten schon auf den Wällen des ausgedehnten Geheges herum und versuchten mit ihren scharfen Nasen zu erforschen, wie es den eingeschlossenen Tieren bisher ergangen und wieweit ihre Widerstandskraft durch Kälte und Nahrungsmangel gebrochen war.
Blizzards herausforderndes Wiehern war jetzt von wenig Nutzen. Die Angreifer waren klug genug, um seine Verzweiflung und Furcht darin hören zu können. Sie vermochten das Maß seiner Kraft aus der Art zu ersehen, wie er auf den vereisten Wegen stolzierte und trabte. Offensichtlich war er von den beiden der bessere Kämpfer, der am meisten zu fürchten war. Listig versuchten sie das Paar zu trennen; denn sie fühlten, daß ein Angriff nutzlos war, solange die großen Pferde Kopf zu Schwanz nebeneinander standen, wie sie es während der Sommermonate so oft getan hatten. Auf diese Weise konnte eins das andere beschützen, wenn sie sich auf die Hinterbeine stellten und mit den Vorderhufen schlugen. Wenn sie dagegen voneinander getrennt wurden, konnten ein oder zwei Wölfe die Vorderhufe des Schimmels in Bewegung halten, während andere sich an seine tanzende Hinterhand wagten und ihm mit ihren scharfen Zähnen die Sehnen der Fesseln durchbissen. Waren erst einmal die Sehnen durchschnitten, so mußte selbst ein solch gewaltiges Ungetüm wie ein um sich schlagender Hengst ihren mörderischen Kiefern zum Opfer fallen.
Blizzard mied jetzt die langen Futterwege und zwang die Stute, das gleiche zu tun. Er rempelte sie mit seiner Schulter und hieb mit seinen scharfen Zähnen auf sie ein, bis er sie endlich in der Mitte des einzigen geräumigen Platzes hatte, den es im Gehege gab. Blizzard stellte sich Kopf an Schwanz dicht neben sie und wartete auf das Furchtbare, das da kommen sollte.
Die Wölfe fühlten sich durch Blizzards Haltung nur ermutigt; sie krochen an den Rand der Einfriedung und versuchten ihn zu reizen. Sie bellten und heulten und knurrten und jagten auf dem Schneewall herum; aber er ließ sich nicht von seiner Gefährtin fortlocken und in unnütze Kämpfe verwickeln, wie es ihm im vorigen Winter passiert war, als er sich immer wieder in männlicher Kampfesbereitschaft hatte herausfordern lassen.
Enttäuscht über so viel Eigensinn sprangen nun die Wölfe in den Hof und schlichen sich bis dicht an den Eingang des Platzes, wo die Pferde auf sie warteten. Selbst von hier aus vermochten sie nicht den klugen Blizzard aus

seiner Stellung herauszulocken. Einmal wandte sich die Stute, am ganzen Leibe bebend und zitternd, zu ihm um; aber er schubste sie in ihre Stellung zurück und gebrauchte dabei wieder die Zähne, bis sie gehorchte.

Gereizt durch Blizzards unerwartete Konsequenz tauchten die kühnsten unter den Wölfen aus einem der Pfade auf und fingen an, um die schweigenden Pferde herumzukreisen. Näher und näher kamen sie, immer auf dem Sprung auszuweichen, wenn es nötig sein sollte. Eine der grauen Gestalten schoß endlich aus dem Halbdämmer der Nacht hervor und schnappte der Stute nach der Fessel. Daisy zog rechtzeitig den Fuß hoch und drängte sich gegen ihren Beschützer. Blizzard hatte den Angriff erwartet und schlug mit einem Hinterhuf aus. Als eine Wölfin in weiblicher Schläue die Gelegenheit wahrzunehmen versuchte, mit entblößtem Fang gegen die freiliegende Kehle der Stute zu springen, schlug Blizzard noch kräftiger aus. Seine harten Hufe trafen mit der Gewalt eines Schmiedehammers gegen ihre Rippen. Der Schlag zerschmetterte ihr den Brustkorb und drückte die Lungen zusammen. Mit einem einzigen Seufzer flog die Bestie zurück, krümmte sich einen Augenblick auf dem festgetrampelten Schnee und krepierte. Ihre umherspringenden, knurrenden Genossen bemerkten den Tod der Wölfin nicht, da sie das Maul zusammenbiß und kein Blut floß, das ihnen ihren Tod verkündet hätte.

Als Daisy sah, daß ihr der schnelle Hufschlag ihres Freundes den Tod von der Kehle weggejagt hatte, fing auch sie an, den Vorteil zu begreifen, den ihre Stellung für eine gemeinsame Verteidigung bot. Sie beruhigte sich an Blizzards Standhaftigkeit und machte sich bereit, in ähnlicher Art wie er nach jedem Wolf, der ihr an die Kehle wollte, zu schlagen.

Die Wölfe wußten, daß ihnen der Hengst überlegen war, und wagten immer noch nicht, ihn anzugreifen. Sie kreisten weiter um das Paar herum, immer in dem Bemühen, es voneinander zu trennen; aber Blizzard ließ sich auf ihre Herausforderungen nicht ein.

Endlich rochen die Wölfe den Tod des zerschmetterten Weibchens. Sie zogen den Kadaver zu einem der Verbindungswege und zerrissen ihn dort mit großer Gier. Sie leckten sogar das schnell gefrierende Blut vom Schnee auf. Als sie sich auf diese Art gesättigt hatten, fehlte ihnen der Mut, ihren Angriff zu erneuern. Enttäuscht zogen sie ab und machten sich auf die Suche nach leichterer Beute.

Blizzard und die Stute waren jetzt frei und trotteten wieder die Pfade ihres Geheges entlang. Dabei mieden sie den Platz, über welchem der schreckliche Geruch des Todes lag, gemischt mit dem abstoßenden Geruch der Wölfe.

Sie durften wieder nach Moos scharren oder ihr anstrengendes Spiel aufnehmen, sich zu weiteren Büschen außerhalb ihres Geheges durchzuarbeiten. Es waren zermürbende und eintönige Wochen. Die Nächte waren jetzt zwar merklich kürzer geworden; aber die Tage waren so grau, daß die leidenden Tiere den allmählichen Wechsel der Jahreszeit nicht fühlten.

Die Pferde drängten sich dicht aneinander. Sie konnten nur dulden und harren. Die Stute hatte alle Hoffnung aufgegeben; nur Blizzard wußte aus Erfahrung, daß eines Tages die Kraft des Winters brechen würde. Dann würden sie wieder sorglos in der großen Wildnis herumstreunen, an Gras und Blättern sich gütlich tun und an der Überfülle des Sommers sich wieder fett fressen.

Plötzlich schreckte ihn ein fernes Bellen aus seiner Müdigkeit auf. Die Wölfe schienen wiederzukommen. Automatisch hob er den Kopf und beantwortete das Gekläff mit einem herausfordernden Wiehern. Doch die räuberischen Wölfe dort in der Ferne schienen etwas zu verfolgen, das sie näher und näher zu Blizzards Gehege heranzog. Anstatt vor seinen Warnungsrufen in eine andere Richtung abzuschwenken, kamen sie jetzt direkt auf die Pferde zu. Blizzard zitterte und fürchtete, daß ihr Opfer ihnen entkommen könnte und sie sich dann wieder gegen ihn und die Stute wenden würden.

Der Wind kam für seine Nüstern aus der falschen Richtung; er konnte die Witterung des gejagten Wildes nicht aufnehmen. Erregt stand er da; sein ganzer Körper war gespannt. Er fühlte die lärmende Freude in dem Gekläff, aus dem die Siegesgewißheit der Teufel zu sprechen schien.

Doch die Stute hatte sich ebenfalls erhoben und lauschte. Bei einem Schrei, der sich von dem Gekläff der Wölfe deutlich unterschied, warf sie plötzlich den Kopf hoch, jagte im Galopp in die entfernteste Ecke ihres Geheges und streckte ihren Hals weit über die Eiswand in die Richtung, aus der das ferne Stimmengewoge kam.

Blizzard lief ihr nach und stellte sich neben sie; aber sie wich ihm aus und wieherte ein über das andre Mal, in einer seltsamen Mischung von Freude, Hoffnung und Erregung. Der Hengst stand bebend neben ihr und wunderte sich über ihre Haltung, die er nicht verstehen konnte ...

Die Stute rannte wie toll hin und her und stieg mit den Vorderläufen auf den Schneewall. Beim Anblick eines Menschen mit Hunden und Schlitten fühlte sie, daß ihre Zeit der Hungersnot vorüber war.

Joseph E. Chipperfield Checoba

Checoba setzte seinen Weg gemächlich fort, wobei er das verletzte Bein immer noch schonte. Die Bewegung schien ihm jedoch gutzutun, und schon eine Stunde nachdem er freigelassen worden war, schien der Schmerz durchaus erträglich. Was er nicht wissen konnte, genausowenig wie Jeff Aitken und James Duff es ahnten, die Schlange hatte ihr Gift in den sehnigen Teil des Fesselgelenks gespritzt, außerdem hatte Checoba so rasch reagiert, daß nur eine relativ kleine Menge Gift ins Gelenk eingedrungen war. Mit dem ererbten Instinkt seiner Rasse ahnte der Hengst, daß er nur durch ständige Bewegung das Gift daran hinderte, weiter in die Blutbahn zu gelangen.

Als er nach einiger Zeit auf einen offenbar von vielerlei Tieren stark begangenen Pfad stieß, vermutete er in der Nähe einen guten Weideplatz und genügend frisches Wasser. Sein Instinkt sollte ihn nicht trügen. Der Bergvorsprung, wo Duff sein Lager aufgeschlagen hatte, war der Hauptdurchstich, der sich im Südwesten zu einer Flußniederung und einem hohen Gipfel von gut zweitausend Meter Höhe öffnete. Nur wenige Meilen weiter war der Wildpferdpfad der Indianer von Coyanosa-Draw nach Marfa.

Checoba gönnte sich keine Rast. Der Weg führte über unwegsamen Fels, der sich immer wieder zu den für die Tafelberge weiter im Westen typischen kleinen Plateaus weitete. Überall waren die Fährten anderer Tiere zu sehen.

Schließlich wand sich der Pfad an einer Schlucht entlang, Checobas Bewegungen wurden vorsichtiger. Der Weg machte den Eindruck, als wäre er in den Fels hineingehauen worden. Auf der gegenüberliegenden Seite der Schlucht reihte sich Wasserfall an Wasserfall. Die Luft war erfüllt vom Donnern und Tosen des Wassers, und als die tief im Westen stehende Sonne das Land in goldenes Licht tauchte, spannten sich Regenbogen von Grat zu Grat. Ganz wider Erwarten wich der Fels zurück, der Pfad fiel steil nach unten ab und öffnete sich zu einem leuchtendgrünen Tal mit üppiger Vegetation. Einer der wilden Bergbäche ergoß sich in einen ansehnlichen Teich, der wohl dem Wild als Tränke diente.

Checoba beschleunigte seinen Schritt, das Wild floh bei seinem Näherkom-

men. Als schließlich der letzte Schimmer der untergegangenen Sonne aus dem Tal wich, stand Checoba, der Hengst der Komantschen, im kalten Wasser des Weihers. Er wußte, daß die eisige Kälte dem verletzten Bein guttat und die Wirkung des Giftes milderte.
Die ersten Sterne begannen über den Bergen zu flimmern, ein Adler schwebte gelassen auf einen Gipfel zu, der sich kaum ein Dutzend Meilen entfernt jenseits des Tales erhob. Der Gischt des Wasserfalles besprühte Checoba, wobei von Zeit zu Zeit ein leises Zittern über seine Haut lief.
Als die Nacht ihren dunklen Mantel über die Schlucht breitete, blieb nur das Dröhnen des Wassers zurück.
Checoba war glücklich, Zuflucht gefunden zu haben. Er hatte das Gefühl, die Stelle von jeher zu kennen. Sogar den milchigen Gischt der Wasserfälle, der im Dämmer noch eben zu sehen war, schien er schon immer, sein Leben lang, wohltuend empfunden zu haben.
Es war wie ein Heimkommen an die Stätte seiner Ahnen.
Die Dämmerung des nächsten Morgens fand Checoba fest schlafend auf einer Wiese liegen. Als allerdings ein Kojote weit draußen in der unsichtbaren Steppe zu heulen begann, spitzte das Pferd die Ohren, erhob sich aber nicht. Es wußte, in dieser Schlucht hatte es nichts zu fürchten, weder von Kojoten noch von Wölfen.
Jenseits des Tümpels hoppelten und spielten ein paar Kaninchen auf der Wiese, und in einer nahen Gruppe verkümmerter Bäume saßen einige grellbunte Vögel und beobachteten das Pferd.
Ein Wasserfall stürzte über einen viele Meter hohen Erdrutsch herunter. Die Farben des Abends waren zergangen, er schimmerte jetzt in gleißendem Licht, und aus dem Weiher war eine Masse kochenden Schaums geworden, in die sich ununterbrochen neue Kaskaden stürzenden Wassers ergossen. Die Felsen schimmerten gelblich und rötlich, und auf dem lehmigen Boden gediehen zahllose verschiedenartige Farn- und Moosarten.
Die Sonne stand bereits hoch am Himmel, als sich der Hengst endlich erhob. Das verletzte Gelenk war etwas steif, mehr war aber nicht zu spüren. Selbst die Geschwulst war zurückgegangen. Als er gemächlich auf die Weide zuging, verschwand auch die Versteifung, und abgesehen von einem gelegentlichen kurzen, stechenden Schmerz gab es nichts mehr, was das Pferd an den Schlangenbiß erinnerte. Der angeborene Instinkt, der er veranlaßt hatte, sich in den Teich zu stellen, hatte das Gift neutralisiert, und die Kälte des Wassers tat den Rest.
Checoba hatte großes Glück gehabt – er war dabei, seine volle ursprüngliche

Kraft wiederzugewinnen, es sah nicht so aus, als würde er den Rest seines Lebens lahmen, wie sowohl Jeff Aitken als auch der Händler James Duff angenommen hatten.
Checoba schüttelte sich, während er so dastand und um sich schaute. Ihm gefiel es hier, doch wußte er, daß es denkbar unwahrscheinlich war, hier Artgenossen zu treffen. Jeder Abdruck, den er sorgfältig untersuchte, stammte entweder von Wild oder von schwarzen Bären. Hier und da erkannte er die Spuren eines Pumas. Da er eine angeborene Abneigung gegen Raubkatzen hatte, entschied er sich, eine andere, größere Schlucht zu suchen, wo er sicherer sein würde.
Trotzdem blieb Checoba noch einige Tage in diesem kleinen Paradies aus Weideland und Wasser in der Überzeugung, daß diese kleine Oase selten von Raubkatzen heimgesucht würde. Meistens ruhte er sich aus, um neue Kraftreserven zu speichern für den weiten Weg, den er bis zum Land der Wildpferde dort weit im Westen noch vor sich hatte.
Am vierten Tag allerdings war er kurz nach Sonnenaufgang bereits unterwegs. Er entdeckte einen gut ausgetretenen Pfad, der aus dem Tal hinausführte.
Der Pfad wand sich steil in die Höhe, umging die zerzausten Bäume und Rinnsale. In weniger als einer Stunde erreichte der Hengst eine saftiggrüne Terrasse in über tausend Meter Höhe. Es war der nördliche Arm des Big-Canyon. Der hohe Gipfel unmittelbar oberhalb Checobas war der den alten Wildpferdpfad und die Coyanosa-Schlucht gegen Osten hin schützende Berg. Weit unten zog sich der Fluß entlang, dessen Ufer reich mit Nußbäumen und Holunderbüschen bewachsen waren. Jenseits des Flusses erhob sich eine dichte Hügelkette, an die sich, gleichsam Schulter an Schulter, die Santiago-Berge anschlossen.
Checoba lief noch eine volle Stunde weiter, ständig bergauf kletternd, bis er sich schließlich dem bestürzend hohen Gipfel gegenübersah, der sich wie die Steilwand eines erloschenen Vulkans vor ihm auftürmte. Es gab viele Vögel hier, die sich von den Strömungen des Windes tragen ließen.
Der Hengst machte halt und schaute nach oben. Die Adler schienen zu spielen, sie glitten durch die Luft, zogen ihre Kreise ohne einen Flügelschlag. Schließlich ließen sie sich in weiten Spiralen immer höher tragen, bis sie nicht mehr zu sehen waren. Die Unendlichkeit hatte sie aufgenommen.
Checoba zitterte vor Erregung, während er die Raubvögel beobachtete. Er erkannte in ihnen die leidenschaftliche Liebe zu Leben und Freiheit. Er spürte, daß diese Leidenschaft auch seiner eigenen gesetzlosen Natur eigen war.

Der Hengst scharrte unruhig mit den Hufen, er fühlte die wiedergewonnene Freiheit körperlich. Immer wieder schüttelte er sich, wie um sich zu vergewissern, daß da wirklich keine einengende fesselnde Schlinge um seinen Hals mehr war. Dann begann er auszuschlagen und herumzuspringen wie ein Füllen, er jagte mal in diese, mal in jene Richtung. Ein paar Bergwidder, die einander zum Duell herausgefordert hatten, standen abseits und beobachteten das Pferd voll Erstaunen.

Checoba setzte seinen tollen Tanz fort, hingerissen von Lebenslust und Übermut. Er sprang über Baumstümpfe, umtanzte Bergkiefern, seine Mähne flog wie eine Wolke, sein Schweif wie ein Komet um ihn. Die Ohren waren dicht an den Kopf gelegt, und als er dann eine weite Wiese vor sich sah, gebärdete er sich wie ein wilder Mustang, dem zum erstenmal der Sattel aufgelegt werden soll.

Checobas Übermut kannte keine Grenzen. Nicht die Spur eines Schmerzes erinnerte noch an den Schlangenbiß, keinerlei Schwäche lähmte seinen Körper. Das Leben war herrlich! Immer noch springend, wandte sich der Hengst jetzt der Bergwand zu und entdeckte eine kleine Öffnung, in die der Pfad einmündete und weiter zu den westlichen Abhängen der Berge führte. Allmählich verfiel Checoba wieder in ruhigen Schritt, der Weg forderte jetzt größere Vorsicht und wäre jedem weniger sicheren Tier vermutlich zum Verhängnis geworden.

Bald jedoch mußte er halten. Der Tag ging seinem Ende zu, Ströme rötlichen Lichts überfluteten die Hügel und ließen die Ebene zu Füßen in lebendigem Zwielicht leuchten. Auf dem weit sich hinziehenden Teppich der Savanne war der Wildpferdpfad deutlich erkennbar und südlich der Coyanosa-Schlucht das rötlich schimmernde Schwemmland.

Mit leuchtenden Augen und vibrierenden Nüstern, so stand Checoba lange da und blickte in die Ebene hinunter. Der Wind kam von Westen, und zum erstenmal seit vielen Monaten wußte Checoba, daß er nur diesem Luftstrom folgen mußte, um all das zu entdecken, was sein Blut schon so lange in Wallung brachte. Er stieß ein leises Wiehern aus und gönnte sich dann endlich Ruhe. Nur noch das leichte Beben seiner Flanken verriet die Gewalt seiner unterdrückten Sehnsucht.

Doch dann, plötzlich, wurde Checobas vom Wind beflügelte Sehnsucht zum lebenden Panorama – im schimmernden Zwielicht zog eine Kavalkade ungebändigter Pferde von der Coyanosa-Schlucht her. Diesmal wurde sie nicht von einem wilden Mustang gejagt. Die Pferde liefen aus purer Freude an der Bewegung, wie es eben noch Checoba selbst getan hatte. In den Abend-

himmel hob sich ein Schrei aus vielen Kehlen, bevor das Leittier vom Fluß abbog und in der dichten Dämmerung der Hügel verschwand.
Checoba grub seine Hufe tief in den Boden, wie um dem Impuls zu widerstehen, selbst hinunter in die Ebene zu galoppieren. Er hob das Haupt mit leuchtenden Augen. Dann stieß er einen schrillen Schrei aus, dessen Echo den Abhang hinunterglitt, um vom Wind aufgefangen und weitergetragen zu werden.
Tief unten verhielt die Herde nicht, bis auch das letzte Tier aus der Niederung der Schlucht in das stimmenlose Schweigen der Hügel gelangt war.
Checoba sah seine Artgenossen verschwinden und suchte dann einen Platz für die Nacht. Er wußte, noch bevor sich die Dämmerung eines anderen Tages über die Ebene senkte, würde er unter seinen Artgenossen sein, unter Pferden, die sich niemandem zu unterwerfen brauchten.

Mit leuchtenden Bändern aus Gold am östlichen Horizont brach der neue Tag an. Die letzten Sterne verblaßten, eine leise Brise von Norden brachte Bewegung in die wenigen Bäume, die in kleinen Mulden gediehen, wo ihre Wurzeln genügend Erdreich fanden. Zu dieser frühen Stunde waren die gewaltigen Bergzüge im Westen noch von rosigem Dunst verhangen, doch hier und dort begannen die höchsten Gipfel im Morgenlicht zu leuchten. Bald nahmen auch die Mesas wieder Gestalt an, geformt und behauen von Jahrhunderten, in deren Verlauf die wilden Pferde dort heimisch geworden waren, die herrenlos von Canyon zu Canyon zogen.
Checoba lag unter einem vorspringenden Felsdach. Er schlief nicht mehr, war aber auch noch nicht ganz wach. Eine Weile lag er ruhig da, die Vorderbeine unter sich geschlagen, wie um sich jederzeit erheben zu können. Sein Schweif schlug ein paarmal hin und her, um Insekten abzuwehren. Die völlig entspannte, nicht auf Verteidigung vorbereitete Haltung des Hengstes erregte die Aufmerksamkeit jenes Tieres, das Checoba mehr als alle anderen haßte. Es war ein junger Puma, der, von einem Felsvorsprung zum anderen springend, unter sich plötzlich die Bewegung von Checobas Schweif gesehen hatte. Durch die rötlichbraune Färbung auf dem fast gleichfarbigen Fels war der Puma so gut wie unsichtbar – eine Tatsache, deren sich die Raubkatze sehr wohl bewußt war.
Den etwas tolpatschigen dicken Gliedern nach zu urteilen, mußte das Tier noch sehr jung sein. Beim Anblick des Pferdes hob es den gestreiften Schwanz an, bis er eine Linie mit dem Rücken bildete, und stellte die Ohren steil auf. Mit der feuchten Nase nahm das Tier sofort den herben Pferdegeruch wahr.

Sein Körper bebte. Obwohl noch sehr jung, hatte es bereits große Erfahrung in der Wildnis und wußte genau, wie es seine scharfen Krallen zu gebrauchen hatte, um den Feind zu töten. Es hob die Schnauze mit einem lautlosen Knurren. Das Tier ließ sich langsam auf einen Salbeibusch nieder und schlich daran herunter, die Bewegungen waren auffallend behend, der Körper möglichst flach an den Boden gedrückt. Der Puma lief scharf gegen den Wind, denn nur so würde das Pferd nicht rechtzeitig gewarnt werden.
Der Wind drehte jedoch etwas, und während er an dem Riff entlangstrich, von dem der Puma kam, schlug er in sanften Wellen in Checobas Richtung zurück, so daß dieser urplötzlich auf die Gefahr aufmerksam wurde.
Der Hengst erhob sich nicht sofort. Trotzdem richtete er seine ganze Aufmerksamkeit auf die drohende Gefahr. Seine Nüstern nahmen die Luftströmungen wahr, und er wußte genau, wie weit der Puma noch von ihm entfernt war, und bekam eine ziemlich genaue Vorstellung von dessen Annäherungstaktik.
Mit einer sanften, gleitenden Bewegung erhob sich Checoba, ohne daß auch nur ein Geräusch zu hören gewesen wäre, und stand nun gegen die Felswand gepreßt. Er wußte, daß der Puma, seiner Eigenart entsprechend, den Angriff von einem oberhalb gelegenen Standpunkt aus wagen würde. Dadurch war die Raubkatze in einer taktisch weit besseren Position, und Checoba würde im Moment des Angriffs jede seiner Bewegungen genau beobachten müssen.
Checoba wartete noch etwas länger, intensiv lauschend. Er hatte keine Furcht, nur den einen heftigen Wunsch, nicht überrascht zu werden. Plötzlich hörte er das sanfte Geräusch der Pfoten des Pumas, als dieser sich auf den Felsen fallen ließ, unter dem Checoba Zuflucht gefunden hatte.
Jetzt machte Checoba eine unerwartete Bewegung nach vorn ins Freie. Er reagierte so rasch, daß er die Raubkatze irritierte und diese sich geschmeidig zurückzog, als sie die angriffsbereite Haltung des Pferdes wenige Schritte unter sich wahrnahm.
Der Schwanz schlug ärgerlich hin und her. Die geplante Angriffstaktik war nun nicht mehr anwendbar, mit der das Tier von hinten auf Checobas Rücken fallen wollte, wodurch der Hengst zum willenlosen Opfer geworden wäre, indem das Raubtier seine scharfen Zähne in die Flanken und in den Hals des Pferdes gegraben hätte. Trotz all seiner taktischen Vorsicht hatte es der Wind im Stich gelassen. Ein paar Wolken zogen auf, blieben dann jedoch unbeweglich stehen und warfen ihren Schatten auf den Felsvorsprung, auf dem der Puma lauerte.
Einen Moment hatte es den Anschein, als wolle die Natur nachgeben und noch

einmal Hilfe leisten. Checoba mußte den Kopf steil nach oben halten, um die Katze im Auge zu behalten.
Dies war der Augenblick, sich fallen zu lassen. Ihr Körper krümmte sich, setzte leicht nach hinten, während die Beine zum Sprung ansetzten. Doch plötzlich stieß ein scharfer Lichtstrahl hinter einer Wolke hervor, und die Raubkatze war für Sekundenbruchteile so gut wie blind, als sich eben ihre Muskeln zum Sprung nach vorn spannten.
Zu spät merkte sie den verhängnisvollen Fehler. Vom Licht geblendet, unterschätzte sie die Entfernung, um auf den Rücken des Pferdes zu gelangen. Sie zögerte eine Winzigkeit zu lange, und während sie noch rasch genug reagierte, um der Gefahr zu begegnen, war es für den Erfolg doch zu spät. Der Impuls, weiter zu springen, kam zu langsam. Der Puma sauste wesentlich tiefer als beabsichtigt, Checoba tat einen hohen Luftsprung und schlug mit den Hinterbeinen aus. Er traf das Raubtier mit einem dumpfen Schlag, mit dem es gegen den Abgrund geschleudert wurde. Hart schlug es auf die Felsen auf, und ein schriller Schmerzensschrei folgte. Der Puma bekam für einen Augenblick keine Luft. Doch als Checoba sich herumdrehte und ihm sich seitlich näherte. um ihn totzutrampeln, war das Tier geistesgegenwärtig genug, auf die Seite zu rollen. Durch die unvorhergesehene Wendung der Dinge erschrocken, rannte es so rasch es konnte auf einige kleine Felsen zu. Der rauhe Boden kam ihm dabei zu Hilfe, und es gelang ihm, in einer schmalen Höhle unter einem Felsvorsprung Zuflucht zu finden. Diese schlauchartige Höhle führte unter dem Bergzug hindurch und hatte auf der anderen Seite einen Ausgang.
Während Checoba auf und ab lief, vor Ärger wiehernd und verzweifelt bemüht, die Steine vom Eingang der schmalen Felshöhle zu entfernen, schlich der Puma in panischer Angst vor der Rache des Hengstes den dunklen Gang entlang bis zum anderen Ausgang, wo er erschöpft und zitternd liegenblieb, immer noch auf die Bewegungen des Pferdes lauschend. Als nach einer ganzen Weile noch nichts zu hören war, fühlte er sich sicher und begann seine Wunden zu lecken. Mittag war längst vorbei, als sich die Raubkatze schließlich aus der sicheren Höhle wagte. Während sie davonschlich, bewegte sie sich freier und weniger vorsichtig in dem Bewußtsein, daß nun der ganze lange Felsgang zwischen ihr und dem Hengst lag. Doch wimmerte und wand sich der Puma noch vor Schmerzen, als er an eine Stelle kam, die nur mit äußerster Vorsicht und Anstrengung zu überspringen war. Es war seine erste Begegnung mit einem Hengst gewesen, vermutlich auch die letzte. Trotz der reichen Erfahrung, die er bereits hatte sammeln können, gab es immer noch viel zu lernen, wenn er in der unbarmherzigen Wildnis überleben wollte.

Checoba war mittlerweile unterwegs, den Berg von der anderen Seite zu verlassen. Die Mittagshitze lag über der Ebene und schlug in unangenehmen Wellen aus den Niederungen herauf, die sich an die Schlucht anschlossen. Es war immer noch früher Nachmittag, als Checoba den Wildpferdpfad kreuzte. Am Abend erreichte er die trügerische Treibsandgegend südlich der Flußniederung.

Er machte einen weiten Umweg, um festen Boden zu erreichen. Als er endlich zum Flußufer kam und den Pfad wiederentdeckte, der von unzähligen Pferdehufen hartgetrampelt war, fiel schon fast die Nacht herein. Von da an hatte er nur noch dem leicht erkennbaren Pfad zu folgen, und er lief unbeirrt in westlicher Richtung bis zu den Schluchten weiter. Schließlich fühlte er die steilen Klippen sich rings um ihn schließen, und als das letzte Tageslicht verschwunden war und bereits die ersten Sterne am Himmel blinkten, verlangsamte er seinen Schritt in der Erwartung, nun jeden Moment auf seine Artgenossen zu stoßen.

Die Nacht schien kein Ende zu nehmen. Eingedenk seiner unliebsamen Begegnung mit dem Puma, achtete Checoba aufmerksamer denn je auf jedes Geräusch. Und es gab viele Geräusche hier in der schweigenden Gebirgswelt. Wenn der kühle Nachtwind über die Abhänge strich, glaubte Checoba unverständliches Flüstern zu vernehmen – ständig hörte er auch kleinere Wasserfälle in der Tiefe gurgeln, doch gab es eine Menge anderer und weit schwierigerer Geräusche zu unterscheiden.

Mehr als einmal hielt er an, die Nüstern hoch erhoben in der Hoffnung, endlich den Geruch wahrzunehmen, nach dem er sich am meisten sehnte – den anderer Pferde.

Mit äußerster Vorsicht setzte der Hengst Schritt vor Schritt und fühlte sich nur sicher, wenn er harten Boden unter den Hufen spürte. Checoba gab keiner Erschöpfung nach, seine Augen waren nun an die Dunkelheit gewöhnt. Er war sich mehr denn je der Gewalt der unübersehbaren, eindrucksvollen, aber unbarmherzigen Bergwelt bewußt, die ihn rings umschloß. Das Gefühl der Verlorenheit wurde immer stärker, je öfter er strauchelte oder vom Weg abkam. Er war gezwungen, jeden Schritt vorsichtig abzutasten, bevor er sich weiter bewegen konnte.

Sehr, sehr langsam, so schien es, brachte der neue Tag ein vages Zwielicht ins Tal. Endlich gab der Boden unter seinen Hufen nicht mehr nach, der Pfad folgte jetzt dem Lauf eines unruhigen Gebirgsflusses.

Als die Sonne an den östlichen Eingängen der Schlucht stand und zwischen

den Gipfeln entlangflutete, sah Checoba unmittelbar über sich die steilen Wände der ersten Mesas und gleichzeitig eine bergauf ziehende Pferdeherde.
Er warf den Kopf zurück und schmetterte einen lauten Gruß. Das Echo des Schreis lief die ganze Länge der Schlucht hinunter und kam dann, von Fels zu Fels weitergegeben, zurück. Die Pferde hielten und schauten sich um. Und dann, als Checoba einen weiteren Schrei ausstieß, galoppierten sie plötzlich weiter hinauf und der Hengst hinterher.
Checoba wußte nie genau, wann für ihn der Tag begonnen hatte, außer wenn die Sonne das Tal mit ihrem Licht überflutete und die Berge bloßlegte und mit ihnen den Weg zu den fast zweitausend Meter hohen Gipfeln. Weniger als zehn Minuten nachdem er die ersten Pferde entdeckt hatte, kam Checoba aus der Schlucht herauf, doch wurde es noch Mittag, bis er, nach mühsamer Kletterei, den höchsten Punkt des Pfades erreichte und das weite Plateau entdeckte, das sich bis zum verschwimmenden Horizont erstreckte.
Dieses Plateau glich in nichts den Tafelbergen des Llano Estacado. Es machte mehr den Eindruck einer zwischen hohen Gipfeln eingebetteten fruchtbaren Hochebene. Seine Größe jedenfalls machte es zum idealen Refugium für weidesuchende Tiere.
Und darüber verstreut waren Pferde – mehr Pferde, als Checoba je an einem Platz zusammen gesehen hatte, nicht einmal während der großen Beutezüge der Komantschen, seiner ehemaligen Herren. Er stand und bearbeitete den Boden mit den Hufen, er forderte sein Recht, einer der ihren zu werden.

Die auf dem Plateau grasenden Wildpferde betrachteten den Ankömmling mit unverhohlenem Mißtrauen. Checoba stand fürs erste weitab, sein Hals war gebogen, die Rückenmuskeln spielten in unterdrückter Erregung. Die Herde spürte, daß von diesem Hengst keine Schonung zu erwarten war, wenn er einmal zum Angriff überging. Es waren früher schon Hengste gekommen, die versucht hatten, sich die Herde zu unterwerfen. Dieser jetzt aber war anders als alle zuvor. Er war größer, seine Brust war breiter, und er hatte nichts von einem verschlagenen Mustang an sich.
Checoba hatte noch gar nicht die Absicht, unter die Herde zu gehen. Es genügte ihm zu warten, sich an die neu errungene berauschende Freiheit zu gewöhnen und sich auf diesem Hochplateau mitten in den Bergen umzusehen. Auf dem Grund seiner Seele schlummerte ein vor langer, langer Zeit dort eingegrabenes Erinnerungsbild, das ihm seine Ankunft auf dem Plateau bekannt vorkommen ließ. Es überkam ihn ein ähnliches Gefühl wie dort im Tal des Wasserfalls, als er gespürt hatte, daß das weite Weidegebiet hoch in

den Bergen sein natürliches Erbe sein mußte, ja, daß es das Erbe aller seiner Vorfahren gewesen war.
Seit er auf so unerwartete Art und Weise seine Freiheit wiedergewonnen hatte, lebte der Hengst in der Erwartung, eines Tages auf Artgenossen zu stoßen, ja mehr noch, er fühlte mit einer wilden Erregung, die ihn bis ins Mark erschauern ließ, daß er der Anführer der Tiere sein würde, die hier in diesem ausgedehnten Hochland, weit entfernt von den Jagdgründen der Rothäute wie des Weißen Mannes, weideten.
So wartete Checoba, und während langsam ein Tag um den anderen verstrich, gewöhnte sich die Herde daran, ihn immer wachsam vor sich zu sehen. Allmählich wurde es den Pferden klar, daß der Hengst sie daran hindern wollte, das Plateau zu verlassen. Zuerst wurden einige widerspenstig, es paßte ihnen nicht, sich von Checoba in ihrer Bewegungsfreiheit behindert zu sehen, doch da die Mesa sehr weitläufig war, konnten sie ihren Neigungen nachgehen, ohne sich zu sehr eingeschränkt zu fühlen. Über eine Woche hatte Checoba auf der Mesa zugebracht, als er schließlich zu einem entscheidenden Vorstoß ansetzte. Er war inzwischen seiner selbst ganz sicher geworden und wußte genau, was er zu tun hatte, um sich die Herde zu unterwerfen.
Am Tage seines Sieges über die Wildpferde stand Checoba auf einer schroffen Felsklippe, von wo man das ganze Plateau überblicken konnte. Von diesem günstigen Posten aus sah er auch tief hinunter in die Cañons und hinüber zu den Bergen, die tiefgestaffelt in unübersehbarer Vielzahl hoch in den Himmel ragten, wo unsichtbare Winde Wolkenbanner entrollten.
Der Fels trat hier nackt, wie aus der Erde herausgemeißelt, als eine in ungezählten Jahrhunderten vom Winde behauene und geformte Klippe zutage. Die Felsspitze, die der Hengst zum Ausguck gewählt hatte, war für diesen Zweck sehr gut geeignet. Von hier aus konnte er sein zukünftiges Reich überwachen.
Checoba hob das Haupt und sog prüfend den Wind in seine Nüstern, der mit freundlichem Sausen über ihn hinwehte, ihm die schwarze Mähne zauste und die lanzenspitzen Ohren zucken machte. Sein Blick ruhte auf den Bergen und dem endlosen Raum; auf der Mesa weideten die Pferde, die schon ahnten, daß ihnen der Hengst zum Schicksal werden sollte.
Unterhalb von Checobas Posten stand eine junge Stute, die sich vor der steil aufragenden Felswand fürchtete und ängstlich hinaufstarrte. Sie wieherte unruhig, und der Hengst antwortete sofort. Langsam stieg er hinab, bis er schließlich neben der Stute stand, die bewegungslos verharrte und keine Angst zeigte. Plötzlich legte sie ihr Maul auf seinen Rücken, und die Berührung

versetzte Checoba in eine so große freudige Erregung, daß es ihn trieb, der Stute zu zeigen, wie schnell er sein konnte.
Er fühlte die Kraft von hundert Pferden in seinen Adern pulsen — ausgelöscht war die Erinnerung an seine Zeit als Kriegsroß eines Komantschenhäuptlings, kein Gedanke mehr an Jeff Aitken, der ihn auf dem langen Treck zum Gran Cañon versorgt hatte. Er wußte nur noch, daß in ihm das Blut der Wildpferde pulste ... daß er sich während seines kurzen Zusammenseins mit den Rothäuten und den Weißen Männern keinem — Tuscola ausgenommen — unterworfen hatte.
In diesem Augenblick fühlte er sich im Besitz aller Macht der Erde, und in seiner Verzückung stieß er laute Trompetentöne aus. Als die Stute zurückblieb, wandte er sich mit spielenden Muskeln der Herde zu, die sich beim Klang seiner Stimme zusammengeschart hatte.
Die Tiere fühlten die Stunde der Entscheidung gekommen. Der Hengst würde nun die Führung übernehmen, wenn nicht einer der ihren seine Rechte geltend machte.
Und da war einer — ein zweijähriges Tier, das sich von der Herde löste und etwa zwölf Schritte vortrat.
Checoba galoppierte heran und verhielt ungefähr zwanzig Schritte vor dem Braunen. Checoba wirkte reifer und war ungleich besser gebaut. Die beiden Hengste beäugten sich mit wachsender Feindseligkeit. Indessen hatte sich die Herde zusammengeschlossen, die Tiere standen reglos Seite an Seite gedrängt, am ängstlichsten waren die Stuten und die Einjährigen.
Instinktiv nahm Checoba eine Haltung ein, wobei sein Kopf erhoben, das Körpergewicht leicht nach vorn verlagert und die Hinterbeine ausgestreckt waren. Er hatte alle Vorteile auf seiner Seite. Während des kurzen Aufenthaltes bei den Indianern hatte er nicht verlernt, wie er sich im Kampf mit einem anderen Pferd zu verhalten hatte. Es war noch nicht viel länger als ein Jahr her, daß er von den Indianern gefangen worden war, und vorher war er oft genug Zeuge gewesen, wie sich zwei Hengste bekämpften, um die Herrschaft über eine Herde von Stuten zu erringen. Obwohl er nicht erwartet hatte, daß er einmal derselben Herausforderung zu begegnen hätte, wußte er doch, welche Taktik anzuwenden war, um das Tier, das da vor ihm stand, zu überwältigen.
Der Braune machte die erste Bewegung. Er tat ein paar Schritte vorwärts; leicht setzte er die Füße, sein Kopf war feindselig vorgereckt. Checoba war bereit, für das zu kämpfen, was seine ganze Welt und sein Erbe bedeutete. Die Vorstellung von seinem zukünftigen Leben war vom ersten Augenblick

an, da er die Welt der Wildpferde betreten hatte, in ihm lebendig gewesen. Neben diesem Bewußtsein seiner Sendung spürte er, daß die Stute, die ihm ihre Zuneigung bewiesen hatte, jede seiner Bewegungen verfolgte.
Mit leichtem Aufbäumen nahm er die Herausforderung des Braunen an. Wilder Zorn straffte seine Muskeln und hob seinen Schweif, während er ausschlagend ein tiefes Knurren hören ließ. Dann schleuderte er sich vorwärts, ein wirbelnder Körper, der an mehreren Stellen zugleich zu sein schien; das irritierte den Braunen und warnte ihn, auf der Hut zu sein. Als er sich nun ebenfalls aufbäumte, um Checobas Ansturm auszuweichen, sah er eben noch einen schwarzen Schatten vorbeispringen.
Um einem Angriff von hinten zuvorzukommen, warf sich der Braune herum, und ehe noch Checoba seinen Plan ausführen konnte, hatte das Tier eine günstige Verteidigungsposition eingenommen.
Für den Bruchteil einer Sekunde standen sich die beiden Gegner, wenige Schritte voneinander entfernt, mit gesenkten Köpfen gegenüber, jeder auf eine Bewegung des anderen lauernd.
Nicht Unentschlossenheit lag in dieser Haltung, sondern Spekulation. Beide spähten nach der verwundbarsten Stelle des Gegners, um ihn dort zu treffen. Dann geschah, was bei allen Tieren in der Hitze des Gefechts zu geschehen pflegt: Ihre Überlegungen zeitigten eine gemeinsame Reaktion. Beide bäumten sich auf, aber Checoba war schneller als der Braune. Seine Vorderbeine umschlossen mit schrecklichem Griff den Hals des Gegners und zwangen ihn damit fast in die Knie.
Der Braune zeigte sein Gebiß und versuchte, die Zähne in die Vorhand zu graben, die ihn zu erdrosseln drohte. Er wieherte, und irgendwie glückte es ihm zuzubeißen, worauf Checoba für einen Augenblick seinen todbringenden Griff lockern mußte.
Die kurze Atempause hatte dem Braunen genügt, sich völlig aus der Umklammerung zu lösen. Wild schnaubend warf er sich zur Seite, und dann wirbelten die beiden Hengste wieder hin und her, bäumten sich auf, um sich gegenseitig mit den Vorderhufen zu treten.
Plötzlich wich der Braune unerwartet zurück und kam geduckt, mit lauernder Bewegung, auf Checoba zu. Der schwarze Hengst bäumte sich gerade auf, was dem Braunen den ersten wirklichen Vorteil gab. Ehe noch Checoba seinen Angreifer unter die Füße bekam, hatte dieser ihn an der Kehle gepackt.
Beide Tiere schwankten. Checoba versuchte, den zupackenden Zähnen auszuweichen, der andere probierte, den endgültigen Sieg zu erringen, indem er an der Kehle des Gegners zerrte. Im nächsten Moment wurde der Braune

durch einen plötzlichen Stoß hochgehoben: Checoba hatte ihn mit seinen kräftigen Hinterbeinen weggedrängt. Mit diesem Stoß war der Kampf für den Braunen praktisch verloren. Er mußte den Biß lockern. Ehe er noch recht begriffen hatte, was geschah, erhob sich Checoba über ihn und hämmerte auf seinen Rücken und seine Flanken mit Schlägen ein, die ihn lähmten und ihn die bittere Wirklichkeit des zu erwartenden Loses ahnen ließen.

Wie von ein und demselben Gedanken besessen, wirbelten und sprangen die beiden Tiere umeinander herum, wobei Checoba, der zweifellos Schwerere, im Vorteil war. Der Braune war nun nahe daran, den auf ihn niederprasselnden Tritten zu erliegen. Sein Maul war blutig, und als Checobas Hufe ihn am Kopf trafen und dort eine klaffende Wunde schlugen, floß ihm das Blut in die Augen und raubte ihm die Sicht.

Er begriff, daß ihn diese unbarmherzigen Schläge umbringen würden, wenn er nicht flüchtete. Schrecken erfaßte ihn, und kurz ehe er endgültig unter den zermalmenden Schlägen zusammengebrochen wäre, gelang es ihm mit einer letzten Anstrengung freizukommen.

Diese unerwartete Bewegung überraschte Checoba so sehr, daß er sich beinahe überschlagen hätte. Der Braune nützte diese Gelegenheit zur Flucht. Bis der schwarze Hengst seine Kampfstellung wieder eingenommen hatte, lief sein Gegner, halb irr vor Angst, auf den Pfad zu, der in die Schlucht hinabführte.

Schwer schnaubend beobachtete Checoba diesen Abzug. Er war der Sieger.

Minutenlang stand er bewegungslos. Hinter sich wußte er die Herde; als der Braune außer Sicht war, sah Checoba nur die noch immer unter der Felswand stehende Stute. Dann kam sie zu ihm. Ihr Begrüßungsschrei erweckte in ihm wieder das berauschende Machtgefühl.

Unvermittelt wandte er sich der Herde zu, und als er nun begann, die Stuten von den Hengsten zu sondern, begegnete er keinem Widerstand mehr; sein Kampf gegen den Braunen hatte der Herde klargemacht, daß er rücksichtslos vorgehen würde, wenn man ihn reizte. Am Spätnachmittag hatte er die Tiere in drei deutlich voneinander geschiedene Gruppen geteilt ... die Stuten grasten in der Nähe der Felswand und die Einjährigen am südlichen Ende der Mesa; die älteren männlichen Tiere trieb er am Pfad zusammen, da er sie am nächsten Tag in die Cañons hinunterführen wollte. Die ganze Zeit über blieb die junge Stute, die ihn schon vor dem Sieg über den Braunen als Führer anerkannt hatte, dicht an seiner Seite.

An diesem Abend, als die Sonne westwärts zog, stand Checoba auf der Spitze der Felsklippe und bewachte seine Herde; wenn ab und zu einer der Jährlinge versuchte, zu den Stuten zurückzukehren, stieß er einen durchdringenden Warnungsschrei aus.

Die umliegenden Gipfel erglühten im Schein der untergehenden Sonne. Die Flüsse tief unten in den Cañons waren nur noch undeutlich zu sehen, ihr gewundener Lauf in den langen, tiefeingeschnittenen Tälern verdunkelte sich, und bald waren nur noch purpurne Schatten da, aus denen das Rauschen der unsichtbaren Wasser wie aus einem Kessel heraufdrang. Dann, als die Sterne aufblitzten und der letzte Tagesschein verglomm, hob Checoba sein Haupt und stieß einen ungeheuren Schrei aus, der von der Mesa herunterschallte und von den Schluchten aufgefangen wurde, von wo er als Echo zurückhallte in die Täler, die tief hinein ins Herz des Wildpferdgebietes führten.

Nicholas Kalashnikoff Springer

Springer wurde kurz vor Tagesanbruch geboren.
Das erste, was das Fohlen verspürte, als es aus dem warmen, stillen Schoß seiner Mutter auf die Welt kam, war ein messerscharfer Schmerz, der seinen Körper durchschnitt. Armselig und nichts begreifend lag Springer auf dem weichen Stroh. Er zitterte, und über ihm schwebte etwas Großes, Dunkles, das besorgte Laute von sich gab. Er wollte aufstehen und sich antwortgebend dicht an dieses Geschöpf pressen, aber ihm fehlte die Kraft. Minuten vergingen. Das Blut auf seinem Körper gerann, und das krampfartige Zittern wurde stärker. Er hörte Wölfe in der Ferne heulen, aber er zeigte sich weder aufgestört noch interessiert. Nur ein Wunsch beherrschte ihn – dieses elende Zittern sollte aufhören! Schutzsuchend hob er den Kopf zu dem Geschöpf über ihm auf, öffnete sein Maul und wimmerte. Dann fiel sein Kopf kraftlos auf das Stroh, und er wußte nichts mehr.
Etwas später weckte ihn jäher Lärm auf. Gleichgültig, unfähig zu irgendeiner Antwort, rührte er sich nicht, bis er das angenehme Gefühl verspürte, etwas Weiches streichele seinen Körper. Starke Arme hoben ihn auf und trugen ihn, und eine wunderbare Wärme hüllte ihn ein. Er öffnete die Augen. Strahlendes Licht sprang ihn an, und in dem Licht bewegten sich unbestimmte Schatten. Einige der Schatten kamen näher, berührten zärtlich seinen Kopf und machten seltsame Geräusche dabei. Er war neugierig, aber nicht ängstlich. Wichtig und wirklich waren für ihn nur die Wärme, der süße Geruch des Strohs und das noch unklare Bewußtsein, daß man ihn umsorgte.
Nun ließ er den Kopf nicht mehr hängen, sondern versuchte mehr über diese neue Welt, in die er hineingeworfen worden war, herauszufinden. Sein Maul öffnete sich willig, aber diesmal wimmerte er nicht, sondern stieß einen Laut hervor, aus dem selbstsichere Zufriedenheit klang. Zur Antwort drängten sich die merkwürdigen Schatten um ihn herum, gaben laute Geräusche von sich, die ihm nichts bedeuteten, und streichelten seinen Kopf, seinen Rücken und seine Beine. Obwohl er nichts begriff, wußte er dennoch, daß er nichts zu befürchten hatte. Die Hände und die Stimmen erweckten Vertrauen, und er

streckte seinen Kopf hierhin und dorthin, um seine Umgebung besser kennenzulernen. Er wäre ganz und gar zufrieden gewesen, hätte ihn nicht eine unverständliche Gereiztheit erfaßt, die von einer nur halbbewußten Begierde herrührte. Er *wollte* etwas. Was, das wußte er nicht. Aber als er die in seiner Kehle angesammelte Flüssigkeit hinunterschluckte, verspürte er ein wunderbares Gefühl, das seine Not fürs erste stillte.

Als sich dann etwas Haariges über ihn beugte, ihn in etwas Warmes, Weiches wickelte, daß nur sein Kopf herausguckte, ihn darauf hochhob und hinaustrug, nahm er dieses neue Abenteuer als einen kleinen Teil des ganz großen Wunders hin. Ein kalter Windstoß, der seinen Kopf traf, tat seinen Augen weh, und einen Augenblick lang versuchte er sich freizustrampeln. Aber starke Arme hielten ihn fest, und eine Stimme redete tröstend auf ihn ein. Er gab nach und beruhigte sich. Instinktiv wußte er, daß er dem, der ihn trug, vertrauen konnte.

Plötzlich hörte er ein lautes, widerhallendes Wiehern, das seinen Eindruck zu bestätigen schien: »Hii-ii-ii-ii-aa! . . .« Ein Freudenschrei war das, den er sofort als einen Gruß erkannte. Nicht weniger freudig, aber sehr sanft antwortete er: »Hii-ii-ii-ii!«

Als das Fohlen mit seinem schmächtigen Körper den großen warmen Leib der Stute berührte, drehte es den Kopf und sah der Stute in die dunklen feuchten Augen. Sie betrachtete Springer zärtlich und besorgt im hellen Tageslicht. Dann stellte ihn der Freund, der ihn gebracht hatte, auf seine unsicheren Beine, stützte ihn und schubste seine Schnauze gegen etwas Warmes, Weiches. Eine süße Flüssigkeit tröpfelte ihm die Kehle hinunter und erfüllte ihn mit unsäglichem Wohlbehagen. Das war es, wonach ihn verlangt hatte, dies war die Erfüllung seiner Begierde.

Ganz seinem körperlichen Wohlbehagen hingegeben schluckte er die Milch hinunter, wedelte vor Entzücken mit seinem kleinen Schwanz und schnappte bald nach der einen, bald nach der anderen Zauberzitze. Mit der Milch sog er noch etwas anderes in sich hinein – Zuneigung zu der Stute wurde in ihm geboren. Ihre liebkosenden Nasenstüber und ihr zärtliches Wiehern verrieten ihm, wie sehr seine Berührung sie entzückte und welche Freude es ihr bereitete, ihn zu füttern. Mit seinem ganzen Wesen begriff er sie als einen Teil seiner selbst – als seine Mutter.

Als er sich vollgetrunken hatte, hoben ihn die starken Arme wieder auf und trugen ihn davon. Er hörte die Stute wiehern – diesmal harsch und voller Sorge – und er anwortete: »Hii-ii-ii.« In dem Laut schwangen Zufriedenheit und Behagen. Er hatte überhaupt keine Angst – weder vor dem Tageslicht noch vor der weißen Schneedecke, noch vor den verschiedenen Geräuschen und den wunderlich verschwommenen Dingen auf dem Hof, den sie überquerten. Er betrachtete alles mit Augen, die nichts begriffen, aber dennoch vertrauten.

Auf andere Art als seine Mutter, aber ebenso gewiß, gehörte der Mann, der ihn trug, zu ihm. Das Fohlen spürte in dem Mann den Freund, den Beschützer, und es nahm dieses Gefühl als feste Gegebenheit hin.

Kaum lag Springer wieder im Haus auf seinem duftenden Bündel Stroh, da überfiel ihn die übermächtige Müdigkeit völliger Zufriedenheit. Er schloß die Augen, schlug die Beine unter und nickte ein. Über ihm redete jemand in unverständlichen Worten daher, aber er war nicht einmal neugierig genug, die Augen zu öffnen.

Schon bald schlief er den gesunden Schlaf eines wohlgesättigten Säuglings.

Die Erziehung des Fohlens begann am allerersten Tage seines Lebens, als es den Unterschied zwischen Kälte und Wärme und zwischen Hunger und körperlichem Wohlbehagen kennenlernte. Kälte war der große Schrecken, und Springer war machtlos gegen das Zittern seines Körpers, wenn der alte Mann ihn aufhob und zum Füttern aus dem Haus trug. Das kurze Unbehagen, das die Überquerung des Stallhofes mit sich brachte, wich wieder friedlicher Ruhe, sobald er seine Mutter hörte und spürte, und die warme süße Milch kräftigte seinen Körper. Obwohl er jedoch fühlte, daß er und die Stute zusammengehörten, obwohl er dunkel ahnte, daß sie es war, nach der er sich sehnte, wenn sein Magen befriedigt werden wollte, war er doch ganz zufrieden, daß man ihn — wenn sein Hunger gestillt war — in das behagliche Zimmer und zu seinem duftenden Strohbett zurückbrachte.

Dies waren in seinen ersten Tagen die beiden Pole seines Daseins: seine Mutter, die ihm Milch gab und sich auf dutzenderlei Arten liebevoll mit ihm beschäftigte, und das Bett, wo er sich vor seinem einzigen Feind, der Kälte, sicher fühlte.

Wärme und Nahrung stärkten ihn. Vertrauen zu seiner Mutter und dem Freund, dessen Arme ihm ohne Fehl zu Hilfe kamen, flößten ihm Mut ein. Nach ein paar Tagen konnte er ganz allein auf seinen langen dünnen Beinen und seinen festen Hufen stehen.

Seine wachsende Kraft gebar die Neugierde auf Menschen und Dinge um ihn herum. Anfangs wußte er nur, daß diese anderen Geschöpfe Laute von sich gaben, die anders klangen als das vertraute Wiehern seiner Mutter, und daß sie ihn auf andere Art berührten. Er betrachtete sie lange Zeit mit Erstaunen, wagte sich aber nicht aus der Ecke, die sein Zuhause war, hervor. Eines Tages dann, als alles still war, stellte er sich vorsichtig auf seine Füße und machte ein paar Schritte vorwärts – zog sich aber flugs wieder zurück, als ein aufgeregtes kleines Geschöpf sich mit gewaltigem Flattern aus der Dunkelheit auf ihn stürzte.

»Keckel-eckel-eckel-eckel-eckel!« kakelte es.

Springer brauchte geraume Zeit, bis er sich von diesem Schreck erholt hatte und sich von neuem aus seiner Ecke hervorwagte. Er mied seinen ersten Widersacher, näherte sich statt dessen einem sanft aussehenden Bündel aus grauem Fell und berührte es vertrauensvoll mit der Nase. Zu seinem größten Erstaunen traf die freundschaftliche Geste auf jähe Ablehnung. Mit einem wütenden »S-sssssst!« sprang das Bündel hoch und schlug ihm auf die Lippe, daß es schmerzte. Wieder warf Springer den Kopf hoch und flüchtete in seine Ecke.

Diesmal blieb er dort.

Sein Erlebnis lehrte ihn, das geflügelte Geschöpf und das kleine graue Tier zu fürchten. Und die Furcht wiederum gebar Vorsicht. Springer lernte die unbekannten Wesen um ihn herum unterscheiden, und er begriff allmählich, welchen er trauen durfte. Vollkommenes Vertrauen hatte er zu dem alten Mann, der ihn regelmäßig zu seiner Mutter trug, und da er sich geduldig von dem kleinen Mann, der dem großen so sehr glich, liebkosen ließ, gewöhnte er sich auch bald an ihn. Das sanfte Streicheln des Jungen war angenehm, und seine Murmellaute wirkten wundersam beruhigend. Bald verließ sich Springer genausosehr auf seine kleinen Aufmerksamkeiten wie auf die Fürsorge des älteren Mannes.

Meistens kam der Junge allein zu ihm, aber einmal begleitete ihn ein großes zottiges Geschöpf, das dem trügerisch sanften grauen Tier glich. Springer spitzte furchtsam die Ohren und wollte schon davonlaufen, aber bevor er seine Absicht in die Tat umsetzen konnte, liebkoste der Hund ihn mit seiner feuchten Zunge und wedelte entwaffnend mit dem Schwanz. »W-wau-wau-wau!« bellte er freundlich und lud das Fohlen ein, mit ihm zu spielen.

Springer fühlte, daß hier ebenfalls ein Freund war, vor dem er sich nicht zu fürchten brauchte. Fortan lief er gleich herbei, wenn er das willkommen heißende »Ww-au-au« hörte, und obwohl er sich die Zärtlichkeiten des Hundes zuerst nur gefallen ließ, begannen sie ihn nach einiger Zeit zu entzücken. Sie waren ein weiteres Unterpfand der Sicherheit und stärkten das erwachende Gefühl seiner eigenen Macht.

Als er sich einmal aus seiner Ecke wagte, klapperten seine Hufe, und das ge-

flügelte Geschöpf ergriff entsetzt vor ihm die Flucht. Dadurch ermutigt, verließ er seine Ecke nun öfter. Neugierig, immer jedoch auf der Hut vor dem kleinen grauen Tier, steckte er seine Nase in alles hinein, und er freute sich, wenn jemand die Hand ausstreckte und ihm den Hals streichelte.
Nach und nach lernten seine Ohren, Laute zu unterscheiden. Ein Laut, der sich oft wiederholte, schien besonders viel mit ihm zu tun zu haben: »Springer — Springer.« Immer wenn er ihn hörte, hob er den Kopf, streckte den dünnen Hals und spitzte die Ohren. Er wußte nicht, daß er Springer war, aber er begriff, daß das Wort irgendwie zu ihm gehörte, und gehorchte dem Ruf von ganzer Seele.
Diese sein Bewußtsein bestürmenden ungewissen Eindrücke und seine wachsende Hingabe an die Welt erfüllten jeden seiner wachen Augenblicke. Es war eine kleine Welt, in der der Mann und der Junge Hauptrollen spielten. Denn Springer spürte, daß ihre schützende Fürsorge sich nicht auf ihn beschränkte. Sie schloß seine Mutter mit ein und auch die anderen — das große zottige freundliche Tier und selbst das wütende graue Geschöpf, das ihm die Lippe so schmerzhaft aufgekratzt hatte. Es war überdies eine friedliche, eine sichere Welt.
Je stärker Springer wurde und je fester er auf seinen dünnen Beinen stand, um so waghalsiger und neugieriger wurde er. Sein enges Quartier im Haus verdroß ihn, und er erweiterte daher das Feld seiner Erkundungen. Ab und zu endeten sie mit einer Katastrophe. So einmal, als er den Kopf in eine weiße, süß duftende Masse steckte und sie über sich ausbeutelte. Durch die weiße Staubwolke, die sich ihm auf die Augen legte und seine Nüstern kitzelte, konnte er zuerst nichts erkennen. Hilflos schüttelte er den Kopf, schnaubte und stampfte mit den Hufen, bis jemand schrie »Springer — husch!« und etwas auf seinem Rücken niederging, daß es schmerzte.
Elend war ihm zumute, weil er nicht wußte, was er getan hatte, und zum ersten Male fühlte er sich verletzt. Der Schmerz ließ erst nach, als er merkte, daß seine beiden Freunde — der Mann und der Junge — ihm offenbar gar nicht böse waren. Sie standen da mit fröhlichem Gesicht und stießen Laute aus, die sich wie die Stimme seiner Mutter anhörten: »Ha-ha-ha-a-a . . .«, machten sie im Chor. Und als er sah, daß keine Gefahr mehr drohte, stimmte er freudig mit einem schallenden »Hii-ii-a-a« ein.
Als er an diesem Tag von seiner Mutter zurückkehrte, bekam er zum erstenmal Disziplin zu schmecken. Er wußte nicht, daß diese neue Erfahrung im Zusammenhang mit dem vorher Erlebten stand. Sooft er aus seiner Ecke wegzulaufen versuchte, zerrte etwas schmerzhaft an seinem Hals und hinderte

ihn daran. Er wollte sich losreißen, aber jeder neue Befreiungsversuch schmerzte nur noch mehr. Schließlich gab er den erschöpfenden Kampf auf und kehrte in seine Ecke zurück – gefügig, aber voller Groll gegen etwas, das er nicht verstand.

Nun wartete er ungeduldiger denn je auf seinen großen Freund, der ihn zu seiner Mutter bringen würde, und auf den Besuch seines kleinen Freundes, an dessen junger schmaler Schulter er mit solch warmer Freude seine Schnauze rieb. Mit seinen Zärtlichkeiten und den gemurmelten Unterhaltungen, in denen das Wort »Springer« dauernd auftauchte, brachte der Junge das Fohlen schließlich dahin, daß es seinen Namen erkannte. Stolz und mit ernster Zuversicht hob es seinen kleinen Kopf, wenn es ihn hörte. Es war das erste menschliche Wort, das für das Fohlen Bedeutung hatte.

Abgesehen von der Beschränkung seiner Freiheit, war Springer zufrieden. Die Tage gingen geschwind dahin, es wurde wärmer, und zu seinem Entzücken durfte er nun mehr Zeit mit seiner Mutter verbringen. Das behagte ihm sehr, denn nun konnte er sich mit der wunderbaren warmen Flüssigkeit volltrinken, sooft ihn danach verlangte. Wenn er bei seiner Mutter war, durfte er kreuz und quer durch den Stall tollen. Er überraschte sich sogar damit, daß er dann und wann auf den Hinterbeinen hochging oder sich in ein paar ungeschickten Sprüngen ganz vom Boden löste. Seine Mutter erlaubte ihm diese Possen und sah seiner Ausgelassenheit mit würdevollem Stolz zu. Er ärgerte sich jedesmal, wenn es Nacht wurde und dunkel im Stall und der Mann kam, um ihn ins Haus zurückzubringen. Doch so sehr er sich auch sträubte – der Mann war stärker. Und sobald er das Fohlen fest im Arm hatte, brach seine liebevolle, beruhigende Stimme jeden Widerstand.

Auf dem Weg zum Haus bohrten sich an diesen Frühlingsabenden Springers Augen neugierig in die Dämmerung und entdeckten Tiere auf dem Hof, die seiner Mutter glichen. Seine gespannt lauschenden Ohren fingen das Wiehern von Fohlen und andere seltsam erregende Laute auf, die eine geradezu unwiderstehliche Macht auf ihn ausübten. Er wollte ausbrechen, wollte diesen Rufen folgen, aber er konnte es nicht. In seiner Ecke warf er sich dann auf das weiche Stroh – ruhelos und böse, weil er eingesperrt war.

Eines Morgens, als der Hunger ihm verriet, daß es Zeit war, zu seiner Mutter zu gehen, erschien der Mann wie gewöhnlich. Aber statt das Fohlen mit den Armen hochzuheben, zog er es an einem Strick zur Tür. Springer hatte gute Lust zu protestieren. So ungewöhnlich war dies, daß man es nicht einfach hinnehmen konnte. Entschlossen spreizte er die Beine und schüttelte den Kopf, um sich zu befreien. Da hörte er plötzlich seine Mutter wiehern:

»Hii-ii-ii-aa.« Das war ein Laut, den seine Ohren leicht von allen anderen unterschieden. Er gab ihm Mut und ließ ihn gleichzeitig seine augenblickliche Lage vergessen. Mit einem Sprung war er zur Tür hinaus und zockelte gehorsam hinter dem Mann her. Als seine Hufe keck auf den hartgefrorenen Schnee schlugen, verspürte er ein freudiges Gefühl der Freiheit. Keuchend von der ungewohnten körperlichen Anstrengung traf er vor der Stalltür ein und begrüßte seine Mutter mit einem triumphierenden »Hii-ii-aa-aa«. Es klang, als prahlte er damit, daß er heute ganz allein auf seinen eigenen Beinen zu ihr gelaufen war. Das antwortende Wiehern der Stute verriet ihm, wie sehr sie sich über sein Kommen freute.
In dieser Nacht holte der große Freund Springer nicht ab, und er durfte bei seiner Mutter bleiben. In ihrer Nähe fürchtete er sich nicht vor der wachsenden Dunkelheit, und im Schlaf, den kleinen Kopf fest an ihren mächtigen Leib gepreßt, spürte er die Kälte nicht.
Er kehrte nie wieder ins Haus zurück.
Während der ersten Stunden seiner Freiheit blieb Springer dicht bei seiner Mutter. Es genügte ihm, die unbekannte, erschreckende Welt des Stallhofes von diesem sicheren Aussichtspunkt zu beobachten. Aber als ihm seine Umgebung vertrauter wurde, erwies sich der Hof als ein Ort grenzenloser Verzauberung. Nie würde er ihn leid werden, dachte er. Jeden Morgen, wenn er und seine Mutter aus dem Stall gelassen wurden, stellte er voller Übermut den lockigen Schwanz verwegen hoch, hob den Kopf an dem langen Hals, spitzte die Ohren, tollte wie verrückt umher, hüpfte und keilte zum Spaß mit seinen Hinterbeinen aus. Er wurde des Spiels nie müde und war sich bei all seinen Narreteien durchaus bewußt, daß er aufmerksame Zuschauer hatte: seine Mutter, den struppigen Hund, der ihm in wilder Fröhlichkeit bellend nachrannte, und oft auch seinen großen und seinen kleinen Freund – den Mann und den Jungen.
Jeder war freundlich zu ihm. Selbst die älteren Pferde betrachteten ihn mit zärtlicher Nachsicht, und er fürchtete sich vor keinem. Dennoch trennte er sich nie lange von seiner Mutter. Er konnte in freudigem Rausch bis in die entfernteste Ecke des Hofes preschen. Dort jedoch stand er plötzlich still. drehte ihr den Kopf zu, und wenn er ihr warnendes Wiehern hörte, rannte er zu ihr hin, so schnell er konnte. Die Besorgnis, mit der sie ihn beschnupperte, tat ihm wohl. Aber obwohl er ahnte, daß sie es ungern sah, wenn er sich überanstrengte oder zu weit davonlief, konnte er nur für kurze Zeit stillhalten. Schon bald tollte er, von etwas Neuem gefangengenommen, wiederum los und sprang und stürmte über den weiten Hof.

Und das alles aus schierer Lust am Leben. Es war, als wäre sein kleiner Körper mit den grotesk langen Beinen mit unerschöpflicher Energie geladen. Verglichen damit schien es seiner Mutter an Lebhaftigkeit zu fehlen, was ihn seltsam anmutete und zuweilen auch ärgerte.
Nur nachts fand er Ruhe. Wenn er mit seiner Mutter in den Stall eingeschlossen wurde, fraß er sich rundum satt und schlief fest ein. Weder die Dunkelheit noch die heftigen Winde, die im Vorfrühling vom Baikalsee herüberbliesen, konnten ihn stören. Er war ohne Wunsch und fühlte sich sicher in seiner Welt.

Nun, da der Winter vor dem sanfteren Frühling zurückwich, wurden die Tage merklich wärmer. Die Luft war so durchsichtig, daß man die Welt durch ein Vergrößerungsglas zu betrachten schien. Sonnenstrahlen streichelten die Erde und schmolzen den Schnee auf den Dächern, und kalte glitzernde Tropfen rannen die Wände der Schuppen und Scheunen herunter. Bald war es richtig Frühling, und Springer und seine Mutter wurden jeden Morgen aus dem Stall in eine kleine offene Hürde geführt, in der die Erde mit frischem Stroh bedeckt war.
Für das Fohlen war dies ein weiterer Schritt zur Unabhängigkeit. Das freie Leben in der Hürde verdrehte ihm den Kopf und verführte ihn zu den ausgelassensten Tollereien. Außerdem weckte es in ihm eine unwillige Sehnsucht nach einer noch fröhlicheren, noch weiteren Welt. Aus seinem Pferch, der auf einem kleinen Hügel lag, konnte es in andere, größere Hürden sehen, in denen Pferde und Fohlen friedlich vereint mit fremden Tieren weideten, die merkwürdige Gewächse über den Ohren trugen, und deren »Muh-uu-uu-uu« einen bedrückenden Mollton in das Stimmendurcheinander der Stallgemeinschaft mischte.
Springer verwirrten diese unverständlichen Geräusche. Sie lockten ihn, mit der großen lebendigen Welt Bekanntschaft zu schließen, und mit jedem Nerv und jedem Instinkt gab er der Lockung nach. Mit klagendem Wiehern raste er in dem Pferch hin und her – teils aus schierem nervösem Überschwang, aber auch, weil er und seine Mutter von all den aufregenden Dingen, die er um sich sah und hörte, ausgeschlossen waren. Sein Entzücken war grenzenlos, als die Pferde und Fohlen aus der Ferne auf sein Wiehern antworteten. Aus der bloßen Luft, die widerhallte von diesem fröhlichen Hin und Her der Grüße, an dem auch Gräfin und er teilnahmen, atmete er Bestätigung für sein beginnendes Bewußtsein vom Erwachen der Natur. Oft blieb er, wie von einer Hand gehalten, mitten im Spiel stehen, streckte den Hals so weit es

eben ging, atmete tief durch weitgeöffnete Nüstern und starrte mit wildem Blick ins Leere.

Hinter den Hürden lagen die Felder, Wälder und Hügel immer noch unter Schnee. Dies war eine Welt, die über das Verständnis des Fohlens ging. Aber der riesige Raum schien ihm zu winken und ihm etwas zu versprechen — wenn es auch noch nicht wußte, was es war. Die Tage gingen hin, und Springer wurde immer ruheloser. In der Hürde fühlte er sich jetzt genauso beengt und ohne Zerstreuung, wie er sich zuvor im Haus vorgekommen war. Die anderen Fohlen in der großen Hürde in der Ferne waren ihm ein stetes Ärgernis. Wenn er doch nur zu ihnen hinlaufen und ihnen seine Stärke und Behendigkeit zeigen könnte!

Besonders ein Fohlen fesselte seine Aufmerksamkeit — eine kleine Stute, die ihrer Mutter nicht einen Augenblick von der Seite wich und immer Angst zu haben schien. Ihre ungewöhnliche Farbe — sie war gescheckt wie ihre Mutter — lockte ihn an. Aber es mußte wohl noch andere Gründe haben, daß sie ihm gefiel und ihn bewog, auf seiner Koppel umherzukarriolen, um sie auf sich aufmerksam zu machen. Er raste auf und ab. Er sprang in großartigen Sätzen. Er wieherte, was seine Lungen hergaben. Alles umsonst. Die kleine Stute sah ihn nicht, oder wenn sie ihn sah, ließ sie es sich jedenfalls nicht anmerken. Nach solchen vergeblichen Bemühungen blieb ihm nichts, als sich schmollend mit seiner Einsamkeit abzufinden.

Eines Tages, als er die Hoffnung schon aufgegeben hatte, traf er das Stutenfohlen und seine Mutter zufällig an der großen Tränke. Es waren noch viele andere Pferde da, aber Springer sah nur die kleine Stute und stürzte sofort zu ihr hin, weil er sie so gerne beschnuppern und freundliche Beziehungen zu ihr herstellen wollte. Der neugierige, etwas furchtsame Blick, den sie ihm zuwarf, spornte ihn an und ließ ihn Vergnügliches erwarten. Aber zu seiner völligen Überraschung stellte ihre Mutter plötzlich die Ohren steif auf, bleckte die Zähne und kam in unmißverständlichem Zorn auf ihn zu.

Ängstlich und verwirrt floh Springer zur Seite, und mit einem scharfen »Hii-ii-ii!« rief er seine Mutter um Hilfe an. Augenblicklich rüstete sich Gräfin zum Angriff auf die scheckige Stute. Sie richtete ebenfalls die Ohren auf, fletschte die Zähne und blitzte böse mit den Augen.

Die Stute wartete den Angriff nicht ab. Sie floh und nahm zu Springers Kummer das Fohlen mit. Er war überzeugt, daß seine Mutter ihn im Stich gelassen hatte.

Aber nach dieser peinvollen ersten Begegnung bemerkte das Stutenfohlen Springer wenigstens, und von Zeit zu Zeit trafen sie sich nun an der Tränke.

Wenn er im Stallhof war, steckte er den Kopf durch den Lattenzaun und beobachtete sie. Seine Verehrung belohnte die kleine Stute mit ihrer wachsenden Aufmerksamkeit, und schließlich gab sie auf sein Begrüßungswiehern mit schüchterner Stimme Antwort.

Und eines Tages, als Springer den Kopf zwischen die Latten drückte, kam sie ganz von selbst zu ihm. Es war dies ihr erster ungestörter Augenblick zusammen, und sie beschnüffelten sich in freimütiger Neugier. Nach eingehender Erforschung raste Springer wild vor Freude über den Hof, befeuert von dem unbewußten Wunsch, zu zeigen, was für ein wundervoller Spielgefährte er sein konnte.

Und nun wuchs in ihm ein neues Verlangen — das Verlangen, anderen zu gefallen. Hinter seinen scheinbar unbedachten Possen steckte der Wille, Eindruck zu machen, die Bewunderung seiner Zuschauer zu erringen. Es kam darauf an, glaubte er, daß jeder, der ihn sah — das scheckige Füllen, seine Mutter, die anderen Pferde, die ihn mit gleichgültigen Augen betrachteten —, dazu gebracht würden, seine geschickten Luftsprünge zu bewundern. Die früher nur geduldeten Liebkosungen wurden ihm nun zur Notwendigkeit. Wenn er den Mann oder den Jungen im Stall oder auf dem Hof sah, eilte er sogar mitten im Spiel auf sie zu und wartete ungeduldig darauf, daß sie seinen Hals kraulten. So sehr hungerte er nach Beweisen der Aufmerksamkeit, daß er jedem vertraute, der sich seiner annahm, und das flocht die Bande der Abhängigkeit noch enger, die ihn mit der Welt der Menschen verknüpften.

Ohne Übertreibung kann man sagen, daß Springer mit sich und seiner ganzen Umgebung höchst zufrieden war. Er war gesund, wohlgenährt und steckte voll überschüssiger Kraft. Jeder Tag war ihm ein Ereignis, das er mit Entzücken begrüßte. Im Stall war er recht gefügig, aber sobald er in den Pferch oder auf den Hof gelassen wurde, schien er von einem Dämon besessen zu sein. Absichtlich suchte er sich Pfützen, Schlammlöcher und andere kleine Hindernisse, an denen er in leichtem Sprung seine neugewonnene Kraft ausprobieren konnte. Gräfin sah ernsthaft zu, wenn er so die nachts angesammelte Energie umsetzte. Ab und zu warnte ihn ein besorgtes Wiehern vor Tollkühnheiten, aber hinter der mütterlichen Sorge spürte er den Stolz auf seine Taten. Die Anwesenheit des Mannes spornte ihn bei diesen morgendlichen Kraftbezeigungen zu noch größeren Angebereien an, und auch der lahme Junge ermunterte ihn, wenn er lachte und klatschte und komisch humpelnd hinter ihm herlief.

Aber Springer war mehr als ein verspielter junger Dummkopf. Er besaß Verstand und ein Talent zur Nachahmung. Zu seiner Mutter blickte er auf, wenn er Anleitung brauchte. In seinen Augen war sie genauso vollkommen wie er in den ihren, und bis in die kleinsten Kleinigkeiten versuchte er sie nachzuahmen. Dadurch kamen sie sich noch näher als zuvor. Sie fütterte und liebte ihn nicht nur. Mit ihrer Weisheit und Erfahrung erweiterte sie seine Weltkenntnis.

Er tat recht, wenn er Gräfin so hochschätzte. Sie fürchtete niemanden, war nie gereizt, und sie drängelte und hastete nicht wie die anderen Pferde, wenn sie gefüttert oder zur Tränke geführt wurden. Immer war sie gesetzt und ernst. Morgens sah er mit ihr zusammen zu, wenn die anderen Pferde vor Ackergeräte geschirrt wurden, mit denen sie dann, von Männern gelenkt, deren unsinnige Schreie den Lärm des Wirtschaftshofes übertönten, die Straße hinuntertrotteten. Abends kamen sie zurück und brachten duftendes Heu und Ballen von Stroh mit. Aus der Gelassenheit, mit der Gräfin die rastlose Geschäftigkeit des Lebens auf dem Hofe hinnahm, begriff Springer etwas von der Aufgabe eines Pferdes. Bald waren ihm die reichgeschmückten Ledergeschirre, in denen die älteren Pferde so wichtig aussahen, vertraut und bargen keine Überraschung mehr.

Eines Morgens sah das Fohlen zu seinem Erstaunen den Mann Gräfin zäumen und besteigen. Als sie den Hof verließen, rannte Springer ihnen nach und lief neben seiner Mutter her. Immer weiter ging die Reise, vorbei an fremden Feldern und fremden Gebäuden. Pferde, die er nie gesehen hatte, blickten ihnen über Zäune gleichgültig nach. Wild aussehende Hunde stürmten bellend heran. Springer hielt sich dicht an seine Mutter und ging so jedem Mißgeschick aus dem Weg, aber Spaß machte es ihm nicht. Auch als sie Gebäude und Hunde hinter sich gelassen und freies Feld erreicht hatten, hielt sein Unbehagen an. Platz genug zum Umhertollen war da, aber ihm fehlte die Lust dazu. Das endlose Weiß des Schnees, das sich nach allen Seiten, so weit er sehen konnte, ausbreitete, barg unbekannte Gefahren. Seine Mutter ermunterte ihn zum Spielen, aber er drängte sich nur noch dichter an sie und sah den Mann mit verdutzten Augen an. Er war froh, als sie schließlich umdrehten und nach Hause liefen. Noch nie war ihm der Stall so gemütlich und einladend erschienen.

Doch an diesem Tag war Springer auf etwas gestoßen, das jenseits seiner unmittelbaren Erfahrung lag. Einen kurzen Augenblick lang hatte er die Welt der Erwachsenen betreten, hatte einen weiteren Schritt vorwärts gemacht. Der Ausflug und das Gefühl, etwas erreicht zu haben, erregten ihn, und er versuchte zum erstenmal, etwas von dem trockenen Gras zu knabbern, und stieß seine Schnauze in einen Trog voller knirschender Körner. Das Ergebnis war so abscheulich, daß er die Körner sofort wieder ausspuckte und sich wunderte, wie seine Mutter Geschmack an ihnen finden konnte. Ihm schmeckten ihre Milch und die weichen, wunderbar duftenden Brotstücke, die der lahme Junge ihm brachte, viel besser. Dennoch wollte er so gerne genauso sein wie seine Mutter.

Jeden Tag wartete er auf den Jungen, und wenn er kam, preßte er die Schnauze geradezu schamlos gegen seine Schulter und bettelte um die Leckereien. Mußte er, was manchmal passierte, den Schmaus mit seiner Mutter teilen, war er verärgert und unglücklich. Denn mit seinem Körper wuchs auch sein Selbstbewußtsein, und Eifersucht und Selbstbehauptung gingen Hand in Hand. Er liebte seine Mutter, ahmte sie nach, verließ sich auf sie, aber die Aufmerksamkeit derer, deren Autorität er noch höher als die ihre einschätzte, wollte er ganz für sich allein haben. Er wußte bereits, daß der große Freund sein Herr war. Seine Mutter bewies es ihm immer wieder auf diese und jene Art, so daß er nicht daran zweifeln konnte.

Die Erfahrung lehrte ihn, daß es gut für ihn war, dem Ruf des Mannes sofort zu gehorchen und sich sowohl seinen zärtlichen Liebkosungen als auch seinen Befehlen zu fügen. Bei all seiner sorglosen Verspieltheit begriff Springer doch instinktiv, daß sein Leben wie das Leben all der Tiere auf dem Hof von diesem Menschen abhing und daß ohne Gehorsam keine Gemeinschaft mit ihm möglich war. Er konnte das Verständnis, das der Mann und seine Mutter füreinander zeigten, einfach nicht übersehen. Der Mann brauchte nur den Mund aufzumachen, und schon reagierte die Stute. Manchmal war es nur ein Zucken ihrer Ohren, aber niemals mißverstand sie die Bedeutung der menschlichen Worte. Obwohl sie keine gemeinsame Sprache besaßen, konnten sie und der Herr sich doch ihre Stimmungen mitteilen. Der Mann unterhielt sich mit ihr, als wäre sie ein Mensch wie er.

»Na, Gräfin, da hast du ja ein feines Fohlen – und ganz schön munter. Springer ist wirklich der richtige Name für den Burschen.«

Das Fohlen hörte seinen Namen und wandte den Kopf. Die unmißverständlich schmeichelhaften Bemerkungen weckten seine Eitelkeit, und voll überschäumender Begeisterung tobte es los. Hin und her raste es, sprang, keilte aus und tat sein möglichstes, um sich die Beachtung zu erzwingen, die ihm seiner Ansicht nach in reichem Maße zustand. Die warnende Stimme seiner Mutter konnte ihn nicht zurückhalten. Aber sobald der Mann sie in den Stall führte, brach Springer sein Spiel ab und jagte mit der ganzen ihm zur Verfügung stehenden Geschwindigkeit hinterher. Er fürchtete sich davor, allein auf dem Hof zu bleiben.

Eines Tages erfüllte sich Springers Wunsch nach einem gleichaltrigen Spielgefährten. Wie jeden Morgen brachte der Herr ihn und seine Mutter zur Tränke. Aber statt sie anschließend in ihren abgetrennten Pferch zu führen, erlaubte er ihnen, bei den anderen Tieren in der großen Hürde zu bleiben.
Springer betrachtete die ungewöhnliche, höchst interessante Gesellschaft. Einige alte Stuten waren da, viele junge Fohlen, ein uralter fuchsbrauner Wallach mit weisen Augen und auch das schreckhafte Scheckenfohlen mit seiner Mutter. Zunächst war Springer ganz überwältigt, da er seinen heimlichen Wunsch so schnell verwirklicht sah, und vor lauter Überraschung wurde er mit einemmal unnatürlich schüchtern. Er wich seiner Mutter nicht von der Seite, aber seine Augen wanderten hierhin und dorthin, und alle seine Sinne waren wach. Bald verflog seine Schüchternheit. Niemand schien ihm gegenüber böse Absichten zu hegen. Nicht einmal zu bemerken schien man ihn! Und als das Stutenfohlen zutraulich zu ihm hinrannte, war sein Selbstvertrauen vollständig wiederhergestellt. Er vergaß jedoch nicht, einen vorsichtigen Blick in Richtung der Fohlenmutter zu werfen. Beruhigt stellte er fest, daß sie fleißig graste und sich ihrer Tochter wegen keine Sorgen machte.
Gemächlich und gründlich und mit unverhohlener Wertschätzung beschnupperte Springer das Fohlen vom Kopf bis zum äußersten Ende des kleinen verschlungenen Schweifes. Einer plötzlichen übermütigen Laune nachgebend, stellte er sich dann auf die Hinterbeine und drehte sich wie ein Kreisel. Von seinen fliegenden Hufen stoben Stroh und Dreck, und er wirbelte einen Sandsturm auf um sich selber als Mittelpunkt. Der fuchsrote Wallach warf ihm einen abschätzigen Blick zu. Springer fing ihn zwar auf, kümmerte sich aber keinen Deut darum, so sehr war er damit beschäftigt, einen günstigen Eindruck auf die kleine Stute zu machen. Und günstig beeindruckt war das kleine Füllen ganz ohne Zweifel. Seine dunklen Augen sprühten entzückte Bewunderung und spornten Springer an wie ein berauschender Trunk. Er vergaß die alten Aufpasserpferde. Er vergaß die Umgangsformen, die man von einem Neuankömmling in jedweder Versammlung erwartet. Ihn beherrschte nur ein Gedanke: sich vor den Augen dieses bezaubernden Geschöpfes hervorzutun. Sich selber übertreffen würde er und waghalsige Kunststücke vollbringen, an die er sich vorher nie herangewagt hätte. Entschlossen bäumte er sich noch einmal auf den Hinterbeinen auf, und wie ein vom Bogen geschnellter Pfeil raste er über das freie Feld, seinen stürmischen Flug dann und wann mit einer wahnwitzigen Sondervorstellung im Hochsteigen und Auskeilen unterbrechend.
Erschöpft und selig kam er am anderen Ende der Hürde an. Er drehte sich

triumphierend um – überzeugt, daß sein Auftritt nicht unbeobachtet vor sich gegangen war.

Er wurde nicht enttäuscht. In der Tat hatte er die Aufmerksamkeit auf sich gelenkt. Manch einer in der Versammlung hatte zu grasen aufgehört und blickte ihn an, als ob er fragen wollte: »Wo kommt denn dieser Taugenichts her?«

Es war kaum beruhigend, daß man solcherart Notiz von ihm nahm. Bedrohliches lag in der Luft, besonders, als die fremden Pferde sich anschickten, geschlossen gegen ihn vorzurücken. Nun erst merkte er, daß seine Mutter weit weg war und daß diese Fremden ihm den Weg zu ihr versperrten. Er fühlte sich hilflos. Schrecken überfiel ihn. Er rannte los, so schnell er konnte, immer dicht am Zaun entlang, weil er hoffte, seinen Verfolgern so zu entgehen. Nur eins konnte er denken: Ich muß zu meiner Mutter! Wer würde es wagen, ihm in ihrer Gegenwart zu nahe zu kommen? Er rannte und spannte jeden Muskel an, und sein Wunsch, anzugeben, war von der Furcht ausgelöscht. Aus den Augenwinkeln heraus sah er, daß seine Verfolger ihm hart auf den Fersen waren. Sie wirbelten eine Wolke von Staub und Stroh auf, und das Geklapper ihrer Hufe und ihr wütendes Schnauben erfüllte die Luft.

Plötzlich tauchten einige seiner Feinde *vor* ihm auf und schnitten ihm so jeden möglichen Fluchtweg ab. Alles schien verloren. Zitternd blieb Springer stehen und drückte sich gegen den Zaun. Das Rudel kam näher, furchtbarer sah es aus mit jeder Sekunde. Das Fohlen ahnte weder die Absichten der fremden Pferde noch den Grund für ihre Feindseligkeit, aber ihr Anrücken bedeutete offensichtlich nichts Gutes. Solch klägliche Angst hatte Springer, daß er nicht einmal um Hilfe schreien konnte. Mit hochgestellten Ohren und zuckendem zahnlosem Babymäulchen erwartete er das Allerschrecklichste.

Nun waren sie fast heran. Ein mißmutiges braunes Fohlen mit gefletschten Zähnen wollte gerade zubeißen, da hörte Springer eine laute Befehlsstimme: »Halt! Was soll das?!«

Sein Herr hatte ihn gerettet. Beim Klang seiner Stimme stob die ganze unverschämte Bande ungestüm in alle Richtungen davon. Erstarrt stand Springer da. Die Stimme des Mannes wirkte bei ihm nicht weniger erstaunlich als bei seinen Feinden: Mit der Ankunft des Freundes schwand all seine Angst.

»Na, Springer, da war dir ganz schön bange, was? Ein bißchen zu schneidig herangegangen, hm?« Der Mann streichelte ihn und redete ihm freundlich zu, und seine Ruhe gab Springer das Gefühl, daß die Welt wieder so war, wie sie sein sollte. Er brauchte sich nur umzusehen, und dieses Gefühl wurde zur Gewißheit. Die Pferde, eben noch schrecklich in ihrem Entschluß, ihn zu verderben, fraßen friedlich ihr Heu, als wäre überhaupt nichts passiert. Von ganzer Seele fühlte Springer sich zu dem Mann hingezogen, der das fertiggebracht hatte. Sein Glauben an die Unfehlbarkeit der Menschen wuchs.

Wie gutmütig und harmlos seine vorherigen Feinde nun aussahen! Nur das braune Fohlen schien ihm auch jetzt noch zu grollen. »Warte nur!« drohten seine finsteren Blicke. »Bei der nächsten Gelegenheit beziehst du Keile, daß du Sterne siehst!« Aber Springer war nicht durch Drohungen einzuschüchtern. Fürs erste war ihm jegliche Furcht genommen.

Voller Zufriedenheit in die überhelle Sonne blinzelnd, reckte er den Hals und ließ den Mann die empfindliche Stelle hinter seinem Ohr kraulen. Als das Stutenfohlen mit vertrautem Lockruf um seine Aufmerksamkeit bettelte, wieherte er glücklich zur Antwort. Und nun stimmte ein anderes Pferd in das Gewieher ein, dann noch eins, und schließlich schwollen die Stimmen zu einem mächtigen Chor an.

Springer war kein Außenseiter mehr. Er gehörte zur großen Gemeinschaft der Pferde, und er war glücklicher als jemals zuvor.

Ernest Thompson Seton

Kasta-Kohl, das wilde Pferd

Vor zehn Jahren lebte im Bitterwurzelgebirge in Idaho ein schönes kleines Füllen. Sein Fell war hell kastanienbraun, Beine, Mähne und Schwanz kohlschwarz: Kastanienbraun und Kohlschwarz – so nannte man es denn Kasta-Kohl.

Vielen klang der Name, wenn sie ihn hörten, wie ein indisches oder wie ein arabisches Wort; und sahen sie das hübsche Fohlen und wußten nichts von der Herkunft des Namens, so dachten sie, es müsse arabisches Blut sein. Ohne Zweifel trifft dies ein ganz klein wenig zu, so gut wie alle unsere besten Pferde arabisches Blut haben; und von Zeit zu Zeit scheint es stärker hervorzutreten und zeigt sich dann in allem, was das Geschöpf an und in sich hat: in seinem Bau, seiner Kraft und seinem wilden Freiheitsdrang.

Kasta-Kohls Lust war es, wie der Wind dahinzusausen; er freute sich seiner Schnelligkeit, seiner unermüdlichen Beine, und kam er mit der Herde der Fohlen in vollem Lauf an einen Zaun oder Graben, so war es für ihn ebenso natürlich, darüber hinwegzusetzen, wie für die andern abzubiegen.

So wuchs er auf, starken Leibes, ruhelosen Geistes und voll Abneigung gegen jede Spur von Zwang. Auch das schützende Gehege des Hofs und der Stall waren ihm zuwider, und bald zeigte es sich, daß er lieber die ganze Nacht im ärgsten Unwetter draußen blieb als im wohlverwahrten Stall, der seine über alles geliebte Freiheit einschränkte.

Immer besser lernte er, den Pferdetreiber, der die Herde in den Pferch zu bringen hatte, zu narren. Schon der Anblick dieses Mannes brachte ihn in Bewegung, und er wurde ein sogenannter »Einzelgänger«, das heißt ein Pferd von solchem Eigenwillen, daß es sofort seinen eigenen Weg geht, sobald ihm der Weg der Herde nicht paßt.

So wurde das Fohlen von Monat zu Monat immer freiheitsdurstiger und zugleich immer verschlagener, wenn es galt, seinen Willen durchzusetzen. Auch war sein Wesen insofern nicht frei von einem Zug der Grausamkeit, als es keine Schonung und keine Rücksicht kannte, wenn etwas der Erfüllung seines einzigen Verlangens im Wege stand.

Als Kasta-Kohl drei Jahre alt war, gerade in der Blütezeit seiner jugendlichen Kraft und Schönheit, da fingen erst recht seine schweren Tage an, denn nun wollte ihn sein Eigentümer zum Reiten bändigen. Kasta-Kohl zeigte sich ebenso bockbeinig und hinterlistig, wie er schön war, und am ersten Tag gab es einen furchtbaren Kampf zwischen dem Einreiter und dem herrlichen Füllen.

Aber der Mann verstand seine Sache. Er wußte seine Macht anzuwenden, und all das wilde Ausschlagen, Bocken und Bäumen und Wälzen führte nicht zu dem ersehnten Ziel. Trotz aller seiner Stärke war das Pferd in den Händen des geschickten Bändigers hoffnungslos verloren, und Kasta-Kohl war schließlich so weit eingeritten, daß ein guter Reiter ihn gebrauchen konnte. Aber jedesmal wenn der Sattel aufgelegt wurde, fing der Kampf von neuem an. Nachdem dies ein paar Monate so fortgegangen war, schien dem Füllen endlich klar zu sein, daß Widerstand nutzlos war und ihm nur die Peitsche und die Sporen eintrug; so tat es, als wollte es sich bessern. Eine Woche wurde es jeden Tag geritten und bockte nicht einmal; aber am letzten Tag kam es lahmend heim.

Der Eigentümer ließ es zur Weide zurück. Drei Tage später schien es wieder in Ordnung zu sein; es wurde eingefangen und gesattelt. Es bockte nicht, aber nach fünf Minuten hinkte es wie vorher. Wieder kam es auf die Weide und erhielt nach einer Woche den Sattel, aber nur, um aufs neue zu lahmen.

Da wußte sein Besitzer nicht recht, was er davon halten solle: Hatte das Pferd wirklich ein lahmes Bein, oder stellte es sich nur so? Jedenfalls suchte er es bei der ersten Gelegenheit loszuwerden, und obwohl Kasta-Kohl leicht fünfzig Dollar einbringen konnte, verkaufte er ihn für fünfundzwanzig. Der Käufer dachte, einen guten Handel gemacht zu haben, aber nachdem er eine halbe Meile geritten war, wurde Kasta-Kohl lahm. Als der Reiter abstieg, um das Bein zu untersuchen, ging das Pferd durch und galoppierte zu seiner alten Weide zurück. Hier wurde es eingefangen, und der neue Besitzer gebrauchte seine Sporen so erbarmungslos, daß jede Spur von Lahmheit verschwand und die nächsten vierzig Kilometer in zwei Stunden zurückgelegt wurden.

Jetzt waren sie bei der Farm des neuen Besitzers. Kasta-Kohl hinkte beständig, als er dort zur Weide geführt wurde, und er humpelte zu den andern Pferden hin. Auf einer Seite der Weide lag der Garten eines Nachbars. Der war sehr stolz auf sein feines Gemüse und hatte einen hohen Zaun herumgezogen. Dennoch gelangten in der Nacht nach Kasta-Kohls Ankunft ein paar Pferde irgendwie in den Garten und richteten großen Schaden an. Aber sie sprangen vor Tagesanbruch hinaus, und niemand sah sie. Der Gärtner war wütend, aber der Viehzüchter behauptete hartnäckig, das müßten andere Pferde sein, da die seinigen durch einen hohen Zaun abgehalten seien.

In der nächsten Nacht war's das gleiche. Der Viehbesitzer ging beizeiten hinaus und sah alle seine Pferde in der Koppel und Kasta-Kohl hinter den andern drein. Seine Lahmheit schien jetzt schlimmer statt besser geworden zu sein. Aber in ein paar Tagen sah man das Tier ungehindert ausgreifen; so fing es der Sohn des Besitzers ein und suchte es zu reiten. Doch diese Gelegenheit ließ sich der Eigensinn nicht entgehen, und die ganze alte Bosheit kam über das Tier; der junge Mensch wurde abgeworfen und verletzte sich dabei. Nun sprang der Besitzer selbst in den Sattel; Kasta-Kohl bockte zehn Minuten lang, und als er sah, daß er den Mann nicht herunterbringen konnte, versuchte er, dessen Bein gegen einen Pfosten zu quetschen, aber der Reiter sah sich wohl vor. Kasta-Kohl bäumte sich und warf sich rückwärts, der Reiter glitt ab, das Tier fiel schwer keuchend zur Erde, und ehe es wieder auf die Beine kam, war der Mann im Sattel. Jetzt rannte das Pferd, ausschlagend und bockend, davon; dann hielt es mit plötzlichem Ruck, aber der Reiter flog ihm nicht über den Kopf weg, wie es erwartet hatte. Da packte es den Fuß des Reiters mit den Zähnen, und nur durch kräftige Schläge auf die Schnauze rettete er sich vor einer furchtbaren Verstümmelung. Es stand jetzt außer Zweifel, daß Kasta-Kohl ein »wildes«, das heißt unheilbar böses Pferd war.

Man riß den Sattel herunter und trieb das hinkende Tier auf die Weide.

Die Verwüstungen im Garten hörten nicht auf, und die beiden Männer gerieten darüber in Streit. Aber um zu beweisen, daß seine Rosse nicht schuldig seien, forderte der Viehzüchter den Gärtner auf, mit ihm zusammen aufzubleiben und zu wachen. Als in der kommenden Nacht der Mond hell aufgegangen war, sahen sie nicht alle Pferde, aber Kasta-Kohl gerade auf den Zaun losgehen – keine Spur von Hinken mehr – mit Leichtigkeit darüberspringen und die schönsten Sachen, die er finden konnte, abrupfen. Nachdem sie sich vergewissert hatten, daß er es sei, rannten die Männer vorwärts. Kasta-Kohl nahm den Zaun wie ein Hirsch, flog pfeilartig zu den andern Pferden, unter die er sich mischte, und als die Männer näher kamen, hinkte er aufs neue ganz erbärmlich.

»Jetzt ist's klar«, sagte der Viehzüchter. »'s ist 'n Betrüger, aber 'n schöner Kerl ist 'r doch und 'ne gute Rasse.«

»Ja, aber jetzt ist's auch klar, wer mein Gemüse gestohlen hat«, sagte der andere.

»Ich denke wohl«, war die Antwort; »aber seh'n Se mal, Nachbar; mehr als zehn Dollar haben Se an Grünzeug nicht verloren. Das Pferd da ist leicht hundert wert. Geben Se mir fünfundzwanzig, nehmen Se's Pferd, und wir sind quitt.«
»Was Sie sagen«, erwiderte der Gärtner. »Für fünfundzwanzig Dollar Grünes ist mir weg, der Gaul ist keinen Heller mehr wert. Ich nehme 'n, 's ist abgemacht.«
Und so verglichen sie sich. Der Viehzüchter sagte nichts davon, daß Kasta-Kohl ebenso bösartig wie verschlagen sei, aber der Gärtner merkte es gleich das erstemal, als er auf dem schönen Tier reiten wollte.
Am nächsten Tage hing am Tor des Gärtners ein Schild:

Zu verkaufen
erstklassiges, gesundes
und gutartiges Pferd
für 10 Dollar.

Der Bärenköder

Nicht lange danach kam eine Jagdgesellschaft vorüber. Es waren drei Gebirgler, zwei Städter und der Verfasser dieser Erzählung. Die Städter wollten auf die Bärenjagd gehen. Sie waren mit allem Erforderlichen ausgerüstet; nur Köder fehlten ihnen. Gewöhnlich kauft man ein wertloses Pferd oder Rind, treibt es in die Gegend des Gebirges, wo die Bären hausen, und schießt es dort nieder. So riefen die Jäger beim Anblick des Schildes dem Gärtner zu: »Haben Sie ein billigeres Pferd feil?«
»Seh'n Sie 's nur an, hier!« versetzte der Gärtner. »Sie finden kein billigeres Pferd, und wenn Sie noch tausend Kilometer wandern.«
»Wir schauen nach 'm alten Bärenköder aus und wollen nicht mehr als höchstens fünf Dollar dran wenden.«
Pferde waren hier billig und in Fülle zu haben; aber an Käufern war kein Überfluß. Der Gärtner fürchtete, Kasta-Kohl würde ihm durchgehen. »Gut«, sagte er; »wenn's nicht anders ist, nehmen Sie'n dafür.«
Der Jäger händigte ihm fünf Dollar ein. Dann sagte er: »Nun Fremder, das Geschäft ist abgemacht. Wollen Sie mir nun sagen, warum Sie dieses schöne Pferd für fünf Dollar hergeben«
»Mächtig einfach. Es läßt sich nicht reiten. *Soll's* gehn, so ist's mordslahm, und will's gehn, so ist's gesund wie'n Dollar; kein Zaun im ganzen Land kann's festhalten, 's ist schlimmer als der Deixel.«

»Nun, es ist 'n allmächtig schöner Bärenköder;« und die Jäger ritten davon. Kasta-Kohl wurde mit den Packpferden zusammen vorwärts getrieben und hinkte schrecklich auf der Wegspur dahin. Ein paarmal wollte er zurück, wurde aber von den Männern hinten leicht vorgetrieben. Sein Hinken wurde schlimmer, und als die Nacht heranzog, tat es einem weh, ihn so zu sehen.
Der Führer meinte: »*Das* Hinken ist echt. Da liegt ein schweres Leiden zugrunde.«
Die folgenden Tage ging der Marsch tiefer ins Gebirge; die Pferde trieb man den Tag über vorwärts und fesselte sie des Nachts. Kasta-Kohl ging mit den übrigen; bei jedem Schritt schüttelte er den Kopf und die lange glänzende Mähne. Einer der Jäger wollte auf ihm reiten, hätte aber beinahe sein Leben verloren, denn das Pferd war wie vom Dämon besessen, als es jemand auf seinem Rücken spürte.
Je steiler, um so schlechter wurde der Weg. Eines Tages ging es durch einen üblen Sumpf. Einige Pferde drohten darin zu versinken, und als die Männer zu ihrer Rettung herbeikamen, dachte Kasta-Kohl, jetzt sei der Augenblick der Flucht gekommen. Er drehte sich blitzschnell um und verwandelte sich im Nu aus einer hinkenden, gedrückten, trübäugigen Mähre in ein hochgemutes Roß. Mit erhobenem Kopf und Schweif und stolz die schwarze Mähne schüttelnd, wieherte er froh auf und schlug den an zweihundert Kilometer langen Heimweg ein, ohne Zögern und Fehlen, obwohl er ihn doch nur einmal gesehen hatte, und in wenigen Minuten war er außer Sicht.
Die Männer waren wütend. Aber einer von ihnen sprang, ohne ein Wort zu sagen, auf sein Pferd – zu welchem Zweck? Um dem freien Wildfang zu folgen? Reine Tollheit. O nein, er hatte einen besseren Plan. Er kannte die Gegend. Über drei Kilometer der Wegspur nach, keinen halben Kilometer auf dem geraden, wenn auch holperigen Weg, den er wählte, kam man zur Pantherschlucht. Da mußte Kasta-Kohl hindurch, und als er heranraste, sah er den Mann schon seiner harren. Da schüttelte er zornig den Kopf, drehte wieder auf der Wegspur um, und bald zeigte er auch wieder sein altes Hinken und sein jämmerliches Aussehen. Er wurde in den Kamp getrieben und ließ dort seine Wut an einem harmlosen kleinen Packpferd aus, dem er die Rippen zerschlug.

Da war das Bärenland, und die Jäger faßten den Entschluß, den gefährlichen Streichen des Wilden ein Ende zu setzen und aus ihm nun den einen erwarteten Nutzen zu ziehen. Ihn zu fangen, wagten sie nicht; es war tatsächlich nicht geraten, sich ihm zu nähern, aber zwei von den Führern trieben ihn zu einer abgelegenen Klinge, die von Bären wimmelte. Ein Gefühl des Mitleids überkam mich, als ich das schöne unbändige Geschöpf sich scheinbar hinkend entfernen sah.

»Kommen Sie nicht mit?« fragte der Führer.

»Nein, ich will ihn nicht verenden sehen«, antwortete ich. Als dann Kasta-Kohl kopfschüttelnd verschwunden war, rief ich: »Sagen Sie, können Sie mir nicht diese Mähne und den Schweif mitbringen, wenn Sie zurückkommen?«

Nach einer Viertelstunde wurde ein Flintenschuß hörbar, und im Geiste sah ich den stolzen Kopf und die herrlichen Glieder, des sie aufrechterhaltenden Geistes beraubt, schlaff und matt dahinsinken und den unheimlichen Weg alles Fleischlichen gehen. Armer Kasta-Kohl, er konnte das Joch nicht ertragen. Widerspenstig bis zum letzten Ende, hatte er gegen das Los aller seinesgleichen angekämpft. Mir schien es, als lebte der Geist eines Adlers oder eines Wolfes hinter den großen glänzenden Augen und beherrschte sein ganzes eigenwilliges Dasein.

Ich versuchte, meine Gedanken von dem tragischen Ende loszureißen, und hatte damit nicht lange zu tun, denn nach einer knappen Stunde kamen die Männer zurück.

Die lange Wegspur hinab hatten sie ihn nach Westen getrieben; da konnte er seitwärts nicht entweichen. Er mußte vorwärts, dessen waren seine Treiber sicher.

Immer weiter hatte er sich von seiner alten Heimat am Bitterwurzelfluß entfernt. Und nun war er über die hohe Wasserscheide gegangen und folgte der schmalen Wegspur, die zum Bärental und hinauf zum Lachsfluß führt und immer ferner zu den offenen Ebenen Columbias, kläglich hinkend, als wüßte er, worum es sich handelte. Von seinem schimmernden Fell wurde das goldene Sonnenlicht noch reicher zurückgestrahlt, als es darauf fiel, und die Männer folgten ihm wie der Henker dem verurteilten Edelmann – die schmale Wegspur hinab, bis sie auf eine kleine Biberwiese mit üppigem Graswuchs, einem lieblichen Bergstrom und vielen am Wasser auf und ab laufenden Bärenfährten mündete.

»Denke, 's is' genug«, sagte der Ältere. »Ja doch, hier gibt's 'n sichern Tod oder 'ne glatte Niete«, sagte der andere zuversichtlich, und als der Hinkende mitten auf der Wiese stand, pfiff er kurz und scharf. Sofort spitzte Kasta-Kohl die Ohren. Er drehte sich und wandte sich seinen Peinigern zu, sein edles Haupt emporgereckt, die Nüstern gebläht: das Bild eines schönen, ja, vollkommenen Rosses.

Die Flinte hob sich; das Gehirn war ihr Ziel, gerade die Stelle, wo Augen- und Ohrenlinie sich kreuzen; das versprach sicheren, plötzlichen, schmerzlosen Tod.

Die Flinte krachte. Das große Tier wandte sich und flog davon. Es mußte sofortiger Tod oder ein Fehlschuß sein, und der Schütze verfehlte sein Ziel.

Fort stürzte das wilde Pferd mit seiner besten sieghaften Schnelligkeit – nicht seiner östlichen Heimat zu, sondern westwärts die unbekannte Wegspur entlang, weiter, immer weiter; die Fichtenwälder deckten es schützend, und der Schütze dahinten suchte vergebens die leere Patrone aus dem Lauf zu bringen.

Die Wegspur hinunter lief Kasta-Kohl mit instinktiver Sicherheit und weiter durch die Fichten; dann übersprang er einen Sumpf, und eine Stunde später patschte er durch das helle Klarwasser und weiter einer unbekannten feinen Stimme nach, die ihm aus dem fernen Westen entgegentönte. Und so ging's vorwärts, bis die krüppelhaften Fichten strauchartigen Zedern Raum gaben und diese sich mit Salbei mischten, und noch weiter, bis die ferngelegenen Ebenen des Lachsstroms ihn umfaßten, und immer noch rannte der scheinbar Unermüdliche vorwärts über den Cañon des mächtigen Schlangenstroms hin und wieder hinauf zu den Hochebenen, wo es keinen Drahtzaun mehr gibt, und hinauf über den Büffelhügel, bis seine scharfen Augen am fernen Gesichtskreis bewegliche Punkte sahen, und als er nahe kam, da eilten sie von beiden Seiten herbei, drehten sich um und blickten ihn an. Er hob seine Stimme und begrüßte sie mit einem langen schrillen Gewieher, wie es einst seine Stammesgenossen auf der fernen Ebene von Chaldäa ausstießen; und ihre Antwort blieb nicht aus. Hier herum und dort herum wandten sie sich in eiligem Trab, und Kasta-Kohl kam noch näher, wieherte aufs neue und gab die seinen Artgenossen bekannte Losung, bis daß sie sicher waren, daß er einer der ihrigen sei: ein wildes freies Blut, niemals vom Menschen gezähmt. Und als die Nacht sich niedersenkte auf die purpurne Ebene, da hatte er seinen Platz in der Herde wie einer, der nach langer, beschwerlicher Irrfahrt sein Heim wiedergefunden hat.

Dort kann man ihn noch sehen, denn seine Kraft ist noch ungebrochen und seine Schönheit nicht gemindert. Wie mir die Reiter erzählen, haben sie ihn bei Ledra oft gesehen. Er ist schnell und stark unter den Schnellen; aber was ihn von fern kenntlich macht, das sind seine kohlschwarze fliegende Mähne und sein kohlschwarzer Schweif.

Da, auf den wilden freien Salbeiebenen, ist sein Aufenthalt. Der Sturm peitscht nächtens sein glänzendes Fell, und winterliches Schneetreiben setzt ihm zuzeiten schwer zu; gierigen Wölfen fallen die Schwachen zum Opfer, und im Frühjahr fordert wohl auch der gewaltige Grisly seinen Tribut. Da gibt's keine üppigen, reich bewässerten Wiesen, keine Körnernahrung, nichts als hartes Wildheu, Wind, weite , weite Ebenen; aber hier fand er wenigstens das eine, wonach er lechzte, und das alles übrige aufwog. Möge er lange streifen – das ist mein Wunsch – daß ich ihn noch einmal wiedersehen kann in der ganzen Pracht seiner Schnelligkeit mit seiner schwarzen Mähne vor dem Wind, ohne Sporengallen in den Flanken, und in den Augen das flammende Licht, das sich in den Augen seiner Vorfahren entzündete, als sie die arabischen Wüsten durchjagten, schneller als die Raubtiere und die flüchtige Gazelle, ja selbst als der rasende Sandsturm, der alles andere überholt, aber vergebens der Spur des Erstgeborenen der Wüste zu folgen sucht.

Björnstjerne Björnson Blacken

Björgan war früher Pfarrhof der Gemeinde Kvikne in Dovrekjäden. Das Gehöft liegt hoch oben, vollkommen für sich allein; als kleiner Knabe stand ich im Wohnzimmer auf dem Tisch und sah sehnsüchtig zu den Kindern unten im Tal hinab, die im Winter auf Schneeschuhen den Fluß entlang liefen oder im Sommer auf dem Rasen spielten. Björgan lag so hoch, daß Getreide daselbst nicht mehr wuchs, weshalb das Gehöft jetzt auch an einen Schweizer verkauft und ein Pfarrhof im Tal angekauft wurde, wo es doch wenigstens etwas ebener ist. Schmerzlich früh trat der Winter auf Björgan ein! Ein Acker, den Vater in einem warmen und frühen Frühling versuchsweise bestellt hatte, lag eines Morgens unter Schnee verhüllt da; anstatt eines Platzregens konnte ein Schneesturm das gemähte Gras ereilen, und wenn der Winter nun erst zunahm! Die Kälte wurde so groß, daß ich die Klinke der Haustür nicht anzufassen wagte, weil mir die Finger bei der Berührung des Eisens schmerzten. Mein Vater, der an der Küste des Randsfjord geboren und folglich abgehärtet war, mußte nach den entlegeneren Teilen seines Kirchspiels doch oft mit einer Maske vor dem Gesicht fahren. Es knarrte und knirschte auf den Wegen, sobald jemand gegangen kam, und kamen mehrere, so entstand ein ohrenzerreißender Lärm. Der Schnee reichte oft bis zum zweiten Stockwerk des schwerfälligen Hauses, kleinere Nebengebäude schneiten ganz ein, Hügel, Gebüsche und Hecken verschwanden unter der Schneedecke völlig, ein unermeßliches Schneemeer dehnte sich aus, in dem bei jedem Sturm, welcher hier Höhlungen riß, dort Schneewehen zusammentrieb, die Gipfel hoher Birken wellenförmig hin und her schwankten. Ich stand auf dem Tisch und sah, wie Schneeschuhläufer von uns aus nach dem Tal hinabeilten, sah, wie die Lappländer aus den Bergwäldern mit ihren Rentierschlitten die steilen Felsenwände hinabsausten und dann wieder zu uns hinaufjagten. Ihre Schlitten schwankten hin und her, und ich werde nie vergessen, wie aus jedem, sobald der Zug endlich auf dem Hof hielt, ein Pelzbündel herauskroch und sich als ein kleines, geschäftiges und lustiges Menschenkind entpuppte, das Rentierfleisch verkaufte.

Die Bewohner des Kviknetales sollen sich in späteren Zeiten zu einem intelligenten und kräftigen Volksstamm entwickelt haben, allein zu jener Zeit war die Pfarrei Kvikne eine der berüchtigtsten im ganzen Land. Nicht allzulange vorher hatte ein Pfarrer Pistolen mit in die Kirche nehmen müssen; ein anderer fand bei seiner Heimkunft aus der Kirche all sein Hausgerät von Männern mit geschwärzten Gesichtern, die in das Pfarrhaus eingedrungen waren und seine Frau, welche allein zu Hause gewesen, fast zu Tode erschreckt hatten, zertrümmert und zerschlagen. Der letzte Pfarrer war von dort fortgezogen und hatte sich entschieden geweigert, zurückzukehren. Lange Jahre war die Gemeinde ohne Pfarrer geblieben, bis Vater – vielleicht gerade deshalb – die Pfarrei erhielt, denn man traute ihm zu, daß er imstande wäre, ein Boot gegen Sturm und Strom festzuhalten.
Ich entsinne mich noch ganz deutlich, wie ich eines Sonnabendmorgens eben im Begriff stand, die Treppe zur Amtsstube, die nach dem Scheuern einen wahren Eisspiegel bildete, auf allen vieren hinaufzuklimmen, und noch nicht viele Stufen emporgekommen war, als mich plötzlich ein aus der Amtsstube heraustönendes Krachen und Gepolter voller Angst wieder hinabjagte. Denn dort oben hatte es der Vorkämpfer und Hüne des Kirchspiels übernommen, dem widerspenstigen Pfarrer die dortige Volkssitte beizubringen, fand aber zu seiner Überraschung, daß ihm der Pfarrer erst seine eigene Sitte beibringen wollte. Er gelangte so zur Tür hinaus, daß er die ganze Treppe hinabrollte, unten seine verschiedentlichen Glieder zusammensuchte und in vier Sprüngen die Haustür erreichte. Die Leute in Kvikne wußten es nicht besser, als daß der Pfarrer ihnen die Gesetze gab, welche vom Reichstag ausgingen. Deshalb wollten sie ihm die Ausführung des Schulgesetzes verbieten; sie boten meinem Vater Trotz und versammelten sich zahlreich bei dem Zusammentritt des Schulvorstands, um seine Verhandlungen zu verhindern. Trotz der inständigen Bitten meiner Mutter begab er sich zu der Sitzung, und als ihm niemand bei der Einteilung der Schulbezirke und bei ähnlichen wichtigen Angelegenheiten beizustehen wagte, tat er es unter dem drohenden Murren der Menge selbst nach bestem Wissen; aber als er mit dem Protokoll unter dem Arm hinausging, wichen sie auseinander, und niemand tastete ihn an. Man denke sich den Jubel meiner Mutter, als sie ihn, ruhig wie immer, angefahren kommen sah.
In diesen Verhältnissen und Umgebungen wurde Blacken geboren! Seine Mutter war eine große, rote Stute aus dem Gudsbranddal, aller Freude, die sie sahen; sein Vater war ein rechter Wildfang, ein echter schwarzer Fjordhengst, der an einer fremden Stelle, als man sorglos mit der Stute vorüberzog,

wiehernd aus dem Wald hervorbrach, über Hecken und Gräben setzte und mit dem Recht der Liebe nahm, was sein war. Schon früh wurde von Blacken gesagt: er wird das stärkste Pferd werden, das je ein Mensch hier im Norden gesehen hat, und so wenig ich auch Geschichten von Kämpfen und Schlägereien liebte, so betrachtete ich das Fohlen doch wie einen reichbegabten Kameraden. Es war übrigens keineswegs gegen mich immer artig; ich trage noch eine von seinem Huf herrührende Narbe über dem rechten Auge; aber trotzdem begleitete ich getreulich die Stute und das Fohlen, schlief mit ihnen auf der Erde und kugelte mich zwischen den Beinen der Stute hindurch, wenn sie weidete. Aber einmal war ich zu weit mitgegangen. Der Tag war warm gewesen, ich war in einer offenstehenden Waldscheuer, in der wir wohl alle drei Schutz gesucht hatten, eingeschlafen; die Stute und das Fohlen waren weitergegangen, aber ich war liegengeblieben. Es war schon spät geworden, als die Leute, welche mich vergebens gerufen und gesucht hatten, mit der Nachricht heimkehrten, daß ich nirgends zu finden sei. Man denke sich den Schrecken meiner Eltern – alle mußten hinaus, mich zu suchen, Felder und Wälder wurden rufend durchschritten, Bäche und Abgründe untersucht, bis jemand endlich ein Kind im Innern der Scheune weinen hört und mich im Heu sitzend entdeckt. Ich war so voller Angst, daß ich lange nicht reden konnte, denn ein großes Tier war gekommen und hatte mich mit feurigen Augen angeblickt. Ob ich es nur geträumt oder wirklich erlebt hatte, vermag ich nicht mit Bestimmtheit zu sagen, aber gewiß ist, daß ich noch vor einigen Jahren erwachte, weil ich dieses Tier über mir stehen sah.

Blacken und ich, wir bekamen bald Kameraden: erst einen kleinen Hund, der mich Zucker stehlen lehrte, dann eine Katze, die eines Tages unerwartet in der Küche erschien. Ich hatte vorher nie eine Katze gesehen; totenblaß stürzte ich in das Zimmer hinein und schrie, daß eine große Ratte aus dem Keller gekommen sei. Im nächsten Frühjahr wurden wir unserer noch mehr, denn da kam noch ein kleines Ferkel hinzu – und so oft Blacken seine Mutter auf die Arbeit begleitete, hielten doch wir stets zusammen: der Hund, die Katze, das Ferkel und ich. Wir vertrieben uns die Zeit ziemlich gut, namentlich damit, daß wir zusammen schliefen. Ich gab diesen Kameraden ja alles, was ich selbst gern hatte; so brachte ich dem Ferkel einen silbernen Löffel hinaus, damit es anständiger fressen sollte; es versuchte es auch in der Tat – das heißt den silbernen Löffel zu fressen. Wenn ich meine Eltern zu den Leuten unten im Tal begleiten mußte, so kam auch der Hund, die Katze und das Ferkel mit. Die beiden ersten setzten sich neben uns in die Fähre, die uns über den Fluß setzen sollte. Das Ferkel grunzte etwas und schwamm darauf hinterher. Wir wurden dann jedes nach seiner Weise bewirtet, und des Abends zogen wir wieder in derselben Ordnung heimwärts.

Allein bald sollte ich diese Kameraden verlieren und nur Blacken behalten, denn mein Vater erhielt die Pfarrei Nässe im Romsdal. Es war ein merkwürdiger Tag, als wir fortzogen, wir Kinder und ein Kindermädchen in einem kleinen Haus, welches auf einen langen Schlitten gesetzt war, so daß uns weder Wind noch Schnee erreichen konnten, und mein Vater und meine Mutter in einem breiten Schlitten voran, und alle diese Menschen rings um uns her, die uns wieder und immer wieder Lebewohl sagen wollten. Ich kann nicht sagen, daß mir sonderlich traurig zumute war, denn ich zählte erst sechs Jahre und wußte, daß in Drontheim für mich ein Hut und Rock und Beinkleider gekauft waren, die ich bei unserer Ankunft in dem neuen Pfarrort anziehen sollte. Und dort, in unserer neuen Heimat, sollte ich zum erstenmal die See sehen! Und dann war ja auch Blacken mit!

Hier auf dem Nässeter Pfarrhof, einem der schönsten Gehöfte im Land, welches stattlich zwischen zwei zusammenstoßenden Fjorden mit grünen Felsen über sich daliegt, mit der Aussicht auf Wasserfälle und herrschaftliche Güter auf dem gegenüberliegenden Ufer, auf wogende Getreidefelder und reges Leben tief unten im Tal, und von dem aus man den ganzen Fjord entlang sich Landzunge an Landzunge, jede mit einem großen Hut gekrönt, weit in die See erstrecken sieht– hier auf dem Nässeter Pfarrhof, wo ich des Abends stehen und im Spiel der Sonnenstrahlen über Felsen und Fjorde blicken konnte, bis ich weinte, als ob ich etwas Böses getan hätte – und wo ich auf meinen Schneeschuhen unten in einem oder dem andern Tal plötzlich stehenbleiben konnte, wie bezaubert von einer Schönheit, von einer Sehnsucht, die ich mir nicht klarzumachen vermochte, die aber so groß war, daß ich auf dem Gipfel der höchsten Freude die höchste Mutlosigkeit und Trauer fühlte – hier auf dem Nässeter Pfarrhof wuchsen meine Eindrücke, aber einen der lebhaftesten erhielt ich von Blacken, denn hier wuchs auch er, wurde ein Held und verrichtete Heldentaten.

Er hatte nicht viel über Mittelhöhe, war aber vergleichsweise sehr lang und von einer wahrhaft lächerlichen Breite; der Farbe nach war er falb, mehr gelb als weiß, mit schwarzer, ungewöhnlich üppiger Mähne; er wurde ein schwerfälliges, gutmütiges Tier – zum täglichen Gebrauch stets bereit. Die Arbeit, an die er gewöhnt war, tat er ruhig und geduldig wie ein Ochse, aber gründlich und ordentlich. Außerdem, daß er mehr als die halbe Pferdearbeit bei der Landwirtschaft, bei dem Anfahren des Holzes usw. auf diesem schwer zu bearbeitenden Gut verrichtete, schleppte er zu einem großen, neuen Hauptgebäude und zu dem vielen, was mein Vater sonst noch bauen ließ, mehr als die Hälfte des Materials, und zwar von einer sehr ferngelegenen, entsetzlichen Trift herbei. Wo zwei Pferde es nicht herausschaffen konnten, da wurde Blacken angespannt, und wenn das Geschirr nur hielt, dann kam es heraus. Er blickte sich gern nach den Knechten um, während sie ihm eine doppelte und dreifache Ladung aufluden; er sagte gerade nichts dazu, allein man mußte ihn doch erst drei- bis viermal bitten zu gehen, ehe er ging, und auch dann machte er erst einige Probezüge — aber darauf legte er sich mit aller Kraft in das Geschirr! Er ging ganz gemächlich, Schritt für Schritt; bisweilen kam ein neuer Knecht, der Blacken auf eine schnellere Gangart einüben wollte, aber es endete immer damit, daß sich der Knecht an die des Pferdes gewöhnen mußte. Die Peitsche wurde nie angewandt, denn man gewann den gewaltigen Arbeiter bald so lieb, daß alles in Güte zuging. Je berühmter er in der Gegend wurde, zu desto größerer Ehre gereichte es ja, ihn zu fahren.

Denn Blacken war bald ohne Vergleich des Kirchspiels größtes Wunder. Es begann wie überall, wo etwas Großes dahinter ist, mit gräßlichem Lärm und Haß, es begann nämlich damit, daß Blacken, welcher auf der Trift und im Gebirge unter den übrigen Pferden des Kirchspiels ging, sämtliche Stuten für sich allein behalten wollte. Er schlug die Nebenbuhler, die sich etwas einbildeten, dermaßen zuschanden, daß die Bauern sie unter groben Flüchen und Entschädigung verlangend nach dem Pfarrhof hinschleppten. Allmählich gaben sie sich zufrieden, da sie recht gut einsahen, daß sie dabei trotzdem nicht zu kurz kamen, denn Blackens Nachkommen gereichten ihm zum Ruhm! Gleichwohl schmerzte es sie doch lange, daß seine Überlegenheit so unerhört und so unbestreitbar war. Unser Nachbar, der Leutnant, konnte sich als Krieger gar nicht hineinfinden; er trieb zwei starke Tiere der gudbrandsdalschen Rasse, herrliche Pferde, auf — und diese sollten Blacken Respekt beibringen. Es wurde für und gegen gewettet; mit welcher Spannung sah man nicht dem Ausgang des ersten Zusammentreffens im Frühjahr auf den Weideplätzen im Gebirge entgegen! Ich vergesse deshalb nie den schönsten Pfingstabend, an dem ich draußen stand und dem Birkhahn zuhörte, der an der Berghalde mit lautem Ruf die Hennen lockte, als ein Mädchen angesprungen kam und berichtete, daß die beiden Pferde des Leutnants dort bei den Schleifsteinen ständen und sich dicht aneinanderschmiegten. Alle hin — und siehe, die beiden schönen Tiere standen da und zitterten, aus Wunde an Wunde blutend! Sie waren unter Blackens gewaltigen Hufen und Zähnen gewesen. Die Furcht hatte ihnen die Kraft verliehen, über die hohe Umzäunung des Pfarrhofes zu setzen, denn sie hatten nicht gewagt, haltzumachen, ehe sie nach Hause kamen. Den Tag darauf ertönte Blackens Lob unter der sich vor der Kirche versammelnden Gemeinde und wurde von dort über »Berg und See« verbreitet.

Blacken hatte den Schmerz, daß einer seiner Söhne, ein kräftiger, brauner Hengst, nach einigen Jahren die Herrschaft mit ihm teilen wollte. Aber er ertappte ihn mitten in seinem ersten Aufruhrversuch, und als der freche Sohn nicht die Flucht ergreifen wollte, sondern ein herausforderndes Kampfgeschrei erhob, da richtete sich der erprobte Held empor, auf den Hinterbeinen gingen sie aufeinander los, legten einander die Vorderfüße um die Hälse und begannen den Ringkampf, denn auf diese Weise findet stets der Zweikampf der Hengste statt. Zuerst stand der junge Taugenichts gerade wie ein Violinbogen da; gleich darauf aber lag er niedergeschmettert auf dem Boden und erhielt seine väterliche Züchtigung. Ich stand dabei und sah es mit an.

In den nächsten Sommern hauste der Bär in der ganzen Gegend, der uns und andren viele Kühe und Schafe raubte. Alle Augenblicke hörten wir den Hirtenknaben schreien und den Hirtenhund anschlagen; dann wurde die Sturmglocke gezogen, die Arbeiter kamen angelaufen, und mit Flinten, Äxten und eisernen Stangen ging es zu den Almen hinauf; gewöhnlich kamen sie jedoch zu spät; entweder hatte der Hund bereits den Bären verjagt, oder ein Stück Vieh war bereits zerrissen, ehe die Hilfe erschien. Die Pferde konnten sich besser in acht nehmen, allein es geschah doch bisweilen, daß er ein Pferd tötete, entweder dadurch, daß er es in einen Sumpf lockte, wo das Pferd einsank und leicht ein Opfer wurde, oder dadurch, daß er es jagte, bis es von irgendeiner Felsenwand hinabstürzte. Namentlich in einem Sommer verursachte er großen Schaden; fast keine Woche ging vorüber, ohne daß sich der Bär an den Weideplätzen zeigte; die Pferde kamen oft plötzlich bis zu den Ställen hinab und waren dann stets in größter Angst und Aufregung, denn jedesmal wurden sie von dem Bären gejagt. Allein Blacken und die Stute mit ihrem Fohlen, die er scharfbeschlagen bewachte, kamen nie. Schließlich wußten wir gar nicht, wie es ihnen ergangen war; schon seit mehreren Tagen hatte der Hirt die Schelle der Stute nicht mehr erklingen hören. Als sie jedoch auch nach einem länger anhaltenden Unwetter, währenddessen sich die Pferde sonst der Heimat zu nähern pflegten, ja sich sogar oft an das Gattertor stellten, welches zum Stall führte, noch immer nicht angekommen waren, wurde ein großer Trupp Knechte nach dem Wald hinaufgeschickt, um Nachsuchung zu halten. Sie richteten ihr Augenmerk vorzüglich auf die Sumpfgegenden, falls der Bär das kampflustige Pferd dorthin gelockt, es auf diese

Weise besiegt und dann vielleicht das Fohlen und die Stute, welche das Fohlen natürlich verteidigen würde, geraubt haben sollte. Sie suchten und suchten, ohne etwas Verdächtiges wahrzunehmen; Bärenspuren waren überall zu sehen, aber kein Merkmal eines Kampfes mit Pferden. Als die Knechte wieder zusammenkommen und sich darüber besprechen und sich der besten Pferdeweide im ganzen Wald nähern, wird einer von ihnen darauf aufmerksam, daß sich gerade in der Nähe eines Sumpfes Spuren eines Fohlens und der Mutterstute finden. Die Tiere waren aber unaufhörlich auf demselben Platz, also in großer Angst, umhergegangen, und dieses war vor kurzem geschehen, ganz gewiß erst an demselben Tag. Bei näherer Untersuchung des Moorbodens fanden sie ganz deutlich, daß er an vielen Stellen infolge eines heftigen Kampfes zertreten war. Die Knechte fingen an, besorgt zu werden, aber sie wollten doch erst noch genauer nachsehen. Am Rande des Sumpfes entdeckten sie Spuren von den Hinterfüßen des Bären wie des Hengstes; sie hatten sich also beide sofort an den Hinterfüßen emporgerichtet, der Bär hatte sich, um den Hengst zu verlocken, rückwärts in den Sumpf zurückgezogen, und dieser war ihm gefolgt, denn die breiten Tatzen des Bären vermag der Sumpfboden zu tragen, zumal ein Bär nicht so schwer wie ein Pferd ist, welches einsinkt und festsitzt. Allein diesmal hatte sich der Bär verrechnet, denn Blacken war zwar eingesunken, aber die Riesenkräfte seiner Lenden hatten es ihm möglich gemacht, die Beine wieder aus dem Schlamm des Sumpfes herauszuziehen, während die scharfbeschlagenen Vorderfüße schlugen und die scharfen Zähne bissen — und bald sah man nicht mehr die Spuren der Hinterfüße des Bären, sondern dagegen einen getreuen Abdruck seines Pelzes, und immer wieder und wieder einen und so den ganzen Sumpf entlang. Er war niedergeworfen worden, hatte sich nicht wieder aufzurichten vermocht und hatte sich nun, um sich gegen die Schläge und Bisse des wütenden Pferdes zu schützen, weiter und weiter gewälzt, und das konnten sie bis auf den festen Boden verfolgen. Angeregt und begeistert von dem, was ihnen der Anblick des Kampfplatzes so deutlich verkündigte, hörte das Ohr der Knechte noch schärfer und sah ihr Auge noch gespannter um sich, und bald waren sie imstande, in der jetzt nach dem Regenwetter sonnenhellen und zitternden Luft die Schelle der Stute aus dem Laubwald am Fuß der Berghalde zu vernehmen. Sie eilten hin, trafen aber auf Blacken, der ihnen mit feuersprühenden Augen näher zu kommen verbot. Er war nicht wiederzuerkennen. Mit hocherhobenem Kopf und wallender Mähne trabte er in weiten Kreisen um die Stute und das Fohlen herum, und erst nach vielen guten Worten und mit Hilfe von Salz gelang es, ihm wieder in Erinnerung zu bringen, daß bekannte Leute zu ihm kamen. Aber diese Heldentat Blackens, die einzig in ihrer Art dastand, verbreitete um seinen Namen einen solchen Glanz, daß sein bisheriger Name »Pfarrerblacken« zum »Bärenblacken« erhöht wurde. Einmal nach dem andern, Jahr für Jahr, hatte er einen Strauß mit dem Bären, und jedesmal war er noch lange nachher nicht zu bändigen. Einmal hatte er eine Wunde von den Klauen des Bären davongetragen. Ein alter erfahrener Held des Bärengeschlechts hatte den Hengst dicht unter den Augen gepackt und ihm, als er seinen Kopf gewaltsam losriß, eine tiefe Wunde beigebracht. Einen so alten Hengst scharfbeschlagen auf die Trift zu lassen, war sonst gefährlich, allein die Pferde kannten ihn und flohen, und wenn auch eines oder das andere noch dumm genug war, standzuhalten und seine Schläge hinzunehmen, so hatte man doch mit Blacken seines weit berühmten Namens wegen Nachsicht. Ein Pferd, welches den Bären zu Boden schlug, mußte ja tun dürfen, was es wollte.

Wie bewundert er war, konnte am besten bemerkt werden, wenn wir, was selten geschah, gezwungen waren, mit ihm zur Kirche zu fahren. Sollte die ganze Familie nebst Hausjungfer und Hauslehrer die Kirche besuchen, so mußte Blacken drei bis vier von uns in einem alten Gig fahren, in dem man »nicht bloß zu eitler Lust« dasaß. Weil keines der gewöhnlichen feineren Sielengeschirre groß genug für ihn war, so mußte er in seinem Arbeitsgeschirr schwerfällig dahertraben, und da ihm die schwere, sich sträubende Mähne bis in die Augen hinabhing, so sah er eben nicht danach aus, als befände er sich auf der Fahrt nach der Kirche. Sein Wagen mußte der letzte in der Reihe sein, denn teils wollte er nicht laufen, sondern nur langsam wie vor dem Arbeitswagen gehen, teils wollte er mit den Kirchgängern in alle Waldwege einbiegen, an die er gewöhnt war. War er jedoch der hinterste in der Reihe, so folgte er, wenn auch in seiner Weise: wenn die anderen Pferde liefen, sprang Blacken wie ein Bär, und so kamen die, welche im Gig saßen, stoßweise oder wie bei hohem Wellenschlag vorwärts, und einmal trat bei ihnen wirklich eine förmliche Art Seekrankheit ein. Bei der Kirche aber ging mit Blacken eine vollkommene Veränderung vor. Dort befanden sich nämlich viele andere Pferde, und er erhob sofort den Kopf und stieß einen herausfordernden Kampfesruf aus. Dieser wurde von allen Seiten ringsum beantwortet, und nun wollte er mit dem Gig auf seine Gegner los, wurde aber gehalten, ausgespannt und ihm darauf der Spannstrick angelegt. Für ihn wurde ein ganz besonderer Spannstrick mitgenommen, und dann wurde er nach einem Platz dicht unter dem Felsenabhang gebracht, um von den andren Pferden so fern wie möglich zu sein. Allein er wollte zu ihnen, zerrte

an seinem Spannstrick, richtete sich auf den Hinterbeinen in die Höhe, schüttelte die Mähne und wieherte in das Tal hinab. Um ihn waren mehr Menschen versammelt als in der Kirche. Wenn er einen Augenblick ruhig war, streichelten sie ihn und maßen seine Brust, seinen Hals, seine Lenden, griffen auch wohl nach seinem Maul, um sein Gebiß zu betrachten; sobald aber eines der andren Pferde wieherte, riß er sich von ihnen los, richtete sich auf den Hinterbeinen in die Höhe und gab wiehernd seine Antwort – allen kam es so vor, als hätten sie noch nie etwas so Herrliches gesehen. Ich meinesteils bin nie über etwas so stolz gewesen, wie ich damals über Blacken war, wenn ich unter den Bauern stand und die begeisterten Lobsprüche mit anhörte.
Und hier auf der Höhe seiner Siegeslaufbahn will ich ihn verlassen. Ich kam in die Welt hinaus und bekam andere Ziele für meine Bewunderung und andere Helden für meinen Nacheifer.

Michail Scholochow

Trofim und das Fohlen

Dicht neben einem von smaragdgrün schillernden Schmeißfliegen umschwärmten Düngerhaufen kam am hellichten Tage das kleine Fohlen zur Welt und sah als erstes unmittelbar über sich die leichten, bläulichen, allmählich sich auflösenden Wölkchen eines geplatzten Schrapnells. Der heulende Ton des Geschosses zwang den noch feuchten Körper des Neugeborenen zwischen die Beine der Mutter. Entsetzen war das erste Gefühl, das den kleinen Hengst auf der Erde erwartete. Das unheimliche Rauschen des Kartätschenhagels veranlaßte die Mutter des Fohlens – eine Fuchsstute, deren Besitzer der Soldat Trofim war –, sich schwerfällig zu erheben und sich mit einem kurzen, ängstlichen Wiehern dem Düngerhaufen zu nähern, an den sie sich, instinktiv Schutz suchend, eng anschmiegte.

Im Vorgarten des Bauernhauses umschwärmten Bienen summend die aufgeblühten Mohnblumen; aus dem Haus selbst hörte man das wimmernde Stöhnen eines verwundeten MG-Schützen. Auf der Wiese hinter dem eroberten Kosakendorf verklangen die letzten Schüsse ...

Die Fuchsstute beleckte liebevoll ihr Erstgeborenes, und dieses, sich an dem prallen Euter der Mutter festsaugend, wurde sich zum erstenmal seines Daseins bewußt und spürte die beglückende mütterliche Zärtlichkeit.

Als die letzten Einschläge der Granaten nur noch aus der Ferne zu hören waren, trat Trofim, die Tür hinter sich zuschlagend, aus dem Bauernhaus und näherte sich dem Pferdestall. An dem Düngerhaufen vorbeigehend, sah er seine Fuchsstute – und an ihrem Euter saugte, vor Anstrengung zitternd, ein neugeborenes Fohlen. Mit einem unsicheren Blick auf die Stute begann Trofim in seinen Taschen herumzukramen, zog endlich mit einer unbeholfenen Bewegung seinen Tabakbeutel hervor und murmelte: »So ... Hast also tatsächlich gefohlt ... Die passendste Zeit hast du dir dazu ausgewählt, das kann man wohl sagen ...« Die Stute war zum Skelett abgemagert, aber in ihren Augen leuchtete stolzes Mutterglück, und ihre atlasglänzende Oberlippe krümmte sich wie zu einem Lächeln.

Trofim führte sie in den Stall, band ihr den Haferbeutel um den Hals, lehnte

sich an das Scheunentor und sagte, mit einem scheelen Blick auf das Fohlen: »Ein liederliches Frauenzimmer bist du, daß du es weißt! Wenn du wenigstens mit Ignats' preisgekröntem Hengst angebandelt hättest, wäre alles weniger arg, aber so ... Was soll ich nun mit dem Pferdchen machen, hm?«
Das Fohlen stand auf seinen dünnen, struppigen Beinen daneben und schaute Trofim unschuldig an. »Soll ich es nicht lieber gleich erschießen?« überlegte dieser.

In der Bauernstube, in der der Schwadronschef sich einquartiert hatte, entspann sich an diesem Abend das folgende Gespräch:
»Es fiel mir schon lange auf«, sagte Trofim, »daß sich meine Stute schonte – weder traben noch galoppieren wollte sie. Ich beobachtete sie daraufhin und merkte zu meinem Schrecken, daß sie trächtig war ... Das Fohlen ist ein hübscher brauner Hengst ...«
»Das ist mir gleich«, fiel ihm der Schwadronschef ins Wort, »ob er braun ist oder ein Rappe – er muß erschossen werden! Mit einem Fohlen am Hals werden wir ja mehr einem Zigeunerhaufen als einer militärischen Einheit gleich sein. Und wenn zufällig der Oberbefehlshaber auftauchen sollte – was dann? Er wird das Regiment antreten lassen, und das Fohlen wird verspielt mit hocherhobenem Schweif vor der Front herumtanzen. Das geht nicht. Das wäre für das ganze Regiment eine Blamage!«
Am nächsten Morgen verließ Trofim, den Revolver in der Hand, das Bauernhaus. Der Schwadronschef, der auf der Schwelle saß, fragte ihn: »Gehst du das Fohlen erschießen?«
Trofim machte nur schweigend eine Handbewegung und setzte seinen Weg zum Pferdestall fort. Der Schwadronschef wartete, den Kopf in die Hände gestützt, auf den Schuß. Es vergingen etwa drei Minuten – es fiel kein Schuß. Trofim kam aus dem Stall heraus.
»Nun, was ist?« fragte der Schwadronschef.
»Anscheinend ist der Schlagbolzen nicht in Ordnung«, antwortete Trofim verlegen, »er schlägt den Zündstift nicht durch.«
»Zeig einmal den Revolver her.« Trofim reichte ihn zögernd seinem Vorgesetzten. Dieser zog den Verschluß heraus und sagte, mit den Augen zwinkernd: »Da stimmt etwas nicht. Es ist ja keine Patrone drin.«
»Das gibt es ja nicht!« schrie Trofim aufgeregt.
»Und ich sage dir, es ist keine Patrone drin.«
»Ich habe die leere Hülse hinter dem Stall weggeworfen ...«
»Hör zu, Trofim«, sagte der Schwadronschef nachdenklich, »hol der Teufel

das Fohlen ... Soll es bei der Mutter bleiben ... Wenn einmal der Bürgerkrieg zu Ende ist, wird man Pferde noch und noch zu den Feldarbeiten brauchen ... Und auch der Armeebefehlshaber wird sich damit abfinden müssen: Das Fohlen braucht unbedingt die Muttermilch. Auch er selbst hat als Säugling an der Mutterbrust gelegen ... Und wir beide auch. So ist es nun einmal im Leben.«

Etwa einen Monat später stand Trofims Schwadron bei der Stanitza Ustj-Chopjorskaja im Gefecht mit einer Hundertschaft zarentreuer Kosaken. Es begann schon zu dämmern, als der Befehl zur Attacke kam. Auf halbem Wege merkte Trofim, den Säbel schwingend, daß er hoffnungslos hinter seinen Kameraden zurückblieb. Weder die Nagaika, noch die Trense, die ihre Lippen blutig riß, konnte seine Stute dazu bringen, in Galopp zu fallen: Mit hocherhobenem Kopf wieherte sie heiser und tänzelte so lange auf einem Fleck, bis das Fohlen mit wehendem Schweif sie erreicht hatte. Trofim sprang aus dem Sattel, steckte den Säbel in die Scheide und riß mit wutverzerrtem Gesicht seinen Karabiner von der Schulter. Die rechte Flanke seiner Schwadron stand bereits im Kampf mit den Kosaken. Unter den Hufen der Pferde dröhnte dumpf die Erde. Eine Sekunde lang blickte Trofim den Kämpfenden nach und zielte dann auf den wie gemeißelten schönen Kopf des jungen Hengstes. Ob seine Hand dabei zitterte oder etwas anderes die Ursache des Fehlschusses war, jedenfalls machte das Fohlen nach der Detonation einen lächerlichen Luftsprung mit seinen dünnen Beinen, wieherte mit kläglicher Stimme und trollte sich zur Mutter. Laut fluchend schwang sich Trofim in den Sattel und jagte zu der Stelle, wo die bärtigen altgläubigen Kosaken den Schwadronschef und drei seiner Begleiter arg bedrängten.

In dieser Nacht biwakierte die Schwadron in der Steppe unweit einer nicht sehr tiefen Schlucht. Das Rauchen war verboten — die Pferde wurden nicht abgesattelt. Eine reitende Patrouille, die von der Rekognoszierung des Donufers zurückgekehrt war, berichtete, daß sich an der Notbrücke, die den Fluß überquerte, starke Kräfte des Gegners konzentrierten.

Vor Sonnenaufgang kam der Schwadronschef an Trofim heran, setzte sich neben ihn und sagte, sinnend auf die verblassenden Sterne blickend: »Das Fohlen mußt du unbedingt erschießen, Trofim, es stört und beunruhigt unsere Leute während des Kampfes, weil es zwischen den anderen Pferden dauernd herumhetzt. Ich weiß es von mir selbst: Wenn ich den kleinen Kerl anschaue, zittert meine Rechte, und ich kann mit dem Säbel nicht richtig zuhauen ... Das kommt daher, weil der Anblick des jungen Tieres zu sehr an Friedenszeiten erinnert — und wozu das im Krieg!«

Gegenüber dem uralten Kloster ist die Strömung des Don reißend und gefährlich. An einer Stelle jedoch, dort wo der Fluß eine Krümmung macht, fließt er ruhiger; eben diese Stelle hatten die Kosaken besetzt und von dort her das Feuer eröffnet. Um ihren Angriffen zu entgehen, blieb dem Schwadronschef nichts anderes übrig, als zu versuchen, mit seinen Leuten das gegenüberliegende Ufer schwimmend zu erreichen. Den Befehl dazu hatte er bereits erteilt.

Zu Mittag stürzte der Schwadronschef sich als erster mit seinem Falben in die Fluten; ihm folgten lärmend 108 halbnackte Reiter mit ihren Pferden. Drei mit den Sätteln beladene Boote wurden ins Wasser gelassen. Eines davon steuerte Trofim, nachdem er seine Stute dem Rottenführer Netschepurenko übergeben hatte.

Trofim warf die Ruder in das Boot, erhob sich und hielt unter den vielen schwimmenden Pferden besorgt Ausschau nach dem Kopf seiner Fuchsstute. Endlich erblickte er sie, und neben ihr auch das Fohlen, das plötzlich jammernd zu wiehern begann. Dieses Wiehern war so hell und durchdringend, daß es ihm ans Herz griff ... Und etwas Sonderbares geschah mit diesem harten Mann: Während der verflossenen fünf Kriegsjahre hatte er dem Tod des öfteren in die Augen geschaut — es hatte ihm nicht viel ausgemacht. Jetzt aber erbleichte er, packte das Ruder und führte das Boot gegen die Strömung dorthin, wo der Strudel das bereits entkräftete Fohlen herumwirbelte. Netschepurenko machte verzweifelte Anstrengungen, Trofims Stute neben seinem Pferd an das andere Ufer zu bringen. Es gelang ihm aber nicht — sie schwamm mit heiserem Wiehern zu ihrem Fohlen. Dieses wurde von der Strömung weit abgetrieben.

Trofim ruderte aus Leibeskräften, aber dennoch kam das Boot nur zentimeterweise vorwärts ...

An dem eben verlassenen rechten Donufer erschienen mehrere Kosaken und schossen auf Trofim. Ein Offizier schrie seinen Leuten etwas zu und fuchtelte mit der Pistole herum ...

Das Wiehern des Fohlens wurde immer seltener, seine Schreie waren bereits matt und kraftlos. Man hörte den Offizier brüllen: »Sofort das Feuer einstellen!«

Fünf Minuten später war Trofim bei dem Fohlen. Mit der linken Hand den kalten Leib des Tieres umfassend, war er mit übermenschlicher Anstrengung bestrebt, samt dem Fohlen das rettende Ufer zu erreichen ... Dabei drang ihm so viel Wasser in Nase und Mund, daß er es, mit Galle vermischt, wieder erbrach. Keiner der Kosaken schoß ihm nach.

Noch eine letzte, verzweifelte Bemühung — und Trofims Füße berührten festen Boden.

Vollkommen erschöpft, zog er den nassen Körper des Fohlens ans Land. Im Wald hörte er die Stimmen seiner bereits gelandeten Kameraden; irgendwo in der Ferne dröhnten dumpf die Kanonen.

Trofims Fuchsstute stand da, schüttelte das Wasser ab und beleckte zärtlich ihr Kind.

Taumelnd vor Schwäche erhob sich Trofim, ging schwerfällig einige Schritte durch den Sand und fiel plötzlich zu Boden. Es war ihm, als ob ein glühender Stich seine Brust durchbohrt hätte ...

Schon niederkniend, hörte er das Echo des Schusses, der ihn von hinten getroffen hatte ... Auf dem rechten Donufer stand ein bärtiger Kosak und repetierte kaltblütig den Verschluß seines Karabiners ...

Im Sand, zwei Schritte von dem Fohlen entfernt, wand sich Trofim in Todeszuckungen. und seine vom Wasser kalten und blauen Lippen, die schon fünf Jahre lang kein Kind mehr geküßt hatten, umspielte ein glückliches Lächeln.

R. P. Hobson Die wilde Jagd von Vancouver

Drei endlose Tage und Nächte verbrachten wir schlaflos in den ungefederten, rumpelnden Viehwaggons. Dann endlich stolperten zwei übermüdete, drekkige, unrasierte und total erledigte Cowboys auf dem Güterbahnhof von Vancouver aus den Waggons.
»Huah —«, gähnte Rob. »So müde bin ich noch nie im Leben gewesen. Kein Schlaf auf dem Treck; kein Schlaf, keine Pause in Vanderhoof.«
»Und«, fuhr ich fort, »kein Augenblickchen Schlaf in diesen schrottreifen Rumpelkarren, die man uns da beschert hat.«
»Na, wenigstens sind wir unsere Gäule los und brauchen nicht gleich wieder aufzusitzen«, sagte Rob.
»Sobald das Vieh ausgeladen ist, schnappen wir uns ein Taxi und machen, daß wir in die Stadt kommen, ins Georgia«, sagte ich. »Unterwegs können wir uns schnell noch 'nen Anzug, frische Unterwäsche und Socken und vor allem ein paar feine, weiße Hemden kaufen.«
Tom Baird, der hochaufgeschossene Verwalter der Viehhöfe von Vancouver, trat heran und begrüßte uns lächelnd.
Tom Baird war damals über fünfzig Jahre alt und sah mit seinem gepflegten Äußeren und seiner Goldbrille fast wie ein Gelehrter aus. Er war früher Viehzüchter, Zureiter und Spezialist für Landerschließung gewesen. Tom konnte immer noch eine Herde leiten und warf sein Lasso so sicher wie ein Junger. Er hatte damals — und wahrscheinlich heute noch — seine Finger so ziemlich bei allen größeren Geschäften mit Pferden und Vieh mit im Spiel.
Tom platzte fast vor Begeisterung. Er strahlte uns beide an. Ich hatte den Eindruck, daß er ganz besonders erfreuliche Nachrichten für uns hätte, doch hielt ich mich bis zum letzten zurück. »Wir nehmen uns jetzt schnell ein Taxi und sehen zu, daß wir ins Georgia-Hotel in die Badewanne kommen«, sagte Rob.
»Kerls!« Tom griste. »Dafür habt ihr jetzt keine Zeit. Stuyvesant ist unterwegs nach hier. Er ist in anderthalb Tagen von Vanderhoof hierher gefahren.

Wir haben eine Mordssache vor. Wir haben hier, außerhalb von Vancouver, eine Herde Vollblutstuten, die Jack Dubois nach Frankreich verkaufen sollte. Sie sind auf Lastwagen von Chilcotin hierhergebracht worden. Da drüben in Sea Island sind sie jetzt – das dollste, was Britisch-Columbien je an Zuchtstuten gesehen hat.«
»Aber was haben wir denn damit zu tun?« fragte ich.
Tom Baird grinste mich vielsagend an.
»Stuyvesant meint, daß ihr beiden schon allerhand für die Nordmark-Gesellschaft getan habt. Er ist zufrieden, wie die Dinge gelaufen sind, und er möchte euch weiter helfen.«
»Dann soll er uns doch bloß ins Hotel gehen lassen«, sagte Rob unwirsch.
Jetzt deckte Tom die Karten auf. Er rief: »Stuyvesant hat Dubois die Stuten abgekauft und übergibt sie der Gesellschaft mit seinen besten Empfehlungen.«
Ich blickte Rob an. Der Mund stand ihm offen.
»Haste Töne?« sagte er.
»Ihr beiden sollt die Stuten hierher zum Güterbahnhof bringen und sie nach Vanderhoof verladen«, fuhr Tom fort. »Wir haben gerade noch ein bißchen Zeit, um rasch etwas zu essen.«
Das war eine unerhörte Neuigkeit und bedeutete nichts weniger, als daß Stuyvesant erkannt hatte, welch ungeheure Möglichkeiten in der Nordmark-Gesellschaft steckten, und daß er bereit war, unser Betriebskapital für die weitere Entwicklung und den Ausbau unserer Anlagen zu erhöhen. Es schien, als sollten Pan und ich unser scheinbar aussichtsloses Spiel gewinnen.
Ich hätte ein Freudengeschrei erheben und meinen Hut vor Begeisterung in die Luft werfen sollen, aber im Augenblick stand mir der Sinn nur danach, alles zu vergessen und auf dem kürzesten Weg ins Bett zu kommen.
Da trat Stuyvesant eilig in das Büro, in das Tom Baird uns geführt hatte.
»Wißt ihr schon das Neueste, Jungens?« rief er. »Großartige Neuigkeit. Wir haben die allerbesten Zuchtstuten im ganzen Land gekriegt.«
Tom schubste uns zur Tür hinaus; seine Gamaschen schlappten ihm an den Beinen.
Während wir in einer billigen Kneipe nahe den Viehhöfen schnell ein Essen hinunterschlangen, erfuhren wir mehr über Dubois' Stuten.
Sie waren arabische Vollblüter reinster Zucht und hatten lange Zeit wild in den Waldschluchten unweit von Clinton im Karibu-Gebiet von Britisch-Columbien gelebt. Sie waren schnell wie Raketen und unglaublich zäh. Eine Menge der besten Cowboys war nötig gewesen, um diese wilde Herde nach vielen vergeblichen Versuchen endlich in die Korrals zu kriegen. Achtzehn

der unbändigsten Stuten, ein paar Fohlen und mehrere Junghengste waren von der Herde abgesondert und als erster Teil der beabsichtigten Lieferung nach Frankreich auf Lastwagen nach Sea Island bei Vancouver gebracht worden. Aber dann durchkreuzten die Tiere alle weiteren Pläne.
Die Wildlinge ließen sich nicht noch mal einfangen und in Gehege bringen. Als die Farmer auf der Insel sich bei Dubois beschwerten, erklärte der, die Pferde gehörten Tom Baird.
Da machten denn die Farmer Tom die Hölle heiß, er solle dafür sorgen, daß die Stuten von ihren Wiesen verschwänden, sonst würde es einen Prozeß geben. Dubois' Stuten hatten fast sämtliche Zäune in Sea Island umgerissen und die lammfrommen Pferde der Farmer so aus dem Häuschen gebracht, daß jetzt nur noch eine einzige wilde Herde auf den Uferweiden herumlief und selbst viele von den schweren Ackergäulen der Farmer sich den Wildlingen angeschlossen hatten.
Sofort nach dem Essen fuhren wir hinaus, um die Herde anzusehen. Es waren prächtige, flotte Tiere, wie man sich keine schöneren hätte vorstellen können, aber sie waren so schnell auf den Beinen, daß wir von ihnen kaum mehr als die Schwänze zu Gesicht bekamen.
Es war jetzt die große Frage, wie wir diese Pferde von Sea Island in die Viehhöfe von Vancouver und weiter in die Waggons zur Fahrt nach Vanderhoof kriegen sollten. Es würde ein Vermögen kosten, den ganzen Weg einzuzäunen. Auf dem Rückweg zum Viehhof erklärte uns Tom, was er sich ausgedacht hatte.
»Wir werden sie schon hierherkriegen«, sagte er. »Ich habe mir Pferde und Stricke auf Jack Dubois' Rennbahn geliehen. Ihr beiden, dazu Stuyvesant und ich, wir nehmen die Pferde. Mein Schwiegersohn Gil Bakey und ein gewisser Jimmy werden mit einem Wagen vor der Herde wegfahren. Die Zeit ist gerade richtig für uns. Bis wir alles soweit haben, ist Mitternacht vorbei. Dann ist kein Verkehr mehr, der uns alles durcheinanderbringen könnte, wenn wir über die Landstraße kommen.
Wir haben ein paar Rennpferde für euch beide ausgesucht – schnelle Pferde, die Diamond auf seiner Bahn zum Training nimmt. Zwei schnelle Pferde müssen wir dabei haben. Stuyvesant wird den Schecken vom Viehhof nehmen und ich meinen alten Fuchs.
Alles ist fertig; gleich kann's losgehen. Wir reiten hinaus nach Sea Island. Ihr beiden kennt die Straßen und Wege ja noch nicht, auf denen wir die Stuten nachher zurückbringen. Paßt also gut auf und haltet die Augen offen, wenn wir hinreiten.«

Es gab keinen Zweifel mehr. Rob und ich saßen in der Falle. Die Hunde hatten uns umstellt. Da waren wir nun endlich in der großen Stadt, dem einzigen Ort, wo wir mal unser kärgliches Dasein im Busch vergessen, ein heißes Bad nehmen, saubere Kleider anziehen und zur Abwechslung mal, wie Rob sagte, das Leben von der anderen Seite kennenlernen wollten und wo ich vielleicht sogar mein blondes Traummädchen hätte treffen können, und was wartete ausgerechnet auf uns? Die einzige Herde wilder Pferde, die im Umkreis von ungefähr fünfhundert Kilometern aufzutreiben war!

Die Aufgabe, die uns bevorstand, war weitaus schwieriger, als es uns zunächst schien. Es ging darum, eine Koppel scheuer Stuten, die so schnell wie Rennpferde waren, durch gepflasterte Straßen und über hohe Brücken in eine Großstadt zu bringen. Die Wahrscheinlichkeit, daß Pferde und Männer sicher in die Viehhöfe am Güterbahnhof gelangen würden, war ziemlich gering.

Tom betrachtete die ganze Angelegenheit optimistisch. So wie er es sich vorstellte, sah die Sache geradezu einfach aus; aber Rob und ich waren skeptisch.

Da waren zunächst mal die Arbeitspferde der Farmer in Sea Island, die wir im Finstern von unserer Herde zu trennen hatten, ohne daß uns Gehege zur Verfügung standen. Na, wie Tom meinte, würden Dubois' Vollblutstuten ohnehin so rasen, daß die schweren Ackergäule der Farmer von selbst zurückblieben, bevor unsere Stuten erst richtig in Fahrt gekommen wären.

Die Viehhöfe waren alle hell erleuchtet, als wir von unserem kleinen Ausflug zurückkamen.

Ich warf einen Blick auf das Pferd, das Tom für mich bereitgestellt hatte, und mußte erst mal tief Luft holen. Ich erklärte ihm, daß ich bisher immer nur in einem Bocksattel geritten hätte und daß dieser flache Rennsattel für mich unmöglich wäre. Tom meinte aber, ich würde mich schnell daran gewöhnen.

Dann hob ich eine Vorderhand des Vollblüters auf.

»Sieh dir mal diese abgetretenen Hufeisen an«, schimpfte ich Tom an. »Was ist das für ein Sauladen bei euch? Nicht mal vernünftig beschlagen könnt ihr eure Gäule. Wenn es jetzt bloß ein bißchen Regen gibt oder das Pflaster ist sonstwie glatt und schlüpfrig, dann kommt dies Pferd nicht mehr auf die Beine.«.

Tom betrachtete nachdenklich die Hufeisen des Renners, die abgetreten und so dünn wie Papier waren.

»Halb so wild«, sagte er, »die Stuten von Dubois sind überhaupt nicht beschlagen, und wenn die auf den Beinen bleiben können, wird hier der alte Knacker das auch schaffen.«

Dann besah ich mir das Gebiß, das mein Pferd im Maul trug. Es war eine einfache Trense, und nachdem ich probiert hatte, wie das Pferd am Zügel ging, mußte ich feststellen, daß es nicht nur hart im Maul war, sondern offensichtlich auch noch nie etwas von Durchparieren gehört hatte. Immerhin gelang es mir, das Tier nach meinem Willen gehen zu lassen, indem ich nur an einem Zügel zog.
Ich wies Tom darauf hin, aber der meinte, ich brauche mich sowieso nicht viel mit Wenden und Drehen aufzuhalten. Was die Hartmäuligkeit anbetraf, so gab er zu, daß es für mich vielleicht nicht ganz einfach sein würde, das Pferd ohne Kandare im Zaum zu halten, wenn es sich erst einmal warmgelaufen hätte.
»Aber wahrscheinlich«, meinte Tom »wirst du ihn überhaupt nicht zu zügeln brauchen, denn diese Stuten sind höllisch schnell.«
Das einzige, weswegen ich mich nicht bei Tom beschwerte, war das Pferd selbst. Es war ein großer, breitbrüstiger Fuchs mit breiter Stirn und klugen Augen. Er hatte tadellose Beine und Fesseln, und man sah beim ersten Blick, daß er laufen konnte.
Rob Striegler hatte die gleichen Sorgen mit seinem Pferd wie ich. Nur Stuyvesant, der gewiegte Polospieler und Springreiter, hatte mit sicherer Hand das einzige gut zugerittene Pferd gefunden, das vorhanden war, und einen Bocksattel dazu.
Es waren gute fünfzehn Kilometer zu reiten bis dorthin, wo die Stuten sich aufhielten. Wir waren etwa fünf Kilometer geritten und bereits in die Vororte gelangt, als Tom uns mit etwas Neuem überraschte. Er hatte sich mit Stuyvesant über den Preis eines Vollbluttwallachs unterhalten, den Stuyvesant kaufen wollte. Ich hatte nicht auf Einzelheiten aufgepaßt. Ich wußte nur, daß in dem Viehwaggon noch Platz für ein weiteres Pferd war.
Tom neigte sich aus dem Sattel zu Stuyvesant hinüber.
»Ich hab' schon alles in Ordnung gebracht. Wir kommen ohnehin gleich an dem Haus vorbei, wo der Rotfuchs steht. Ich habe mit dem Besitzer vereinbart, daß er auf dem Kieker ist und das Pferd heut nacht zwischen zwei und drei herausbringt, sobald er uns kommen hört. Dann soll er das Gatter öffnen und den Fuchs herauslassen. Das ist die einfachste Art, den Gaul zum Bahnhof zu kriegen. Kostet uns keinen Pfennig Fracht. Der Fuchs schließt sich hier auf der Landstraße den Stuten an, läuft ein paar Kilometerchen mit, und schon sind wir am Viehhof.«
»Du bis komplett verrückt«, rief ich Tom zu. »Wenn dieser Fuchswallach plötzlich zu den Stuten stößt — vorausgesetzt, daß wir glücklich so weit mit

ihnen kommen –, dann spritzen sie bestimmt hier in alle vier Winde auseinander.«
»Ich hab' ihm 'ne Schelle umgehängt«, sagte Tom. »Wenn er mit einem Teil der Stuten durchbrennt, brauchen wir bloß dem Geläute zu folgen.«
»Du kriegst die Motten«, stöhnte Rob.
Stuyvesant und Tom grinsten sich an.
An jeder Querstraße brannte eine Bogenlampe. Ich überlegte, wie die wilden Vollblutstuten wohl auf die Bogenlampen und die Laternenpfähle, die Wäscheleinen und die Häuserfronten reagieren würden.
»Das wird das verrückteste Ding, das wir jemals gedreht haben«, sagte ich, zu Rob gewandt.
Rob schien auch nicht übermäßig beglückt zu sein.
»Es ist eben mal 'ne Abwechslung«, sagte er.
Gil Bakey und Jimmy warteten an der wackeligen Holzbrücke auf uns, wo die Landstraße endete und die Uferweiden der Farmer anfingen. Sie hatten ihre Scheinwerfer abgedreht und lauschten.
Unsere Pferde scheuten vor den schwarzen Umrissen des Lastwagens zurück. Wir saßen ab und tranken heißen Kaffee aus der Thermosflasche. Als wir im Dunkeln um den Wagen herumstanden, fragte ich Tom, warum nicht mal ein Schuß Rum im Kaffee wäre.
»Das würde uns ein bißchen aufwärmen und uns in Stimmung bringen für dies nächtliche Rennen durch Vancouver.«
»Und«, setzte Rob hinzu, »es würde uns vergessen lassen, daß wir die Lichter der Großstadt nur vom Sattel eines galoppierenden Pferdes aus zu sehen bekommen dürfen.«
Ich sah, wie Tom uns im Dunkeln angrinste. Er sagte, wir würden genügend Rum bekommen, wenn die Pferde gut im Viehhof angelangt wären. Er und Stuyvesant hätten dafür gesorgt; aber erst käme die Arbeit, dann das Vergnügen.
»So, und jetzt paßt gut auf», sagte Tom. »Bakey und Jimmy, ihr bringt den Wagen dort ans Ende der Brücke, ohne Licht und ohne Lärm. Ihr wartet dort, bis ihr die Pferde kommen hört. Dann wird es Zeit, anzufahren und vor den Stuten her die Brücke zu überqueren. Ihr fahrt dann die Straße entlang auf Vancouver zu und haltet den Wagen immer mindestens hundert Meter vor den Pferden.
Das ist die Hauptsache«, schärfte er Bakey und Jimmy ein, »daß ihr immer *vor* den Pferden bleibt, egal was passiert.
Striegler reitet mit mir zu den Wiesen. Dort treiben wir die Herde in den

Dünen, oder wo wir sie sonst finden, auf und sehen zu, daß wir sie hier auf den Weg zur Brücke bringen. Hobson und Stuyvesant, ihr wartet hier an der Brücke und haltet euch bereit, schnell einzugreifen. Wenn ihr das Weiße im Auge der vordersten Stute seht, reitet ihr im höchsten Tempo los, zur Brücke hin — und die Stuten werden hinter euch herlaufen. Bakey fährt mit dem Wagen vorneweg, Rob Striegler und ich werden von hinten nachsetzen, und so werden wir sie tadellos nach Vancouver hinein und zum Güterbahnhof bringen.

Es ist jetzt ein Uhr durch«, sagte Tom. »Jeder auf seinen Platz! Aber ich warne euch alle; wir müssen uns schwer 'ranhalten und reiten, was das Zeug hält. Und auch ihr beiden im Wagen, Bakey und Jimmy, dürft nicht trödeln.«

Tom und Rob ritten ins Dunkel der Nacht hinein, hin zu den Weiden von Sea Island. Bakey und Jimmy fuhren den Wagen in die richtige Stellung, stellten den Motor ab und machten das Licht aus. Stuyvesant ritt mit mir durch Wiesen und Sand, um Ausschau zu halten.

Es war eine ruhige Nacht. Ein dünner Sprühnebel senkte sich auf uns herab. Das leiseste Geräusch schien sich zu verdoppeln. Das ferne Krächzen einer Möwe klang von den Dünen herüber. Ein Kaninchen schlüpfte aus einem Gebüsch und verschwand im Ungewissen. Das Geräusch genügte, um die Pferde zu beunruhigen.

Ich lenkte mein Pferd zur Seite, um einem Loch auszweichen. Es folgte nicht schnell genug, stolperte in die Grube und sprang mit einem schwerfälligen Satz drüber hinweg. Mein Pferd kam gut wieder nach oben, aber ich landete mitsamt meinem ungewohnten Sattel unten im Loch.

Stuyvesant rief: »Was ist los? Hast du dich verletzt?«

»Fang das Pferd ein«, rief ich. »Schnell!«

Stuyvesant bekam die nachschleifenden Zügel des Tieres zu fassen und führte es zurück an die Grube. Ich warf den Sattel auf den Rand der Senke und krabbelte heraus. Mein Rücken fühlte sich an, als sei er verstaucht. Stuyvesant hielt mein Pferd. Ich zündete ein Streichholz an und sah nach dem Zaumzeug.

»Der Sattelgurt ist gerissen«, knurrte ich. »Und damit jetzt galoppieren!«

»Ich möchte nicht zuviel sagen«, meinte Stuyvesant ruhig, »aber ich höre ganz leises Hufestampfen in der Ferne.«

Ich erwiderte nichts und vollbrachte die schnellste Reparatur meines Lebens. Ich hatte einen halben Meter Strippe bei mir. Ich nahm sie heraus, knüpfte den Sattelgurt mit einem Vierfachknoten zusammen und warf dem Pferd den Sattel wieder auf den Rücken.

»Ich hör' sie kommen«, sagte Stuyvesant »Sie nähern sich schnell. Mach bloß voran!«
Ich zog den Sattelgurt so fest wie möglich an, machte mit dem Ende der Strippe einen Sicherheitsknoten, nahm Stuyvesant meine Zügel aus der Hand und sprang in den Sattel.
Hufe klapperten. Die dunkle Masse rennender Pferde war dicht an uns heran. Mein Vollblut fing an zu laufen. Wir waren mitten in der laut keuchenden, rasenden Herde. Ich bekam Stuyvesant noch einmal kurz zu Gesicht, wie er auf seinem Schecken in dem stampfenden, sausenden Haufen der dunkleren Stuten untertauchte.
Jetzt waren wir auf der Brücke. Elf der schnellsten Stuten hatten mein Vollblut schon überholt. Ich sah mich schnell um.
Ein Motor spuckte. Scheinwerfer leuchteten auf. Die Zuchtstuten waren in einem derartigen Tempo aus den Dünen aufgetaucht, daß der Wagen zurückblieb.
Die Brücke lag hinter uns; wir waren jetzt auf der gepflasterten Straße. Das Klappern und Rasseln der Hufe auf dem harten Pflaster klang wie ein Konzert von Dampfhämmern. Die dahinrasenden Stuten, die wohl bisher nie in ihrem Leben den Klang von Hufen auf Straßenpflaster gehört hatten, verloren völlig den Kopf und steigerten sich in ein wahnwitziges Tempo. Mein Vollblut biß auf die Trense. Ich gab ihm die Zügel frei. Der Fuchs streckte sich in voller Karriere und flog nur so dahin. Vor mir war nichts zu sehen. Wir rasten Vancouver zu.
Diese Leitstuten waren die schnellsten Pferde, die ich je in meinem Leben gesehen habe. Auf dem ersten Viertel des Weges liefen sie meinem Vollblutfuchs nur so davon. Die anderen Stuten und die Jungtiere waren an meiner Seite und fielen dann langsam zurück. Die schwarze, klappernde Masse hinter uns schob sich vor Bakeys Scheinwerfern her. Schließlich verschwanden die Lichter hinter uns im Dunkel.
Mein Pferd war den Stuten ein bißchen näher gekommen, wenn auch nicht viel.
Wenn ich ihnen nicht auf den Fersen bleibe, verlangsamen sie ihr Tempo, dachte ich.
Ich sah mich wieder um. Wir waren jetzt völlig allein auf der Straße.
Ich blickte geradeaus. Weit vor uns wurden die Lichter von Vancouver sichtbar. Die Landstraße war ein hoher, asphaltierter Damm. An jeder Seite bildete ein drei bis vier Meter breiter Graben, halb gefüllt mit schlammigem Wasser, den Rand. Es war, als ritten wir mitten durch einen Kanal.

Menschenskind, dachte ich, wenn uns jetzt bloß kein Wagen entgegenkommt! Mein Fuchs holte ein bißchen auf. Wir waren etwa sechs Meter hinter der letzten Stute.
Jetzt kamen wir über eine Kreuzung.
Wenn es mir jetzt gelänge, diese Stuten auf eine Nebenstraße zu bringen, dachte ich, dann würden wir wenigstens nicht mitten in die Stadt hineinrasen.
Eine der Leitstuten glitt auf dem Pflaster aus und fiel hin. Wir hatten eine unerhörte Geschwindigkeit drauf. Eine zweite Stute fiel über sie. Drei oder vier weitere ebenfalls. Sie bildeten ein wildes Knäuel. Ich riß mein Pferd mit aller Kraft zurück, die ich noch in Armen, Schultern und Rücken hatte. Wir rutschten seitwärts.
Ich sah das Pflaster auf mich zukommen; ein Haufen um sich schlagender, keuchender, rutschender Pferdeleiber ringsumher. Ehe ich einen Gedanken fassen konnte, waren die Pferde wieder auf den Beinen, und weiter ging die Jagd. Die Luft pfiff in der Geschwindigkeit an meinen Ohren vorbei. Das laute Klacken von Pferdehufen auf hartem Pflaster dröhnte in die Nacht.
Die erste Bogenlampe flitzte vorüber, dann eine zweite. Eine Abzweigung tauchte vor uns auf. Zwei Stuten an der Spitze stießen gegeneinander, strauchelten und fielen. Einen Augenblick sah es so aus, als würde die ganze Herde wieder zu einem wilden Haufen um sich schlagender Leiber werden. Jetzt war ich heran. Es gab keinen Ausweg, also gab ich meinem Fuchs den Hals frei und legte mich weit nach vorn. Mit gewaltiger Wucht sprang er hoch in die Luft.
Mit einem dumpfen Schlag landeten wir jenseits wieder auf dem Pflaster, schlitterten vorwärts und dann zur Seite. Der Schreck war meinem großen, guten Vollblut offensichtlich schwer in die Glieder gefahren. Ich fühlte, wie er unter mir zitterte.
Ich sah mich um. Wir waren über acht Stuten, die sich am Boden wälzten, hinweggesprungen. Die anderen drei waren weitergelaufen und rasten weit vor uns nach Vancouver hinein.
Ich wendete meinen Fuchs herum und drängte die acht Stuten auf die Seitenstraße. Wir rasten an Häusern und Scheunen vorbei auf der schlammigen Nebenstraße. Weiter voraus im Dunkeln waren Flugzeugmotoren zu hören. Ich erinnerte mich daran, daß Tom von einem Flugplatz gesprochen hatte. Ein niedriger, moderner Bau tauchte plötzlich aus der Finsternis auf, von einem Drahtzaun umgeben. Das mußte wohl das Klubhaus des Flughafens sein. Wir sausten vorbei.

Dann waren wir auf einer langen, schmalen, ziemlich baufälligen Holzbrücke. Gute sechs Meter unter uns blinkte die Oberfläche eines schlammigen Wassers. Und dann erkannte ich, daß ein hohes Tor das jenseitige Ende der Brücke versperrte. Ich konnte nicht wenden; es war zu eng. Der tiefe Abgrund unter mir sah schrecklich aus. Die Balken der Brücke bogen sich unter dem Gewicht der Pferde. Die Stuten waren zwischen mir und dem Tor auf der Brücke eingeschlossen. Ich brachte meinen Fuchs zum Stehen. Die Stuten hatten das Tor erreicht, gewendet und kamen vorsichtig, eine hinter der anderen, zurück. Ich hatte schon allerhand mit wilden Pferden erlebt, aber so etwas war mir doch noch nicht vorgekommen. Diese Stuten waren wirklich prächtige Tiere. Sie bewegten sich auf mich zu, als gingen sie auf Eiern. Mein Pferd stand stocksteif, schaumbedeckt und schweißgebadet. Sein Atem ging laut und keuchend. Die Reihe der Stuten kam seitlich auf uns zu, die vorderste berührte im Vorbeigehen mein Bein. Ich hielt den Atem an. Es war gerade soviel Platz, daß sie sich an mir vorbeizwängen konnte. Alle acht schafften es.

Jetzt ritt ich vorsichtig bis zum Tor, wendete und überquerte wieder die Brücke. Ich holte die wilde Herde vor dem dunklen Klubhaus ein, wo sie innegehalten hatte und unschlüssig herumquirlte. In einem schnellen Anlauf bugsierte ich sie in die Umzäunung vor dem Gebäude hinein. Der Zaun war nur einen Meter hoch, aber nach diesem tollen Zehn-Kilometer-Lauf schnappten selbst diese Stuten nach Luft. Sie standen in einem Haufen beisammen und starrten mich und mein Pferd an, die wir die Toröffnung des Zaunes blockierten.

Das Geräusch der Flugzeugmotoren wurde von der Nacht verschluckt. Während wir so alle langsam wieder zu Atem kamen, erstarrte das Dunkel ringsumher in Schweigen.

Und dann hörte ich, ganz von ferne, das Klappern von Hufen auf der gepflasterten Landstraße. Es war einer jener merkwürdigen Zufälle und vielleicht auch ein Beweis für die unerklärliche Fähigkeit der wilden Pferde, den Aufenthalt ihrer Herdengenossen gleichsam zu ahnen.

Das Hufgeklapper auf dem Pflaster hörte plötzlich auf, und ein bißchen später tauchten die drei Stuten, die mir an der Kreuzung davongelaufen waren, auf dem Weg auf, der an dem Klubhaus vorbeiführte. Ich verstellte ihnen den Weg und trieb sie hinter den Zaun zu den übrigen.

Sicherlich hatte irgend etwas die drei auf der Landstraße aufgestört und veranlaßt umzukehren. An der Abzweigung waren sie dann wohl auf die Spuren und die Witterung ihrer Gefährtinnen gestoßen, und jetzt hatte ich sie hier alle wieder beisammen.

Ich weiß nicht, wie lange ich die Pferde auf dem Rasen am Klubhaus bewacht habe. Es müssen wohl Stunden gewesen sein. Meine Arme schmerzten von den Schultern bis zu den Fingerspitzen. Mein Rücken war gefühllos, und diese Mißgeburt von einem Sattel hatte meinen Oberschenkeln übel mitgespielt. Ich bekam abwechselnd in Zehen, Knöcheln und Schenkeln Krämpfe, und sicherlich muß ich wohl auch Krämpfe im Schädel gehabt haben.

Ich konnte mir nicht vorstellen, wie es jetzt weitergehen würde. Sollte ich diese Stuten weiter auf der Wiese vor dem Klubhaus bewachen, bis sie wieder zu Kräften kommen, über den niedrigen Zaun springen und weiß Gott wohin davonlaufen würden?

Fortwährend schaute ich in Richtung zur Landstraße hin und überlegte, was wohl aus den anderen geworden sein mochte. Nur ein einziger Autoscheinwerfer zeigte sich während der Nacht, und als der Morgen dämmerte, kamen einige Wagen vorbei.

Ich sprach auf die Stuten ein, erzählte ihnen von dem großen Weideparadies, das fern im Norden, grün und lieblich, ihrer harrte. Ich bat, sie sollten mir doch ein bißchen Ruhe gönnen und nicht versuchen, über den Zaun zu springen und in die nächtliche Stadt davonzulaufen. Schließlich hörten sie auf, am Zaun entlangzugehen und nach einem Ausgang zu suchen.

Ich werde nie vergessen, wie Tom Baird plötzlich auftauchte. Die Dämmerung war dem Tag gewichen; ein dünner, nasser Nebel war aufgekommen.

Ich war steif wie ein Brett und durchfroren bis auf die Knochen. Seit wir von Sea Island weggeritten waren, hatte ich beständig im Sattel gesessen. Ich hörte einen Wagen im Nebel auf uns zukommen. Hinter mir setzte das Motorengeräusch eines Flugzeuges ein. Die Stuten spitzten die Ohren und lauschten gespannt; dann begannen sie wieder, unruhig durcheinanderzulaufen.

Noch einen Augenblick, dachte ich, dann sind sie weg.

Und dann hielt der Wagen mit Tom am Steuer. Er war ohne Hut und voller Schlamm; die dreckige Brühe lief ihm übers Gesicht. Er war klatschnaß, von oben bis unten, bis auf die Brille.

Tom hielt an, lehnte sich zum Fenster hinaus und schrie: »Hurra!«

Die Stuten quirlten in der niedrigen Umzäunung herum.

»Hast du sie gekriegt«, rief er. »Großartig! Wußte doch gleich, wo ich dich und deine Pferde finden würde.«

»Mensch, wie siehst du denn aus?« gab ich zurück. »Du hast wohl im Matsch geschwommen.«

»Genau das.« Tom grinste. »Alles ging schief. Auch die langsameren Gäule,

Stuyvesant, Rob und ich dazu, überholten den Wagen schon auf der Brücke. Danach versuchte Bakey, mit dem Wagen an der Herde vorbeizukommen, aber der einzige, mit dem er klarkam, war Stuyvesant. Mein Pferd stolperte und rutschte von der Straße seitwärts in den Graben.

Wir wälzten uns im Wasser herum. Ich hing mit einem Fuß noch im Bügel, aber ich ließ die Zügel nicht los. Mußte 'ne Menge Jauche schlucken; dann kam endlich Stuyvesant. Wenn er vielleicht auch so ein Städter aus dem Osten ist, er behielt 'nen klaren Kopf. Er packte meinen Gaul am Halfter und hielt ihn fest. Ich kam frei, krabbelte wieder auf die Straße und warf mich ins Getümmel.

Ich sprang zu Bakey und Jimmy in den Wagen und sagte Stuyvesant, er sollte mit meinem Pferd auf der Straße nachkommen. Wir fuhren derweilen voraus, um dich und Rob und die Pferde zu suchen.

Jetzt haben wir alles wieder beisammen«, schloß Tom. »Rob ist draußen in Lulu Island. Sein Trupp kam auf eine Nebenstraße und rannte zwölf Kilometer, bis es ihm gelang, die Pferde auf einem Acker zum Stehen zu bringen. Dort hält er sie jetzt.« Tom fuhr mit erhobener Stimme fort: »Wir müssen uns jetzt beeilen. Aber der Rest ist jetzt nur noch ein Kinderspiel.«

»Sieht ganz danach aus«, erwiderte ich. »Rutsch mal 'n bißchen, daß ich mich zu dir ins Auto setze. Ich werde jetzt diesen hartmäuligen alten Klepper zusammen mit den Stuten laufen lassen, wohin er will, und wir beide werden uns nicht mehr um den ganzen Saftladen kümmern. Wir beide fahren jetzt zum Viehhof und trinken all den heißen Rum, von dem du erzählt hast, und dann schnapp' ich mir ein Taxi und fahr' ins Georgia-Hotel.«

Tom wendete den Wagen und rief mir zu: »In spätestens einer Stunde wirst du Hufgeklapper auf der Straße hören. Sobald das geschieht, bringst du die Stuten hier heraus zur Kreuzung. Wenn du's richtig machst, treffen wir uns dort wieder, und dann geht's weiter zum Viehhof. Bis dahin!«

Und weg war er. Ich fluchte.

Nach einiger Zeit hörte ich schließlich das Klappern von Hufen fern durch den Nebel. Ich ließ die Stuten aus der Umzäunung, und wir brausten nach Norden zur Landstraße hin. An der Kreuzung kamen die beiden Trupps zusammen. Tom Baird war wieder im Sattel, und hinter den anderen Pferden erblickte ich Rob und Stuyvesant.

»Der Wagen ist vorneweg diesmal!« rief Tom. »Alles klappt tadellos.«

Ich lenkte mein Vollblut an die Spitze neben Tom. Er lehnte sich zu mir herüber.

»Dieser Fuchswallach, den Stuyvesant gekauft hat, steht ein Stückchen weiter

geradeaus. Wir wollen versuchen, die Stuten ein bißchen langsamer laufen zu lassen, bis er zum Tor herauskommt.«
»Zum Kuckuck!« schimpfte ich. »Denk doch bloß nicht mehr an diesen Gaul. Laß ihn da, wo er ist!«
Mehr konnte ich nicht mehr sagen. Wir kamen jetzt an Häusern vorüber. Eines stand ein bißchen weiter zurück. Ein Rasen war davor. Ein Stacheldrahtzaun trennte ihn von der Straße.
Wie ein Schatten fegte plötzlich ein Fuchs über diesen Rasen. Das hohe Pfeifen eines überspannten Drahtes peitschte durch die Luft. Der Fuchs war bei uns, ein Stück Draht war ihm im Schwanz hängengeblieben.
»Heiliger Strohsack«, schrie ich.
Der Fuchs rannte zwischen den Stuten hinter uns hindurch; der Draht schwirrte herum.
Tom rief Stuyvesant und Rob zu: »Bleibt um Gottes willen im Sattel; reitet drauf zu!«
Jetzt waren wir hinter den Häusern in den Gärten. Wäscheleinen flogen uns um die Köpfe.
Die Leute schrien, Frauen und Kinder brachten sich eilends in Sicherheit, Lattenzäune krachten. Das wilde Klingeln einer Pferdeschelle vermischte sich mit dem lauten Schnauben der Pferde und dem Hufgetrampel.
»Denselben Weg zurück!« schrie Tom und duckte sich rasch unter eine Wäscheleine.
Und dann, so plötzlich wie wir von der Hauptstraße weg in die Hinterhöfe von Vancouver gelangt waren, fanden wir uns auf der Landstraße wieder. Dann kam die große Brücke über die Eisenbahn. Lastwagen kamen uns in rasender Geschwindigkeit im Nebel entgegen. Wir hatten die Brücke halb hinter uns. Tief unter uns sahen wir die Gleise; es sah aus, als verliefen sie auf dem Grund des Grand Canyons.
Bremsen kreischten, Lastwagen kamen ins Schleudern, die Stuten stolperten, rutschten, fielen. Pferde wieherten, schnaubten, Menschen fluchten. Mein Vollblut rannte, um einem Lastwagen auszuweichen, gegen das Brückengeländer. Ich riß die Füße aus den Steigbügeln und warf sie hoch. Dann fühlte ich einen schrecklichen Stoß, als mein Pferd unter mir gegen das Geländer schmetterte. Ich sah, wie Blut, Haare und Fell an dem splitternden Holz hängenblieben. Dann waren wir wieder klar. Alles war so schnell gegangen, daß die Gedanken nicht folgen konnten.
Und hier kamen die großen Tore der Viehhöfe. Sie waren genau vor uns. Viehhändler, eine große Menschenmenge, eine Reihe von Wagen versperrten

den Weg. Neben mir hörte ich Tom schreien. Menschen winkten, und dann schlossen sich Tore hinter uns.
»Kreuzgewitter noch mal« schrie Tom. »Da sind wir ja alle. Männer und Pferde – hier im Viehhof. Was hab' ich euch gesagt? Das war doch gar nichts.« Tom schnippste mit den Fingern. »Und wir sind gerade rechtzeitig gekommen, um sie mit dem Schnellzug nach Vanderhoof zu verladen.«
Die wilden Stuten, die Jungtiere und der Fuchswallach, alle liefen sie schaumbedeckt, struppig, schnaubend wie Walrosse, in einem dichten, wirren Haufen im Verladepferch umher und blickten argwöhnisch die Menge der Zuschauer an, die sich an den Zäunen drängten.
Ein junger Hengst taumelte zur Verladerampe hin, schwankte unsicher und fiel tot um.
Tom Baird rief: »Deswegen braucht ihr nicht zu weinen. Die anderen werden wir jetzt verladen; aber eines sage ich euch: gebt dieser Bande keinen Augenblick Ruhe, wenn ihr in Vanderhoof ausladet, oder ihr werdet niemals mit ihnen durch den Busch kommen. Bleibt ihnen pausenlos auf den Fersen bis Batnuni!«

Es gelang Rob und mir, die wilden Stuten gut bis nach Batnuni zu bringen, aber mein blondes Traummädchen habe ich nicht zu Gesicht bekommen – und gebadet haben wir auch nicht.

Elisabeth Castonier Fairy Queen und Ma Belle

Jane rief mich vom Markt an und sagte: »Stell mein Essen warm – ich komme etwas später!«
»Warum?«
Sie zögerte:
»Ach, da ist was Weißes mit grauen Tupfen – ich glaube, ich kann es billig bekommen.« Und hängte ein, ehe ich fragen konnte, was sie kaufen wollte.
Eine Stunde später rollte ein Viehtransportwagen den Weg herunter in den Hof und hinterher Jane im alten Auto.
Sie nahm keine Notiz von mir, sondern stieg aus, öffnete die Türen des Transportwagens und ließ die Rampe nieder. Und da stand, riesengroß und schimmernd weiß, mit grauen Tupfen, eine Schimmelstute. Sie warf den Kopf zurück und wieherte leise, und als Jane »come on, my girl!« sagte und sie am Halfter in den Stall führte, kam sie folgsam mit, trotz ihrer Größe elegant-elastisch schreitend, fast wie im spanischen Schritt.
Der Transportwagen rollte davon, und Jane sagte:
»Ich wollte schon immer Schimmel auf der Wiese grasen sehen – es macht einen wohlhabenden Eindruck. Wie wollen wir sie nennen?«
Ich sah die märchenhaft Schöne an, die eigentlich einen goldenen Schlitten mit einer Prinzessin hätte fahren sollen, und sagte:
»Fairy Queen«, denn trotz ihrer Größe hatte sie etwas Feenhaftes.
Jane blickte sie nachdenklich an:
»Es wird nicht leicht sein, einen zweiten Schimmel in ihrer Größe zu finden. Es muß ein Paar sein, ein Schimmel allein ist zu kümmerlich. Aber ein Paar –«, sagte sie träumerisch. Vielleicht dachte sie an ihre früheste Jugend, als sie mit ihrem berühmten Jagdpferd Joy Ride hinter dem Fuchs hergejagt war.
Obwohl viel auf der Farm zu tun war, beschäftigte sie der Gedanke, einen Gefährten für Fairy Queen zu bekommen.
Es war Herbst; die Ernte war mittelgut gewesen. Fairy Queen graste teils auf der Wiese beim Haus und neckte die schwarzen Schweine, teils stand sie im

Stall, der seltsam klein erschien, und wieherte leise nach Extra-Hafer. Oder sie zog den zweirädrigen Karren, Jane neben sich.
Niemand, außer ihr, durfte sie anschirren oder lenken. Bald stand das Auto wie ein auf dem Müllhaufen vergessenes Gerät untätig neben dem ebenso untätigen Mühlrad. Denn Jane fuhr jetzt mit Fairy Queen auf den Markt, eine Bulldogge neben sich auf dem Sitz, Bimbo hinten, zwischen Wasserkresse, Eierkörben oder Ferkeln. Es war ihr gleichgültig, daß der Karren wacklig, daß die Farbe verblichen, daß das Geschirr nicht sehr schön war, denn über Fairy Queen selbst lag ein feenhafter Glanz, der ihren Namen als Fairy Queen bestätigte.
Eines Tages erklärte Jane, sie müsse nach London fahren und fragte nur so nebenbei, ob ich mitkommen wolle.
Ich hatte keine Zeit und war erstaunt, daß sie fort wollte.
»Ich muß einen zweiten Schimmel bekommen, heute ist große Pferdeauktion«, und sie zog ihre alten Reithosen, ein uraltes Jacket, ihre hohen Stiefel an und verschwand.
Gegen Abend rief sie vom Bahnhof aus an. Unser Bahnhof bestand aus einer hölzernen Hütte, einer Laterne und einer Bank, auf der niemand sitzen konnte, weil sie nur drei Beine hatte.
»Ich habe etwas Weißes mit Grau gefunden – ich glaube, es ist etwas größer als Fairy Queen«, sagte sie erregt. Es kam nicht oft vor, daß Jane erregt war. Aber hier handelte es sich um ein Pferd, und Jane ist Engländerin.
Ich fuhr zum Bahnhof. Ein Viehwagen war aufs Nebengleis geschoben worden, und da war Jane zu sehen, etwas staubig, mit Heu auf der alten braunen Mütze, etwas rot im Gesicht, aber stolz. Und im Waggon stand ein riesenhafter Schimmel mit einem wunderbaren Kopf, sehr scheu, sehr unruhig.
Der Bahnhofsvorstand, Schaffner, Telefonist, Träger und Weichensteller in einer Person, dessen Garten oft preisgekrönt wurde – denn zwischen den wenigen Zügen blieb ihm reichlich Zeit für seine Gärtnerei – sagte zögernd:
»Na, ich weiß nicht – ob Sie *die* sicher nach Haus bringen, Miß. Die ist ja so aufgeregt.«
Jane erwiderte:
»Ich habe sie durch London geführt, der Strick war etwas morsch – aber schließlich sind wir gut auf dem Bahnhof gelandet.«
»Muß ja Aufsehen erregt haben«, meinte Mr. Bolton.
Jane lächelte flüchtig.
»Ja, ein Kerl rief mir zu: ›Hallo, das sind aber zwei hübsche Mädchen!‹«
Und ein wenig verlegen fügte sie hinzu:

»Alle Menschen waren so rücksichtsvoll – die Autos hielten an, sogar der Autobus, als ich sie über Piccadilly und durch Oxford Street führte.«
Dann wurde die Neue ausgeladen.
Sie war wirklich riesengroß. Und offenbar war ihr das Land unbekannt, denn sie war bestürzt, als sie auf die Weide geführt wurde.
Jane sagte, sie hätte bisher einen Lastwagen in London gezogen – wahrscheinlich sei sie bei einem Luftangriff verwundet worden, denn sie habe Narben auf dem Rücken und sei außerordentlich scheu.
»Deshalb hat man sie auch billig versteigert«, fügte sie hinzu.
Die beiden Pferde mußten miteinander bekanntgemacht werden, sachgemäß, wie es sich gehört, mit einem Zaun zwischen sich.
Zuerst war Fairy Queen zutiefst erregt über die Gefährtin.
Aber bald gewöhnte sie sich.
Wir nannten die Neue Ma Belle, weil sie so schön war; aber bald wurde das von Knecht und Schweizer in »Mabel« umgewandelt.
Als Jane sie das erstemal einspannte, gab es ein Unglück. Ma Belle bäumte sich auf, zerkeilte den morschen Karren und konnte nur mit Mühe gebändigt werden. Knecht, Schweizer, Taglöhner und Old Hand standen in sicherer Entfernung, während Jane sie wie eine Tierbändigerin mit unerschütterlicher Ruhe und vielen »woo, old girl!« beruhigte, in den Stall brachte und fütterte.
Jeden Tag wurde Ma Belle wieder zum Wagen geführt, eingespannt, beruhigt, bis sie endlich erfaßt hatte, daß ihr keine Gefahr und kein Schmerz drohten, denn offensichtlich war ihr etwas zugestoßen, während sie eingespannt worden war.
Die beiden Schimmelstuten befreundeten sich rasch – wenn die eine aus dem Stall geführt wurde, wieherte die andere laut nach ihr. Aber es war Ma Belle, die erregter war, wenn man sie allein ließ. Daß Fairy Queens Liebe für die ältere Gefährtin tiefer saß, als wir vermuteten, erfuhren wir erst auf tragische Weise, nach vielen Jahren.
Es war wirklich ein schöner Anblick, wenn die Schimmel auf der Weide grasten, im Bach wateten, zu uns herüber wieherten, zum Zaun kamen, um dort auf Brot oder Äpfel zu warten – oder auf Karotten, je nach Jahreszeit.
Das Gespann, mit Jane in blauen Leinenhosen und brauner Baskenmütze, mit Bulldogge und Schäferhund, war bald eine stadtbekannte Erscheinung.
Einmal kam sogar ein langer, dünner, sehr blasser Mann und bat, ob er sie mit den Schimmeln pflügend fotografieren dürfe – für einen landwirtschaftlichen Kalender.
Im mehrsprachigen Text berichtete er dann von der tiefen Freundschaft der

beiden Pferde, die Jane eines Tages entdeckt hatte, als sie frühmorgens den Stall betrat: da stand Ma Belle in Fairy Queens Box dicht neben der Freundin. Die beiden standen sehr still; nur ihre Ohren bewegten sich leise. Sie standen in völliger Eintracht und Harmonie und nahmen keine Notiz von Jane.

»Vielleicht erzählt Ma Belle jetzt Fairy Queen, was ihr damals in London passiert ist und wie ihre Narben entstanden«, sagte Jane nachdenklich. Und als Ma Belle immer wieder ihr Halfter abstreifte, um sich in Fairy Queens Stand zu zwängen, sagte sie eines Tages:

»Sie sind beide glücklich hier. Sie dürfen nie verkauft oder getrennt werden . . .«

Jasper Huntley Das Rennen

Mac hatte sein Programm in der Hand und notierte die Resultate des zweiten Rennens, als Sanders ihn am Arm ergriff und auf die Bar hinter ihnen zeigte.

»Hast du die vier Kerle gesehen? Es ist jedesmal dasselbe. Reiter, die in ein großes Hindernisrennen sollen, wärmen sich selbst mehr auf als die Pferde – du hast wohl nicht einen Kleinen nötig?« fragte er hoffnungsvoll. »Wir können dann ja die Kerle fragen, wo es lang geht– he, was ist das?«

Sie lauschten beide auf den Lautsprecher.

»Der Arzt wird in der Sattelbox Nummer fünf gewünscht, der Arzt zur Sattelbox Nummer fünf. Miß Bettina Grey wird in der Sattelbox Nummer fünf gewünscht, Miß Bettina Grey zur Sattelbox Nummer fünf.«

»Heiliger Moses«, rief der Tierarzt, »wie in guten alten Tagen. Nun hat er wieder einen zertreten. Sam wird wohl mit ihm nicht fertig, und nun rufen sie in ihrer Not nach Bettina.«

Mac war schon unterwegs. Als sie ankamen, sahen sie den üblichen Kreis von Neugierigen um die Pferde schwärmen. Die meisten Zuschauer waren völlig ahnungslos, welcher Gefahr sie sich aussetzten. Ein Mann lag auf der Erde und hielt sich den Bauch, und eine Frau weinte hysterisch über ihren zerfetzten Mantel. In der Mitte vor der Box kämpfte Sam einen ungleichen Kampf mit Crackers, der vor Wut völlig außer sich war.

Mac stellte sich an die Außenkante des Kreises und betrachtete ganz unbeeindruckt die Szene.

»Wie üblich. Sie glauben, es seien Motorräder oder Welpen. Nun, da ist sie ja.«

Bettina warf einen Blick auf den verletzten Mann, den der Arzt nun erreicht hatte, bahnte sich dann einen Weg durch die Menge und kam, wie Sanders später sagte, zur Sache.

Im Laufe eines Augenblicks hatte sie das Pferd rückwärts in die Box bekommen, Sam nach vorne kommandiert, die Hände an den Ringen des Gebisses und dem schon durchgeschwitzten Tier die Decke abgenommen.

»Ich konnte es nicht verhindern, Miß Bettina«, flüsterte Sam. »Sie kamen ihm zu nahe, das verträgt er nicht.«
»All right, Sam, spiel mit dem Gebiß, ich muß in einem Rutsch den Sattel auflegen, ehe er ganz durchdreht. Es ist nur ein Glück, daß ihm die Gamaschen schon zu Hause angelegt wurden. Hier hätten wir das nie geschafft. Besänftige ihn etwas, ich muß sie nachfühlen.«
Mit starren Augen folgten ihr die Zuschauer, während sie aufsattelte, die Nummerndecke zurechtzog, so daß die Acht frei vom Sattel lag, seine Beine hochhob, obgleich er stieg, und schließlich, so gut es sich machen ließ, seine Hufe reinigte.
Mac behielt sie im Auge, Sanders sah nur auf die Zuschauer.
»Publikum, übrigens Publikum jeder Art, ist ein Gesindel«, sagte er plötzlich. Die Nächststehenden zogen sich unwillkürlich etwas von ihm zurück. »Sieh her, sie stehen hier und glotzen, nicht etwa, um ein schönes Pferd zu sehen, sondern in der Hoffnung, daß irgend etwas passiert. Bald werden sie unten an der Bahn stehen und sich geistesschwach die Augen aus dem Kopf fallen lassen in der Hoffnung, daß irgendeiner stürzt und sich den Hals bricht. Im Zirkus: Luftakrobaten ohne Netz! Mit Netz wär's, weiß Gott, genausogut, aber das lockt das Volk nicht hinein. Warum? Sensations- und Unfallkomplexe, bewußt oder unbewußt – ich habe sie beobachtet, Bäcker, Gemüsehändler, Professorinnen und Pfarrerswitwen, sie sind alle verdammt gleich.«
Die Menge teilte sich, und Sam zog mit Crackers zum Führring. Bettina hatte ihn trockengerieben, er sah prachtvoll aus. Bereits ehe er den Ring erreicht hatte, ging die Diskussion im Publikum lebhaft hin und her.
Bettina trocknete sich den Schweiß aus dem Gesicht und fragte Mac leise, während sie an ihm vorbeiging: »Was Besonderes?«
»Ja«, antwortete er, »ich habe gerade mit Horace gesprochen. Der Boden ist ganz gut, wie du selbst gesehen hast, obgleich es in den letzten Tagen geregnet hat. Aber du mußt zwischen Hindernis acht und neun aufpassen, es ist ziemlich tief dort, zieh nach außen, falls es irgendwie möglich ist – und dann Hals- und Beinbruch! Wir gehen ans Geländer bei dem großen Wassergraben – also vorletzter Sprung.«
Die Tribünen waren zum Brechen voll, und unten am Geländer stand die Menge in dichten Reihen. Sie hatten es aufgegeben, hindurchzukommen, und Sanders eroberte statt dessen eine Bank, auf die sie sich, ganz gegen das Reglement, aber kraft ihrer Würde als Züchter und Tierarzt stellten.
Die fünfzehn Pferde kamen in die Bahn. Einige wurden von ihren Stallburschen geführt, aber die meisten ritten die Reiter allein. Das Wiedersehen

mit der Bahn hatte Crackers offensichtlich nicht in die allerbeste Laune versetzt, und Bettina hatte einige Mühe mit ihm.
Als das Feld den Richter grüßend passierte, sah Bettina zu Horace White hinauf, der auf dem Turm stand. Sein britisches Phlegma verleugnete sich nicht, und sein Gesichtsausdruck war so zugeknöpft, daß Sanders, der im Fernglas die Episode beobachtet hatte, einige, wie er sagte, »Kleinigkeiten über das angelsächsische Seelenleben« nicht zurückhalten konnte.
»Ein schönes Feld.« Mac war ganz von der reiterlichen Seite der Angelegenheit in Anspruch genommen. »Es ist schwer, etwas darüber zu sagen, wer mit heiler Haut durchkommt. Wer kann die Distanz durchstehen? Laughing Indian und der Peppery Jim sehen gut aus, beide kommen mit drei Siegen, und French Line ist auch gut. Auf jeden Fall gute Gegner, die ihre Sache verstehen. Ich bin, zum Teufel, mehr bange, daß einer von den anderen Schaden anrichten kann.«
Er wandte sich halb zur Seite und begrüßte Mrs. und Mr. Boyd, die zusammen mit Mrs. Atkins auf der nächsten Tribüne saßen. Mrs. Boyd sah mütterlich bekümmert aus.
Sanders tippte ihm auf die Schulter. »Hast du die da hinten gesehen? Auch auf dieser Seite des Geländers ein schönes Feld. Der Richter höchstpersönlich und der Bezirksarzt, seltene Gäste. Ob du nicht lieber hinaufgehen solltest, um ihnen zu erklären, daß es darum geht, wer zuerst ankommt, nachdem die Pferde aus der Startmaschine gerauscht sind?«
Der Sprecher zählte alle Pferde, Reiter, Gewichte und Startnummern auf, und die Pferde kanterten an der Tribüne vorbei. Crackers pullte stark, aber Bettina, die fast im Sattel stand, hielt das festgelegte Tempo und ging noch vier-, fünfhundert Meter weiter, nachdem die anderen umgedreht und zur Startmaschine gegangen waren.
Mac und der Tierarzt waren von der Bank heruntergestiegen und hatten einen Platz am Geländer gefunden. Sie fühlten beide eine Unruhe, die sie in ihrem langen berufsmäßigen Rennleben sonst nicht gekannt hatten. Ein paarmal waren beide dicht davor, dies zuzugeben, versteckten sich aber immer wieder hinter gleichgültigen Bemerkungen.
Die Menge um sie herum drängelte. Links stand eine junge Mutter mit einem kleinen Jungen, der unaufhörlich Eiscreme verlangte, rechts lehnte sich ein dicker Mann gegen das Geländer, die Hand voll Tickets, und neben ihnen, in einem dichten Haufen, standen fünf, sechs Männer, alles Fremde für Mac und den Tierarzt, aber offensichtlich berufsmäßige Wetter.
Da Sanders etwas auf die Unterhaltung nebenan und auf die recht kräftigen

Kommentare über Pferde und Reiter geachtet hatte, flüsterte er Mac zu: »Wir sind, weiß Gott, unter die Räuber gefallen. Mindestens zwei der großen Buchmacher sind hier neben uns. Ich muß zugeben, daß sie etwas von der Sache verstehen, abgesehen davon, daß es immer ein wenig aufreizend ist, Leute klug reden zu hören, wenn sie auf der Erde stehen. Auf dem Nacken von Kamelen ist das etwas schwieriger.«
Der Sprecher kündigte an, daß alles klar zum Start war. Eine erwartungsvolle Stille senkte sich über das Publikum, nur der kleine Junge wiederholte ständig: »Eis, Eis . . .«
Alle fünfzehn Pferde waren nun in der Startmaschine.
»So«, Mac schlug mit der Hand auf das Geländer vor sich. Die Pferde sausten heraus, alle kamen offensichtlich gut vom Start. Wieder war die ruhige Stimme des Sprechers zu hören: »Pferd Nummer zwei blieb im Start stehen, die übrigen gehen in gutem Tempo auf das erste Hindernis zu.«
Sanders schielte auf Macs Hände am Geländer.
»Mist«, murmelte er, »hat heute Nerven« Da fiel sein Blick auf seine eigene Hand. »Auch Mist, auch Nerven.« Er steckte sie in die Tasche.
In einem dichten Haufen näherte sich das Feld dem ersten Sprung, einer gewöhnlichen Hürde. Alle vierzehn lagen dicht zusammen mit Blue Sky, Why Not und Meican Rose an der Spitze. Crackers lag mitten im Feld.
Eine Staubwolke markierte den Absprung. Alle kamen gut hinüber. Bettinas eisgrüne Kappe war immer mitten im Feld.
Sanders und Mac schielten einander an.
»Falls sie da bleibt«, flüsterte der Tierarzt, »so schleppen sie sie auf jeden Fall über das nächste. Soweit ich mich erinnere, ist es 1,80 hoch mit gewöhnlichem Absprungbaum.«
Mac nickte, ohne das Glas herunterzunehmen, das nun wie angeklebt vor seinen Augen saß. Fünf, sechs Pferde waren etwas zurückgefallen. Crackers war der letzte im vorderen Teil des Feldes. Tausende von Menschen auf den Zuschauerplätzen verfolgten wie hypnotisiert das seidenschimmernde, bunte Feld auf der gegenüberliegenden Hälfte der Bahn.
Die fünf ersten Pferde kamen gut hinüber, in der Mitte des vorderen Teils des Feldes schien es einige Schwierigkeiten zu geben. Crackers sprang etwas stöckerig und anscheinend unwillig. Mac sah bekümmert auf das nächste Hindernis. Das Geläuf fiel etwas ab, und das Hindernis, das aus einem Trockengraben mit Erdwall dahinter bestand, hatte eine äußerst tiefe Landungsstelle.
»Was zum Teufel . . .«, der Tierarzt stieß Mac an, »ist sie völlig verrückt?«

Crackers holte aus der Mitte stark auf und ging an den vorderen Pferden vorbei, bis er allein vorne lag. Es entstand einige Unruhe. Mehrere Pferde, darunter Peppery Jim, geritten von Jack Howell, versuchten aufzuholen, aber Bettina verschärfte das Tempo erheblich.

Der kleine Mann nickte nur, nahezu im Takt mit Cracker's Galoppsprüngen. Bettina näherte sich dem Hindernis in gewaltigem Tempo. Das Pferd war wegen des Terrains sehr auf der Vorderhand. Ein paar Galoppsprünge vor dem Absprung versuchte sie, ihn zu korrigieren, aber es war deutlich, daß er ihr die Hand genommen hatte. Mit einem wütenden Kopfschlag setzte er ab, vier Meter eher, als sie es wollte.

Ohne auf die Landung zu sehen, wandte sich Mac zum Tierarzt um. »Das war dies«, sagte er ruhig. In diesem Augenblick sprangen die sechs folgenden Pferde ab. Eine Staubwolke erhob sich und bedeckte einige Sekunden lang das ganze Hindernis, dann schossen vier Pferde daraus hervor, ein fünftes lief reiterlos an das äußere Geländer der Bahn, das sechste blieb, halb über seinem Reiter, liegen.

»Es sieht so aus«, sagte der kleine Mann, »daß sie nach Order reitet. Ich sagte ihr, sie solle sich aus Spektakel heraushalten. Aber ich gebe zu, ihr Tempo wurde etwas kräftig. Aber gut gemacht, gut gemacht.«

Sanders sah auf seinen alten Freund nieder: »Du bist ein Teufel«, murmelte er.

»Nein«, unbeeindruckt folgte der kleine Mann dem Feld mit den Augen, »ich kenne nur das Theater. Wenn das Terrain abfällt, tiefe Landung, alle Hundeangst — also nur eines zu machen: ›Weg von den Unruhigen!‹«

Das Publikum ging nun aufs äußerste mit, und die Stimme des Sprechers war nicht mehr trocken. »Pferd Nummer acht, Crackers, führt. Pferd Nummer sechs hat sich von seinem Reiter getrennt. Pferd Nummer vier, White Moon, geritten von Pat Ringer, gestürzt.«

Bettina ließ Crackers wieder zurückfallen, und es gelang ihr, ihn so zu placieren, daß Laughing Indian und Peppery Jim die Führung übernahmen. Kapitän Howell lächelte ihr während des Rennens zu.

Das Feld, das nun wieder, abgesehen von drei zurückgefallenen Pferden, zusammengeschlossen war, ging in die leichte Biegung vor der Diagonalen, die schräg über die Innenbahn lief.

Sanders verfolgte im Glas Crackers' Galopp, genau auf die kleinste Unregelmäßigkeit achtend. »Daß das Bein diese Probe aufs Exempel ausgehalten hat, verdammt, er segelte mindestens zwölf Meter durch die Luft — und dann das Tempo.«

Auf einmal wurde es im Publikum unruhig. Ein großer Mann in einem schwarzen altmodischen Schoßrock versuchte, sich durch die Masse ans Geländer am Wassergraben zu drängen. Der Mann hatte einen großen Korb am Arm und auf dem Kopf einen schwarzen steifen Hut mit hohem viereckigem Kopf. Sanders kam er irgendwie bekannt vor, aber da der Mann sich dem gewünschten Platz am Geländer fast mit dem Rücken zu ihm näherte, konnte er ihn nicht erkennen.

Das Feld war nun in die Diagonale, der Tribüne entgegen, eingeschwenkt, wo es, nachdem drei Hürden und eine Doppelhecke übersprungen waren, auf die innere Bahn kam.

Das Tempo war immer noch kräftig. Das eine der drei Pferde, das zurückgeblieben war, hatte aufgegeben, und die beiden anderen waren offenbar in Schwierigkeiten.

Auf der inneren Bahn gerade vor dem Wassergraben wurde das Tempo aufs äußerste verstärkt. Der nächste Sprung war eine hohe Doppelhecke mit Graben dahinter, und danach kam ein kleiner Wassergraben, genau vor der Haupttribüne. Das vordere Feld umfaßte wieder sechs Pferde, gleich dahinter kam Crackers allein, dann folgte der Rest, dem sich der eine der Nachzügler angeschlossen hatte.

»Ich bin nun nicht sicher, ob sie nicht besser dazwischen sein sollte, statt ganz allein zu liegen.«

Macs Augen starrten bekümmert auf den Wassergraben, nachdem die Doppelhecke bezwungen war. In diesem Augenblick sah er mit wachsender Unruhe einen Schimmel, Silver Grey, ausbrechen und Mexican Rose mit sich ziehen. Als er die Pferde fast von hinten sah, wurde es ihm klar, daß Crakkers, wie von einem Magneten angezogen, zu dem ihm unbekannten Hindernis folgen würde. Aber im gleichen Augenblick hob Bettina die Peitsche. Anstatt zu schlagen, wirbelte sie diese mit pfeifendem Schlag seitlich an seinem Kopf entlang, mit der Klappe weit vor seinem Maul. In der nächsten Sekunde sprang er ab, unheimlich nahe dem Fang des Hindernisses. Es sah aus, als schabte Bettinas Stiefel dagegen, aber sie ritt offensichtlich unbehindert weiter.

Mac schwitzte, Sanders trocknete sich die Stirn mit seinem Ärmel.

»Zum Teufel auch – wir sind anscheinend ein paar alte Idioten geworden, glaube ich. Wir haben keine Nerven mehr für so etwas.«

»Halt deinen Mund«, Mac stieß ihn an, »die Leute sehen auf uns. Da sind zwei Fotografen, die uns aufgenommen haben. Man lacht uns aus, und wir sind für den Rest unserer Tage untendurch – übrigens«, fügte er laut hinzu, »er geht gut, und man muß es ihr lassen, sie ist geistesgegenwärtig.«

Die Buchmacher neben ihnen begannen unruhig zu werden. Der eine hatte die Tickets in der Hand des dicken Mannes beobachtet, und die Zahl 8 auf zweien ließ ihn Verhandlungen aufnehmen. Der kleine Junge rechts hatte ein Eis bekommen, und oben auf der Tribüne sah der Bezirksarzt verblüfft auf seine Zigarre, die er in der Aufregung zerbrochen hatte.
Die vorderen vier Pferde hatten nun Gesellschaft von zwei aus der hintersten Gruppe bekommen. Bettina lag immer noch knapp dahinter. Nach dem Hindernis Nr. 8 verlor sie ein paar Längen, weil sie ganz auf die Außenseite der Bahn zog. Mac nickte anerkennend, und Sanders betrachtete Crackers' linkes Vorderbein. Einmal wurde er etwas unruhig, als er das Pferd den Galopp wechseln sah, stellte dann aber fest, daß es daher kam, daß Bettina wieder in die Mitte der Bahn zog, bis sie Seite an Seite mit Golden Lion galoppierte, der aufzurücken begann.
Nun waren noch 1200 Meter zu laufen. Der Sprecher sagte die Lage der Pferde an. Die vordersten sechs Pferde gingen nahezu geschlossen auf die Außenseite der Bahn, die am weitesten von der Tribüne entfernt war.
Als die nächsten fünf Sprünge gesprungen waren, ohne daß sich die Stellung nennenswert geändert hatte, begannen zwei Pferde zurückzufallen. Kurz danach, als sie sich dem großen südlichen Bogen näherten, fiel Crackers aus dem vorderen Feld zurück und galoppierte bald allein sechs, sieben Längen dahinter.
»Ist da was los?« Sanders beugte sich zu Mac hinab. »Er geht offensichtlich rein, glaubst du, daß er fertig ist?«
»Sie gibt ihm Luft, nach Order«, antwortete der kleine General.
Die Männer neben ihnen sahen interessiert auf das braune Gesicht. »Zum Teufel, das ist ja MacLeod, könnt ihr euch an ihn erinnern«, flüsterte plötzlich der eine. »Weg mit euch, Tony und Jerry, steigt noch ein. Nummer 8 reitet nach seiner Order.«
Der dicke Mann neben dem Tierarzt schloß unwillkürlich die Hand um seine Tickets.
Laughing Indian und Peppery Jim waren nun allein an der Spitze, aber am Einlauf zur geraden Bahn, wo ein kleiner Wassergraben mit einem Wall dahinter war, ging Bettina plötzlich ganz durch das Feld bis zu den beiden ersten.
»Ich Idiot«, Macs Ausruf war so laut, daß ihn alle Umstehenden ansahen. »Sanders, es ist nur gut, daß sie es selbst gesehen hat. Der Schatten vom Restaurant, die Sonne um diese Zeit, schwierige Beleuchtung – daß ich das vergessen konnte, sieh, nun ...«

Gut eingepackt zwischen den beiden routinierten Pferden, nur ein klein wenig scheuend, machte Crackers Absprung und Landung. Das Feld schloß nun stark zusammen, offenbar hatten noch mehrere Pferde Kräfte in Reserve, und in einem sehr scharfen Tempo näherten sie sich dem großen Wassergraben. Crackers lag übrigens in der Mitte, Laughing Indian und Peppery Jim waren etwas zurückgefallen. Statt dessen rückten Dorrit Williams auf Why Not und Bobby Burns auf Blue Sky, jeder auf einer Seite von Bettina, auf. Peppery Jim lag knapp dahinter.

Die Bahn war recht hart und trocken. Die vordersten wirbelten so viel Staub auf, daß der Schluß des Feldes fast nicht zu sehen war. Bettina riß die Rennbrille ab. Mac wurde unruhig. Er schätzte schnell den Abstand zum Hindernis und bemerkte Sam, der als Pferdepfleger die Bahn betreten durfte, genau bei dem Wassergraben.

Das Tempo wurde ständig vergrößert. Burns und Dorrit Williams zogen die Peitschen, Crackers fiel eine halbe Länge zurück.

Mac krallte die Hände um das Geländer. »Wenn das Schaf Dorrit Williams Why Not noch einmal trifft, so . . .«, gerade jetzt sprangen die beiden vordersten Pferde ab. Dorrit Williams traf gleichzeitig ihr Pferd an der Schulter, es scheute vor der Peitsche, und die beiden Pferde stießen in einem spitzen Winkel in der Luft zusammen, während Crackers gleichzeitig in einem Riesensprung absetzte. Howell, der genau dahinter war und die Situation blitzschnell erfaßte, versuchte, Peppery Jim zur Seite zu werfen. Aber im nächsten Augenblick landeten alle vier mit einem Krach in und auf der Kante des Wassergrabens.

Macs geübtes Auge erfaßte das kleinste Detail. Es war für ihn wie ein Film, der plötzlich stillstand. Bruchteile von Sekunden war alles verborgen in Kaskaden von Wasser, feuchten Erdklumpen und einem Nebel von Oberflächenstaub. Why Not schien auf die Kante des Grabens zur Außenbahn hin gestürzt zu sein, die Reiterin ahnte man im Graben ungefähr bei der Hecke, und er konnte Konturen von Blue Sky schimmern sehen, dessen Reiter sich an seinen Hals klammerte. Golden Lion schwebte in der Luft genau über der Hecke, hinter ihm mit einer Länge der Rest des Feldes. Sie machten verzweifelte Anstrengungen, nicht abzuspringen. Peppery Jim war von den Gestürzten halb verdeckt. Crackers konnte er nicht sehen.

Plötzlich merkte er, daß Sanders ihn mit Eisengriff festhielt.

»Sieh«, zischte der Tierarzt mit einer Stimme, die trocken war vor Aufregung, und zeigte auf den Staub und das Wasser, die, als ob der Film langsam wieder anlief, dabei waren, sich zu beruhigen.

Sam stand steif wie ein Stock mit dem Rücken zu ihnen. Sein Blick war auf einen alten Mann gerichtet, der in der ersten Reihe des Innenkreises stand, gekleidet in einen schwarzen Mantel. Gegen das weiße Hemd sah das Gesicht des Mannes genauso schwarz aus wie der hohe schwarze Hut, den er aufhatte. Eine große, graugestreifte Katze saß auf seiner Schulter und starrte durchdringend auf den Wirrwarr von gestürzten Pferden und Reitern vor ihnen.
Das Publikum auf den Tribünen stand auf. Der Atem von Tausenden zischte über die Bahn. Der dicke Mann schmiß plötzlich seine beiden Tickets mit der 8 auf die Erde, und der kleine Junge kleckerte sein Eis auf die Hosen des Tierarztes.
Einzelne aufgeregte Rufe aus dem Publikum vereinigten sich zu einem einzigen Schrei. – Aus dem Haufen stürzten Reiter und Pferde, kam Crackers, gefolgt von Blue Sky, der, als er wieder aufsprang, ein Pferd zu Fall brachte, das gerade neben ihm gelandet war. Peppery Jim kam mit einer Drehung im letzten Augenblick frei und ging Seite an Seite mit Laughing Indian schnell vor an die Seite von Blue Sky. Crackers fiel zurück, und Mac sah, daß Bettina, die ganz aus dem Sattel gewesen war, einen Bügel verloren hatte. In schnellem Tempo näherten sie sich dem letzten Hindernis.
Die Eiscreme schmolz, und Sanders, der Feuchtigkeit an einem Bein fühlte, warf einen mißbilligenden Blick auf einen Hund, der hinten an der Bank angebunden war. Der dicke Mann lag auf der Erde und suchte nach seinen Tickets.
Sanders beugte sich zu Mac und flüsterte: »Wir können verdammt was vertragen! Und sahst du die beiden Schufte ...«, er zeigte mit einer matten Handbewegung auf die Stelle, wo Thaddäus und sein Gefährte gestanden hatten. Sie waren beide wie vom Erdboden verschwunden. Nur Sam stand da und sah dem Feld nach.
Mac hatte wieder das Fernglas vor Augen. »Halt den Mund, sie hat einen Bügel verloren – sie ist den anderen genau auf den Fersen.«
Sie setzten ungefähr alle vier gleichzeitig ab, Bettina hatte den Bügel immer noch nicht, und zum erstenmal in achtundsechzig Jahren verließen Mac die Nerven, und er schloß die Augen.
Das infernalische Lärmen des Publikums nahm zu, und als er den Tierarzt ein Triumphgeheul ausstoßen hörte, öffnete er wieder die Augen und sah die vier Pferde fast Seite an Seite sechs, sieben Längen vor dem Rest des Feldes in einem wütenden Finish auf das Ziel zugehen. Bettina hatte nach dem Sprung auf irgendeine Weise den Bügel wieder zu fassen bekommen, und in atemloser Spannung sahen sie sie die Zügel verkürzen.

Zum zweitenmal verlor MacLeod die Beherrschung und hämmerte mit den Händen hemmungslos auf das Geländer. »Nun spricht sie ihm zu, Sanders, sie redet ihm zu.« Der Tierarzt faßte den kleinen Mann fest an der Schulter. »Ruhig, Mac«, flüsterte er mit einer Stimme, die vor Erregung zitterte, »jetzt spricht sie ihn wieder an — siehst du es, er antwortet . . .«
Und während die Menge heulte und schrie, legte Crackers die Ohren zurück, die Augen standen kugelförmig aus den Höhlen, die starken Halsmuskeln schwollen unter Bettinas Fingern an. Nur mit den Händen ritt sie ihr Pferd an die Seite von Blue Sky, der etwas zurückgefallen war, und zwanzig Meter vorm Ziel kam sie nach vorne zwischen die beiden ersten. Bei der Ziellinie gaben Bettina und Crackers das Letzte, was sie in sich hatten, während sie die Zügel aus den Händen gleiten ließ, stürmten die drei Pferde ins Ziel.
»Hat sie es geschafft?« Sanders sah Mac fragend an.
»Ich weiß es nicht. Es ist schwer, das von hier aus zu beurteilen. Aber das ist auch völlig gleichgültig, wenn nur die Beine gehalten haben. Es war eine sehr gute Leistung.« Er sah zur Aufzugstafel und sah gleichzeitig, daß ein Teil der Reiter zurückkam, nachdem sie hinter dem Richterturm aufgepullt hatten. Horace White machte ihm vom Turm her unverständliche Zeichen.
Dann kam die Ansage im Lautsprecher: »Sieger Pferd Nr. 8 Crackers, mit kurzem Kopf, Nr. 2 Peppery Jim und Nr. 3 Laughing Indian.«
Sie fühlten keine besondere Freude über den Sieg, nur eine große Erleichterung, daß es gut überstanden war. Vor ihnen waren Ärzte und Tierärzte mit den Gestürzten und Verletzten beschäftigt. Außer Schrammen bei den Pferden, Gehirnerschütterungen und ein paar gebrochenen Schlüsselbeinen bei den Reitern war nichts passiert.
Weit hinten auf der Bahn kam Bettina zum Vorschein. Die Fotografen stürzten sich auf sie. Blitzlichter flammten. Sie machte eine kleine, höflich abwehrende Bewegung und zeigte auf Crackers' Flanken, die wie Blasebälge gingen.
»Ich muß ihn erst etwas bewegen", und begann neben den Zuschauern zum Ausgang zu reiten. Sie hörte kaum die Klatschsalven und die begeisterten Zurufe. Das Ganze stand ihr so merkwürdig fern. Sie ritt mit gesenktem Kopf und ließ die Finger in kleinen, frohen und dankbaren Figuren durch die Mähne des Pferdes laufen.
»Na, sieh doch mal!« Sanders beugte sich über das Geländer. »Ich gebe zu, daß ich gerne das Bein untersuchen möchte, besonders am Abend, wenn er etwas ruhig geworden ist, aber im Augenblick scheint wirklich kein Grund zur Besorgnis zu sein. Sieh, wie er posiert, das Biest.«

In stolzer Haltung, fast in der Art einer Passage, kam das Pferd auf sie zu. Es warf die Vorderbeine nach oben und vorne in einem abgemessenen Trab, den Schwung in der Hinterhand mit einer perfekten Schwanzhaltung unterstreichend. Als er die beiden Männer passierte, die ihn andächtig ansahen, machten beide die gleiche Bewegung. Kurz danach betrachteten sie einander verblüfft, als ihnen bewußt wurde, daß sie ihre Kopfbedeckungen abgenommen hatten.
Mac drehte die Mütze ein paarmal in den Händen.
»Ein großes Pferd«, sagte er. Sie nickten beide feierlich.
»Wir wollen gehen und sie oben bei der Waage absatteln sehen«, schlug Sanders vor. »Wir können hintenherum gehen.«
Auf ihrem Weg nach oben wurden sie von einer Schar Journalisten eingeholt, die zu Telefonen und Fernschreibern stürmten. Danny Adams winkte triumphierend mit einem umfangreichen Manuskript. »Stoff!« rief er und versuchte, der Riesenfaust des Tierarztes auszuweichen, die ihn aber doch packte und wie in einem Schraubstock festhielt.
»Muß ich es durchlesen?« fragte der Tierarzt drohend.
»Laß mich los, laß mich los, hörst du – ich mache es mit Caddogan zusammen.«
»Ach so, das ist etwas anderes. Caddogan ist ja ein feiner Kerl, aber du wirst es nicht wagen, die Bilder des Züchters zu bringen, die eine von deinen Kreaturen während des Rennens unten beim Geländer schoß. – An mich brauchst du nicht zu denken, ich bin ja nicht Crackers' Tierarzt, nur ein einfacher Beauftragter«, schloß er etwas selbstgefällig.
Adams entwand sich seinem Griff und rief, während er auf Caddogan zuging, der ihm zuwinkte. »Ein Bild von dir, Doc, würde eine ganze Seite in der New York Times erfordern und möglicherweise mit der Mitteilung über einen Kodiakbären verwechselt werden.«
Kurz danach hingen Mac und der Tierarzt über dem Geländer bei der Waage. Mit tiefer Zufriedenheit genossen sie jede von Crackers' Bewegungen, und sie hätten beinahe applaudiert, als er ein Brett im Geländer eintrat. Ihre Augen verfolgten Bettinas kundige Finger, als sie absattelte, und Mac freute sich besonders, als sie, ihn anlächelnd, den Sattel streichelte, ehe sie zurückging.
Sie betrachteten Crackers, während Sam ihn herumführte. »Nun habe ich einige tausend Rennen mit mehr oder weniger dazugehörigen Stürzen und allem Drum und Dran gesehen, aber ich kann es nicht fassen, wie er aus der Geschichte beim Wassergraben herauskam«, Sanders betrachtete eingehend

Crackers' rechtes Bein. »Ich sehe übrigens, daß er eine Wunde rechts gerade oberhalb des Hufes hat. Aber das heißt verteufelt glimpflich davongekommen – Sam«, rief er, »komm her. Nimm mal diese Flasche Jod, es ist ein Zerstäuber drauf, und laß Miß Bettina den Huf behandeln, sobald sie herauskommt. – Was ist das übrigens für eine Schramme, die er gerade auf der Hinterhand hat?«
Sam nahm die Flasche und sah auf die Wunde. »Das sind die Nägel von French Lines Vorderhufen. Er landete genau auf Crackers' Rücken, Mr. Sanders.«
Mac schüttelte den Kopf. »Ich konnte nichts sehen. Der einzige, der wohl einiges weiß, ist der ältere Herr mit der Katze, und die ...«
»Die«, meinte Sanders, »hatte unzweifelhaft die beste Position, aber die sagt nichts – wenigstens uns nicht«, schloß er gedankenverloren.
Mac sah ihn lachend an.
Als Bettina von der Waage kam, ging Jack Howell lächelnd auf sie zu. »Ich gratuliere, Bettina«, sagte er und klopfte ihr kameradschaftlich auf den Rücken: »You are a better man than I am, Gunga Din! Du bist ein besserer Mann als ich, Gunga Din!«
Der Tierarzt sah Mac verständnislos an.
»Kipling, du Barbar«, sagte der kleine Mann, »er ist ein guter Verlierer, dieser Kapitän Howell.«
Bettina kam zu ihnen hin. Sie war schmutzig, durchschwitzt und sehr naß. Mac begann sich unruhig umzusehen, der Tierarzt grinste.
Mac beugte sich über das Geländer. »Ich weiß wohl«, begann er sachlich, »daß du ihm die Gamaschen abnehmen, ihn waschen und ihn nach Hause führen willst. Das ist ja auch das beste für ihn, und du kannst dein Fahrrad auf den Trailer tun, aber – kannst du nicht – du erinnerst dich, wir sprachen über die amerikanische sogenannte Moral – kannst du nicht einen Mantel anziehen?«
»Lady Godiva«, feixte der Tierarzt, »britische Geschichte«, fügte er prahlend hinzu.

Enrique Amorim Die Goldfuchsstute

Meine Goldfuchsstute streckte den Kopf über die Dornenhecke, die Ohren steil, weich das Maul.
Der borstige Schopf, der ihr über die Stirn fiel, war mir noch nie so arrogant vorgekommen wie an jenem Frühlingsmorgen, den ich mir eben ins Gedächtnis zurückrufe.
Trotz der nachfolgenden Ereignisse erfüllt mich noch heute die wilde Schönheit meiner Goldfuchsstute mit unbändigem Stolz.
»Dieser Luxus ist nur für die jungen Stuten«, sagte der Pferdepfleger zu mir, »es steht ihnen gut.« Und er meinte den Schopf, den er gerade mit den Fingern glattgekämmt hatte. Ich erinnere mich noch genau, wie das Tier seinen Kopf drehte und mich anblickte.
Ich war noch nicht zwölf Jahre alt und kümmerte mich daher wenig um die Arbeiten und Veränderungen um mich her. Meine Anteilnahme am Leben des Gutsbetriebes bestand einzig im Auswählen eben jenes Pferdes von so ganz besonderer Schönheit. In meinen ersten Ferien verlangte ich, man solle mir den Goldfuchs satteln.
»Du kannst sie noch nicht reiten«, teilte man mir mit, »sie ist bockig und könnte dir einen Tritt geben.«
Um mich etwas zu trösten, ließ sie der Vorarbeiter am Pflock festbinden.
Wenn ich sie schon nicht reiten konnte, so sollten sich wenigstens meine Augen an ihrer Schönheit weiden.
Mir kam es so vor, als erkenne mich die Goldfuchsstute wieder und tue sich groß vor mir in ihrer Herzlichkeit, indem sie die Mähne schüttelte und hin und her tänzelte.
Der Vorarbeiter erklärte mir: »Heute abend lassen wir den Hengst zur Herde, verstehst du?«
Ach so, natürlich, dachte ich, das ist der Grund, warum sie den Nacken so über die Dornenhecke streckt. Aber ich behielt diesen Kommentar für mich
Ich wartete darauf, daß man sie sattle und mir erlaube, eine kleine Runde zu reiten, wenigstens bis zur nächsten Schleuse.

Leider wurde nichts daraus. Mein Vater bemerkte den Zustand der Stute und befahl, ich dürfe sie nicht reiten. Als man den Gurt festschnallen wollte, pumpte die Stute ihren Bauch voll Luft. Das war ein untrügliches Zeichen für mögliche Unannehmlichkeiten.
»Sie beträgt sich bestimmt gut mit mir«, versuchte ich, »ich wiege ja so wenig ...«
»Nein, es ist zu gefährlich ... besser, du reitest sie nicht«, sagte mein Vater bestimmt.
»Ich bin sicher, es passiert nichts. Sieh mal, wie sie sich streicheln läßt«, bettelte ich und versuchte es hoffnungsvoll zu beweisen.
Kaum hatte ich mich der Stute genähert, liebkoste und klopfte sie, so senkte sie den Kopf und hielt den Schweif ganz ruhig.
Der Vorarbeiter und mein Vater wunderten sich über die Wirkung, die meine vertrauensvolle Nähe auf das ungebärdige Tier hatte. Sie blickten sich zweifelnd an. Doch der Vorarbeiter schüttelte den Kopf.
»Nein, nein, sattelt ab. Wir wollen kein Ende mit Schrecken«, befahl mein Vater.
»Aber ...«, stieß ich hervor.
»Nichts, kein Wort mehr davon«, antwortete mein Vater und ging davon.
Man nahm der Stute das Zaumzeug und das Geschirr ab, das noch nie auf einem Pferderücken so prächtig geleuchtet hatte. Man legte es einem Klepper auf, den ich völlig verschlafen fand, mit hängendem Kopf, unbeweglichem Schwanz, unfähig, nur eine Fliege zu erschrecken.
Ich ritt hinaus. Ich erinnere mich keines unglücklicheren Spazierrittes. In jener Zeit machte mich nichts verdrießlicher als ein krankes oder trübseliges Tier. Eine tiefe Niedergeschlagenheit bemächtigte sich meiner. Sie verstärkte sich noch, als ich beim Vorbeikommen die Vögel hörte, die den langen Sonnenuntergang besangen. Die Traurigkeit trug mich zur Viehweide. Das Blöken der Kälber bedrückte mich sinnlos. Ich glaube, ich stieg weinend vom Pferd. Es waren die trübsten Ferien meines Lebens.
Im nächsten Jahr, kaum war ich auf dem Lande angekommen, fragte ich nach meiner Stute.
»Sie ist ein Fehlschlag«, sagte man zu mir.
»Aha«, dachte ich und tat, als ob ich Bescheid wüßte: »Also ist es fehlgeschlagen?«
Der es mir berichtet hatte, war ein ganz junger Knecht, drei Jahre älter als ich, und tat sich so groß mit der Fülle seiner landwirtschaftlichen Kenntnisse, daß ich es vorzog, meine eigene Unwissenheit nicht preiszugeben. Einem

älteren Menschen gegenüber hätte ich vielleicht zugegeben, daß ich nichts von der Sache verstand. Aber einen Jungen in meinem Alter um Erklärungen zu bitten, war nicht klug. Ich ließ ein paar Stunden verstreichen und befragte dann den Vorarbeiter:

»Also es ist fehlgeschlagen mit der Goldfuchsstute?«

»Sie scheint unfruchtbar zu sein«, antwortete er mir trocken. »Sie ist fett geworden.«

»Unfruchtbar«, dachte ich, »steril wie meine Tante Christine. Mit verdorrtem Leib, kalten Lippen, glanzlosen Haaren ...«

Jetzt konnte ich mich um den Goldfuchs kümmern, mit jedermann von meiner Stute sprechen, ihr Schicksal mitbestimmen, vielleicht ihr Glück veranlassen. Ich sattelte irgendein Pferd. Außer den Remonten und den Fohlen war mir jedes recht. Vielleicht hätte mein Vater gern gesehen, wenn ich eins seiner Rennpferde geritten hätte, auch auf die Gefahr hin, abgeworfen zu werden. Mein Körper brauchte den Kontakt mit der rohen Gewalt. Aber ich vermied es freiwillig, weil ich mich gekränkt fühlte.

Ich ritt allein aus. Ich wollte die Goldfuchsstute beobachten in ihrer Doppeleigenschaft als Stute und Unfruchtbare.

Voll ungesunder Neugierde wartete ich auf sie. Wenn sie wirklich fett geworden war, so würde ich mich nicht mehr an ihr erfreuen mit der Kraft, die der Luxus meiner Besitzeraugen war.

Mehr als ein Jahr lang hatte ich sie nicht gesehen und wollte sie ohne Zeugen auf offenem Feld wiedertreffen. Ich stellte sie mir vor: arrogant mit dem langen Büschel, mit dem Schweif, der bis hinab zu den Fesseln reichte, mit den lebhaften Augen. Ich fürchtete sie vorzufinden mit kurzgeschnittener Mähne, kupiertem Schwanz, denn sicherlich wollten sie sich an ihrer borstigen Mähne rächen, wo die Stute nicht mehr als Zuchttier zu gebrauchen war.

Als ich den Hang hinabritt, spitzten alle Pferde der Herde die Ohren und hoben die Köpfe. Sie blickten auf mich wie auf einen Eindringling.

Es kostete mich keine Mühe, die Goldfuchsstute zu entdecken. Ich glaube, schon beim ersten Rundblick fand ich sie heraus. Sie war aber nicht allein, wie ich angenommen hatte. Wenige Meter neben ihr zitterte ein wundervolles Fohlen, von seltsamer Furcht erfüllt. Nach meiner Schätzung war es gerade geboren worden. Seine unsicheren Glieder schienen von einem Sturm gepeitscht worden zu sein. Wenn es die schwachen Hufe aufsetzte, machten die zitternden Stelzbeine den Eindruck hochgradiger Nervosität. Als ich mich näherte, wieherte die Goldfuchsstute mütterlich und stellte sich zwischen mich und das Neugeborene, als wolle sie es vor meinen Blicken schützen.

Meine Freude kannte keine Grenzen. Ich also war der glückliche Sterbliche, dessen Augen sich rühmen konnten, die ersten gewesen zu sein, die das Fohlen der Goldfuchsstute gesehen hatten!
»Schöne Stute, geliebte Goldfuchsstute.«
Wie frisch und wohlriechend kam mir die Brise vor! Wie stolz meine Stute war mit dem Schopf über der Stirn, den sie glücklich trug in der Lebensfülle einer Mutter, die gerade ein Füllen zur Welt gebracht hatte, das schön wie ein Damhirsch war. Die Schlucht schien ihr ganz allein zu gehören. Sie beherrschte Himmel und Erde mit einem einzigen Heben des Kopfes.
Ich blieb in einem Zustand der Verzückung ungefähr eine Viertelstunde lang dort. Vielleicht war es auch weniger, denn plötzlich mußte ich eingreifen, um zu verhindern, daß eine Fuchsstute meine Stute belästigte, indem sie, mehr als es unter solchen Umständen bei den Tieren üblich ist, sich ihr zu nähern versuchte.
Meine Stute verteidigte sich durch Bisse und Tritte. Ein ums andere Mal schlug sie auf den Bauch der Aufdringlichen, daß es dröhnte wie eine Trommel, die im Herzen des Tales geschlagen wurde. Es war ein grandioser Anblick! Barbarisch und grandios in einem!
Ich begriff, daß es besser sei, wenn ich fortginge. Diese Tierszene wurde durch meine Gegenwart gesteigert, weil ich die Vertraulichkeit einer unbändigen, wilden, unnahbaren Mutter entweihte.
Ich zog die Zügel an und wendete in Richtung der Häuser. Ich war froh, die Neuigkeit dort verkünden zu können. Ich wagte es kaum, den Kopf zu drehen, bevor ich angaloppierte. Ich sah das zerbrechliche Füllen sein hungriges Maul in die Euter der Mutter wühlen, den Schwanz emporgestellt wie einen Staubwedel. Die wenigen Haare ebenso durstig nach Luft wie das Maul nach Milch. Ich habe niemals wieder ein Gefühl von so vollkommener Glückseligkeit wie damals erlebt. Die Vögel feierten mit ihrem Gesang meine Entdeckung.
Meine Stute hatte uns also nicht enttäuscht. Und wenn man mir nicht erlaubte, sie zu reiten, so bot mir doch das Schicksal das Privileg an, vor allen andern ihr Fohlen gesehen zu haben.
»Es scheint, daß ihr alle euch gräßlich geirrt habt«, sagte ich mit einem Dünkel, welcher der guten Sache würdig war. »Die Goldfuchsstute hat gefohlt. Ja«, fuhr ich fort, während ich mein Pferd absattelte, »ein schönes Rotschimmelchen, das für mich sein wird!«
Mein Vater trat zu mir.
»Die Goldfuchsstute hat heute nacht gefohlt«, teilte ich ihm mit einem Schuß

Männlichkeit mit, der einen ernsten Vorwurf in sich barg wegen des Schimpfes, den man meiner Stute angetan hatte.
»Nein, du hast dich geirrt. Es ist nicht ihr Fohlen«, sagte mein Vater gleichgültig. »Es gehört einer Fuchsstute. Gestern kam es uns auch schon so vor, als habe das Kleine sich an die Goldfuchsstute angeschlossen.«
Mein Vater benutzte stets den Plural, wenn er mit seinen Untergebenen redete. Hörte ich ihn so sprechen, so erschienen mir seine Worte geheiligt.
»Soll das also heißen«, rief ich bei dieser Nachricht aus, »daß das Fohlen nicht von der Goldfuchsstute ist?«
Die Knechte kümmerten sich nicht um den Unglücksfall. Auch mein Vater nicht, der ein so guter Tierbeobachter war. Sie nahmen an, daß der kleine Rotschimmel sich in der Mutter geirrt habe, wer weiß, aus welchen geheimnisvollen Gründen. Für mich aber war es eine ernste Sache. Vielleicht, weil ich Zeuge jener brutalen Angriffe der Goldfuchsstute gegen die sanfte Mutter gewesen war, die nur ihr Recht beanspruchte.
Ich schlief unruhig. Bei Tisch hatte man von allem Möglichen gesprochen, bloß nicht von der Herde. Am Herdfeuer, wohin mein Vater sich zu einem kurzen Gespräch nach Tisch zu seinen Leuten setzte, wurde auch die Stute nicht erwähnt.
Am nächsten Tag regnete es. Die Außenarbeiten wurden verschoben. Das Gutsleben beschränkte sich auf von langen Pausen unterbrochene Gespräche am Herd. Ich wurde es leid und verkündete, ich hätte vor, einen Ritt zur Schlucht zu machen. Mein Vater meinte, es sei eine städtische Dummheit, hinauszugehen und sich naßregnen zu lassen, bloß weil man dazu Lust habe.
Mein böses Vorgefühl hieß mich doch ausgehen, obwohl das Wetter durch einen unangenehmen Sprühregen noch schlechter geworden war.
Die Goldfuchsstute stand im Regen und hatte die Fuchsstute endgültig besiegt. Durch Bisse, durch stärkere Tritte, als eine Mutter, die gerade geboren hat, sonst auszuteilen fähig ist, erreichte sie ihr Ziel: die Wahnidee einer verrückt gewordenen Unfruchtbaren! Innerhalb des Umkreises, in dem das Füllen sich bewegen konnte, sah man Löcher, grausige Löcher von den Hufschlägen der Unfruchtbaren, die verbot, daß die Mutter sich nähere, ehe sie selbst das Feld geräumt.
Als ich das Tal durchforschte, weidete die Fuchsstute gelassen hundert Meter entfernt in einem Kreis zerstampften Bodens. Im Schmutz lag das Fohlen, bewacht von meiner Stute.
Es atmete noch, als ich hinzutrat. Die Goldfuchsstute hörte in meiner Gegenwart nicht auf, ihm die Hinterhand zu lecken. Sie prustete ihren lebendigen

Atem in das kleine Maul. Sie ließ ihre feuchte Unterlippe auf den Nüstern des Sterbenden ruhen, seine letzten Atemzüge erkundend. Ich sah, daß die Augen des Fohlens ins Leere blickten. Die Pupillen schienen zwei Gagatkugeln im Grün der Schlucht zu sein. Eine begehrenswerte Speise für die gefräßigen Geier, sagte ich mir.

Niemals werde ich diese Augen eines verhungerten Kindes vergessen, nie diese Einsamkeit, die in meiner Seele aufquoll, nie den Impuls von Zorn, der mich beherrschte, als ich die unvergleichliche Schönheit meiner Stute vor mir sah. Ich wagte aber auch nicht, sie zu verurteilen. Auch werde ich niemals eine aufregende Einzelheit vergessen: Die Euter der Goldfuchsstute bluteten!

John Steinbeck Das Geschenk

Bei Tagesanbruch trat Billy Buck aus seiner Unterkunft, stand einen Augenblick auf der Veranda und sah zum Himmel auf. Er war untersetzt, hatte krumme Beine, Schnauzbart, Hände breit wie Spaten, die Handflächen waren knollig und sehnig zugleich. Seine Augen waren wässerig grau und in sich gekehrt; borstig stachen die Haare unter dem breitrandigen Filzhut hervor. Er stopfte das Hemd in die blauen Jeans und richtete den abgetragenen Gürtel; die Schnallenabdrucke hinter jedem Gurtloch ließen genau erkennen, wieviel Billy Buck im Lauf der Jahre zugenommen hatte. Nachdem er die Wetterlage geprüft, schneuzte er jedes Nasenloch einzeln, wobei er das andere mit dem Zeigefinger zuhielt und kräftig schnaubte. Dann ging er, die Handflächen gegeneinander reibend, zur Stallung. Dort striegelte und bürstete er zwei Reitpferde, wobei er immerzu beruhigend auf sie einredete, und kaum war er damit fertig, als auch schon der Triangel vom Farmhaus herüber zu läuten begann. Billy schlug den Striegel in die Bürste, tat beides aufs Querbrett und ging zum Frühstück. Dabei verfuhr er so geschwind und ohne den mindesten Zeitverlust, daß er bereits bei dem Farmhaus war, als Mrs. Tiflin noch den Triangel schlug. Ihr grauer Kopf nickte Billy zu und zog sich in die Küche zurück.

Billy setzte sich auf die Hausstufen, denn er war nur ein Knecht, und es hätte sich nicht für ihn geschickt, als erster ins Eßzimmer zu gehen. Er hörte, wie Mr. Tiflin drinnen im Haus die Füße in seine hochschäftigen Stiefel hineinstampfte.

Das schrille Triangelgeklingel hatte auch Jody in Bewegung gesetzt. Jody war ein kleiner Junge von zehn Jahren mit Haaren wie vergilbtes Weideland und mit scheu höflichen grauen Augen. Wenn er über etwas nachgedacht, bewegten sich seine Lippen. Der Triangel hatte ihn aus dem Schlaf aufgestöbert, aber er dachte nicht daran, dem Schrillton Gehorsam zu versagen; weder er noch irgendeiner, den er kannte, hatte das je getan. Er strich sich das wirre Haar aus den Augen, zog den Nachtkittel aus und stand gleich darauf fertig in blauleinenen Hemdhosen da; es war Spätsommer, da brauchte er

sich nicht mit Schuhen zu plagen. In der Küche wartete er, bis die Mutter vom Spülstein weg und wieder beim Ofen war. Nun konnte er sich waschen. Das nasse Haar kämmte er mit allen zehn Fingern zurück.
»Deine Haare gehörten längst geschnitten«, tadelte die Mutter und musterte ihn scharf. Jody guckte scheu beiseite. »Das Frühstück steht auf dem Tisch«, fuhr sie fort, »geh voran; Billy wartet schon!«
Jody setzte sich an den langen Tisch, der mit einem an mehreren Stellen durchgescheuerten Wachstuch bedeckt war. In einer flachen Schüssel lagen Spiegeleier auf dicken knusperigen Speckscheiben. Jody nahm sich von beiden drei Stück. An einem der Dotter war noch eine Blutspur; die kratzte er sorgfältig weg.
Billy Buck stapfte herein. »Das macht nichts«, erklärte er, »das ist bloß so ein Zeichen, das der Hahn dranläßt.«
Jodys hochgewachsener ernster Vater kam herein; an seinem Schritt hatte Jody bereits gemerkt, daß er die hohen Stiefel trug, aber er sah zur Sicherheit doch noch unter den Tisch. Der Vater blies die Hängelampe aus; das Frühlicht kam voll durch die Fenster.
Jody stellte keine Frage, wohin der Vater und Billy Buck reiten wollten; er hätte gern mitgewollt. Aber Carl Tiflin war ein gestrenger Herr, und Jody folgte ihm in allem, ohne zu fragen.
Carl Tiflin setzte sich und griff nach der Eierplatte. »Sind die Kühe bereit, Billy?«
»In der unteren Hürde; könnte sie ebensogut allein hintreiben.«
»Gut. Nur der Mensch braucht Gesellschaft. Außerdem wird einem die Kehle ziemlich trocken.« Carl Tiflin war anscheinend guter Laune.
Seine Frau steckte den Kopf durch die Tür. »Wann denkst du wieder zurück zu sein, Carl?«
»Läßt sich schwer sagen; ich muß in Salinas ein paar Leute sprechen. Vielleicht bis zum Einbruch der Dunkelheit.«
Die Eier, der Kaffee und große Zwiebäcke verschwanden in aller Geschwindigkeit. Jody ging hinter den beiden Männern hinaus und sah zu, wie sie aufsaßen, sechs Milchkühe aus der Hürde trieben und bergan in Richtung Salinas ritten. Sie wollten die alten Kühe dem Metzger verkaufen.
Als sie hinter der Höhe verschwunden waren, ging Jody ums Haus und dahinter bergauf. Die beiden Hofhunde waren ihm schon entgegengesprungen, fletschten vor Freude die Zähne und krümmten die Rücken. Jody tätschelte ihnen die Köpfe – dem alten Doubletreedumm mit dem langen dicken Schweif und den gelben Augen und dem jungen Schäferhund Smasher,

der bereits einen Kojoten totgebissen und dabei ein Ohr eingebüßt hatte; das noch vorhandene Ohr war dafür ein Stück länger, als es bei Schäferhunden der Fall sein sollte, aber Billy Buck behauptete, so etwas komme vor. Nach stürmischer Begrüßung senkten die Hunde ihre Schnauzen geschäftig zu Boden und liefen voraus. Dann und wann sahen sie sich um, ob ihnen der Junge nachkomme. So ging es über den Hühnerhof, wo eine Wachtel mitten unter den Küken ihr Futter suchte. Smasher jagte ein bißchen die Hühner, bloß als Vorübung, wenn er jemals Schafe hüten mußte.
Jody war bereits im Gemüsegarten, wo ihm der grüne Mais schon über den Kopf wuchs; die Kürbisse waren noch unreif und klein. Er ging zum Salbeifeld und zum Brunnen, aus dessen hölzerner Röhre der kalte Strahl in einen runden Holzzuber floß, beugte sich und trank, den Mund dicht an dem grünbemoosten Holz, denn da schmeckte das Wasser am besten. Dann wandte er sich und blickte zurück und hinauf auf die Farm, das niedrige weißgetünchte, von roten Geranien umstandene Haus, das lange Schlafhaus bei der Zypresse; dort wohnte Billy Buck ganz allein. Unter der Zypresse sah er den großen schwarzen Kessel, in dem die geschlachteten Schweine abgebrüht wurden.
Nun kam die Sonne über die Hügelkette, beglänzte die weißen Häuser, Scheune und Ställe und ließ das feuchte Gras sanft erglühen. Hinter Jody in dem weiten Salbeifeld stoben die Vögel mit großem Lärm durch die trockenen Blätter. Eichhörnchen pfiffen schrill von oben. Jodys Blick strich über die Farmhäuser hin; er fühlte eine Ungewißheit, es lag etwas in der Luft, ein Gefühl von Veränderung, von Verlust oder Gewinn, von etwas Neuem und Unvertrautem.
Zwei mächtige schwarze Bussarde kamen über die Hügel geflogen, senkten sich dicht über die Erde, und ihre Schatten strichen geschmeidig rasch vor ihnen her. In der Nachbarschaft war wohl ein Tier verendet. Jody kannte das – vielleicht eine Kuh oder auch bloß ein Kaninchen; den Bussarden entgeht ja nichts – er verabscheute sie; das tat jede anständige Kreatur, aber man durfte ihnen nichts tun, weil sie doch mit dem Aas aufräumten.
Nach einer Weile ging der Junge langsam den Hügel wieder hinab. Die Hunde hatten ihn längst verlassen und jagten sich in den Büschen. Im Gemüsegarten blieb er stehen und zertrat mit bloßen Füßen eine Warzenmelone. Aber es machte ihm keinen Spaß; es war häßlich von ihm, das wußte er ganz genau. Er scharrte Erde auf die zerstörte Frucht, damit niemand es sehe.
Zu Hause mußte er seiner Mutter die Hände und Fingernägel vorweisen. »Was hat es für einen Sinn, einen Jungen sauber zur Schule zu schicken, wenn er unterwegs sich wieder zehnmal verdreckt«, seufzte sie, einige Schwärze

von den Fingern herunterreibend, gab ihm dann seine Schulsachen, wickelte ihm einen Imbiß ein und schickte ihn fort; die Schule lag eine Meile vom Farmerhaus entfernt. Jodys Lippen arbeiteten heute schon den ganzen Morgen, sein Mund kaute stumme Gedanken; Mrs. Tiflin hatte es wohl bemerkt.
Jody machte sich auf den Weg. Auf der Straße stopfte er sich die Taschen voll weißer Kiesel, die da herumlagen. Damit warf er nach Vögeln oder einem wilden Kaninchen, das mitten im Weg in der Sonne hockte. Hinter der Brücke beim Kreuzweg traf er zwei Freunde, mit denen er weiterschlenderte und allerhand Unfug trieb. Der Unterricht hatte erst seit zwei Wochen wieder begonnen; da waren die Kinder noch außer Rand und Band.
Am Nachmittag um vier stapfte Jody wieder den Hügel empor und sah hinab über die Farm nach den Reitpferden, aber die Hürde war leer, der Vater noch nicht zurück. Da begab er sich denn gemächlich an seine häuslichen Arbeiten. Auf der Veranda stopfte die Mutter Socken. »In der Küche sind zwei Pfannkuchen für dich«, rief sie ihm zu. Schon war er drinnen und kam, auf beiden Backen kauend, wieder heraus. Als ihn die Mutter fragte, was er heute in der Schule gelernt habe, war seine Antwort derart von Pfannkuchen verstopft, daß sie kein Wort verstand. »Heute abend machst du mir aber die Holzkiste richtig voll, Jody«, unterbrach sie sein Kauen, »gestern hast du die Scheite kreuz und quer geschmissen; da war sie nur halb voll. Ja, und dann: eine der Hennen versteckt ihre Eier, oder die Hunde fressen sie weg. Sieh dich gut um; vielleicht findest du im Gras irgendwo ein Nest!«
Jody, noch immer kauend, ging an die Arbeit, streute den Hühnern Futter und sah die Wachteln sich niederlassen und mitfressen. Sein Vater war darauf stolz; warum, wußte man nicht. Er erlaubte auch nicht, daß nahe beim Haus geschossen wurde, damit der Wachtelschwarm nicht verscheucht werde.
Nachdem die Holzkiste voll war, nahm Jody seine Zweiundzwanziger-Büchse, ging zum kalten Brunnen bei den Sträuchern, trank; dann zielte er mit dem Gewehr auf alle möglichen Dinge: Steine, Vögel im Flug und den großen schwarzen Kessel unter der Zypresse, schoß aber nicht, denn er hatte keine Patronen; die sollte er erst haben, wenn er zwölf war. Wenn ihn der Vater so mit der Büchse in Richtung auf das Haus zielen sähe, könnte er gut noch ein Jahr länger auf seine Patronen warten! Das kam Jody auf einmal in den Sinn, und da zielte er nicht mehr auf etwas im Hof oder Garten. Zwei Jahre noch auf Patronen warten, war schon reichlich lang. Zu dumm! An fast alle Geschenke knüpfte der Vater eine Bedingung, wodurch ihr Wert sehr vermindert wurde. Aber es war eine gute Schule für Jody.
Mit dem Abendessen wurde bis zur Rückkehr des Vaters gewartet. Es war

schon ganz finster, als er endlich mit Billy Buck ankam. Jody roch beglückt den Brandyduft ihres Atems. Er freute sich immer, wenn der Vater nach Branntwein roch, denn dann sprach er meist mehr mit ihm und erzählte Geschichten aus seiner Jugend.

Nach dem Essen saß Jody beim Herd. Seine scheuen, höflichen Augen wanderten unstet. Er wartete, was der Vater berichten würde; sicher steckte er voll von Neuigkeiten. Aber er wurde enttäuscht. Ernst deutete der Vater mit dem Finger auf ihn. »Geh du jetzt schlafen, Jody; morgen früh brauche ich dich!«

Nicht schlecht, fand Jody. Er tat gern etwas anderes als das gewöhnliche Einerlei. Er guckte zu Boden; sein Mund arbeitete an einer Frage, bis er endlich damit herauskam: »Was tun wir denn morgen früh, Vater, ein Schwein schlachten?« fragte er leise.

»Das geht dich nichts an. Leg dich schlafen!«

Als sich die Tür hinter ihm schloß, hörte er Billy Buck und den Vater kichern. Also irgendein Spaß!

Bald darauf, als er schon im Bett lag und etwas von dem Gemurmel im Nebenzimmer zu verstehen suchte, hörte er, wie der Vater der Mutter entgegnete: »Aber Ruth, ich habe ja nicht viel dafür bezahlt.«

Jody hörte die Waldkäuze bei der Stallung schreiend nach Mäusen jagen, hörte einen Baumast im Wind wieder und wieder gegen die Hauswand schlagen und, während er einschlief, das Gebrüll einer Kuh.

Als am Morgen der Triangel tönte, zog er sich rascher als sonst an. Als er sich in der Küche wusch und die Haare kämmte, sagte die Mutter etwas gereizt: »Bevor du nicht ordentlich gegessen hast, darfst du mir nicht heraus!«

Jody ging ins Eßzimmer, setzte sich an den langen weißen Tisch, nahm einen dampfenden Weizenkuchen von der Platte, setzte zwei Spiegeleier darauf, bedeckte sie mit einem zweiten Weizenkuchen und zerdrückte das Ganze mit seiner Gabel.

Als der Vater mit Billy Buck eintrat, hörte es Jody am Schritt, daß beide flache Schuhe trugen, lugte aber zur Sicherheit unter den Tisch. Carl Tiflin löschte die Öllampe, denn der Tag war angebrochen. Er blickte ernst und erzieherisch drein; Billy Buck sah Jody überhaupt nicht an. Er wich den scheu fragenden Augen des Knaben aus und stippte eine Toastschnitte in seinen Kaffee.

»Komm nach dem Frühstück mit uns!« bemerkte der Vater mürrisch.

Das klang gefährlich; Jody blieb der Bissen im Halse stecken. Nachdem Billy

den Kaffee aus seiner Untertasse geschlürft und sich die Finger an den Arbeitshosen abgewischt hatte, standen die Männer vom Tisch auf und traten hinaus in den dämmernden Morgen, Jody ehrfurchtsvoll hintendrein.
»Carl, laß ihn deswegen nicht die Schule versäumen!« rief die Mutter.
Sie schritten an der Zypresse vorbei, von deren einem Ast ein Querholz und Messer zum Schweineschlachten herabhingen, vorbei an dem schwarzen Eisenkessel — also kein Schweineschlachten!
Die Sonne schien über den Berg und warf lange dunkle Baumschatten. Sie gingen quer über ein Stoppelfeld, den Weg zum Stall abzuschneiden. Jodys Vater hakte die Stalltür auf, und sie traten ein.
Sie hatten die Sonne bis jetzt im Gesicht gehabt; im Stall aber war es schwarz wie die Nacht und warm von Tieren und Heu. Jodys Vater näherte sich einem der Pferdestände. »Komm!« Nun sah Jody schon deutlicher, spähte in den Stand und prallte zurück.
Ein roter Ponyhengst schaute ihn an. Die Ohren reckten sich steil nach vorn; widerspenstiges Leuchten sprang aus den Augen. Das Fell war rauh und dicht wie bei einem Airedale, die Mähne lang und zottig. Ein Kloß stieg in Jodys Kehle auf; sein Atem ging schwer.
»Er muß gut gestriegelt werden«, sagte der Vater, »und wenn ich je höre, du fütterst ihn nicht pünktlich oder läßt seinen Stand verdrecken, verkauf' ich ihn auf der Stelle.«
Jody konnte es nicht ertragen, noch länger in die Augen des Füllens zu sehen; er guckte einen Augenblick auf seine Hände. Endlich fragte er scheu: »Mein? . . .« Niemand antwortete. Er streckte die Hand nach dem Pony aus. Laut schnuppernd näherten sich die grauen Nüstern, die Lippen gingen zurück; kräftige Ponyzähne schlossen sich fest um Jodys Finger.
Das Füllen schlenkerte den Kopf und schien vor Ergötzen zu lachen. Jody betrachtete seine gequetschten Finger. »Fein!« meinte er stolz, »der kann, glaube ich, ganz gut beißen.« Die zwei Männer lachten etwas erleichtert. Carl Tiflin ging hinaus, ein Stück bergauf, sich zu sammeln; er war etwas verlegen. Billy Buck blieb. Mit ihm konnte man leichter reden. »Mein? . . .« fragte Jody nochmals.
Billys Ton wurde fachlich. »Aber ja! Das heißt, wenn du auf ihn schaust und ihn ordentlich abrichtest. Ich zeig' dir schon, wie. Er ist noch ein Füllen. Reiten kann man ihn vorläufig nicht.«
Jody streckte noch einmal die gequetschte Hand aus. Diesmal ließ sich das rote Pony die Nüstern streicheln. »Schade, daß ich keine Mohrrüben da habe«, bedauerte Jody. »Wo habt ihr ihn denn her, Billy?«

»Gekauft«, erklärte Buck, »bei einer Auktion. In Salinas ist ein Zirkus verkracht; ein Haufen Schulden ... Da hat der Sheriff das Zeug versteigert.«
Das Pony streckte die Nüstern vor und schüttelte die Stirnhaare aus den ungezähmt blickenden Augen. Jody streichelte es sanft und fragte ebenso sanft:
»Hat er keinen — Sattel?«
Billy Buck lachte. »Komm! Das habe ich ganz vergessen.«
Im Geräteraum hob er einen kleinen Sattel aus rotem Maroquinleder empor. »Halt ein Zirkussattel«, sagte er verächtlich, »für im Busch ist das nichts ... Den haben wir ganz billig bekommen.“
Jody traute sich kaum, den Sattel anzusehen; er war sprachlos, strich mit den Fingerspitzen über das glänzende Leder; erst nach einiger Zeit sagte er: »Ich werde gut auf ihn aufpassen«, und er dachte an die größten, herrlichsten Dinge, die es auf dieser Welt für ihn gab, und fuhr fort: »Wenn er noch keinen Namen hat, denk' ich, ich nenne ihn Gabilanberge ...«
»Gabilanberge? ...« Billy Buck verstand, was der Junge fühlte. »Der Name ist ein bißchen lang. Nenn ihn doch einfach Gabilan, das heißt ›Falke‹! Das wäre der richtige Name für ihn.« Er freute sich. »Wenn du Schwanzhaare sammelst, würde ich dir ein Seil drehen. Das kannst du dann als Zaum brauchen.«
Immer wieder zog es Jody zum Stand. »Was meinst du, Billy ... ob ich ihn mit in die Schule nehmen darf und den Kindern zeigen?«
Buck schüttelte den Kopf. »Er ist noch nicht einmal auf Halfter abgerichtet. Wir haben lange gebraucht, bis wir ihn hier hatten. Fast mußte man ihn schleifen. Geh du jetzt lieber allein in die Schule!«
»Ich bring' die Kinder nachmittags mit, daß sie ihn sehen«, erklärte Jody.
Sechs Buben fegten am Nachmittag, eine halbe Stunde früher als sonst, über den Berg. Die Köpfe gesenkt, die Arme arbeitend wie Maschinenkolben, mit pfeifendem Atem bogen sie vor dem Farmhaus ab und sausten den Abkürzungsweg quer über das Stoppelfeld zum Stall. Und standen mit kundigen Mienen vor dem Pony und blickten auf Jody mit Augen, in denen eine neue hochachtungsvolle Bewunderung stand. Bis heute war Jody ein Junge in blauem Hemd und blauen Hosen gewesen, ruhiger als die meisten; man hielt ihn sogar ein bißchen für feige. Nun war es anders. Aus Jahrtausenden strömte in sie das uralte Staunen des Fußgängers über den Reiter, ein Instinkt, der ihnen sagte, auf einem Pferd sei der Mensch seelisch wie körperlich größer als auf dem Erdboden. Wie durch ein Wunder war Jody nun über ihresgleichen entrückt, ihnen hoch überlegen. Gabilan streckte den Kopf aus seiner Boxe und schnupperte.

»Warum reitest du ihn nicht?« schrien die Buben. »Warum flichst du ihm keine Schnüre in den Schweif wie auf dem Jahrmarkt?« Und: »Wann wirst du ihn reiten?«
Jody war hochgestimmt; auch er spürte die Überlegenheit des Reiters. »Er ist noch nicht alt genug. Den kann man noch lange nicht reiten, niemand! Aber ich werde ihn zureiten; Billy Buck zeigt mir, wie!«
»Ah! Dürfen wir ihn ein bißchen herumführen?«
»Er ist doch noch nicht auf Halfter abgerichtet«, erklärte Jody sachkundig. Wenn er das erste Mal mit dem Pony herausging, wollte er ganz allein mit ihm sein. »Kommt, seht euch den Sattel an!«
Fassungslos standen die sechs vor dem Maroquinsattel. »Im Busch taugt der nicht viel«, belehrte sie Jody, »da reit' ich ihn ungesattelt. Aber er wird sehr gut damit aussehen.«
»Wie willst du denn da eine Kuh festbinden, da ist ja kein Sattelhorn dran?«
»Vielleicht kriege ich noch einen gewöhnlichen Sattel für alle Tage. Mein Vater will, daß ich ihm beim Vieh behilflich bin.«
Sie durften den roten Sattel anfassen: er zeigte ihnen den messingbeschlagenen Kehlriemen und an den Schläfen, wo sich Kopfstück und Stirnband kreuzen, die großen blitzenden Messingknöpfe. Wunderbar, zu wunderbar! Als sie sich endlich losrissen, suchte jeder der Freunde in Gedanken unter seinen Schätzen nach einem Gegenstand, der es wert wäre, gegen einen Ritt auf dem Pony eingetauscht zu werden, wenn die Zeit soweit war.
Jody war froh, daß sie gingen. Er nahm von der Wand Bürste und Striegel, klappte die Schranke der Box herunter und betrat vorsichtig den Stand. Die Augen des Ponys funkelten; es rückte zur Seite, bereit auszuschlagen. Aber da strich ihm Jody den hohen gewölbten Hals; das hatte er Billy Buck abgesehen, und dazu brummte er »So-o-o-, Boy!« mit tiefer Stimme. Des Füllens Spannung lockerte sich allmählich, und Jody striegelte und bürstete, bis ein ganzer Haufen von Haaren auf dem Stallboden lag und das Fell tief rot erglänzte. Als er fertig war, fand er, es sei noch nicht genug, es könne noch besser sein; und er fing wieder von neuem an. Er drehte Stirnhaare und Mähne in Zöpfchen, dann flocht er sie wieder auf und kämmte sie glatt.
Er hörte nicht die Mutter in den Stall kommen. Sie kam zornig an, aber als sie das Pony und Jody so eifrig arbeiten sah, stieg ein seltsamer Stolz in ihr auf. »Hast du die Holzkiste vergessen?« fragte sie freundlich. »Es wird dunkel, und im ganzen Haus ist kein Stückchen Holz; die Hühner sind auch nicht gefüttert.«

Jody raffte flink seine Sachen zusammen. »Ich habe es ganz vergessen, Ma!«
»Dann wirst du in Zukunft zuerst fürs Haus arbeiten, dann erst im Stall. Dann wirst du's nicht vergessen. Ich glaube, ich muß von jetzt an ganz besonders auf dich achtgeben.«
»Darf ich Mohrrüben aus dem Garten für ihn haben, Ma?«
Mrs. Tiflin überlegte. »Ich denke, ja ..., wenn du nur die großen festen nimmst ...«
»Mohrrüben geben ein schönes Fell«, sagte Jody, und wieder fühlte die Mutter den insgeheimen Stolz.

Seit das Pony da war, brauchte Jody zum Aufstehen keinen Triangel mehr. Bereits vor der Mutter wachte er auf, kroch aus den Federn, schlüpfte in seine Kleider und verließ leise das Haus. Wenn in der ersten Frühe trübgrauer Tage Feld, Busch und Häuser schwarz und silbergrau wie ein fotografisches Negativ dalagen, lief er unter den noch schlafenden Bäumen, über noch schlafende Steine zur Stallung zu Gabilan. Truthühner, im hohen Geäst der Bäume vor Kojoten geschützt, kollerten schläfrig zufrieden. Die Felder lagen in graufrostigem Schimmer, in ihren Tau scharf eingezeichnet Fährten von Wild und Feldmäusen. Mit tiefem, grollendem Knurren krochen die braven Hunde gereckten Leibes aus ihren Hütten, aber sobald sie Jodys Witterung in die Nase bekamen, gingen die Schweife steil in die Höhe und wedelten den Morgengruß – der dumme Doubletree mit den gelben Augen und Smasher, der angehende Schäferhund, dann krochen sie wieder faul auf ihr warmes Lager zurück.

Für Jody war es eine wunderliche Zeit; jedesmal war der Weg voller Geheimnis, ein verlängerter Traum. In der ersten Zeit, da er das Pony besaß, war es ein quälender Angsttraum, der ihm vorgaukelte, Gabilan sei nicht im Stall, sei niemals dort gewesen. Noch mit anderen Martergedanken beschäftigte er sich: Ratten hätten in den roten Sattel rauhe Löcher genagt, Mäuse Gabilans Schweif angeknabbert, und nun sei er ausgefasert und dünn. Das letzte Stück des Weges bis zum Stall rannte er wie gehetzt, klappte den rostigen Torverschluß auf – aber so sacht er auch die Stalltür auftun mochte, immer sah Gabilan über die Schranke der Box hinweg ihn an, wieherte leise und stampfte mit den Vorderbeinen; in seinen Augen glomm es wie Funken aus Aschenglut.
An Tagen, an denen die Arbeitspferde gebraucht wurden, fand Jody im Stall Billy Buck, der sie striegelte und schirrte, dann aber sich zu ihm gesellte,

Gabilan lange, lange betrachtete und viel von Pferden erzählte. Sie hätten schreckliche Angst um ihre Füße; man müsse daher sehr geschickt ihre Beine heben, ihnen Hufe und Fesseln streicheln, um ihnen die Scheu zu nehmen, und sie hätten es gern, wenn man sich mit ihnen unterhielt. »Du mußt immer mit ihm sprechen und ihm die Gründe für alles sagen!« Billy war zwar nicht sicher, ob ein Pferd alles verstehe, was man ihm sage, doch ebensowenig könne man wissen, wieviel es verstand. Nie schlage ein Pferd unwillig aus, wenn ihm jemand die Dinge freundlich erkläre; dafür gebe es viele Berichte. Er habe zum Beispiel ein Pferd gekannt, das konnte halbtot vor Müdigkeit sein – sobald man ihm aber sagte, nun sei es nicht mehr weit bis zum Ziel, reckte es sich und hielt aus. Ein anderes Pferd, das er gekannt, war einmal vor Angst wie gelähmt, als ihm aber sein Reiter erklärte, was das für ein Ding sei, vor dem es sich fürchte, überwand es sein Entsetzen.

Während dieser Frühgespräche schnitt Billy zwanzig bis dreißig Strohhalme in saubere Stücke von drei Zoll Länge und steckte sie in sein Hutband. Wenn er dann tagsüber in den Zähnen zu stochern hatte oder auch nur etwas kauen wollte, langte er sich einen herunter. Jody hörte voll Andacht zu, denn er und die ganze Gegend wußten: Billy Buck verstand sich auf Pferde. Sein eigenes Tier war ein sehniger Cayuse, ein arg vernagelter Dickschädel, aber bei den Zuchtprüfungen bekam er fast immer den ersten Preis. Billy Buck konnte einen Stier ans Seil nehmen, ihm mit der Rista-Schlinge einen Doppelknoten übers Horn werfen, und wenn er dabei auch selbst aus dem Sattel flog – sein Pferd spielte mit dem Stier wie der Angler mit einem Fisch und hielt den Strick gestrafft, bis der Stier, ob er wollte oder nicht, nachgab.

Jeden Morgen, wenn er das Pony gestriegelt und gebürstet hatte, ließ Jody die Boxschranke herunter, und Gabilan preschte hinter ihm drein durch den Stall, hinaus in die Hürde, dort im Galopp immerzu im Kreis; manchmal ein Sprung, doch stand er dann immer wieder fest und steif auf den Vorderbeinen, bebend, die Ohren steil nach vorn gerichtet, mit rollenden Augen, so daß man das Weiße sah – nicht, als ob sich Gabilan gefürchtet hätte, das sah nur so aus! Schnaubend lief er zur Tränke und senkte die Nase bis über die Nüstern ins Wasser. Daran erkannte man, daß er von gutem Schlag war; das wußte Jody und war stolz darauf. Armselige Pferde rühren nur grad mit den Lippen ans Wasser, doch ein kühnes, feuriges Tier taucht mit Nase und Maul unter und läßt nur eben Raum zum Atmen.

Jody beobachtete an dem Ponyhengst Dinge, die er zuvor noch an keinem Pferd wahrgenommen hatte: das geschmeidige Spiel der Weichen, die Schließmuskeln der Hinterbacken, die sich ballten und öffneten wie eine Faust, den

Sonnenschein auf dem roten Fell. Weil er Pferde von jeher kannte, hatte er sie nie genau angesehen; jetzt aber lernte er die Sprache der Ohren, die dem Kopf Ausdruck, sogar sehr verschiedenen Ausdruck gaben – ja: Gabilan sprach mit den Ohren. Je nachdem, wohin sie zeigten, wußte man, was er gerade empfand. Manchmal standen sie steif und kerzengerade, manchmal hingen sie schlaff. Wenn er scheu und ängstlich war, legten sie sich zurück; war er jedoch ausgelassen und neugierig, so strebten sie nach vorn; jedes seiner Gefühle lag offen zutage.

Billy Buck hielt sein Wort. Im Frühherbst begann das Training. Zuerst kam der Halfter; das war am schwierigsten, denn es war der Anfang. Jody hielt dem Pony eine Mohrrübe vor, schmeichelte, gab gute Worte und zog an der Leine. Gabilan sperrte sich wie ein gereizter Esel. Aber allmählich lernte er es, und Jody führte ihn am Halfter über die ganze Farm. Nach und nach lockerte er das Halteseil, bis ihm das Füllen folgte, wohin er auch ging.

Nun wurde Gabilan an die »Longe« genommen, eine langwierige Arbeit! Jody stand in der Mitte des Kreises und hielt die Leine, schnalzte mit der Zunge; das Pony setzte sich in Bewegung und ging im Schritt, von der Longe gehalten, im weiten Kreis. Abermals schnalzte Jody, da setzte Gabilan sich in Trab, und beim dritten Schnalzen ging er in Galopp über, brauste wie der Teufel im Kreis herum und fühlte sich glücklich, bis Jody »Huah!« rief – und da stand er still. Bald machte er seine Sache hervorragend. Aber manchmal war er auch schlimm, biß Jody in die Hosen oder trat ihm auf den Fuß. Ja, mitunter legten sich seine Ohren zurück; er zielte und schlug nach dem Jungen aus. Und nach jedem derartigen Schelmenstreich blieb er zufrieden stehen und schien über sich selbst zu lachen.

Abends am Herd arbeitete Billy Buck an dem Haarseil. Jody hatte die Schweifhaare in einem Sack gesammelt und sah nun zu, wie Billy immer einige Haare zur Faser, hierauf zwei Fasern zur Schnur zusammendrehte und dann einige Schnüre zum Seil ineinanderflocht, das er dann mit den Füßen so lange auf dem Boden fest hin und her rollte, bis das Geflecht rund und hart war.

Das Longe-Training näherte sich der Vollendung. Jodys Vater, als er einmal zusah, wie das Pony ansprang, still stand, trabte und galoppierte, hatte ein wenig Bedenken: »Das reinste Zirkuspony! Das sind ja Kunststückchen! Alle Würde und Ursprünglichkeit geht dabei flöten. Ein Pferd, das auf Tricks dressiert ist, kommt mir vor wie ein Komödiant: keine Ehre im Leib, kein eigener Charakter!« Und er meinte, es sei gescheiter, den Ponyhengst nun an den Sattel zu gewöhnen.

Jody stürzte zum Geräteraum. Er hatte dort schon einige Male im Sattel auf einem Sägebock gesessen; er hatte die Steigbügelriemen bald kürzer, bald länger geschnallt, war damit nicht zurecht gekommen, aber er hatte oben gesessen, und während rings um ihn und über ihm Kummete, Halfter, Decken und Töpfe herumhingen, ritt er immer frei weg, seine treffliche Büchse quer über den Sattel, hinaus in die Ferne. Wälder und Felder flogen an ihm vorbei; er hörte den Schall der dahingaloppierenden Hufe.

Es war eine kitzlige Sache, Gabilan zum erstenmal zu satteln. Er bäumte sich, machte einen Buckel und hatte den Sattel abgeworfen, bevor der Gurt sich noch anziehen ließ. Immer wieder mußte man den Sattel von neuem auflegen, bis er ihn endlich duldete. Das Schnallen war eine Heidenarbeit. Tag für Tag schnallte Jody den Gurt ein klein wenig fester, bis endlich das Pony den Sattel vertrug.

Dann kamen die Zügel, und Billy Buck zeigte, wie man zuerst ein Stück Süßholz dazu benutzt, das Tier daran zu gewöhnen, etwas im Maul zu haben. »Wir können gewiß auch Gewalt anwenden«, erklärte er, »aber dann würde er kein so gutes Pferd; er bliebe immer etwas schreckhaft und könnte doch selbst nichts dazu.«

Als Gabilan zum erstenmal Zügel spürte, schnellte sein Kopf empor, und die Zunge stieß gegen die Trense, bis ihm das Blut aus den Maulwinkeln troff. Das Kopfstück wollte er an der Krippe wegscheuern; seine Augen wurden rot vor Ungestüm und Verzweiflung. Aber Jody war froh im Herzen; er wußte ja, nur ein edles Pferd widersetzt sich der Zähmung.

Aber er zitterte bei dem Gedanken an seinen ersten Ritt. Sicher würde ihn das Pony abwerfen. Das wäre kein Unglück. Ein Unglück wäre es erst, wenn er nicht dennoch hinauf käme, immer wieder hinauf. Manchmal träumte er, er liege im Straßenkot, weine und könne das Pony allein nicht besteigen. Den halben Tag lastete dann die geträumte Schande auf ihm.

Gabilan wuchs schnell. Von der Langbeinigkeit des Füllens war schon nichts mehr zu sehen; die Mähne wurde länger und dunkler. Dank dem unablässigen Striegeln und Bürsten war sein Fell glatt und glänzend wie Lack. Jody ölte und pflegte die Hufe, damit sie keine Risse bekamen.

Das Haarseil war soweit fertig. Der Vater gab Jody ein Paar alte Sporen, bog ihre Seiten ein, kürzte die Riemen und feilte die Zacken ab, bis alles paßte. Und dann sagte er eines Tages: »Dein Pony wächst schneller, als ich erwartet habe. Ich denke, zum Erntedankfest kannst du es reiten. Glaubst du, du schaffst es?«

»Ich weiß nicht«, sagte Jody verlegen. Das Fest war bereits in drei Wochen. Wenn es nur dann nicht regnete; das würde den roten Sattel verderben.
Gabilan kannte und liebte Jody. Er wieherte, wenn sein Herr über das Stoppelfeld kam; er hörte auf seinen Pfiff und bekam dafür jedesmal eine Mohrrübe.
Billy Buck gab immerzu Ratschläge. »Wenn du oben sitzt, Schenkeldruck nehmen und nicht dich am Sattel anklammern! Wenn du 'runterfliegst, darf dich das nicht kümmern; so etwas passiert selbst dem besten Reiter. Sofort wieder 'rauf, bevor das Tier dazu kommt, sich als Sieger zu fühlen! Dann wird's sehr bald keine Lust mehr haben, dich abzuwerfen, und schließlich bringt es das überhaupt nicht mehr fertig. «
»Hoffentlich regnet es nicht«, meinte Jody.
»Das macht doch nichts. Hast du Angst, er wirft dich in eine Pfütze?«
Das war das wenigste. Aber wenn Gabilan, im Eifer, ihn abzuwerfen, ausglitte, auf ihn stürzte, ihm Rippen und Beine bräche! Es wäre nicht das erste Mal, daß so etwas geschah; er hatte einmal einen Reiter gesehen, der auf dem Boden lag wie eine gequetschte Wanze und sich vor Schmerzen krümmte. Davor hatte Jody Angst.
Auf dem Sägebock übte er, wie er die Zügel in der linken und einen Hut in der rechten Hand halten würde. Wenn beide Hände etwas zu tun hatten, konnte er, wenn es schiefging, nicht nach dem Sattelknauf fassen. Gar nicht dran denken wollte er, was dann geschähe, wenn er sich anklammern würde! Vielleicht daß dann Vater und Billy Buck kein Wort mehr mit ihm redeten; sie würden sich ja seiner so schämen! Er würde zum allgemeinen Gespött; auch seine Mutter würde sich schämen. Und auf dem Schulhof — es war nicht auszudenken ...
Wenn Gabilan gesattelt dastand, legte sich Jody bereits mit ganzem Gewicht in den Steigbügel. Aber das rechte Bein warf er noch nicht über des Ponys Rücken. Bis zum Erntedankfest war das verboten.
Jeden Nachmittag legte er dem Pony den Sattel auf und zog den Gurt fest. Gabilan hatte bereits gelernt, sich dabei aufzublähen und, wenn die Riemen geschnürt waren, die Luft aus dem Bauch herauszulassen. Manchmal führte Jody ihn zu den Büschen und ließ ihn aus dem runden, grünen Zuber trinken; manchmal führte er ihn auch durch das Stoppelfeld auf die Anhöhe, von wo man auf die weiße Stadt Salinas sieht, die abgezirkelten Felder im weiten Tal und die Eichen inmitten der Schafherden. Dann und wann drangen sie auch durch den Busch bis zu den kleinen Lichtungen vor, die so eingehegt waren, daß die Welt geschwunden und nur der Himmel und rings

der Busch vom alten Leben geblieben war. Gabilan liebte solche Ausflüge, er trug den Kopf hoch, und es blähten sich seine Nüstern vor Lust. Wenn dann die beiden von ihrem Ausgang zurückkehrten, rochen sie nach süßem Salbei.

Die Zeit bis zum Fest schleppte sich hin, doch der Winter kam rasch. Tief hingen die Wolken über dem Land und strichen über die Hügel; bei Nacht pfiffen die Winde schrill. Von den Eichbäumen wehte das Laub, bis der Boden mit Blättern bedeckt war, und trotzdem waren die Bäume nicht anders geworden.

Jody hatte sich gewünscht, es möge vor dem Erntedankfest keinen Regen geben. Aber es regnete. Die braune Erde wurde schwarz, und die Bäume glänzten. Die abgeschnittenen Enden der Stoppeln wurden dunkel vom Mehltau, die Heuschober grau von Dunst und Nässe, und das Moos auf den Dächern, das im Sommer grau wie die Eidechsen war, funkelte grüngelb. Während der Regenwoche hielt Jody das Pony im Stall; nur nach der Schule ließ er es für kurze Zeit an den Wassertrog der oberen Hürde und machte mit ihm ein paar Übungen. Nicht ein einziges Mal wurde Gabilan naß.

Das feuchte Wetter hielt an, bis das junge Gras aufsproß. Jody ging in Regencape und Gummischuhen zur Schule. Bis eines Morgens endlich die Sonne leuchtend hervorkam.

Da sagte Jody bei der Arbeit im Stall zu Billy: »Vielleicht lasse ich Gabilan heute in der Hürde, bis ich von der Schule nach Hause komme.«

»Wird ihm guttun, ein bißchen Sonne!« versicherte Billy. »Kein Tier ist gern so lange eingesperrt. Ich gehe mit deinem Vater auf den Berg. Die Quelle muß von den Blättern gesäubert werden.« Dabei säuberte er seine Zähne mit einem Strohstückchen.

»Wenn es aber Regen gibt . . .« bedachte Jody.

»Sieht nicht danach aus. Es hat sich ausgeregnet.« Billy streifte seine Ärmel auf und rollte sie ein. »Wenn's tropfen sollte – Gott, so ein kleiner Regen schadet einem Pferd nicht.«

»Wenn aber doch Regen kommt, gelt, Billy, dann holst du ihn herein, ja? . . . Er erkältet sich sonst, und dann kann ich ihn nicht reiten, wenn es soweit ist. Ich habe Angst . . .«

»Ich passe schon auf, wenn wir zeitig zurück sind, klar! Aber heut regnet's nicht.«

So ging denn Jody getrost in die Schule und ließ Gabilan draußen im Pferch.

In sehr vielen Dingen hatte Billy Buck nicht unrecht, gewiß nicht. Allein mit dem Wetter an diesem Tag hatte er unrecht, denn bald nach Mittag drängten Wolken über die Berge, und es fing an zu gießen. Jody hörte es auf das Schulhausdach prasseln. Er überlegte, ob er den Finger hochheben und sagen solle, er müsse einmal, und dann, endlich draußen, heim rennen solle und das Pony herein holen ... Er würde dafür zu Hause und in der Schule bestraft werden. Also gab er es auf und beruhigte sich mit Billys Erklärung, Regen schade einem Pferd nicht. Als endlich die Schule aus war, eilte er nach Hause. Die Böschungen zu beiden Seiten der Straße spritzten kleine schmutzige Wasserstrahlen. Unter kaltem, böigem Wind peitschte dunkler Regen in schrägen Wirbeln. Im Hundetrab, patschnaß, kämpfte sich Jody durch Schlamm und Pfützen.

Bereits von der Höhe sah er Gabilan jämmerlich in der Hürde stehen. Das rote Fell war fast schwarz, vom Regen schraffiert. Den Kopf tief gesenkt, stand er mit dem Hinterteil gegen den Regen, den Wind. Jody jagte heran, warf die Stalltür auf, zog das nasse Tier bei den Stirnhaaren herein, nahm einen Jutesack, rieb damit das triefende Haar, die Beine und die Gelenke. Gabilan stand geduldig. Er zitterte stoßweise; die Stöße kamen und gingen wie die des Windes.

Nachdem er das Pony, so gut er nur konnte, getrocknet hatte, holte er aus der Stallung oben heißes Wasser und weichte Korn ein. Aber Gabilan war nicht hungrig. Er nippte gleichgültig an dem heißen Brei. Immer wieder überlief ihn ein Schauer. Leichter Dampf stieg ihm vom Rücken auf.

Es war fast dunkel, als Billy Buck und Carl Tiflin nach Hause kamen. »Als es zu regnen anfing«, erzählte Carl Tiflin, »haben wir uns bei Ben Herche untergestellt; es wollte und wollte nicht aufhören, den ganzen Nachmittag nicht.« Jody sah vorwurfsvoll auf Billy Buck, und Billy fühlte sich schuldig.

»Du hast gesagt, es wird nicht regnen«, klagte Jody. Billy schaute beiseite. »In dieser Jahreszeit kann man das schwer voraussagen«, suchte er sich herauszureden. Es war eine lahme Entschuldigung. Er hatte kein Recht, sich zu irren, und wußte es.

»Gabilan ist naß geworden, ganz durchweicht.«

»Hast du ihn abgetrocknet?«

»Mit einem Sack abgerieben, und heißes Korn habe ich ihm gegeben.«

Billy nickte zustimmend.

»Glaubst du, er kriegt eine Erkältung, Billy?«

„Bißchen Regen macht weiter nichts«, versicherte Billy, worauf Jodys Vater in das Gespräch eingriff und den Jungen belehrte: »Ein Pferd ist kein Schoßhündchen.« Er haßte Schwäche und Krankheit. Hilflosigkeit war ihm verächtlich.

Die Mutter trug das Essen heiß auf. Beefsteaks, Erbsen und Erdäpfel dampften. Sie setzten sich. Carl Tiflin brummte noch etwas von Schwäche: Tiere und Menschen verweichlichten, wenn man sie verzärtele.
Billy war über sein Versagen verstimmt. »Hast du ihm Decken übergetan?« fragte er.
»Ich habe keine gefunden«, gab Jody an, »aber ein paar Säcke habe ich ihm übergelegt.«
»Sobald wir mit dem Essen fertig sind, gehen wir hin und decken ihn zu.«
Als Jodys Vater sich an den Herd setzte und die Mutter das Geschirr abwusch, zündete Billy eine Laterne an und stapfte mit Jody den schlammigen Weg zum Stall.
Drinnen war es dunkel und warm und würzig. Die Tiere käuten noch über dem Abendheu. »Halt die Laterne!« gebot Billy und betastete die Beine des Ponys, prüfte die Temperatur an den Weichen, legte seine Wange an das graue Maul, stülpte die Augenlider nach oben, um nach der Iris zu schauen, hob die Lippen, besah den Gaumen, fuhr ihm mit den Fingern in die Ohren. »Scheint gar nicht so uneben«, meinte er dann, »ich muß ihn nur gehörig abreiben.«
Er nahm einen Sack und rieb damit heftig die Beine, die Brust und den Widerrist. Gabilan stand wie geistesabwesend, ließ alles geduldig mit sich geschehen. Zum Schluß brachte Billy aus dem Geräteraum eine alte baumwollne Steppdecke und band sie dem Pony um Brust und Rücken.
»Morgen ist er wieder in Ordnung«, sagte Billy.

Als Jody das Farmhaus betrat, blickte die Mutter von ihrer Arbeit auf, »es ist Zeit fürs Bett«, und stand auf, ihre harte Hand faßte sein Kinn; sie strich ihm das wirre Haar aus den Augen. »Mach dir nur keine Sorgen wegen des Ponys; es kommt schon in Ordnung! Billy versteht das besser als der Tierarzt.« Jody hatte gar nicht gewußt, daß man ihm seine Sorgen ansah.
Er löste sich freundlich von der Mutter, ging zum Feuer, kniete davor, bis ihm der Bauch fast brannte; er wärmte und glühte sich richtig durch und ging zu Bett. Aber er schlief erst spät ein.
Als er aufwachte, glaubte er lange geschlafen zu haben. Es war noch finster, nur im Fenster ein Grau, der erste Vorbote der Dämmerung. Jody stand auf, fand seine Baumwollhosen und suchte nach den Hosenbeinen. Die Uhr im Nebenzimmer schlug zwei. Er legte sein Zeug wieder beiseite und legte sich hin. Als er erwachte, war heller Tag. Zum erstenmal hatte er das Triangelläuten verschlafen. Er sprang auf, in die Kleider, zum Haustor hinaus; all

seine Knöpfe standen noch offen. Die Mutter sah ihm einen Augenblick nach und machte sich dann wieder ruhig an die Arbeit. Ihre Augen blickten nachdenklich gütig. Um ihren Mund stand ein Lächeln.
Jody rannte zum Stall. Da hörte er auch schon den Ton, den er befürchtet hatte: hohl krächzenden Pferdehusten! Mit einem Sprung war er bei der Box, wo er Billy beim Pony fand. Mit seinen starken dicken Händen rieb der Knecht Beine und Fesseln. Lächelnd blickte er auf. »Nur eine kleine Erkältung. In ein paar Tagen ist er sie wieder los.«
Jody sah dem Pony in die Augen. Sie waren halb geschlossen, die Lider dick und trocken; in den Augenwinkeln saß eine harte Schleimkruste. Die Ohren hingen schlaff, der Kopf auch. Jody streckte die Hand nach Gabilan aus, aber der rührte sich nicht. Er hustete. Sein ganzer Leib zog sich vor Anstrengung zusammen. Dünne Flüssigkeit rann aus den Nüstern.
Jody sah Billy Buck an. »Billy! Er ist sehr krank.«
»Eine kleine Erkältung«, blieb Billy bei seiner Meinung. »Iß du dein Frühstück, und dann marsch in die Schule! Ich sorge schon für ihn.«
»Vielleicht hast du etwas anderes zu tun und läßt ihn dann stehen?«
»Nein, tu' ich nicht. Ich geh' überhaupt nicht weg. Morgen ist Samstag, da kannst du den ganzen Tag über bei ihm bleiben.« Wieder hatte sich Billy geirrt, und das bedrückte ihn. Jetzt mußte er das Pony pflegen und gesund machen.
Jody ging ins Haus und setzte sich still zu Tisch. Der Speck war kalt geworden, die Eier waren zerlaufen. Er merkte es nicht. Er aß seine gewohnte Portion. Er bat nicht einmal, heute daheim bleiben zu dürfen. Beim Abräumen strich ihm die Mutter über das Haar. »Billy wird für das Pony schon sorgen«, versicherte sie.
Bekümmert saß Jody den ganzen Tag über in der Schule, konnte auf keine Frage antworten, kein Wort lesen. Er wollte es niemandem sagen, sein Pony sei krank. Ihm war, als würde es davon nur kränker. Als die Schule endlich zu Ende war, schlich er scheu nach Hause, langsam und in Furcht; er ließ die anderen Buben voraus gehen und wünschte, er könne nur immer gehen und gehen und nie ankommen ...
Wie er es versprochen hatte, befand sich Billy im Stall. Es stand mit dem Pony noch schlechter. Die Augen waren fast geschlossen, der Atem gurgelte mühsam scharf durch die verstopften Nüstern. Ein Häutchen lag über den Augen, soweit sie noch sichtbar waren. Vielleicht konnte Gabilan gar nicht mehr sehen! Dann und wann schnaubte er, um die Nüstern frei zu bekommen, aber dadurch schienen sie sich nur noch mehr zu verstopfen. Entgeistert

sah Jody Gabilans Fell. Es lag rauh, ungekämmt, der einstige Glanz schien dahin. Billy lehnte gelassen am Stand. Jody wollte nicht fragen, aber er mußte es; er mußte wissen ... »Billy — wird er wieder gesund?«
Billy fuhr mit den Fingern dem Pony zwischen die Knochen der Kinnlade, »da, fühle einmal«, und er führte Jodys Finger über etwas Dickes unter den Kinnbacken. »Wenn sich das noch vergrößert, mach' ich es auf; dann wird's gleich besser mit ihm.«
Jody sah weg. Von diesem Klumpen hatte er schon gehört. »Was ist damit los?«
Billy wollte nicht mit der Sprache heraus, aber er mußte Rede und Antwort stehen. Zum drittenmal durfte er nicht Unrecht behalten. »Druse«, sagte er barsch, »aber beunruhige dich deshalb nicht; ich werde ihn schon durchkriegen. Ich habe Pferde wieder in die Höhe gebracht, mit denen stand es noch viel schlimmer! Ich werde ihm jetzt ein Dampfbad machen. Du kannst mir helfen.«
»Ja«, sagte Jody unglücklich. Er ging mit Billy in die Kornkammer und sah ihm zu, wie er einen Dampfsack zurechtmachte. Es war ein langer Leinwandsack mit Schlaufen, die dem Pferd über die Ohren gelegt wurden. Ihn füllte Billy ein Drittel mit Kleie, gab eine Handvoll getrockneten Hopfen dazu und goß darüber etwas Karbolsäure und eine Spur Terpentin. »Das rühre ich jetzt durcheinander; hol du inzwischen einen Kessel mit kochendem Wasser, Jody!«
Als Jody mit dem dampfenden Behälter zurückkam, befestigte Billy eben die Schlaufen über Gabilans Kopf und dichtete den Sack rings um die Nase fest ab. Hierauf gossen sie durch eine kleine Seitenöffnung im Sack das kochende Wasser auf das Gemisch. Vor der aufwallenden Dampfwolke fuhr das Pony zurück; dann aber zog der lindernde Dunst durch Nase und Lungen. Die scharfen Gerüche begannen die Atmungsorgane zu reinigen. Gabilan atmete laut. Die Beine zitterten wie im Schüttelfrost; die Augen waren vor den beißenden Dünsten fest zugekniffen. Billy goß wieder Wasser dazu; fünfzehn Minuten ließ er den Dampf aufsteigen. Dann setzte er den Kessel ab und nahm den Sack wieder herunter. Das Pony sah besser aus. Es atmete frei. Die Augen waren offener als zuvor.
»Siehst du, wie gut ihm das tut«, sagte Billy zufrieden. »Jetzt wickeln wir ihn wieder in die Decken, und morgen — vielleicht — ist es schon fast wieder gut.«
»Ich möchte heute nacht bei ihm bleiben«, wünschte Jody.
»Nein, tu das nicht! Ich bring' meine Decken herauf und leg' mich ins Heu.

Morgen kannst du aufbleiben und ihm, wenn nötig, ein Dampfbad geben.
Als die beiden zum Essen nach Hause gingen, brach der Abend herein. Jody merkte nicht, daß jemand anders die Hühner gefüttert und die Holzkiste gefüllt hatte. Er ging am Haus vorüber zu der dunklen Buschreihe und trank aus dem Zuber. Das frische Wasser war so kalt, daß ihm der Mund davon weh tat und es ihn kühl durchschauerte. Über den Hügeln war der Himmel noch licht. Jody sah einen Habicht fliegen. Er flog so hoch, daß seine Brust noch einen Sonnenstrahl fing und wie ein Fünklein am Himmel leuchtete. Regengewölk zog wieder im Westen auf.
Solange die Familie beim Essen saß, sprach Jodys Vater kein Wort. Erst als sich Billy Buck mit seinen Decken zum Schlafen in den Stall begeben hatte, entfachte er im Kamin ein hohes Feuer und erzählte Geschichten: von dem wilden Mann mit Roßschweif und Pferdeohren, der nackt durch die Gegend rennt; von den Kaninkatzen im Monte Cojo, die auf Vogelfang in den Bäumen herumspringen; er beschwor die Erinnerung an jene Brüder Maxwell, die einst eine gewaltige Goldader entdeckten und ihre Spur so sorgsam versteckten, daß sie die Goldader nicht wiederfanden ...
Jody saß, das Kinn in die Hände gestützt; sein Mund arbeitete nervös. Sein Vater mußte allmählich bemerken, daß er nicht aufpaßte. »Ist das nicht komisch, Jody?« fragte er.
Jody lächelte höflich: »Ja, Vater.« Daraufhin war dieser beleidigt und erzählte keine Geschichten mehr.
Jody nahm eine Laterne und lief zum Stall. Billy Buck schlief im Heu. Dem Pony schien es besser zu gehen. Aber der Atem rasselte noch in den Lungen. Jody blieb ein Weilchen bei ihm; seine Finger liefen über das rauhe Fell. Dann nahm er die Laterne auf und ging wieder zurück ins Farmhaus.
Als er im Bett lag, kam die Mutter herein. »Bist du auch gut zugedeckt? Es wird Winter.«
»Ja, Ma.«
»Also, dann schlaf gut!« Sie ging, zögerte, stand unschlüssig. »Dein Pony wird wieder gesund«, sagte sie schließlich.
Jody war müde. Er schlief schnell ein und erwachte bei Tagesanbruch. Der Triangel erscholl. Bevor Jody noch aus dem Hause war, kam Billy Buck schon vom Stall. »Wie geht's ihm?« fragte ihn Jody.
»So einigermaßen«, antwortete Billy, während er wie gewöhnlich sein Frühstück herunterschlang. »Heute morgen mach' ich den Knollen auf. Ich denke, dann wird ihm besser.«
Nach dem Frühstück nahm Billy sein bestes Messer, das mit der haarscharfen

Spitze, schliff die blanke Klinge lange an einem kleinen Schleifstein, probierte Spitze und Klinge immer von neuem, erst an seinem schwieligen Daumen und dann über der Oberlippe.
Auf dem Weg zum Stall sah Jody, wie junges, wildes Gras schon über die Stoppeln emporwuchs. Es war ein kalter sonniger Morgen.
Als er das Pony erblickte, wußte er, es stand schlimm. Die Augen waren geschlossen, verklebt mit getrocknetem Schleim. Der Kopf hing so tief, daß er fast den Boden berührte. Jeder Atemzug war ein leises Stöhnen, ein tiefes, leidendes Seufzen.
Billy hob Gabilan den gesenkten Kopf in die Höhe; das Messer tat einen raschen Schnitt. Aus dem scharfen Einschnitt sah man den gelben Eiter fließen. Während Billy die Wunde mit einer schwachen Karbollösung auswusch, hielt Jody Gabilans Kopf.
»Jetzt wird ihm wohler«, versicherte Billy. »Das gelbe Gift hat ihn krank gemacht.«
Jody sah ihn ungläubig an. »Billy! Er ist doch entsetzlich krank.«
Billy überlegte sich diesmal die Antwort genau. Er unterdrückte eine billige Redensart und gestand: »Ja, er ist recht krank. Aber ich habe schon schlimmere Dinge wieder gut werden sehen. Wenn er keine Lungenentzündung bekommt, kriegen wir ihn durch. Du kannst bei ihm bleiben. Wenn es schlimmer wird, holst du mich, ja?«
Als er fort war, stand Jody beim Pony und streichelte es hinter den Ohren. Aber der Kopf schnellte nicht mehr wie sonst, in gesunden Tagen, zu ihm herüber. Immer hohler stöhnte der Atem.
Doubletreedumm kam hereingesprungen; sein langer Schweif wedelte so herausfordernd gesund, daß Jody unwirsch einen harten schwarzen Erdklumpen aufhob und nach Doubletree warf. Kläffend entwich der Getroffene, dann leckte er seine schmerzende Pfote.
Im Laufe des Vormittags kam Billy zurück und richtete noch einen Dampfsack her. Jody paßte genau auf, ob auch diesmal sich eine Besserung zeigen würde wie beim erstenmal ... Gewiß, das Pony atmete etwas leichter, hob aber nicht mehr den Kopf.
Am Samstagabend brachte Jody sein Bettzeug herunter und bereitete sich ein Lager im Heu. Er hatte die Mutter nicht um Erlaubnis gefragt. Sie sah ihn jetzt immer so an, daß er wußte, sie werde ihm nichts verbieten. Er hing seine Laterne an einen Draht über Gabilans Stand. Billy hatte ihn angewiesen, er solle die Beine des Ponys von Zeit zu Zeit reiben.
Gegen neun erhob sich ein Sturmwind und heulte um Farmhaus und Stallung.

Dennoch und trotz seiner Sorge um Gabilan sank Jody, in seine Decken gewickelt, in Schlaf. Das stöhnende Atmen des Tieres zog durch seine Träume. Und er hörte im Schlaf ein Krachen, ein Tosen, immer wieder, bis er erwachte. Der Wind blies in den Stall. Der Knabe sprang auf, sah durch den Mittelgang: die Stalltür war aufgeflogen. Das Pony war fort.

Er ergriff die Laterne, rannte hinaus in den Sturm und sah Gabilan. Schwankend, schlenkernd, langsam, den Kopf gesenkt, bewegte er sich durch die Finsternis. Er lief hinter ihm her, faßte ihn bei den Stirnhaaren. Gabilan ließ sich, ohne zu widerstreben, zurückführen. Sein Stöhnen klang lauter; ein böses Pfeifen drang aus den Nüstern. Jody schlief nun nicht mehr ein. Der Atem zischte lauter und schärfer.

Der Junge war froh, als Billy bei Tagesanbruch erschien. Er sah sich das Tier lange an, als habe er es noch niemals gesehen, befühlte die Ohren, die Weichen. »Jody«, sagte er endlich, »ich muß jetzt etwas tun, das brauchst du aber nicht zu sehen. Geh eine Weile hinüber ins Haus, los!«

Jody packte ihn heftig beim Arm. »Du willst ihn doch nicht erschießen?«

Billy gab ihm die Hand darauf: »Nein! Ich muß ihm ein kleines Loch in die Luftröhre machen, damit er atmen kann. Die Nase ist verstopft. Wenn es soweit geheilt ist, setzen wir ihm eine Kanüle in das Loch, durch die er dann atmet.«

Selbst wenn er gewollt hätte, wäre es Jody unmöglich gewesen, zu gehen. Es war schrecklich, den Schnitt durch die rote Haut anzusehen, aber unendlich viel furchtbarer war es, zu wissen, jetzt werde geschnitten, ohne daß er es sah! »Ich bleibe hier«, sagte er hart. »Bist du auch sicher, daß es geht?«

»Ja. Ganz sicher. Wenn du bleibst, kannst du ihm den Kopf halten, das heißt, wenn dir nicht schlecht wird.«

Das gute Messer kam wieder zum Vorschein und wurde genauso sorgsam geschliffen wie das erstemal. Jody hob Gabilans Kopf in die Höhe und zog die Haut an der Kehle straff, während Billy nach der geeigneten Stelle suchte. Als die blanke Messerspitze in der Kehle verschwand, schluchzte der Knabe auf. Das Pony wankte zur Seite, stand wieder still. Es zitterte heftig. Das Blut floß dick über das Messer, über Billys Hand und in seinen Ärmel. Aber die sichere breite Hand schnitt in das Fleisch ein rundes Loch, aus dem der Atem hervorbrach und einen feinen, blutigen Sprühregen vor sich herwehte. Die jähe Sauerstoffzufuhr gab plötzlich dem Pony Kraft. Seine Hinterbeine schlugen aus; es wollte sich aufbäumen, doch Jody hielt ihm den Kopf herunter, so daß Billy die frische Wunde mit Karbol auswaschen konnte.

Es war eine Leistung gewesen. Es kam kein Blut mehr, die Luft entwich; neue

Luft wurde in regelmäßigen Stößen unter leise gurgelnden Tönen eingesogen.
Regen, den der Nachtsturm gebracht hatte, prasselte auf das Stalldach, bis der Triangel zum Frühstück rief. »Geh du, ich warte«, riet Billy, »wir müssen aufpassen, daß sich das Loch nicht verstopft!«
Langsam verließ Jody den Stall. Er war so niedergeschlagen, daß er Billy nichts von der Stalltür sagen konnte, wie sie der Wind aufgerissen habe und das Pony entwichen sei.
Er trat hinaus in den graufeuchten Morgen, schlapfte mitten durch den ärgsten Matsch; eigensinnig trat er in jede Pfütze. Die Mutter gab ihm zu essen und dazu trockene Kleider, aber sie fragte nicht. Sie ahnte wohl, er hätte nicht antworten können. Als er sich anschickte, wieder zum Stall zu gehen, reichte sie ihm eine Pfanne mit dampfendem Futterbrei. »Gib ihm das!«
Jody rührte die Pfanne nicht an. »Er ißt überhaupt nichts«, stieß er hervor und rannte hinaus. Im Stall zeigte ihm Billy ein Stäbchen, an dem ein Wattebausch befestigt war, und unterwies ihn, wie er damit das Atemloch auswischen müsse, wenn der Schleim es verstopfe.
Jodys Vater trat ein, stand mit den beiden vor Gabilans Box und wandte sich schließlich an Jody: „Willst du mitkommen? Ich fahre über den Berg!«
Jody schüttelte den Kopf. »Es wäre gut, wenn du endlich hier einmal herauskämst«, meinte der Vater.
»Laßt ihn in Ruh«, brach da Billy Buck los. »Es ist ja schließlich sein Pony!«
Gekränkt verließ Carl Tiflin wortlos den Stall.

Den ganzen Morgen hielt Jody die Wunde offen, durch die die Luft frei aus- und einströmte. Gegen Mittag legte sich das Pony mit gestrecktem Hals müde hin. Bald darauf kam Billy zurück. »Wenn du die Nacht bei ihm bleiben willst«, meinte er, »machst du jetzt besser ein Schläfchen.« Verstört verließ Jody den Stall.
Das Wetter hatte sich aufgeklärt; blaßblau und hart stand der Himmel. Überall pickten Vögel geschäftig nach Würmern. Jody stieg zur Buschreihe empor, setzte sich auf den bemoosten Brunnenrand und schaute hinab zu dem Farmhaus, dem alten Schlafhaus und der dunklen Zypresse. Alles war ihm vertraut und doch seltsam verändert; es war nicht mehr es selbst, sondern nur noch ein Rahmen für Dinge, die sich ereigneten. Von Osten wehte ein kalter Wind – ein Zeichen, daß nun der Regen für einige Zeit vorüber war. Frisch aufgeschossenes Unkraut breitete sich rings um den Brunnen; dicht an seinem Rand zu Jodys Füßen waren die Spuren zahlloser Wachteln zu sehen.

Doubletree kam die Hecke entlang durch den Gemüsegarten geschlichen. Es fiel Jody aufs Herz, daß er mit einem Erdklumpen nach ihm geworfen hatte; er legte ihm den Arm um den Hals und küßte ihn fest auf die dicke schwarze Schnauze. Doubletree saß still, als wüßte er, daß sich etwas Feierliches vollzog; sein großer Schweif schlug in gemessenem Takt den Boden. Jody zog aus Doubletrees Fell eine dicke Zecke und zerquetschte sie zwischen den Daumennägeln. Dann wusch er sich in dem kalten Wasser die Finger.
Außer dem Brausen des Windes war alles still auf der Farm, sehr still. Jody wußte, die Mutter würde nicht schelten, wenn er das Mittagessen versäumte. Langsam ging er zurück in den Stall. Doubletree kroch in die Hundehütte und winselte leise vor sich hin.

Billy erhob sich von der Spreu in der Box und übergab Jody das Wattestäbchen. Das Pony lag auf der Seite; seine Kehlwunde arbeitete wie ein Blasbalg. Als Jody Gabilans Fell ansah, wie tot und trocken es war, da wußte er, hier war keine Hoffnung mehr. Dies tote Fell hatte er schon an sterbenden Hunden und Kühen gesehen; es war ein sicheres Zeichen. Er ließ die Barriere herunter, saß bedrückt in der Box, immer die Augen auf die sich bewegende Wunde gerichtet, und duselte schließlich ein.
Der Nachmittag verging rasch. Bei Anbruch der Dunkelheit brachte die Mutter eine tiefe Schüssel geschmortes Fleisch, stellte es vor ihn hin und ging wieder. Als es dunkel wurde, stellte er die Laterne neben Gabilans Kopf auf den Boden, damit er die Wunde beobachten und offenhalten konnte. Und sank wieder in Schlummer, bis ihn die Nachtkühle weckte. Der Wind blies heftig; er brachte die Kälte von Norden mit.
Jody holte von seinem Heulager eine Decke und wickelte sich hinein. Gabilans Atem ging endlich ruhiger; das Kehlloch ging sanft auf und zu. Durch den Heuboden strichen Eulen und suchten kreischend nach Mäusen. Jody legte die Hände unter den Kopf und schlief ein. Schlafend spürte er, wie der Sturm zunahm und am Stall rüttelte.
Es war taghell, als er erwachte. Das Stalltor war aufgeflogen. Das Pony war fort. Der Junge sprang auf und rannte hinaus in den Morgen.
Die Fährte des Ponys redete eine deutliche Sprache: matte Spuren schleppten sich durch das frostbetaute junge Gras; dazwischen zog sich in kleinen Streifen der Abdruck der mühselig nachgezogenen Hinterhufe. Sie führten die Anhöhe empor zur Buschreihe. So schnell er konnte, setzte ihnen der Knabe nach. Die Sonne schien scharf auf den weißen Quarz, der da und dort aus dem Boden hervorsah.

Während er so die deutliche Fährte verfolgte, fiel plötzlich ein fliegender Schatten quer über die Hufspur. Er blickte empor und sah hoch oben einen Kreis schwarzer Bussarde. Langsam drehte er sich tiefer und tiefer, bis hinter die Höhe. Jody rannte schneller und schneller, von Wut und Entsetzen gepackt. Die Fährte führte ins Gestrüpp und folgte einem gewundenen Pfad durch hohe Büsche.

Außer Atem erreichte Jody den Gipfel; er pustete, mußte stehenbleiben. Das Blut sauste ihm in den Ohren. Er sah sich um und erblickte, was er suchte. Unter ihm, in einer der kleinen Lichtungen lag das rote Pony. Von fern sah Jody die Beine sich langsam, krampfhaft bewegen. Im Kreis rings um es her schwebten die Bussarde unbewegt. Sie warteten auf den Tod; so warten sie stets.

Jody stürzte vorwärts den Hang hinab. Schlamm des Bodens klebte ihm an den Füßen; der Busch verdeckte ihm die Sicht. Als er ankam, war alles zu Ende. Der erste Bussard saß auf dem Kopf des Ponys; von dem aufwärts gewandten Schnabel triefte dunkles Augenfluid. Wie eine Katze sprang Jody in den gierigen Kreis. Die ernste schwarze Bruderschaft erhob sich in einer Wolke; nur für den gewaltigen ersten war es zu spät. Als er sich hüpfend vom Boden erheben wollte, packte Jody ihn bei einem Flügelende und riß ihn zurück.

Der Bussard war fast so groß wie er selbst. Mit seinem freien Flügel klatschte er in Jodys Gesicht; es war wie ein Keulenhieb, aber Jody hielt fest. Klauen klammerten sich ihm in die Beine; die Flügel schlugen ihm um die Ohren. Jody tappte blind mit der freien Hand; seine Finger faßten den Hals des sich sträubenden Vogels, die roten Augen starrten ihm ins Gesicht, böse und ohne Furcht. Der nackte Vogelkopf wand sich; nun sperrte er den Schnabel auf und spie einen Strom fauliger Flüssigkeit aus. Jody brach in die Knie, fiel über den großen Vogel, preßte mit der einen Hand den dürren Bussardhals gegen die Erde, mit der anderen langte er nach einem scharfen Stück weißen Quarzes. Der erste Schlag schmetterte den Schnabel zur Seite; schwarzes Blut schoß aus den gekrümmten, lederharten Schnabelwinkeln. Die roten Augen zielten noch immer nach ihm, fremd, entrückt, ohne Furcht. Wieder und wieder schlug Jody drauflos, bis der Bussard tot dalag, sein Kopf ein roter Klumpen.

Er schlug immer noch auf den Vogel ein, als Billy Buck ihn zurückzog und festhielt, den Zitternden zu beruhigen. Mit seiner roten Schärpe wischte Carl Tiflin das Blut aus dem Bubengesicht.

Jody war wieder ruhig, schlaff und erschöpft. Der Vater stieß den Bussard

mit der Fußspitze an. »Jody, der Bussard hat das Pony nicht getötet. Weißt du das nicht?« fragte er.
»Ich weiß«, kam die müde Antwort.
Da geriet Billy Buck in Zorn. Er hatte Jody aufgehoben, hielt ihn in den Armen; er trug ihn nach Haus. Nun aber wandte er sich zurück und sagte zu Tiflin »Und ob er es weiß!« rief er wütend. »Herrgott im Himmel, Mann, seht ihr denn nicht, wie ihm zumute ist?«

Curt Strohmeyer

Schicksal: Pechvogel oder Glückspilz?

Meine beiden Stuten Veilchen und Furche hatten eigentlich wenig, was sie äußerlich voneinander unterschied. Sie gehörten beide dem leichteren Oldenburger Schlage an, waren im gleichen Alter, von rotbrauner Farbe mit schwarzer Mähne und schönem schwarzem Fasanenschweif. Sie gingen gemeinsam im Gespann, vor dem Kutschwagen, vor dem Schlitten, beide gingen sie im Sattel und beide waren sie zur Zucht bestimmt. Aber wer etwas von Tieren versteht, konnte auf den ersten Blick jene feinen Unterschiede feststellen, die das Wesen eines Tieres ausmachen. Es gibt auf dieser Welt nicht zwei Lindenblätter, die sich gleichen und natürlich auch nicht zwei Pferde. Ich hatte beide Pferde eingefahren und selbst zugeritten, und wenn Veilchen auf der Sattelseite (links) im Kutschwagen ging, dann wirkte sie zwar nur ein klein wenig kräftiger als Furche auf der Handseite der Deichsel, indessen schien es mir so, als habe Veilchen stets einen Zug in das Ernste, ja Wehmütige, während Furche das Leben offenbar bedeutend leichter nahm. In der Trense kaute und spielte sie gern, und wenn sie den Zügelriemen erwischen konnte, dann fing sie ihn ein und klemmte ihn mal eben gut gelaunt zwischen Schweif und Podex. Das war keineswegs eine niederträchtige Angewohnheit, sondern Furche war eben ein Kobold, und sie nahm den leichten Peitschenschnitzer gern in Kauf, wenn sie nur einen Spaß gehabt hatte. Veilchen dagegen machte keinerlei Späße und schlug sich nur zuweilen mit dem hinteren Huf gegen das Vordereisen, obgleich das schon weitestgehend verkürzt war. Aber sie wußte mit ihren Beinen eben nicht das anzufangen, was ein Pferd damit anfangen sollte. Sie war ein braves, williges und anständiges Tier, aber alle Arbeit im Sattel oder in der Longe im Zirkel konnte ihr Beinwerk nicht zu endgültiger Disziplin bringen.
Sah man sich die Gesichter der beiden Pferdedamen an, die sich wie Zwillingsschwestern glichen, dann entdeckte man in dem von Veilchen einen ernsten, nachdenklichen, ja schwermütigen Ausdruck, während Furche ausgesprochen keck und fröhlich in die Welt sah und in ihren hübschen dunklen Augen der harmlose Übermut lauerte.

Schon die Herkunft der beiden Pferde war bemerkenswert. Veilchen war offensichtlich gestohlen worden. Ihre Bestimmung sollte es sein — es war kurz vor der Währungsreform —, nach Berlin zu gehen und dort in Beefsteaks für die Schlemmerlokale des Kurfürstendammes verwandelt zu werden. Der Pferdetransport wurde aber an der Zonengrenze gefaßt und beschlagnahmt. Für Veilchen ließ sich ein Besitzer nicht auffinden, und ich kaufte das Tier nach seinem ersten dramatisch verlaufenen Lebensabschnitt, obgleich der Pferdetaxator behauptete, sie sei ein Strangschläger und nicht zugfest. Sie war aber in ihrem Leben noch nie angespannt worden und schlug nur darum bei der Probe gegen die Zugstränge. Und ziehen wollte sie natürlich auch nicht. Später tat sie es zusammen mit Furche ausgezeichnet. Allein, der begonnene Leidensweg nach dem Kudamm in der Hand des Schiebers schien Spuren hinterlassen zu haben, denn bei der Umstellung auf besseres Futter wurde Veilchen krank und mußte eine Woche in Gurten an der Decke hängen, bis sie die Krise endlich überwunden hatte, sich darauf einem besseren Leben auf der Weide zuwenden konnte und dort gänzlich gesund wurde. Ich hatte aber das Gefühl, daß diese Stute von einem unheimlichen Schicksal begleitet wäre. Ich hatte schon mehrfach den Eindruck gehabt, daß es nicht nur Menschen, sondern auch Tiere gibt, die offenbar unter einem Unglücksstern geboren sind und ständig vom Pech verfolgt werden, genauso, wie es Glückspilze gibt, denen das dunkelste Ereignis nichts anhaben kann.
Da hatte ich nun diese Gegensätze in einem einzigen Gespann! Denn zur gleichen Zeit kaufte ich Furche von einem kleinen Krauter und Händler, dessen Futtermöglichkeiten äußerstenfalls für eine Ziege ausgereicht hätten. Was ein Pferd entstellen kann, das hatte Furche: sie steckte bis an den Kragen voll riesiger Würmer, sie hatte Armeen von Läusen in den Tälern ihrer vorstehenden Rippen, Mähne und Schwanzwurzel waren abgeschabt, die Augen tränten — sie glich aufs Haar dem berühmten Rosinante des Don Quijote.
Furche war also geschoren, entlaust und bekam ein Wurmmittel ein. Bei dem Wurmmittel vergaß ich leider zu berücksichtigen, daß Furche eine verhungerte Ruine von einem Pferd war. Als ich am frühen Abend gewohnheitsmäßig durch die Ställe ging, lag Furche auf dem Rücken und streckte alle viere von sich. Ihr letztes Stündlein schien geschlagen zu haben. Es gelang mir, sie in ihrer Box wieder in eine normale Lage zu bringen, aber sie weigerte sich aufzustehen und hatte offenbar mit dem Leben abgeschlossen. Meine Frau tat das einzige, was in diesem Augenblick noch zu tun war, sie opferte unseren letzten, damals unschätzbaren Bohnenkaffee und machte daraus ein Lebenselixier. Furche schlabberte das Zeug gelassen hinunter.

Nach einer halben Stunde stand sie auf, schüttelte sich im Schauder vor dem, was nun kam, und beförderte dann eimerweise riesenhafte Darmwürmer zutage, Würmer in solchen Mengen, wie ich sie überhaupt noch nicht gesehen hatte.

Aber mit diesem unheimlichen Akt betrachtete sie die Schattenperiode ihres Lebens als abgeschlossen und verlangte Futter. Sie bekam milde Kleie und Mohrrüben. Mohrrüben sind auch bei Pferden gut gegen Würmer. Es kamen aber keine mehr. Furche verlangte immer mehr Futter. Hafer war knapp. Furche kam zu Veilchen auf die Weide, kümmerte sich wenig um andere Pferde, sondern fraß morgens, mittags, abends und nachts. Ich sah sie nie anders als fressend. Zuerst hatte sie einen Bauch wie eine Trommel und mistete nicht anders als eine Kuh, aber allmählich wurde sie auch an anderen Stellen runder, insgesamt immer hübscher und fröhlicher. Als sie ihre Lehrzeit im Sattel und im Geschirr durchmachte, war sie ein Bild von einem Pferd geworden. Neben Veilchen indes konnte Furche nie begreifen, warum das Pferd auf der Sattelseite stets so tierisch ernst und miesepetrig war. Manchmal stubste sie Veilchen herausfordernd an, als wollte sie sagen: »Mach doch endlich mal'n bißchen freundliches Gesicht!«

In jedem Fall schienen sich für diese beiden Pferde verschiedene Schicksalswege anzubahnen, die ihrer inneren Veranlagung entsprachen. Alles wies darauf hin, daß Furche einen glücklichen und sonnigen Weg gehen würde, weil sie die Dinge dieses Lebens kaum besonders tragisch nahm, während Veilchen ihrer ganzen Eigenschaft und Bestimmung nach ein ausgemachter Pechvogel blieb. Jene Erkenntnis, daß die ernsten und die heiteren Lose als längst beschlossen und verteilt in der Seele jedes Wesens ruhen, drängte sich mir bei der Beobachtung dieser beiden Tiere auf und bestätigte sich so auffallend, daß es schwer wurde, daraus keine gewichtigen psychologischen Folgerungen zu ziehen.

Ich hatte damals kein Auto und fuhr die beiden Tiere darum vielfach selbst, so daß ich sie vom Sattel und vom Kutschbock aus genügend beobachtete, um besonders feststellen zu können, wie verschieden Veilchen und Furche auf jedes Ereignis reagierten und wie sehr doch jeweils ihr Handeln der eigenen Veranlagung angepaßt war. Und immer endete ein Ereignis so, daß Veilchen überraschend Pech und Furche fast gewohnten Dusel dabei hatte.

Von der Höhe her ging es ohne besondere Windungen steil zum Dorf hinab, das waldumgeben in einem Talkessel lag. Die Pferde kannten diesen Weg und stellten sich instinktiv darauf ein, besonders wenn man eine Last auf dem Wagen hatte. Außerdem hatten die Sielengeschirre ein Hinterzeug, das um die Keulen herumlief und Möglichkeiten genug bot, den Wagen zu halten. Furche tat das gewissenhaft, indem sie einen nach vorn abgestemmten Gang einschlug und den Hals hochhob, um auch noch mit dem Schulterzeug den Wagen aufzuhalten. Veilchen dagegen blieb in ihrem normalen Gang, als wollte sie sagen: »Mir ist alles Wurscht! Was passieren soll, kommt doch!«

So geschah es denn! Obgleich ich die Pferde bergab fest in den Zügeln hatte, ließ Veilchen gleichgültig das Geschirr vom Druck des Wagens etwas nach vorn rutschen, schlug sich dabei in einem zu weit greifenden Schritt des Hinterbeines gegen den Vorderhuf und stolperte. Der Wagen drängte bergab nach, obgleich er streng abgebremst war, Veilchen verlor die Ruhe, fiel hin, rutschte zur Seite; im Bestreben, sich wiederaufzurichten, sprang sie nach der abschüssigen Seite der Straße und brachte so das ganze Gespann in Gefahr abzustürzen, was an dem Steilhang eine Katastrophe bedeutet hätte. Ich hatte nur die Möglichkeit, mit dem Zügel das Schlimmste zu verhindern. Aber während Veilchen keinerlei Notiz davon nahm, als wäre sie hartmäulig, und eher noch mehr im Aufstehen über den Straßenrand drängte, begriff Furche offenbar, daß das Leben von uns dreien allein von ihrem Verhalten abhing. Mit einem gewaltigen Seitensprung, daß alles Leder knarrte und der Wagen in seinen Fugen krachte, riß sie die Deichsel auf die Straße zurück und zerrte dermaßen an Veilchen, daß es seiner Lage eine andere Richtung geben mußte. Wie mit einem Kanonenschuß brach die Deichsel, der Wagen stellte sich quer, und im Aufstehen wurde Veilchen von Furche ganz nach der rechten Seite herübergerissen, so daß die Gefahr beseitigt war. Es war kein Zweifel: Veilchen hätte uns ins Verderben gestürzt, Furche hatte uns gerettet. Es dauerte eine Weile, bis ich das Lederzeug und die Deichsel mit Ästen, Stricken und Draht einigermaßen fahrbereit hatte. Veilchen hatte zahlreiche Schrammen und lahmte etwas, aber wir kamen mit Furches Hilfe leidlich heim, und Veilchen war in wenigen Tagen wieder gesund. Zur Strafe wurde sie aber des verantwortungsvollen Postens als Sattelpferd enthoben und kam auf die rechte Seite des Gespannes als Handpferd.

Das schien aber ihr Pech zu begünstigen. Ein halbes Jahr später – es lag hoher Schnee – kam ich mit dem Schlitten aus der Stadt und hatte nur etwas Saatgut für die kommende Bestellzeit und zwei Frauen aus dem Dorf auf der Ladefläche. Auf der Höhe, kurz vor dem Steilhang nach dem Dorf, war die Straße durch den Schnee aufgepflügt, und es konnten höchstens zwei Schlitten aneinander vorbeifahren. Gerade in dieser Schneewehe hatte der Gendarm einen Schlitten angehalten, in dem einige offensichtlich angeheiterte Männer saßen. Dieser Gendarm pflegte sein Amt etwas politisch einseitig aufzufassen und der Meinung zu sein, daß hier an der Zonengrenze ein Pferdebesitzer in jedem Fall ein unanständiger Mensch sein müsse, den man zu schikanieren hatte. Er befahl mir also, heranzufahren. Ich rückte — vorschriftsmäßig überholend — an den anderen Schlitten heran und hielt. Der Gendarm forderte mich auf, noch weiter vorzurücken und nahm sich an dieser Stelle die Freiheit, Veilchen mit seinen derben Langstiefeln gegen den Bauch zu treten. Das war zuviel für Veilchen. Sie keilte aus und sprang erregt vor, den Schlitten mit sich reißend, und was in dieser Enge geschehen mußte, geschah: der Gendarm wurde blitzschnell zwischen die beiden Schlitten gedrückt, und es krachte bedenklich . . .

Wäre Furche nicht nur stur und steif stehengeblieben, und hätte sie damit den Schlitten nicht um einige Zentimeter weiter nach links gedrückt, dann wäre das allzu parteiische Auge des Gesetzes in seinem Übereifer rettungslos erdrückt worden. Als der andere Schlitten beigedreht und den klagenden Gendarm mit einigen Rippenbrüchen davongebracht hatte, stieg ich erst einmal aus und ging zu meinen Pferden. Ich konnte diesmal Veilchen keinen Vorwurf für ihr Betragen machen, denn ich bin der unbedingten Meinung, daß ein gequältes Tier das Recht hat, sich zu wehren. Aber ich liebelte meine Furche doch ein ganz kleines bißchen mehr ab, weil sie wieder einmal eine Katastrophe verhindert hatte. Sie war eben doch ihrer ganzen Art nach ein Glückspilz, während Veilchen die Dinge stets an den äußersten Rand des Unheils zu bringen pflegte. Zuweilen überkam mich der Gedanke, Veilchen zu verkaufen, um für die Zukunft derartigen gefährlichen Erlebnissen aus dem Wege zu gehen, doch konnte ich es nicht über mich bringen, mich von diesem Tier zu trennen, das willig und gut war und nur von einem rätselhaften Verhängnis verfolgt wurde. Mir schien es eher eine vornehme Aufgabe zu sein, das Tier vor diesem Verhängnis zu schützen und ihm sein Leben besser zu gestalten, als es ihm vom Schicksal so offensichtlich bestimmt war.

Nicht immer konnte man dem Verhängnis in die Arme fallen, wenn es nach der Stute Veilchen griff. Einmal kam ich gerade noch zur rechten Zeit in den Stall. Die Pferdeboxen waren mit Fohlenstuten besetzt, und Veilchen, die noch drei oder vier Wochen Zeit hatte, bis ihr Fohlen kam, war darum in einem Stand an der Kette. Furche hatte ihr Fohlen schon und wieherte manchmal aus der Box nach ihrer Gefährtin. So wenig ähnlich sich die beiden Pferde in ihren Anlagen waren, so waren sie doch einander zugetan. Nun hatte Furche ohne besondere Umstände ihr Fohlen bekommen, so ganz einfach abends nach der Futterzeit. Jetzt nun entdeckte ich, daß die Stute Veilchen über jene notwendige Kette getreten hatte, die sie am Trog festhielt. Darüber regte sie sich so auf, daß sie hinfiel. Ich sprang sofort zu. Das Pferd schlug um sich, als wenn es einen schweren Kolikanfall hätte, bumbste dabei mit dem unglücklich liegenden Kopf gegen den Sockel des Troges und hing mit dem rechten Vorderbein in der Halfterkette. Es war ein kompliziertes Unternehmen, sie da herauszulösen. Ich mußte auf den Trog klettern, weil ich von der einen Seite nicht herankam und auf der anderen im Bereich der wütend schlegelnden Hufe stand. Mit einem Eggenhaken gelang es mir, die Kette auf der Gleitschiene heranzuziehen und den Knebel zu lösen. Veilchen stand gelassen aus ihrer eben noch so verzweifelten Lage auf und tat, als sei nicht das geringste passiert. Dabei hatte sie die Haut hinter dem rechten Fußgelenk durchgerieben, und immerhin war sie hochtragend!

Zu ihrer größeren Sicherheit stellte ich sie darum auf die Hofkoppel. Furche tat ich dazu mit ihrem kleinen überaus fidelen Fohlen und zwei oder drei andere Pferde, denn im Feld war Sauregurkenzeit. Da kam eines Morgens die Geflügelzüchterin angelaufen und sagte mir, daß auf der Weide ein neugeborenes Fohlen läge. Ahnungsvoll ging ich hin. Es war natürlich Veilchens Fohlen, ein fast ausgebildetes, kräftiges Tier in silbergrauer Farbe. Es war tot und offensichtlich vorzeitig geboren. Ich schüttelte vor diesem ewigen Verhängnis einfach verständnislos den Kopf. War die Stute getreten worden? Ihr Körper zeigte keinerlei Anzeichen dafür. Die Geburtswege waren völlig normal. Dieses Ereignis blieb gänzlich ungeklärt und mußte mit auf die Verkettung seltsamer Unglücksfälle geschoben werden. Es gab nun schon einige Pessimisten unter den Hofleuten und den Bauern, die mir dringend rieten, die Stute zu verkaufen, denn sie brächte wohl alles andere, aber sicher in keinem Falle Glück.

Pfingsten waren alle Pferde auf dem Gänseberg. Dort konnten sie sich über die Feiertage tummeln und von der Arbeit erholen. Furche und Palette standen in den Boxen. Furche hatte ihr drittes Fohlen sehr zeitig bekommen und hatte sich nun schon von ihm trennen müssen. Das brachte sie jedesmal in eine etwas aufgeregte Verfassung. Sie sollte außerdem einspännig im Parkwagen gehen und hatte darum keinen Urlaub. Palette stand bei ihrem Hengstfohlen. Unser Veilchen war hochtragend, hatte aber noch zwei Monate Zeit zum Fohlen.

Am Pfingstsonntag kam ich um die Abendbrotzeit mit Furche von einem Nachbardorf zurück. Es war ein Tag wie Samt und Seide, der Himmel hatte jene blaßblaue Farbe mit einem leichtviolett-rosa Rand über den Wäldern, die blonden jungen Mädchen so gut steht, die Lerchen hatten ein endloses Lied, und ich beschloß darum beim Abspannen, auf keinen Fall den

Sonnenuntergang zu versäumen und den Pferden auf dem Gänseberg noch einen Besuch abzustatten. Während ich schnell Abendbrot aß, kam ein Junge angelaufen und keuchte heraus, daß im Gänsegraben ein Pferd läge und nicht herauskönnte. Er wußte nicht, was es für ein Pferd sei, denn es sei über und über mit Schmutz bedeckt. Ich ahnte es auch so: es war bestimmt Veilchen. Mich erfaßte eine ziemliche Wut gegenüber solcher Niedertracht des Schicksals. Es hatte indes keinen Sinn, in diesem Augenblick die Nerven zu verlieren. Mit kalter Überlegung mußte gehandelt werden. Milchwagen raus, Palette anspannen, Geschirr, Gurte, Ketten, Flaschenzüge, Werkzeug auf den Wagen, zwei schnell herbeigerufene Männer dazu und eilig ging es los.

Was ich auf dem Gänseberg sah, war grausam. Die Weide lag auf einem Hang und fiel auf der Ostseite steil in einen Graben, den Gänsegraben. Dieser Steilhang war mit Bäumen bestanden, außerdem liefen kleine Pfade am Hang zur Tränke überall dort, wo er etwas weniger abschüssig war. Ein Unfall war seit Menschengedenken nicht vorgekommen, einmal, weil besonders die Rinder sich dort absolut sicher bewegten, zum andern, weil die hohen Eschen und Eichen fast überall Halt boten. Offenbar hatten aber am Nachmittag ein paar Kinder die Pferde gescheucht. Dabei war Veilchen in den Graben getreten, hatte den Halt verloren und war, sich überschlagend, in die Tiefe gestürzt, ohne daß sich ihr diesmal Baum und Busch entgegenstellten.

Da lag Veilchen, von oben bis unten mit Schlamm überzogen, eher einem Ungeheuer als einem Pferd ähnlich! Sie lag auf dem Rücken im schwarzen Modder, eingeengt von dem Bett des Grabens, bewegungslos, mit völlig verschwollenen Augen, fiebernd, eine trostlose und unkenntliche Masse. Es gab da nicht viel zu überlegen. Hier mußte zugegriffen werden. In der ständigen Gefahr, von der vor Angst halb irr gewordenen Stute geschlagen zu werden, mußte zunächst ein Gurt unter das Tier gebracht werden, um es in eine Lage zu bringen, aus der es sich aufrichten konnte.

Es war beabsichtigt, das verunglückte Tier, wenn irgend möglich, aus dem Graben auf die Weide zu ziehen. Ich zweifelte an dem Gelingen, denn dazu gehörten gewaltige Kraftleistungen. Zunächst wurde jedenfalls ein Gurt bis zur Schulter geschoben und an einer Esche der Flaschenzug aufgehängt. Der Gurt wurde mit dem Flaschenzug verbunden, die Stute vorn etwas angehohoben und nun war es möglich, weitere Gurte unter den Rücken zu schieben, so daß man den schweren Körper bewegen konnte. Dann machten wir einen gewagten Versuch. Die Gurte wurden zusammengefaßt und in einer langen Kette vereinigt. Auf der Höhe des Hanges spannten wir zwei Pferde in die Kette, Palette und einen schweren Wallach von der Weide, und ließen sie

vorsichtig anziehen. Veilchen hob sich etwas aus dem Graben. Schärfer anziehen! Da riß die Kette, und das gequälte Tier fiel in seine alte Lage zurück. So ging es also nicht! Es blieb daher nichts weiter übrig, als über den Flaschenzug das Tier bergauf in eine Sitzlage zu bringen. Ohne viele Worte gingen wir von neuem ans Werk. In den Gurten hob sich die Stute mit ihrem Vorderteil und begann ängstlich zu schlegeln. Dabei gab der Baum, an dem der Flaschenzug befestigt war, nach und Veilchen fiel auf die Seite. Ich hatte den verschmierten Schweif in den Fäusten, um die Wendung zu dirigieren, und wurde dabei durch einen Tritt zur Seite geschleudert. Offenbar war aber nichts passiert. Also weiter. Halb liegend schob sich der geschundene Körper allmählich über den Gurten empor, es gelang, das Hinterteil bachab zu ziehen und das Pferd damit in eine sitzende Lage zu wenden. Als aber die Gurte nachgaben, als wir Veilchen gut zuredeten, sich aufzurichten, als wir zur Vorsicht blitzschnell die rettenden Gurte unter die Brust schoben, um mit dem Flaschenzug nachzuhelfen, brach die unglückliche Stute stöhnend zusammen, als hätte sie resigniert den Kampf um das Leben aufgegeben. In der Kälte des Schlammbades, im Schock des Sturzes, im stundenlangen verzweifelten Befreiungsversuch waren nicht nur die Kräfte dahingeschwunden, sondern es war auch Fieber eingetreten, und zudem waren die Folgen des Sturzes noch nicht zu übersehen. Besonders der Kopf, dieser einst schöne ausdrucksvolle Kopf edlen Oldenburger Stammes, war gräßlich zerschunden und zerschlagen. Ohne Umstände nahmen wir mit drei Mann Grasbüschel und trockene Binsen und rieben mit aller Kraft den Körper, besonders über den Nieren, warm. Der vierte Mann brachte den Flaschenzug in einer Esche über der Stute an. Teilnehmend standen oben auf der Grabenhöhe mächtige Pferdeschatten.
Nun rollte wieder der Flaschenzug. Ich stand bei Veilchen und war bereit, den Körper zu dirigieren, er mußte zum Stehen gebracht werden, damit wir die Stute vorsichtig über den flachen oberen Teil des Grabens herausführen konnten. Aber da sah ich mit großem Schrecken, daß Veilchen im Begriff war, zu verfohlen. Dennoch richteten wir sie auf. Wir hoben sie geradezu sanft empor, bis die Vorderbeine mit den Hufen den Boden berührten. Wir faßten die Keulen und – schmierig, schlammig, verdreckt, wie wir waren – stemmten uns gegen das Hinterteil ...
Es ergab sich die traurige Erkenntnis nach all der Plage, daß Veilchen die ganze Hinterhand nicht mehr gebrauchen konnte. Sie war gelähmt. Sie war niemals mehr imstande, aus diesem unseligen Graben herauszukommen. Ihr Leben war erfüllt, ihr Leiden auf einem beklagenswerten Höhepunkt. Es blieb

nichts, als dem Melker einen Wink zu geben. Er verstand, was gemeint war. Die Männer hatten mit mir wie die Kulis gearbeitet und standen nun vor dem Nichts wie ich: ein Leben ging zu Ende . . .
Als ich Palette in den Stall zurückbrachte — es war inzwischen früher Morgen —, sah ich, daß Furches Box offenstand. Ich bekam einen Schreck und schaute umher: nirgends war Furche zu sehen! Ich suchte den Hof ab. Ich suchte auf der Hofweide, in den Hühnerausläufen, auf der Dorfstraße — seltsam! Die lustige Furche war und blieb verschwunden!
Es war das reinste Verhängnis! Ich prüfte eingehend nach, was geschehen war. Furche hatte offenbar in der Sehnsucht nach dem abgesetzten Fohlen die Boxentür mit einer Art Hengstmanier abgehoben. Aus dem Stall zu kommen, war nun nicht mehr schwierig. Da aber der Hof geschlossen war, konnte die Stute eigentlich nicht weit sein. Ich fing also noch einmal an zu suchen. Da sah ich plötzlich die Falltür zum Kartoffelkeller offen stehen. Wer hatte die offen gelassen? War das der Melker gewesen, der dort die Milch für die Ferkel unterzustellen pflegte? Böser Ahnungen eines verhängnisvollen Doppelereignisses voll ging ich nach der Falltür. Ich sah die Zementstufen der Treppe hinunter. Ich hörte ein eigenartiges Schnarchen, ich sah am Ende der Treppe eine Gestalt liegen. Es war Furche. Sie lag an der Treppe und — schlief ganz einfach! Ja, sie schlief, sie schnarchte, sie war nicht im geringsten krank oder leidend, hatte kein gebrochenes Bein, nicht einmal eine Schramme, kein Fieber, keine Lähmung!
Furche war mitsamt ihrem ewigen guten Schutzengel auf ihrer Fohlensuche ganz einfach sanft die Steintreppe hinuntergerutscht, fand es unten zwar eng, aber doch zum Ausruhen geeignet.
Ich holte den Melker. Es nutzte nichts mehr, daß er sich wegen der offengelassenen Tür Vorwürfe machte. Wieder wurde der Flaschenzug befestigt, ich holte das Sielengeschirr mit dem Hinterzeug und dazu ein paar Stricke, weckte den Lehrling, dann bat ich Furche höflich aufzustehen, weil der Keller für andere Zwecke gebraucht würde, und fand ihre volle Zustimmung: Sie erhob sich etwas erschrocken, ließ sich von mir Sielen, Halfter und Gurt anlegen und wandte sich der Treppe zu. Schon war der Gurt im Flaschenzug befestigt, schon zogen wir die Seile durch die Sielen, mit Hilfe des Flaschenzuges, des hochgezogenen Kopfes und der richtunggebenden Seile ging Furche Schritt für Schritt die Treppe hinauf. In wenigen Minuten war sie wohlbehalten oben. Als dies Glückspferd nun nach seiner Box trabte, schüttelte es übermütig und zugleich unwillig den hübschen und völlig unbeschädigten Oldenburger Kopf, was wohl besagen sollte: »Man soll seine Fohlen niemals

im Kartoffelkeller suchen . . !« Aber damit war auch dies Erlebnis für die Stute vollkommen erledigt. Sie lebt noch heute und hat das Glück auf ihrer Seite behalten.

An diesem Pfingstmontag brachte ich Furche nachmittags auf den Gänseberg. Ein Wagen fuhr vorbei mit Veilchens sterblichem Rest, ein geschlossener, nicht eben sehr pompöser Lastwagen. Ich wollte Veilchen am Gänseberg eingraben, aber das war gegen die behördlichen Bestimmungen. Ich hatte Furche am Halfter, und wir beide sahen dem Wagen nach. Ahnte auch Furche etwas davon, daß hier ein lauerndes Schicksal sich in einem zähen, unerbittlichen Kampf sein Opfer geholt hatte? Ich weiß es nicht. Aber Furche warf plötzlich den Kopf auf und schickte ein helles, lebensfrohes Wiehern in den Frühlingstag hinein. Galt es dem Fohlen? Galt es dem scheidenden Kameraden an der Deichsel? Dies lasse ich mir nicht nehmen: es war der letzte fanfarenhelle Ruf für einen treuen Freund. Denn des Tieres Seele scheint mir zuweilen ahnungsvoller als die unsere . . .

Günther Schwab Kambesembi

»Wachtmeister Widhalm!«
Der Gerufene trabte nach vorn, setzte sein Pferd neben das des Chefs. Die Schwadron war unterwegs nach Norden. Der Atem der Pferde stand in der Luft wie viele winkende Tücher. Neben der Straße ragten Reste von Häusern, die der Krieg, der vor langer Zeit hier schon einmal vorbeigekommen war, in Trümmer geschlagen und rauchgeschwärzt hatte. Der neue Schnee lag flaumig und glitzernd darauf wie eine Hand, die einen zur Anklage geöffneten Mund beschwichtigen will.
Der Rittmeister fuhr mit dem Finger über die Landkarte. »Richtung Nordost, etwa zwölf Kilometer, liegt der Gutshof. Will wissen, wie es dort aussieht. Vorsicht! Verwicklung vermeiden! Hals- und Beinbruch!«
Widhalm zog drei Freiwillige aus der Kolonne: den Schlägel, den Bobrowski, den Konrad. Sie lösten sich aus dem Kollektivschicksal der heimatlichen Schwadron, um einen anderen Weg zu nehmen, auf sich allein gestellt. Dünnes Sonnenlicht lag auf der weißen Ebene. Krähen flogen. Eine Baumreihe sah man, eine Buschinsel, ferne Hügel, mit dünnem Kiefernwald bestanden, sonst nichts als winterliche Weite.
Die Männer hatten in drei Kriegsjahren gelernt, das Glück des Daseins auszukosten, auch wenn es in kleinen Dosen verabreicht wurde. Ein Atemzug ohne Schmerzen, ein Blick über die Erde aus gesunden Augen, das Gefühl des Lebendigseins an sich: Das alles war nicht selbstverständlich. Es war Gnade. Eine Gnade, die zu Ende gehen konnte, morgen oder heute, in einer halben Stunde. Nichts macht das Leben so kostbar wie die Bedrohung durch den Tod, und in einem Augenblick, welcher der letzte sein kann, setzt der Baum des Lebens noch einmal Blüten an, die Sehnsucht und Erfüllung zugleich bedeuten, auch wenn sie von der Angst umschattet sind. Und das helle Zirpen der Meisen in dem hohen Pappelbaum erschien wie ein großes Glück, von dem viele andere längst ausgeschlossen waren, die man gut gekannt hatte, ebenso jung, ebenso froh und doch schon unter Erde . . .
Sie ritten. Einmal noch hielten sie, sahen zurück auf die Schwadron, die wie

ein hundertfüßiger Heerwurm durch die Weiße kroch, mit blauen und roten Lichtern und goldenen Helmblitzen und mit einem hellen leisen Rasseln; ein Bild, das des Haltens und Rückwärtsblickens wert war, zumal man nicht wußte, ob man es wiedersehen würde ...

Sie ritten. Die bleiche Sonne verschwand in eisigen Dunstwolken, hinterließ eine graue Trostlosigkeit, die das Erdenrund überwölbte von einem zum anderen Horizont. Im Westen erhob sich eine dunkelblaue Wand, wuchs in den Himmel. Sie schwiegen. Nur das Klappern der Säbel und das Knarren des Lederzeugs waren zu hören. Der Schnee dämpfte die Hufschläge. Sie folgten einem Feldweg, den eine Buschreihe kennzeichnete.

Plötzlich gewahrten sie, daß die blaue Wetterwand aus dem Westen ihnen hinterrücks über die Köpfe wuchs. Sie schluckte das Licht. Die Luft wurde plötzlich mild. Es roch nach Schnee.

Da war er schon, erst schüchtern und dünn, dann in schweren, großen Flocken. Ein weißer Vorhang senkte sich vor die Weite, nahm die Sicht, schloß die vier Dragoner in eine Enge ein. Der Wachtmeister sagte mit einem Wort alles, was dazu zu sagen war: »Schweinerei!«

Sie ritten. Die Buschreihe, die den Weg begleitet hatte, war längst zu Ende. Oder waren sie vom Weg abgekommen? Widhalm prüfte die Karte, sah lang auf den Kompaß. Die anderen hielten rings um ihn, schweigend.

Sie änderten die Richtung. Der Schneefall nahm zu. Sie trabten an, aber der Schritt der Pferde wurde unsicher und mühsam. Wahrscheinlich hatten sie den Weg verloren. Ein Sturzacker mochte es sein, worüber sie ritten. Der Wachtmeister ließ den Kompaß nicht mehr aus der Hand. Kein Baum, kein Busch war zu sehen, nur lautlos fließende Weiße, die keinen Halt bot, weder dem Blick, noch dem Fuß. Die vier Reiter schwammen ins Uferlose, als wären sie in ein Meer von rieselndem Flaum getaucht, tief, tief unter dem Tag. Nur gut, daß es windstill war!

Die Pferde schnoben, um die Schneeflocken aus den Nüstern zu treiben. Sie waren guten Mutes. Sie warfen die Köpfe und schüttelten die Mähnen, als erfaßte sie spielerischer Übermut. So laufen Kinder in den wirbelnden Schneefall, der ihnen nichts ist als ein köstliches, ungefährliches Abenteuer ... Die gute Stimmung der Pferde hob die Stimmung der Männer.

Unbeirrt ritt Widhalm voraus. Seine Sicherheit gab den anderen Trost. Aber so sicher war er nicht, der Wachtmeister. Da sollte ein Dorf am Wege liegen. Aber es war keine Spur davon zu finden. Wie denn auch! Das Nest konnte unsichtbar hundert Schritte abseits liegen. Weiter!

Der Schnee wurde tief. Langsam, mit tastenden Hufen, durchpflügten die

Pferde die unversehrte weiße Decke. Hier war weder Mensch noch Tier vorbeigekommen; die einzige Feststellung, welche die Patrouille nach diesem mühsamen Ritt würde heimbringen können . . .

Die Dämmerung fiel früher ein als sonst. Ein Bachlauf mit Bäumen tauchte aus der Unsicht. Was für ein Bach mochte es sein? Die Karte verzeichnete ihn nicht. Sie querten ihn. Gleich darauf umgab sie wieder die fließende Uferlosigkeit. Pferde und Männer waren weiß. Sie hielten, horchten ins Grau. Alles war still. Was nun?

»Wenn wir das Saunest und den Gutshof nicht finden, so kommen wir heute auch nicht mehr zur Schwadron zurück«, schimpfte der Schlägel. »Sollen wir vielleicht hier übernachten? Ist ja zu blöd!«

›Halt's Maul!‹ dachte Widhalm, aber er sagte es nicht, denn eigentlich hatte er recht, der Schlägel.

Plötzlich spürte sein Arm eine Berührung. Bobrowski, der neben dem Wachtmeister hielt, hatte ihn angestoßen. Er sah starr vor sich ins Grau.

»Da ist was!« flüsterte er.

Die Blicke bohrten sich in die Dämmerung. Dort vorn stand ein Schatten.

»Ein Busch«, sagte Konrad.

Des Wachtmeisters Hand gebot ihm Schweigen.

Er bewegte sich aber, der Busch, und die Männer griffen an die Karabiner. Es kam heran, das Graue dort, ganz langsam und lautlos.

Ein Pferd war es, ein Pferd ohne Reiter, für sich allein in der Grenzenlosigkeit dieses schneeverhangenen Abends.

Allein? Vorsicht! Wo ein Pferd war, mußten auch Menschen sein! Sie warteten. Das Pferd aber hatte sie wahrgenommen. Es näherte sich vertrauensvoll, stieß ein leises kurzes Wiehern aus, das von Konrads Stute erwidert wurde.

Es war gezäumt und gesattelt, und daran erkannten sie, daß es ein Feindpferd war. Es hielt drei Schritte vor den regungslos harrenden Reitern, sah mit spielenden Ohren von einem zum anderen, schnob und streckte die Nase vor, wiederholte die leise Begrüßung.

Widhalm ritt heran, faßte es beim Zügel, klopfte es. Die Pferde beschnupperten einander, und es schien , als wären sie erfreut ob der Begegnung.

›Seltsam!‹ dachte der Dragoner Konrad, der ein blasser kleiner Junge war, ›der Herrgott liebt die Tiere mehr als die Menschen. Das Tier steht im Frieden. Es ist geborgen in der großen Einheit der Lebendigen. Es bleibt außerhalb aller unnatürlichen und verkrampften Feindseligkeit, die den Menschen zum Mörder seines Nächsten macht. Es taucht auf und ist gut Freund, obwohl es von der anderen Seite kommt, vom »Feind«her. Hätte es einen Reiter getragen – der Tod wäre hinüber und herüber gefahren aus heißen Läufen, und jetzt würden einige von uns im Blut liegen, hier und dort, und vielleicht auch eines der unschuldigen Tiere. Wie gut und weise ist doch ein Vieh, und wie armselig ist der Mensch!‹

Im Schein der abgeblendeten Taschenlampe durchsuchte der Wachtmeister die Packtaschen des fremden Pferdes. Es ergab nichts von Belang. Was nun? Sie würden das Pferd mitnehmen, klar! Immer noch schneite es. Es war sieben Uhr geworden und stockfinster.

»Wir sind in der Irre«, sagte Widhalm. »Es ist sinnlos weiterzureiten. Bei diesem Wetter können wir sowieso nichts ausrichten. Wir kehren um und melden dem Rittmeister: höhere Gewalt ...«

Sie ritten in der eigenen Spur zurück. Eine Zeitlang ging das. Bald aber wurde sie undeutlich, verschwommen, ertrank schließlich in der uferlos brandenden, alle Unebenheiten füllenden, weichen Masse des Schnees. Nur immer nach Westen! Das war alles, was man für den Augenblick tun konnte. Die fremde Stute stapfte willig mit.

Sie ritten, die Pferde wurden müde. Sie schwankten und stolperten durch die weiße Bodenlosigkeit, traten fehl, scheuten plötzlich und standen mit zitternden Beinen. Es ging gegen Mitternacht.

Plötzlich hielt das Feindpferd an, und die übrigen hielten unwillkürlich mit ihm. Es hob den Kopf, schien eine Witterung zu fangen, spielte mit den Ohren. Die dunklen Umrisse gegen den matt leuchtenden Schnee ließen erkennen, daß es angespannt horchte. Dann reckte es sich in die Höhe, hob den Kopf steil in die Luft und stieß einen wiehernden Ruf aus, so laut und seltsam, wie ihn die Männer nie vorher gehört hatten. Der Ausbruch kam unerwartet. Grell durchschnitt er die Stille, daß die Männer sich strafften wie unter dem Zugriff eines Schreckens. Was hat es denn? Ach nichts! Weiter!

Aber das fremde Pferd war nicht mehr willig wie bisher. Es zog zur Seite, warf sich in den Zügel, bockte und blieb stehen, strebte in andere Richtung. Und hielt wieder an, reckte sich hoch und schrie das dämonische Signal in die Nacht. Horchend stand es darauf wieder. Dann schüttelte es Kopf und Mähne, drehte sich zappelnd auf der Stelle, da Bobrowski es im Zaum hielt.

Sie horchten. Nichts war zu hören. Und doch mußte das fremde Pferd etwas vernommen haben. Denn plötzlich war es wie elektrisiert, ließ ein freudig klingendes, hohes Wiehern hören und wollte mit scharfer Wendung lebhaft weiter. ›Jetzt packt mich beinahe das Grausen‹, dachte der Schlägel, und eine Geistergeschichte aus seinen Kinderjahren fiel ihm ein.

»Lassen wir ihr den Willen!« sprach Widhalm. »Die Stute weiß mehr als wir. Vielleicht führt sie uns zu einem Haus, wo wir bleiben können.«
»Oder zum Feind!« warf Konrad ein.
»Dann können wir dem Rittmeister melden, wo er ist!« sagte gleichmütig Widhalm. Er nahm Bobrowski die Stute ab und gab ihr nach. Sogleich schritt sie mit Sicherheit in einer geraden Linie durch die graue Öde, die keine Anhaltspunkte bot.
Immer wieder hob sie den Kopf und wieherte, und das war im Grunde nicht gut. Denn wenn der Feind in der Nähe war, mußte er aufmerksam werden ...
Da klang eine Antwort. Die Männer hielten jäh an. Von weit her aus der Schneenacht kam das Wiehern eines zweiten Pferdes. Dort also waren wahrscheinlich auch Menschen. Wahrscheinlich? Sicher! Widhalm überlegte. Dann gab er das fremde Pferd frei.
»Geh!« sprach er. Die Stute verfiel sogleich in einen kurzen, durch die Schneetiefe behinderten Galopp, leise wiehernd, tauchte nach zehn Sprüngen in die fließende Unsicht.
Die Männer warteten. Nur das Wiehern war noch zu hören und die Antwort darauf, aus der Ferne. Dann folgten sie langsam, Schritt für Schritt, einer hinter dem anderen der Fährte, die das Pferd dem Schnee eingegraben. Der Konrad schlief beinahe schon. Allmählich, erst ungewiß, löste sich aus dem grauen Zwielicht eine große dunkle Masse, wuchs empor, höher und wuchtiger, als sie in Wirklichkeit war: ein Haus!
Das Wiehern der beiden Pferde klang ganz nahe und doch seltsam gedämpft und hallend, als käme es aus einem Raum des Hauses. Dazu hörte man Pferdestampfen auf Holzboden einmal, dann auf Steinboden.
In weitem Abstand umkreisten die Reiter das Gebäude. Sie erkannten, daß es eine Gruppe von Häusern war, ein Gutshof vielleicht. War er der gesuchte? Unglaublich wäre der Zufall, ihn gefunden zu haben in dieser Nacht der Irre, geführt durch ein fremdes Pferd, das man unterwegs aufgelesen hatte ...
Die Gebäude lagen still und finster. Unversehrt lag die Schneedecke ringsum. Hier war seit Abend niemand ein- oder ausgegangen. Immerhin mußte jemand in dem Hof stecken, sonst könnte es hier keine Pferde geben. Die Pferde machten Lärm, der über kurz oder lang jemanden herbeirufen mußte! Man würde nachsehen, auf alle Fälle ...
Widhalm stellte seine drei Männer rings um das Gehöft auf, hinter die Strauchgruppe einen, den anderen an die Baumreihe, den dritten in einer Mulde hinter dem großen Misthaufen. Zur Regungslosigkeit und Unsichtbar-

keit erstarrt hielten sie, alle Sinne gespannt und die Karabiner in den Fäusten. Er selbst ritt langsam an den Hof heran, der Fährte des fremden Pferdes nach. Immer wieder hielt er, um zu beobachten. Allmählich festigte sich in ihm die Meinung, daß der Hof menschenleer war. Am Tor stieg er ab, ließ sein Pferd stehen, zog den Revolver.

Quer über den Hof lief die Spur der Stute, auf eine Tür zu, die schwarz an der Hauswand gähnte. Langsam und lautlos schritt der Wachtmeister hinüber. Der Schein seiner Taschenlampe stach ins Dunkel eines Pferdestalls. Zwei Pferde waren darin: die aufgegriffene Stute und ein hoher, anscheinend sehr schöner und stattlicher Wallach mit weißem Stern und weißen Stiefeln, der mit großen, rötlich leuchtenden Augen ins Licht sah. Er war gehalftert und angekettet. Der dazu gehörige Zaum und Sattel fehlten.

An der Wand stand eine Reihe großer Futterkisten. Sie waren randvoll mit Hafer und Gehack. Eine Holztreppe führte zum Dachboden, der mit duftendem Heu gefüllt war. Das waren seltene Dinge! Aber sie machten die Lage noch unklarer, als sie bisher schon gewesen. Denn ringsum lagen alle Dörfer schon seit Monaten in Trümmer. Nur dieser Hof schien alle Unbill des Krieges glücklich überstanden zu haben und barg darüber hinaus noch wertvolle Vorräte! Zweifellos waren sie erst vor kurzem hierher geschafft worden ...

Es war nicht ratsam, bei Nacht den ganzen umfangreichen Gebäudekomplex zu durchsuchen. Aber die Stille machte dem Wachtmeister Mut. Er umschritt den Hof, versuchte die Türen, die teils offen, teils verschlossen waren. Was tun? Mit den übermüdeten Pferden und Männern richtungslos in die weiße Öde weiterzureiten war unmöglich. Man mußte also hier bleiben, den Stall und die Vorräte halten und den Schlaf sichern. Auf das Pfeifsignal des Wachtmeisters erschienen die drei Dragoner. Sie stellten ihre Pferde ein, sattelten ab, tränkten und fütterten sie. Konrad nahm sich der beiden Feindpferde an. Sie durften nicht schlechter behandelt werden als die eigenen! Die fremden Pferde standen nebeneinander. Sie schienen eng befreundet und hoch erfreut, einander gefunden zu haben. Immer noch liebkosten sie einander, traten hin und her. Um dem endlosen Gestampfe und Kettenrasseln ein Ende zu machen, befahl Widhalm, die Pferde zu trennen. Man ließ den hohen Wallach, wo er war, und stellte die Stute ans andere Ende des Stalles.

Sie bereiteten sich für die Nacht. Die Falltür zum Dachboden wurde geschlossen und angebunden, so daß sie von ober her nicht geöffnet werden konnte. Die Stalltür verstellte man mit einer Futterkiste. Als sie fertig waren, fehlte einer. Der Wachtmeister leuchtete die Gesicher an.

»Konrad!« rief er dann ins Dunkel. Sie hielten den Atem an. Keine Antwort kam. War er hinaus gegangen? Kurz vorher war er noch neben ihnen gewesen ...

Da war ein Röcheln –

Vom Ende des Stalles kam es. An der Wand, wo der fremde, hohe Wallach stand, lag Konrad. Die Seite war ihm aufgerissen und die Rippen waren geborsten. Die Lunge lag bloß: Hufschlag.

Sie betteten ihn auf Heu und Decken. Eine halbe Stunde später starb er. Schweigend umstanden die Männer den jungen Kameraden, die Helme in den Händen. Einer deckte ihn zu. Dann, ungeachtet der Erschütterung, unterwarf sie die Müdigkeit, und sie sanken hin, entschlummerten so plötzlich, als würden sie in einen Abgrund der Bewußtlosigkeit gestürzt, traumlos. Ein Posten blieb vor der Stalltür. Bald danach schlief auch er.

Und so schlief dieser Spähtrupp von drei Männlein im Niemandsland ohne Wachtposten den todähnlichen Schlaf der Erschöpften in einem fremden, weitläufigen und undurchsuchten Gebäude, wo, da hier Pferde beheimatet waren und so bedeutende Vorräte sich befanden, doch sicherlich auch Menschen wohnen mußten ...

Er schlief noch, als der Morgen graute und im ersten Sonnenstrahl des glasklaren Tages ein Halbzug Reiter sich dem Hof näherte. Die Männer erwachten erst, als einer im Traum Rossestampfen und Waffenklirren, Wiehern und Menschenstimmen zu hören vermeinte und jäh aus dem Dämmern auftauchte ins Wachsein, hastig die anderen weckend.

Sie fuhren hoch und griffen zu den Waffen.

Es gab Seufzer der Erleichterung auf beiden Seiten: Österreicher waren es, Dragoner der eigenen Schwadron, die der Rittmeister ausgeschickt hatte, den Spähtrupp Widhalm zu suchen. –

Auf die Kunde von den Vorräten, die sich auf dem Gutshof befanden, kam tags darauf ein zweiter Halbzug hinterher. Die militärische Lage war unklar. Die Front zeigte hier plötzlich ein Loch, und man hatte Kavallerie nach vorn geschickt. Als der Befehl kam, über die erreichten Punkte hinaus nicht weiter vorzurücken, blieb die Schwadron liegen. Draußen standen die Feldwachen und zogen die Spähtrupps, als wäre man am Feind, obwohl kein Mensch wußte, ob nicht vorne noch eigene Infanterie lag.

Nach und nach kam auf dem Hof eine große Zahl von Beutepferden zusammen, die untereinander eine seltsame, geheimnisvolle Verbundenheit zeigten. Sie begrüßten einander, strebten einander zu und hielten zusammen, bildeten inmitten der übrigen Pferde eine Einheit für sich. Da man ihre Namen nicht kannte, mußte man ihnen neue Namen geben, Namen, die dem einseitigen Wortschatz des Soldaten entliehen waren und zuweilen an Sonderbarkeit nichts zu wünschen übrigließen. An ihnen allein waren die Beutepferde sicher zu erkennen.

Da gab es Stuten, die Tabak, Rucksack, Stacheldraht, Bims, Barras, Gulasch und Menage hießen, und Wallache und Hengste, die mit Namen wie Batterie, Lafette, Kandare und Haubitze behängt wurden. »Benzin« fand man für die Stute, die der Wachtmeister Widhalm in jener Schneenacht aufgelesen hatte, »Aeroplan« für den Wallach, der den Dragoner Konrad erschlagen.

Dieser Aeroplan war ein bemerkenswert schönes, junges und außergewöhnlich edles Pferd. Aber er war ein Sonderling. Er biß und er schlug und war in Kürze als das gefährlichste Pferd der Schwadron verrufen. Schnaubend und aus zornig funkelnden Augen sah er die Menschen an, die sich ihm näherten. Er schnappte nach der Hand, die ihm den Hafer in den Trog schüttete, er verbiß sich in den Heugabelstiel, wenn seine Raufe gefüllt wurde. Wütend zertrampelte er den Besen, der sein Abteil reinigte, und boshaft stieß er alle Wassereimer um, die in seiner Reichweite standen.

Zwei Tage, nachdem er den ersten Mann getötet hatte, riß er seinem Pfleger ein Ohr aus dem Kopf, und am nächsten Morgen wurde ein Mann ins Feldlazarett geschafft, der des Aeroplans Hufspuren mit unmißverständlicher Deutlichkeit auf dem Oberschenkel trug. Wenn jemand Miene machte, an seinem Abteil vorbeizugehen, trat das Pferd rückwärts, so weit die Halfterkette reichte, stellte sich auf die Hufkanten und wippte graziös auf der Hinterhand, um mit tödlicher Sicherheit den ihm anscheinend verhaßten Zweibeiner zu treffen.

Zeitweise benahm sich Aeroplan ganz normal. Willig ließ er sich satteln und aus dem Stall führen. Aber kein Mann der Schwadron konnte sich länger als eine Minute auf seinem Rücken halten.

Kam da eines Tages ein Herr Rosenberg, Oberleutnant der Reserve, dem Regimentsstab zugeteilt und vorübergehend aus Gründen der Rechnungsprüfung bei der Schwadron weilend. Er sprach viel und sachkundig von Pferden.

»Man muß ihm nur zeigen, daß man sich nicht vor ihm fürchtet!« sagte er. Er ließ sich den Aeroplan satteln und vorführen, bestieg ihn unter den neugierigen Blicken eines unangenehm großen Zuschauerkreises, der mit teils gespannten, teils schadenfrohen Mienen der Dinge harrte.

Aber schau! Der Aeroplan ging in einem schlanken, prächtig fördernden Trab

durch den Hof. Triumphierend hob Herr Rosenberg die Hand: »Na, seht ihr, daß ich recht hatte!«
Da lag er auch schon im Dreck, überschlug sich zweimal und blieb ächzend liegen. Er hatte sich nicht sehr weh getan. Aber das unterdrückte Gelächter der schnell und mit abgewandten Gesichtern auseinanderstrebenden Dragoner störte ihn.
Nein, der Aeroplan war nicht reitbar. Man spannte ihn daher eines Morgens vor einen großen Fouragewagen, und da er ein zweites Pferd neben sich nicht duldete, ließ man ihn allein gehen. Einmal und nicht wieder!
Der Fahrer war zehn Minuten später wieder da, zu Fuß. Der Aeroplan kam erst gegen Abend, an einem Strang ein hölzernes Gesperre nach sich ziehend. Der Rest des Wagens lag verstreut auf den Wegen, Straßen und Feldern der weiteren Umgebung.
Er war also zu nichts nutz, der Aeroplan. Lange stand er im Stall, ohne bewegt zu werden. Das war nicht gut für ihn. Als in der Nähe ein Feldgeschütz im Schlamm steckenblieb und die Kanoniere hilfesuchend auf den Hof kamen, erinnerte man sich frohlockend des Aeroplans und meinte, das wäre einmal die rechte Aufgabe, woran das Untier seine Ungebärdigkeit verschwenden könnte. Einesteils um dem Aeroplan zu zeigen, daß es Mächte gab, die stärker waren als er, andererseits, um die zwei abgetriebenen Geschützgäule keiner Gefahr auszusetzen, hängte man ihn mittels zweier verlängerter Stränge allein vor die festsitzende Kanone.
Eine Schar Neugieriger, die schadenfroh des Aeroplans Kapitulation miterleben wollten, umstanden den Schauplatz des denkwürdigen Geschehens. Mit lautem Geschrei und anfeuernden Gesten drangen sie auf den riesigen Wallach ein. Der aber schien nicht willens, die Hämischen sogleich triumphieren zu lassen.
Er stemmte die Füße in den Boden, legte sich erst behutsam, dann immer stärker in die Stränge. Sein Körper verwandelte sich in ein einziges, stahlhart modelliertes und angespanntes Muskelpaket. Er mußte neuen Stand fassen, da ihm die Füße im Lehm weggerutscht waren. Er tanzte auf den Hufkanten und zog und zog, und die herumstehenden Männer schrien immer mehr. Aber das Geschütz rührte sich nicht um ein Haar.
Plötzlich ließ der Aeroplan nach. Hatte er schon aufgegeben? Oh, so leicht sollte er nicht entbunden werden!
»Holt eine Peitsche!« schrien sie. Und schon lief einer darum. Das war das Verkehrteste, was getan werden konnte. Aber das wußten sie nicht, und sie sollten es auch nicht erfahren. Denn in diesem Augenblick zog der Aeroplan

auf einmal wieder an, und langsam hob sich das Geschütz, holperte vorwärts und stand auf dem festen Boden, ehe die Leute sich dessen versehen hatten.

»Schaut her!«

»Habt ihr gesehen?«

»Was der Aeroplan doch kann!«

Einer der Kanoniere ging hin, das brave Pferd zu beloben. Ein Warnruf ließ ihn für den Bruchteil eines Augenblicks zaudern, und der Aeroplan konnte ihm nur ein Stück Ackers ins Gesicht schleudern. Der mörderische Hufschlag ging dicht daran vorbei.

Um seine Männer vor der Unberechenbarkeit und Heimtücke dieses Pferdes zu schützen und die Schwadron vor weiteren Verlusten zu bewahren, befahl der Rittmeister, daß einzig und allein der Dragoner Haberfellner sich mit dem gefährlichen Pferd befassen dürfe. Er war ein Mann mit Riesenkräften und ein erfahrener Pferdepfleger. Er allein hatte das Tier zu betreuen, und jedem anderen war es bei strenger Bestrafung verboten, dem Aeroplan nahe zu kommen. Dennoch verging kaum ein Tag, an dem der Aeroplan nicht aus der Reihe tanzte. Gegen Mittag, wenn die Sonne schien, wurden die Pferde bewegt, fünfzigmal um den Gutshof herum, in einem weiten Kreis. Ein Teil der Mannschaft, die auf dem Hof zurückgeblieben war, versammelte sich gerade an der Fahrküche, um das Essen zu holen. Da gellte ein Schreckensruf: »Der Aeroplan!«

Richtig! Durch das große Hoftor trabte für sich allein das prachtvolle Pferd. Es hatte seinen Reiter wieder einmal irgendwo in den Schnee abgesetzt und sich selbständig gemacht. Mit funkelnden Augen, schnaubend, die Ohren zurückgelegt, nahm es die Fahrküche an.

Wie ein Schwarm Sperlinge unter dem Zugriff des Sperbers, so stob die Mannschaft auseinander, und es schien, als würde dieses Verhalten nicht nur dem Schwadronsbefehl zuzuschreiben sein. Plötzlich vereinsamt stand die Gulaschkanone da, und ihr guter Duft verflüchtigte sich ungenossen. Mit einem Wichern, das wie belustigtes Lachen klang, sprengte der Aeroplan durch den Hof, dahin und dorthin, allenthalben Fliehende vor sich her treibend, die Zuflucht suchten, wo immer das Gebäude eine Öffnung bot.

Da stand aber die große Leiter, ans Haus gelehnt, und drei Soldaten, die daran vorüber kamen, begannen alsogleich, eilig daran emporzuklimmen, weil der Aeroplan dicht hinter ihnen war. Das Steiggerät bog sich unter der dreifachen Last. So leicht aber sollten sie nicht davonkommen!

Mit den Zähnen packte der Aeroplan den Holm und rüttelte daran, daß den Kletternden Hören und Sehen verging. Er hob die Leiter auf, und sie fing

an, auf der vereisten Schneedecke langsam rückwärts zu gleiten. Mit Mühe und Not erreichten die drei Männer das Dach, kurz bevor die Leiter krachend zu Boden fiel. Es währte eine Zeit, bis man die Helden herunterholen konnte.
Am nächsten Tag kam der Stabsveterinär zur Rotzvisite. Die Pferde standen in langen Reihen auf dem Hof, von ihren Betreuern gehalten, mitten darunter, aus Sicherheitsgründen mit einigem Abstand rundum, der Aeroplan, alle andern überragend. Der Arzt untersuchte eingehend und gewissenhaft ein Pferd nach dem andern. Haberfellner konnte mit seinen Bärenkräften den Aeroplan nicht so fest halten, daß er nicht einen Schritt vorwärts tat, als der Veterinär herankam. Grimmig sah er ihn an, schürzte die Lippen und legte die Ohren zurück. Dem Roßarzt drang dieser Satansblick bis ins Mark. Er verhielt eine Weile, mit wohl bemessenem Abstand, sah dem Aeroplan prüfend ins Auge.
»Gesund!«sprach er dann, umschritt in weitem Bogen die Gefahr und wandte sich dem nächsten Pferd zu.

Als eines Morgens der Feind mit überlegenen Kräften gegen den Gutshof anrückte, mußte die Halbschwadron mit ihrem Überbestand an Pferden sich weisungsgemäß zurückziehen. Als Haberfellner seinen Aeroplan aus dem Verschlag holen wollte, winkte der Leutnant ab. Was sollte man mit diesem gefährlichen Biest? Hatte der Feind es hier zurückgelassen, so sollte er es auch wieder haben. Und hatte es einen eigenen Mann erschlagen, mochte es ebenso einen oder noch mehr Feinde umbringen!
So blieb der Aeroplan wieder allein im Stall zurück, so wie man ihn gefunden. Eine Mine, die Verderben speiend in die Luft gehen sollte, sobald jemand daran rührte ...
Es war unerklärlich wie ein Wunder, daß der Gutshof nicht in Flammen aufging, als der Feind ihn wieder verließ. Und es war ein großer Zufall, daß die Schwadron eine Woche später dort wieder in Ruhestellung kam. Die Front war weit nach vorn verlegt worden.
Als die österreichischen Dragoner auf dem Gut einzogen, stand immer noch der Aeroplan im Stall und schnob den Ankommenden unfreundlich entgegen. Auch der Gegner also hatte zweifellos die Gefährlichkeit dieses Pferdes zu spüren bekommen und für zweckmäßig gehalten, es mit veränderter Front zur Deckung seines Rückzugs zu hinterlassen.
Das Problem Aeroplan, das man längst als gelöst angesehen hatte, war also wieder brennend geworden. Haberfellner lag mit einem Granatsplitter im

Feldlazarett, und mit dem Jellinek, dem man nun die Betreuung des Aeroplans übertrug, tat man zweifellos einen Mißgriff.
Als er zum erstenmal Hafer schüttete, kriegte er einen blutunterlaufenen Biß am Oberarm verpaßt. Von da an haßte er das Tier und versuchte alsogleich, der Bösartigkeit des Pferdes die eigene entgegenzusetzen. Er hoffte, das Tier seelisch zu zerbrechen und fügsam zu machen, wenn man ihm bewies, daß die menschliche Bosheit der seinen überlegen war. Kein Wunder, daß er alle unangenehmen Eigenschaften des Pferdes noch steigerte!
Von der Sicherheit der benachbarten Box aus mißhandelte er das Tier bei jeder Gelegenheit, einfach zum Zeitvertreib. Er erfand eigens für den Aeroplan eine Heugabel, deren doppelt langer Stiel am unteren Ende mit Nägeln gespickt war, woran das Pferd, als es danach biß, sich empfindlich verletzte. Er reichte ihm auf einer Stange eine heiße Rübe, so daß der Aeroplan sich das Maul verbrannte.
Dann aber, in dem Augenblick, da der Mann die Vorsicht außer acht ließ, rächte sich das gepeinigte Tier. Mit den Zähnen faßte es den Mann am Hals, warf ihn zu Boden und zerschmetterte ihm Kopf und Brustkorb bis zur Unkenntlichkeit.

Den Wachtmeister Widhalm hatte es erwischt, bei einem Vorpostengefecht, einige Wochen zuvor. Und da bei derselben Gelegenheit das Pferd des Dragoners Schlägel verlorengegangen war, hatte der schwer Verwundete ihm seine Stute Dorle übergeben mit der Bitte, sie zu betreuen so lange, bis er wieder genesen und zur Schwadron zurückgekehrt sei.
Seit jenem Tage hatte Schlägel das Pferd des Wachtmeisters geritten, und da er eine glückliche Hand und das rechte Gefühl für Pferde hatte, verwuchsen sie nach wenigen Tagen innig miteinander. Voll zwiespältiger Gefühle dachte Schlägel an den Tag, da er dem Wachtmeister seine Stute wieder zurückstellen und sich selbst ein neues Pferd würde suchen müssen ...
Und da standen sie einander nun plötzlich gegenüber, vor der Unterkunft des Schwadrons-Chefs, und ihre Freude war so groß, daß sie einander beinahe umarmt hätten. Widhalm sah blaß und mager aus. Aber er war gesund, die schwere Wunde geheilt ohne Nachlaß.
»Und wo kommst du her?« fragte er den Schlägel.
»Ich? Ich komm' aus dem Lazarett ...«
»Verwundet?«
»Ja, ist aber alles wieder gut.«
»Und wie geht es meinem Dorle?«

»Dorle?« Schlägel sah den andern eine Weile schweigend an. »Dorle ist gefallen.«
Da rief die Ordonnanz.
Die beiden Männer standen kaum vor dem Rittmeister, als man die Unglücksnachricht überbrachte, daß der Aeroplan den Jellinek erschlagen habe ...
Der Offizier hieb auf den Tisch. »Erschießen!« schrie er. »Sofort erschießen!«
»Ist ein prachtvolles Pferd, der Aeroplan«, sprach Widhalm, »schade drum!«
Der Rittmeister schritt erregt auf und ab.
»Darum habe ich ja immer wieder gezögert. Aber ich kann die Verantwortung nicht mehr tragen. Zwei Männer hat er mir schon umgebracht, und ich weiß nicht wieviele verletzt. Soll ich warten, bis mir das Vieh die halbe Schwadron totschlägt?«
Es war finster, als Widhalm und Schlägel auf dem Gutshof eintrafen. Sie drückten hundert Hände. Sie gingen in die ehemalige Gutsküche. Der Herd glühte. Die Männer saßen oder lagen auf den Bänken, in den Winkeln. Man aß und rauchte, man döste, man schrieb, man schlief, man sprach.
»Und wie war das mit Dorle?« fragte Widhalm bekümmert.
Schlägel tat einen tiefen Atemzug, dann begann er. »Wir ritten Erkundung, zu viert: der Mirsch, der Bobrowski, der Apfelbauer und ich. Auf einmal schoß es von allen Seiten. Na, und dann lag ich auf dem Boden, ich weiß nicht wie ...«
»Und die Stute lief mit uns weiter, zuerst«, ergänzte Mirsch.
»Ihr habt den Schlägel einfach liegen gelassen?«
»Es war ausgemacht: Wer fällt, bleibt liegen. Wir hatten wichtige Ergebnisse zurückzubringen. Einer mußte durchkommen ...«
»Ja«, setzte Schlägel fort, »aber auch der Feind kümmerte sich nicht um mich, oder sie hielten mich für tot ... Ich lag bewußtlos in einem feuchten Graben am Waldrand, ich weiß nicht wie lang, eine Stunde vielleicht. Auf einmal spürte ich einen warmen Wind im Gesicht, und jemand rührte mich an, ganz zart, an der Stirn, an der Nase, an der Wange. Davon wachte ich auf. Es war finster geworden. Und wie ich die Hand hob, da griff ich auf die samtweiche Nase vom Dorle. Es war zu mir zurückgekommen, und das gab mir den ganzen Lebensmut wieder. Als es sah, daß ich mich bewegte, begann es tief in der Kehle zu wiehern, freudig und doch verstohlen, als ob es gewußt hätte, daß niemand es hören dürfe ... Mühsam wälzte ich mich herum, aber ich konnte nicht aufstehen. Ich hatte es in der Schulter, war ganz naß vom Wasser oder vom Blut oder vom Schweiß, ich weiß nicht ... und das Dorle stieß mich immer wieder mit der Nase an. Ich sollte doch endlich aufsteigen ...

Aber ich konnte nicht. Ich kroch aus dem Graben heraus. Es dauerte eine Ewigkeit. Alles tat weh an mir. Ich versuchte, mich auf die Knie zu erheben. Ach, was hab' ich damals geschwitzt und gekeucht! Und das Dorle hielt geduldig neben mir aus, das gute! Es streckte mir den Kopf hin, und ich hielt mich am Zaum fest, faßte den Steigbügel und zog mich daran hoch. Und das Pferd stand wie aus Stein . . .«

Der Wachtmeister strich mit der Hand über das Auge. »Das Dorle wußte schon, um was es ging«, sprach er leise.

»Dann stand ich endlich. Aber den Fuß in den Bügel zu setzen und mich aufzuschwingen – davon konnte keine Rede sein. Und dann wurde das Dorle plötzlich ungeduldig. Vielleicht spürte es eine Gefahr. Das Ganze dauerte ihm schon zu lange. Es fing an zu zappeln und zu wiehern, trat hin und her. Ja, ich verstand schon, was das Dorle sagen wollte. Ich mußte mich anlehnen und hielt mich an der Mähne fest, und beinahe wäre ich umgefallen.

Auf einmal schien das Dorle zu verstehen, daß ich nicht aufsitzen konnte. Da drehte es sich ganz langsam, damit ich folgen konnte. Es drehte sich und kam in den Graben zu stehen, versteht ihr? Und dann – ihr werdet das vielleicht nicht glauben, aber das ist so wahr, wie ich hier sitze! –, dann legte es sich nieder, und da konnte ich den Sattel zwischen die Beine nehmen. Oh, wie vorsichtig das Dorle dann mit mir aufgestanden ist, und wie weich es mit mir durch die Nacht ging! Ich hielt mich fest, war wohl nicht ganz bei Bewußtsein, eine Zeitlang. Das Dorle mußte ja wissen wohin. Mir scheint, daß diese Nacht ein Jahr lang gedauert hat. Aber das wußte das Dorle nicht, daß zwischen uns und der Heimat inzwischen eine feindliche Vorpostenkette aufgezogen worden war. Auf einmal hörte ich einen Ruf, wie von weit her, im Traum, und das Dorle erschrak und drehte um, so heftig, daß es mich beinahe abgeworfen hätte. Und dann ging's im Galopp durch den Wald. Sie schossen uns nach, aber sie trafen nicht. Mich trafen sie nicht.

Mir kam vor, daß das Dorle blindlings durch die Nacht lief ohne Weg, ohne Richtung. Daß es zu keuchen und zu röcheln begann, hörte ich wohl, aber was es bedeutete, erkannte ich erst später. Plötzlich fiel ich kopfüber nach vorn und schlug hart auf, aber nur, weil das Dorle gestürzt war. Da waren wir aber auch schon an unseren Vorposten.«

»Und das Dorle?« fragte Widhalm.

»Das Dorle war tot.«

»Und so ein Satan wie der Aeroplan lebt!« warf der Korporal Mirsch ein.

»Was für Unterschiede es doch bei den Pferden gibt!« sagte Bobrowski.

»Ja«, der Fietz richtete sich von der Bank auf, auf der er gelegen war, »wie bei den Menschen: Gute und Böse, Edle und Gemeine, Helden und Feiglinge und alle Abstufungen dazwischen. Wie bei den Menschen.«

»Ja«, nickte Widhalm, »Helden und Feiglinge. Aber auch beide in demselben Pferd, je nachdem, was für ein Kerl darauf sitzt!«

»Die Reiter wechseln, und so schnell kann der Charakter eines Pferdes sich nicht ändern. Woran liegt es, daß aus dem einen Pferd eine Dorle wird und aus dem anderen ein Aeroplan? Ist es Veranlagung oder Erziehung?«

»Beides«, sagte Widhalm. »Entscheidend ist dabei, ob die Begegnung eines jungen Pferdes mit den Menschen positiv oder negativ ausfällt.«

Es war eine Pause nachher. Dann sprach Schlägel.

»Wenn du ein Pferd anfaßt und führst, so weiß es schon nach einer Minute, was es von dir zu halten hat. Du aber weißt noch lange nichts von ihm. Und wenn es spürt, daß einer Angst vor ihm hat, so regt sich in ihm das Gefühl seiner überlegenen Kraft. Dann beginnt es, sich zu widersetzen, erst spielerisch, versuchsweise sozusagen, dann ernstlich. Ein Feigling macht ein Pferd genau so böse wie ein Rohling. Meist trifft das zusammen. Aber wenn ein Pferd seinen Reiter lieb gewinnt, so tut es ihm alles zu Willen, was in seiner Macht steht, und das ist sehr, sehr viel. Es nimmt verdiente Strafe hin, aber nicht Quälerei.«

»Ich will nichts gegen den Jellinek sagen«, — der Apfelbauer wandte den Blick nach der Kammer, wo der Tote lag, als könnte er ihn hören —, »aber der Jellinek hat den Aeroplan gequält, von früh bis abend. Und der Aeroplan hat es ihm vergolten, nichts weiter. Eigentlich ist es ungerecht, daß er deswegen erschossen werden soll.«

»Ach was!« sprach Mirsch. »Der Aeroplan war schon immer ein Mistvieh. Das wissen wir alle. Und morgen gibt's frische Schnitzel, ah!« Er rieb sich den Magen. »Ich freu mich schon!«

»Kein Tier ist böse von Anfang an«, sagte der Wachtmeister. »Wenn es böse ist, so hat der Mensch es bös gemacht durch Unverstand, Gleichgültigkeit und Roheit. Sicher gibt es hunderterlei Unterschiede zwischen den Pferden. Aber vielleicht war der Aeroplan ein Pferd ebensogut wie Dorle ... Wieviel muß das Tier erduldet haben, ehe es zu dem wurde, was es heute ist: ein Außenseiter, ein Bösewicht, ein Mörder?«

»Das glaub' ich nicht«, erwiderte Mirsch. »Der Aeroplan ist boshaft aus Veranlagung. Er sieht im Menschen seinen Todfeind und trachtet, ihm Böses anzutun, wo er nur kann. Wenn einem die Kugel gebührt, dann ihm!«

Der Schlägel sah den Korporal nachdenklich an. Dann sagte er: »Wahrscheinlich hat der Aeroplan mit den Menschen schlechte Erfahrungen gemacht.

Es müßte doch möglich sein, diesem Pferd zu beweisen, daß der Mensch gut ist!«
»Versuch das nur, ich wünsch dir Glück dazu!« höhnte Mirsch.
»Sicher wäre es sehr schwierig«, sprach Widhalm, »dem Pferd zu beweisen, daß der Mensch sein bester Freund ist; so zu beweisen, daß es wieder Vertrauen gewinnt.«
»Erschießen ist viel einfacher!«
Der Leutnant trat ein. »Weitermachen!« sagte er, als die Männer sich erheben wollten. Er setzte sich zu ihnen. Es dauerte eine Weile, ehe das Gespräch wieder in Fluß kam.
»Der Aeroplan soll erschossen werden, Herr Leutnant«, begann der Schlägel. »Befehl vom Herrn Rittmeister.«
Der Leutnant sah vor sich hin ohne Ausdruck. Die Erscheinung des prächtigen Pferdes stand vor ihm mit dem edlen, trockenen Hals und Kopf, dem gewölbten Brustkorb, den fehlerlosen Füßen, dem kurzen Rücken und hohen Widerrist. Es mußte ein hervorragendes Reittier sein, – wenn es sich reiten ließe! Zeit müßte man haben, Zeit, um sich diesem Pferd ganz besonders zu widmen. Und es dürfte nicht Krieg sein. Oh, der verdammte Krieg!
»Ist das einzig Richtige«, warf Mirsch ein. »Ist ja nicht normal, das Pferd. Soll es noch ein paar von uns umlegen?«
»Der Haberfellner hätte den Aeroplan vielleicht auf gleich gebracht«, sprach Widhalm, »der ja. Solange er ihn pflegte, war es besser mit dem Aeroplan. Der Haberfellner hatte keine Schwierigkeiten mit ihm«.
»Dabei war der Haberfellner ein einfacher Bursch vom Land!«
»Das ist es ja gerade«, sagte der Leutnant. »Einfache Leute bewahren sich die angeborene Unbefangenheit gegenüber dem Tier. Sie spüren, was in der Seele eines Tieres vorgeht. Darum kommen Kinder und Tiere einander so nahe. Schlichte Menschen, die frei sind von Einbildung und Roheit, verstehen sich mit Tieren am besten. Wenn ein Tierverächter dann sieht, wie innig das Verhältnis zwischen Pferd und Reiter oder zwischen einem Hund und dem Förster ist, so glaubt er an Dressur.«
Widhalm winkte ab. »Dressur!« sagte er wegwerfend, »damit kann man höchstens sklavischen Gehorsam aus Furcht erreichen. War das etwa Dressur, was mein Dorle mit dem Schlägel aufgeführt hat?«
Der Leutnant brannte eine Zigarette an. »Die große Masse der sogenannten Gebildeten lebt ja in dem Aberglauben, daß in der Art, wie ein Pferd gezäumt, geschirrt, mit Zügel, Peitsche und Sporen geführt wird, ein unfehlbarer Zwang für das Tier liegt, dem menschlichen Willen zu gehorchen.«

Widhalm lachte vor sich hin. »Kein Mensch kann ein Pferd zwingen, wenn es nicht will. Daß man mit den Lederstreifen in den Händen allein nichts ausrichtet, sehen wir ja am Aeroplan. Was wollten wir anfangen, wenn die Pferde nicht so viel guten Willen, verständige Einsicht und Pflichttreue hätten!«

Sinnend, leise, wie zu sich selbst, sprach der Leutnant weiter. »In einem Tier steckt oft viel mehr, als der Mensch glaubt. Ja. Und manchmal ist das Tier dem Menschen weit überlegen an Herz, an Gemüt, an Edelmut. Daß der Mensch sich aber trotzdem immer und überall dem Tier überlegen fühlt und sich danach benimmt, darin liegt die große Tragik der Tiere in einer von Menschen beherrschten Welt. Nicht die körperlichen Quälereien von seiten einzelner Entarteter verursachen das Unglück der Tiere, sondern der allgemeine menschliche Hochmut, die Überheblichkeit, der Dünkel, die Blindheit für das wahrhaft Göttliche in der Schöpfung; der Irrtum, das Wesen eines Tieres mit dem Verstand erfassen und erklären zu wollen. Der Verstand trennt, das Gemüt vereint. Solange wir nicht zubilligen, daß auch eine Spinne, eine Maus, eine Eidechse Gemüt haben, so lange wird die Scheidewand zwischen uns und den Tieren stehen, solange werden wir die Tiere quälen, unbewußt und bewußt, seelisch und körperlich. Und ebensolange werden wir uns selbst von der Einheit alles Lebendigen ausschließen und von den Reichtümern und Freuden, die daraus fließen.«

Das war also der Tag, an dem Aeroplan sterben sollte. »Sofort erschießen!« hatte der Chef befohlen, und eigentlich sollte es längst geschehen sein. Aber das Pferd mußte doch gleich für die Küche aufgearbeitet werden, und das wollte man bei Tageslicht tun.

Nachdenklich stand Schlägel vor dem Abteil, in dem der Wallach untergebracht war. Man hatte ihn in den letzten, finstersten Winkel des Stalles gestellt. Und da er auch gegen seinesgleichen unverträglich war und seine Nachbarn der Reihe nach gebissen und geschlagen hatte, war die Box von unten bis oben durch eine dicke Pfostenwand abgesperrt worden. Man hatte das mit hämischer Genugtuung getan, so wie man einen Verbrecher die gerechte Strafe erleiden läßt. Geschah dem Biest schon recht! Hatte es sich das nicht selber eingebrockt? Na also? Und man glaubte, dem Aeroplan die Bosheit beschnitten zu haben.

Seither stand das Tier in einer dunklen Absperrung und Einsamkeit, die den letzten Rest eines etwa noch vorhandenen guten Instinkts in ihm abtöten oder verkehren mußte.

Erschießen! Dieses prachtvolle Pferd erschießen, dessen Anblick jedes Reiterherz höher schlagen ließ? Sollte es denn ganz und gar unmöglich sein, das Tier der Gesellschaft zurückzugewinnen?
Der Stall war leer. Die anderen Pferde waren im Einsatz oder tummelten sich draußen beim täglichen Bewegungsritt. Der Aeroplan war allein zurückgeblieben, so wie gewöhnlich. Schlägel verhielt sich ganz still, hinter einem Pfeiler. Wußte der Aeroplan von seiner Nähe? Er stand regungslos, das Kinn auf die Krippe gestützt, und sah aus halb offenen Augen vor sich hin.
Träumte er von dem paradiesischen Leben der jungen Pferde, die sorglos und unbeschwert, geliebt und verwöhnt durch die ersten Jahre ihres Daseins wachsen? Von der großen bitteren Wende dieses Daseins, wenn der Mensch sie vor den Wagen spannt oder ihnen den Sattel auf den Rücken legt? Von den Menschen, die dieses Geschöpfs Liebe, seine Güte, sein Vertrauen getäuscht, seine Seele zerbrochen und aus ihm ein widerspenstiges, bösartiges Vieh gemacht hatten?
Zweifellos wußte der Aeroplan von all diesen Dingen nichts mehr, wenngleich er sie erlebt haben mochte. Der graue Tag, der durch die Stallfenster sah, schien sich aufhellen zu wollen, und jäh stand der Strahl einer kalten, winterlichen Sonne im Raum. Staub spielte darin. Da hob das Pferd den Kopf. Alle Grämlichkeit, alle Verbissenheit, alles Böse war von seinem Antlitz entschwunden. Mit glänzenden großen Augen sah Aeroplan nach dem Licht, das durch die Fugen seines Verschlags drang, und wieherte leise in sich hinein.
Eine Freude weitete dem Beobachter das Herz. Nein, dieses Tier war nicht böse, nicht in seiner Seele falsch und verworfen! Es war gut wie alles Lebende! Aber es haßte den Menschen, weil der Mensch ihm dazu Anlaß gegeben hatte, ganz einfach. War das seine Schuld?
Plötzlich gab es Bewegung auf dem Hof, und durch die Stalltür kamen der Schwadrons-Chef und der Leutnant geschritten, Wachtmeister Widhalm, Mirsch und Apfelbauer und noch andere.
»Der Aeroplan lebt noch?« fragte der Rittmeister streng. »Ich habe doch ausdrücklich befohlen . . .«
Da baute der Schlägel sich vor ihm auf. »Herr Rittmeister – melde gehorsamst . . . Ich bitte gehorsamst –, mir den Aeroplan zu geben . . . Wenn der Herr Leutnant einverstanden ist . . .«
»Sie haben wohl Selbstmordabsichten, wie?«
»Nein, Herr Rittmeister!«
»Der Schlägel ist einer unserer besten Reiter«, schaltete der Leutnant sich ein.

Erstaunt wandte der Rittmeister sich dem Sprecher zu. »Sie sind auch dafür?« fragte er.
»Jawohl, Herr Rittmeister!«
»Es sind nicht immer die besten Reiter, die sich mit einem Pferd am besten verstehen und umgekehrt.« Der Chef wandte sich dem Aeroplan zu. Wer das Pferd ansah, mußte zugestehen, daß es prachtvoll war, sicher. Der Aeroplan starrte grämlich und böse vor sich hin.
Der Leutnant sprach: »Der Haberfellner, der im Lazarett liegt, hätte aus dem Aeroplan ein brauchbares Pferd gemacht, davon bin ich überzeugt. Wenn einer noch etwas ausrichten kann, dann ist es der Schlägel.«
»Wir sollten es noch einmal versuchen, Herr Rittmeister! Es ist schade um das Pferd«, sagte Widhalm.
Lächelnd sah der Chef ihn an. »Daß Sie in alle Pferde verliebt sind, ist ja schon regimentsbekannt!«
Widhalm schlug die Hacken zusammen: »Was Sie jetzt gesagt haben, Herr Rittmeister, ist mir lieber als ein Orden!«
Der Chef wandte sich Schlägel zu. »Was sind Sie von Beruf?«
»Wirtschaftsbereiter, und mit dem sechsten Lebensjahr zum erstenmal auf einem Pferd gesessen.«
»Das will gar nichts besagen. Aber: Wenn Sie das Pferd übernehmen — wissen Sie, was das bedeutet?« Er sah Schlägel scharf in die Augen. »Das bedeutet, daß ich Sie wegen Selbstverstümmelung vor das Kriegsgericht stellen lasse, wenn Sie vom Aeroplan invalid geschlagen werden. Verstanden?«
»Jawohl, Herr Rittmeister!«
»Und wenn das Pferd Sie totschlägt, so komme ich vors Kriegsgericht, das ist klar. Verbürgen Sie sich für den Mann, Herr Leutnant?«
»Jawohl!«
»Und Sie, Widhalm?«
»Ich verbürge mich, Herr Rittmeister!«
»Na, also — in Gottesnamen!«
Als der Schwadrons-Chef den Stall verließ, lächelte er. Aber er beherrschte sich sogleich. Niemand sollte sehen, wie froh er war, daß seine Männer ihm die Möglichkeit geboten hatten, dem Aeroplan eine Gnadenfrist zu gewähren.
»Da heißt es nun aufpassen, Schlägel, teuflisch aufpassen!« sagte Widhalm.
»Das ist mir klar, Herr Wachtmeister!«
Ans Werk also! Vor allem mußte die barbarische Wand verschwinden, hinter der das Pferd eingeschlossen war. Da es nichts sehen konnte, lauerte es arg-

wöhnisch auf jedes Geräusch und erschrak, sobald jemand an seiner Box auftauchte. Das mußte seine Nervosität steigern.

Der Verschlag wurde beseitigt. Das benachbarte Abteil blieb leer. Aus Gründen der Sicherheit mußte der Aeroplan wohl oder übel in der finsteren Stallecke bleiben, wo niemand vorüberzugehen hatte. An der Säule aber baute Schlägel aus Kistenbrettern einen anderen Verschlag, für sich selbst nämlich, hinter dem er stehen und das Tier beobachten konnte, ohne von ihm wahrgenommen zu werden. Das erschien ihm wichtig.

Der Aeroplan blieb ruhig und friedlich, solange er allein war. Aber sowie jemand den Stall betrat, verschwand der gelöste Ausdruck aus dem Pferdegesicht. Es wurde streng, starr, gehässig, so wie man es vom Aeroplan gewohnt war. Wenn das Pferd gar beim Namen gerufen wurde, begann es zu zappeln, legte die Ohren zurück und hob mit einem stieren, schielenden Blick den Kopf, als erwarte es eine Mißhandlung. Das gab zu denken.

Dieses Pferd hieß Aeroplan. Der Name war den Verhältnissen und der Zeit angepaßt und kennzeichnete eine schöne und stolze Errungenschaft. Davon aber wußte das Pferd nichts. Es vernahm nur immer wieder dieses Wort, das ihm fremd, vielleicht herausfordernd, gefährlich klingen mochte.

Sollte man versuchen, den wirklichen, den ersten Namen dieses Pferdes wiederzufinden? Das war aussichtslos. Aber man mußte ihm einen andern Namen geben, der ihm angenehm, beruhigend, freundlich klang.

Die Überlegung war nicht so abwegig und dieses Pferd mit seinen Empfindungen durchaus nicht alleinstehend. Man versuche doch einmal, einen Menschen, der einen schönen und klaren Namen trägt, mit hartnäckiger Ausdauer und gegen Ordnung und besseres Wissen mit »Herr Poppenwimmer« anzusprechen, um zu erfahren, wie lange es währt, bis dieser Mann — mit Fug und Recht — in Hitze gerät!

Schlägel stand im Abteil neben dem Aeroplan und betrachtete ihn. »Aeroplan!« rief er, und sogleich begann das Pferd zu zappeln und eine böse Miene zu zeigen. »Ungetüm, Möbelwagen, Klavier, Sägebock, Teufel, Satan, Mörder, Mißgeburt, Beißer, Mistvieh —«, sprach der Mann weiter, und das Pferd beruhigte sich sogleich.

»Aeroplan!« begann er von neuem und vermerkte, wie das Pferd nervös wurde. Zweifellos: Die Lautfolge erschien ihm unsympathisch, beunruhigend, feindselig; vielleicht aber nur deshalb, weil der Aeroplan wußte, daß es ihn anging, daß es die Annäherung des verhaßten Zweibeiners ankündigte oder — dafür sprach die üble Erfahrung — einer Mißhandlung voranzugehen pflegte.

Man mußte also diesem Pferd einen andern, vom ersten völlig verschiedenen Namen geben und ihm in Verbindung mit diesem neuen Klang immer nur Gutes tun. Versuchen und abwarten!
Einen halben Tag lang stand Schlägel neben dem Pferd und sprach ihm alle Namen und Wörter vor, die ihm nur einfielen. Keines erregte das Tier so wie das Wort »Aeroplan«. Keines freilich vermochte andererseits ein Zeichen der Sympathie auszulösen.
»Chimborasso, Honolulu, Kaizkortasun, Kambesembi ...«
Plötzlich hob das Pferd den Kopf, wandte den Blick dem Mann zu.
»Yurumi, Estacado, Masatierra, Allegromanontroppo ...«
Das Pferd wandte sich uninteressiert ab.
»Kambesembi!«
Nun sah es wieder her, ein Lächeln im Antlitz, mit spielenden Ohren und sprechenden Augen.
»Kambesembi, Kambesembi, Kambesembi«, sprach der Mann, kam nahe heran, fuhr dem Pferd durch die Mähne. Es sah aus großen dunklen Augen auf ihn. »Kambesembi heißt du von jetzt an, verstanden? Kambesembi!«

Der Korporal Mirsch schüttelte den Kopf. »Quatsch!« sagte er. »Sei doch nicht kindisch! Was heißt das eigentlich: Kambesembi?«
»Weiß nicht. Ist mir nur so eingefallen. Vielleicht hieß das Pferd früher einmal ähnlich ...«
Mirsch lachte geringschätzig. »Das ist wohl eine gar zu einfache und bequeme Methode. Man gibt einem bösen Pferd einen andern Namen, und auf einmal ist es ein gutes Pferd. Nein. mein Lieber, du stellst dir das leichter vor, als es ist!«
So einfach und bequem war es tatsächlich nicht, und der wesentliche Teil der Aufgabe kam erst. Schlägel beschloß, das Pferd einen Tag dürsten und zwei Tage hungern zu lassen. Das für den Anfang. Man konnte das Experiment wiederholen oder ausdehnen, je nachdem. Der Tag wird lang, wenn man nicht ausgehen darf und zusehen muß, wie die andern trinken und schmausen ... Und vielleicht wurde dem Pferd die Erscheinung des Menschen, die ihm bisher gleichgültig oder verhaßt gewesen, erwünscht oder gar ersehnt, wenn man es vergeblich auf Futter und Wasser warten ließ ...
Am ersten Tag schien Kambesembi nichts zu entbehren. Als er sah, daß Krippe und Trog für ihn leer blieben, fand er sich damit ab und döste vor sich hin, ohne das Raufen und Kauen, das Schlucken und Schlabbern ringsumher zu beachten.

Am andern Morgen aber wartete er schon auf seinen Mann. Langsam näherte sich Schlägel, den gefüllten Eimer in der Hand, und das Pferd streckte ihm ungeduldig Kopf und Hals entgegen, über den Wehrbaum hinweg.
»Kambesembi«, sprach Schlägel leise, nichts weiter, immer nur »Kambesembi, Kambesembi . . .«
Er reichte dem Tier den Eimer, den es bis auf den letzten Schluck leerte. Leise strich der Mann dem Pferd über die weiche Nase. »Kambesembi!«
Die Szene wiederholte sich am Abend, und das Pferd gab keinen Anlaß zur Klage. Am zweiten Tag freilich spürte Kambesembi ein seltsames Gefühl der fordernden Leere in sich, als er, inmitten der Völlerei der übrigen, hungern mußte. Sehnsüchtig wartete er auf Schlägel, aber der kam nicht, wie oft auch Kambesembi den Kopf nach der Tür drehte. Am Abend, als er endlich erschien, vergaß Kambesembi sich so weit, daß er ihm leise entgegenwieherte. Niemand konnte sich an eine solche Gefühlsäußerung seitens dieses Pferdes erinnern. Aber der Mann brachte doch wieder nur einen Eimer Wasser und das beruhigende, tröstliche Wort »Kambesembi«, sonst nichts.
Zwei Tage lang blieb Kambesembi ungeputzt und ungestriegelt, ein schwerer Verstoß gegen die militärische Ordnung. Der Leutnant bemerkte es und sah tadelnd und fragend auf Schlägel.
»Auf meine Verantwortung, Herr Leutnant«, sagte der lächelnd. Der Offizier nickte nur und ging.
»Der traut sich nicht, der Schlägel« schwatzte der Mirsch. »Der hat Angst vor dem Aeroplan, darum putzt er ihn nicht . . .«
Der andere Morgen brachte den großen Augenblick der ersten Fütterung nach der langen Fastenzeit. Um das Pferd nicht zum Beißen zu verführen, mischte Schlägel vorher Hafer, Gehack und Wasser. Von weitem zeigte er das vertraute Gefäß. »Kambesembi!« Langsam kam er heran, liebkoste das Pferd mit der Rechten, während die Linke den Eimer in den Trog leerte.
Mit einer ruhigen, geschmeidigen Bewegung überwand der Mann den Wehrbaum, stand neben dem Pferd und begann es mit ausgeglichenen Bewegungen zu striegeln. »Kambesembi, Kambesembi, Kambesembi!«, sprach er dazu, ohne Unterbrechung, als könnte er damit alle bösen Geister des Pferdes bannen und die guten rufen, dabei immer alle Sinne gespannt für den Fall, daß das Pferd die Feindseligkeiten eröffnen sollte. »Kambesembi, Kambesembi, Kambesembi«, eintönig, beruhigend, einschläfernd fast sprach er es, wie eine geheimnisvolle Beschwörungsformel . . .
Füttern und Putzen gingen vorüber, ohne daß das Pferd Anzeichen übler Laune gezeigt hätte. Um die Probe aufs Exempel zu machen, ließ Schlägel,

nachdem er sich entfernt hatte, einen Mann von weitem her »Aeroplan« rufen. Sogleich legte Kambesembi die Ohren zurück, bekam den bösen Blick und begann zu zappeln. Die Diagnose war also richtig gewesen.
In den nächsten Tagen sollte nichts weiter versucht werden, als dem Pferd unter dem Kennwort »Kambesembi« eine Reihe von Wohltaten zu erweisen, diesen Namen gewissermaßen zum Zauberwort zu machen, unter dessen Wirkung das Tier gefügig und gesittet werden sollte.
Der Mann sprach es, wenn er den Stall betrat, und erreichte, daß das Pferd den Kopf nach ihm drehte, ohne unwillig zu werden. »Kambesembi« sprach er und schob ihm ein Stück Brot, ein Stück Zucker, eine Möhre zwischen die Lippen. Er ließ das Tier Salz lecken, »Kambesembi«, und, was längst nicht mehr geschehen war: Er wusch ihm mit dem Schwamm Augen und Nüstern, »Kambesembi«, und die Hufe. Schließlich holte er als kostbaren Schatz, den er für besondere Zwecke in Verwahrung hielt, ein Fläschchen mit Petersilienöl hervor und gab dem Pferd je zwei Tropfen davon auf die Nüstern, links und rechts.
»Wie geht's mit dem Aeroplan?«
»Er heißt Kambesembi, Herr Leutnant, und er hat sich den Namen selber ausgesucht«, erwiderte Schlägel.
»Glauben Sie, daß Sie es schaffen werden?«
»Sie haben sich doch selbst dafür verbürgt!«
»Unterschätzen Sie nicht die Schwierigkeit des Falles!«
»Wir wissen ja, warum das Pferd so bösartig geworden ist.«
»Wissen wir das wirklich?«
»Sicher. Kambesembi ist ein Beispiel dafür, wohin ein gutes und verständiges Pferd geraten kann, wenn man es nur als das gezwungene dienstbare Vieh ansieht und behandelt. Freilich, wer über die Stellung des Menschen in der Welt im unklaren ist, der wird auch nie verstehen können, was ein Tier ist und wie man es behandeln muß.«
»Ein Pferd zu verstehen ist verhältnismäßig einfach. Aber hier geht es darum, sich dem Pferd verständlich zu machen. Das ist schwerer.«
»Man muß sein Vertrauen gewinnen, das ist alles ...«
»Das ist nicht möglich ohne Sympathie, und die liegt außerhalb unseres guten Willens.«
Lächelnd und abschätzend sah Schlägel seinen Pflegling an. »Ach«, meinte er dann, »ich glaube schon, daß ich ihm sympathisch bin ...«
Der Leutnant lächelte auch: »Dann ist es ja gut.«

Der nächste Tag aber brachte einen Rückschlag. Der junge Pferdepfleger war gerade dabei, Kambesembi zu putzen, als ein lauter scherzhafter Wortwechsel an der Stalltür entstand. Ein Schwung leerer Eimer knallte auf den Steinboden. Dadurch abgelenkt und irre gemacht, holte Kambesembi plötzlich mit der Hinterhand aus und schlug, daß die Hufeisen pfiffen. Schlägel hatte sich sogleich nach vorn geworfen, und der Schlag ging ins Leere.

Bisher hatte für das Pferd in einem solchen Fall immer ein Strafgericht eingesetzt mit Schimpfen, Drohen und Schreien, mit Halfterzerren, Fußtritten und Schlagen, und das erwartete das Tier auch jetzt, angstvoll und doch verbissen, böse, zur Abwehr bereit.

Aber nichts davon widerfuhr ihm. Der Mann an seiner Seite blieb ruhig und beherrscht. »Kambesembi«, sprach er, sonst nichts.

Kambesembi: Das bedeutete etwas Gutes, das wußte das Pferd bereits. Es bedeutete Wasser, Hafer, Heu, Striegeln und Streicheln. Ja, in diesem Augenblick begann es in diesem vielfach enttäuschten und verkrampften Pferdeherzen zu dämmern, daß von diesem seltenen Zweibeiner so etwas wie Güte ausging, eine Güte, die sich mit einem neuen Wort ankündigte und mit diesem einen Wort zu umfassen war. Dieses Wort hieß »Kambesembi« . . .

Und diesen Namen hörte das Pferd auch jetzt wieder, leise, ganz nahe an seinem Ohr, fast zärtlich. Es beruhigte sich sogleich. Ja es schien, als würde das Tier seinen Rückfall in die Ungebärdigkeit bedauern, denn es berührte mit dem Kopf flüchtig die Schulter des Mannes. Der klopfte ihm den Hals, strich ihm die Haare aus der Stirn, reichte ihm eine Möhre. Dann setzte er gemächlich den unterbrochenen Vorgang des Putzens fort.

»Ich habe über etwas nachgedacht«, sprach Wachtmeister Widhalm.

Schlägel sah auf.

»Das Pferd ist ein Herdentier. Es kann sich also nicht wohl fühlen, wenn es allein ist. Nun: Den Menschen hat Kambesembi abgelehnt bisher, und wenn ein Pferd neben ihm stand, hat er es geschlagen oder gebissen.«

Schlägel überlegte. »Ja«, sprach er dann, »es ist seltsam. Aber Kambesembi ist ein überdurchschnittliches Tier. Er ist nicht wie die andern. Und vielleicht braucht er als Freund, als Kameraden einen besonderen Menschen und ein besonderes Pferd . . .«

»Das ist es, worüber ich nachgedacht habe. Er braucht vielleicht ein bestimmtes Pferd.«

»Wo soll man es hernehmen?«

»Erinnerst du dich an die Stute, die wir damals in der Schneenacht aufgegriffen haben?«

»Benzin!« »Ja. Und wie die beiden Pferde einander angewiehert haben, über viele Kilometer hinweg, wie sie einander zustrebten, wie sie einander begrüßten ...«

»Ja.«

»Und was haben wir dann getan? Sie machten uns zuviel Lärm, und wir trennten sie. Gleich darauf hat Kambesembi den Konrad totgeschlagen.«

»Sie glauben –«

»Ich glaube, daß Konrad noch am Leben wäre und vielleicht sogar der Jellinek, wenn Benzin neben Kambesembi stehen würde.«

»Wir müssen Benzin suchen!«

»Sie ist bei der vierten Schwadron.«

»Sie muß her!« Schlägel war außer sich vor Überraschung und Freude.

»Ich werde mit dem Leutnant sprechen.«

Es kam der Tag, an dem Kambesembi endlich bewegt werden mußte. Schlägel wollte ihn nicht reiten, noch nicht, obwohl ihm dies vielleicht wieder als Furcht ausgelegt werden würde. Aber das war ihm unwichtig.

Vorsorglich hatte er das Gebiß mit Wolle umwickelt und in Salzwasser getaucht, so wie man es sonst nur bei ganz jungen Pferden tut, die zum erstenmal gezäumt werden. Er sprach mit Kambesembi, und unversehens glitt das Gebiß ins Maul und saß fest. Ein Stück Brot war der beruhigende Lohn dafür.

Willig und sittsam ließ Kambesembi sich ins Freie führen, begrüßte wiehernd den freien Himmel und den duftenden Wind, der aus den Weiten der Landschaft kam. Der Mann führte das Pferd einige Male um den Hof, dann in die Reitbahn, nahm es an die Longe, und Kambesembi erwies sich als folgsam und brav.

Das machte dem Schlägel Mut. Am andern Tag sollte geritten werden. Er suchte einen leichten, weichen Sattel aus, und elastisch gab Kambesembi den Rücken her. Vor dem Stall saß Schlägel auf, und er hatte das Gefühl, daß Kambesembi sich stolz und freudig unter ihm reckte. Im Schritt ging es zum Tor hinaus.

Rechts herum führte der Weg zur Reitbahn. Von dort her kamen gerade einige Dragoner geritten, lustig, übermütig, die Männer wie die Pferde. Und plötzlich begann Kambesembi zu zappeln und zu springen, wurde ungebärdig, warf sich in den Zügel und schlug in eine andere Richtung um.

Es wäre naheliegend gewesen, ihn jetzt mit Zügelzeug, Sporen und Hilfen zum Gehorsam zu zwingen. So hatte man das – ohne Erfolg – bisher immer

getan. Schlägel tat nichts davon. Er ließ seinem Pferd die Zügel frei, er spornte nicht. »Lauf nur«, sprach er, »lauf, Kambesembi, lauf, wohin du willst!« Und Kambesembi lief. Er flog im gestreckten Galopp die Pappelallee hinunter, daß die Bäume rauschten. Die Kameraden sahen ihnen nach. »Na, wenn der Schlägel lebend wiederkommt, dann gewinnen wir noch den Krieg!«
Die Allee war zu Ende. Kambesembi durchjagte das Dorf. Entsetzt und sich bekreuzigend sahen die Leute hinterher und dachten sich, daß da wohl eine ganz besonders wichtige und dringliche Meldung unterwegs wäre und der Weltuntergang oder gar der Frieden nahe bevorstünde ...
An der großen Biegung verließ Kambesembi die Straße, folgte einem schlechten Weg, der geradeaus weiterführte. Hinter ihm flog der Dreck zum Himmel. Der Weg verlor sich in den Äckern, und es ging querfeldein ohne Halt, ohne Verminderung der Geschwindigkeit.
»Brav, Kambesembi, lauf Kambesembi!« sprach Schlägel immer wieder. Er saß nur, sonst nichts. Er ließ dem Pferd seinen Willen, gab sich ihm völlig hin. Dies erschien ihm als das Richtige.
Das Feld endete, und der Wald begann. Kambesembi büßte an Geschwindigkeit nichts ein. Er gab alles her, das merkte man. Welch ein prachtvolles, leistungsfähiges Pferd! dachte der Reiter. Er beugte sich tief auf Kambesembis Hals, um von den vorbeisausenden Ästen nicht geköpft zu werden.
»Lauf Kambesembi, lauf!«
Eine Stunde verging. Der Wald endete, und ein anderes Feld begann. Ein fremdes Dorf kam in Sicht. Da hatte Kambesembi ausgetobt. Er verkürzte den Galopp, verfiel in Trab, der immerhin noch gut förderte. Schlägel kannte die Gegend nicht, und ein beunruhigender Gedanke überfiel ihn: Wie, wenn Kambesembi, der doch ein Beutepferd war und von der andern Seite kam, ihn einfach hinübertrüge zum Feind, wo das Tier sich zu Hause fühlte, und wonach es all die Zeit Sehnsucht gehabt haben mochte ...?
Zum erstenmal gab der Mann dem Pferd eine Hilfe, und Kambesembi parierte. Er wendete gehorsam, trug seinen Mann den gleichen Weg zurück. Als er beim heimatlichen Hoftor hinein wollte, wurde ihm das indes nicht gestattet. Schlägel lenkte ihn in die Reitbahn, exerzierte alle Gangarten mit ihm durch, und es ging alles ausgezeichnet.
Der Leutnant und der Wachtmeister standen auf dem Hof, als die beiden heimkehrten. Sie lachten, sie nickten. Gut, Schlägel!
Im Stall wieherte ein Pferd, und plötzlich reckte Kambesembi sich auf wie elektrisiert, hob den Kopf und rief zurück, zog ungestüm in den Stall. Da stand neben seinem Abteil die Stute Benzin.

Kambesembi stürzte auf sie zu, und die Pferde begrüßten, küßten und liebkosten einander unter jubelndem Lachen, tanzten vor Freude und warfen die Köpfe, die Mähne, die Schweife, verfielen schließlich in ein leises, zufriedenes Wiehergespräch. Die Männer standen dabei und sahen zu, ergriffen von so viel Zärtlichkeit und Liebe.
»Eigentlich verdammt einfache Sache«, sprach der Leutnant, »und wir sind nicht draufgekommen: daß ein Aeroplan Benzin braucht, wenn er funktionieren soll . . .«

Das Schicksal eines Kriegspferdes ist so groß wie ein Menschenschicksal. Aber ergreifender. Das Pferd leidet stumm. Es weiß nicht, um was es geht. Weiß das der Mensch? Er glaubt es zu wissen, und das genügt manchmal zur Begeisterung, zum gewollten Heldentum. Das Pferd ist Treue und Gehorsam, weil es des Menschen Freund sein will. Lebensgefährte und beste Waffe, Verlaß in allen Lebenslagen, das ist das Pferd für den Reiter im Krieg.
Die Zeit war schwer und das Leben hart. Wäre nicht die Liebe zu den Pferden, wäre nicht die Liebe der Pferde gewesen — man hätte vieles, vieles nicht so gut ertragen können!
Der Wachtmeister hatte die Stute Benzin genommen, die zwar kein rechter Ersatz für das Dorle, aber doch ein gutes, seelenvolles Pferd war. Sie blieben alle beisammen eine Zeitlang, die Männer und die Pferde. Kambesembi hatte, durch die aufopfernde Liebe des Dragoners Schlägel, den Weg zurück gefunden zum guten Willen, zur Einsicht, zum Eifer, zur Treue. Er war ein hervorragendes Pferd geworden in jedem Belang, der Renommiergaul der Schwadron! Schlägel war stolz auf ihn.
Sie liebten einander. Sie konnten sich aufeinander verlassen. Und auch die Freundschaft zwischen Benzin und Kambesembi bewährte sich. Vielleicht waren sie Heimat- und Jugendgefährten. Wenn sie nebeneinander trabten, begegneten sich ihre Nasen zu flüchtiger Berührung. Die Stute war die zärtlichere von beiden. Kambesembi zeigte mehr vornehme Zurückhaltung. Und doch brauchte er die Freundin, um sein seelisches Gleichgewicht zu bewahren. Wie ein König saß Schlägel auf seinem Pferd, das ebenso stolz und freudig seinen Reiter trug. Als die Schwadron einen neuen Chef bekam, meinte der, ein solches Pferd wäre viel zu schön und edel für einen einfachen Dragoner. Und er hielt für gut anzuordnen, daß Kambesembi zur persönlichen Verwendung des Chefs abzugeben sei. Alle Erklärungen, Einwendungen und Warnungen seitens des Leutnants und des Wachtmeisters blieben fruchtlos.
Traurig und verbittert ging Schlägel umher. Plötzlich erleuchtete ein Einfall

seine Miene. »Wie wär's, wenn wir sagten, daß er Aeroplan heißt?« fragte er den Wachtmeister. »Dann würde er böse, und sie schickten ihn nach zwei Tagen wieder zurück ...«
»Nachdem er ein paar Leute umgebracht hat. Nein, das geht nicht. Aber laß nur, der bleibt auch so nicht lang beim Chef, der Kambesembi, den kriegen wir bald wieder!«
Ein paar Tage gingen hin, und auch die Stute Benzin wurde traurig, da sie ihren Freund vermißte. Eines frühen Morgens aber, als Schlägel gerade ein junges Pferd an der Longe arbeitete, kam ein bekanntes Wiehern von weit her, und wie ein Wirbelsturm jagte Kambesembi heran, gezäumt und gesattelt und mit fliegenden Steigbügeln, übersprang drei Zäune wie nichts und begrüßte den Freund, als hätte er ihn ein Jahr lang nicht mehr gesehen.
Später erfuhr man Näheres. Kambesembi hatte sich verstockt und bösartig gezeigt, so wie man ihn in den fremden Stall gebracht. Er hatte seinen Pfleger geschlagen und gebissen und den Herrn Oberleutnant zweimal abgeworfen. Beim zweiten Mal war er schnurstracks nach Hause gelaufen. Auf Grund dieser Erfahrungen hatte der neue Chef nichts mehr dagegen einzuwenden, daß Kambesembi bei seinen alten Freunden blieb.

Kriegerischer Sommer mit Staub, Hitze, Durst, Strapazen. Ein Trunk braunen Wassers aus dem Freßbeutel, erst der Mann, dann das Pferd. Vormarsch und Rückzug, Fernpatrouillen ins Niemandsland oder hinter die feindlichen Linien. Und wenn der Reiter den Weg verlor: Kambesembi fand ihn immer wieder. Still, treu und tapfer trug er seinen Reiter am Tod vorbei.
Abends standen und lagen die Pferde müde und schweißnaß, mit der Marschhalfter angebunden, alarmbereit. Und wie alte Heldensagen muteten die Erzählungen der Männer an am offenen Feuer, in der Unterkunft, wenn sie von ihren Pferden berichteten, wie sie dienten, wie sie starben, schweigend in ihr Schicksal ergeben oder mit einem Todesschrei sich aufbäumend – wie die Menschen. Das Jahr schritt fort, und mit ihm marschierten neue Feinde auf: erst die Läuse, dann die Räude. Erst kriegten sie die Pferde, dann die Reiter. Biwaknacht auf dem freien Feld. Es gab keine Häuser und keine Zelte. Stroh war selten und kostbar. Es regnete in Strömen, und die Pferde standen mit hängenden Köpfen. Schlägel schlief nicht. Wie und wo hätte einer auch schlafen können in einer solchen Nacht? Er ging umher, trat zu Kambesembi, der mißmutig unter seinem grauen Woilach stand, ab und zu die Mähne schüttelnd. Die Wolldecke hing zu beiden Seiten tief herunter, und der breite Pferdeleib bildete damit ein auf vier Beinen ruhendes Dach über einem bei-

nahe trockenen Raum ... Vorsichtig, versuchshalber, kroch Schlägel darunter, streichelte Kambesembis Beine, zu ihm sprechend. Unversehens übermannte ihn die Müdigkeit. Als er im Morgengrauen erwachte, stand Kambesembi immer noch wie aus Erz gegossen. Erst als Schlägel hervorgekommen war, regte er sich, trat erlöst hin und her, schüttelte den ganzen Körper. Mit dem unverkennbaren Ausdruck der Zuneigung sah Kambesembi den Mann an und legte den Kopf auf seine Schulter.

Melderitt durch die Streufeuerzone im Zickzackweg, den Kambesembi ganz von selbst fand. Er war ein alter, erfahrener Fronthase geworden. Er kannte die Tücken des Krieges und begegnete ihnen mit wachen Sinnen, die denen des Menschen überlegen waren, entwickelte seine Kniffe und Feinheiten, um dem überall lauernden Verderben zu entrinnen.

Links und rechts, vor und hinter ihnen stäubte unter den Einschlägen die Erde in den Himmel, immer dort, wo sie gerade nicht waren, als würde das Tier von einer geheimnisvollen Voraussicht geleitet. So wie es seinen Weg selbst wählte, wechselte es die Gangart nach Belieben. Schlägel ließ Kambesembi gewähren, und es erwies sich oft, daß er daran gut tat.

Der Gefechtsstand lag in einem alleinstehenden Bauernhaus. Dort war es schon, endlich, gerade noch erkennbar in der Dämmerung, und Schlägel wollte das letzte Stück im Galopp zurücklegen. Aber Kambesembi parierte nicht. Und zu dem Bauernhaus hin wollte er schon gar nicht, nein, um keinen Preis der Welt. Er stand wie ein Bock.

»Was ist denn, Kambesembi? Sei vernünftig, Kambesembi! Wir müssen dorthin ...«

Aber Kambesembi bewies wieder einmal, daß gegen seinen Willen weder mit Schenkeldruck noch Sporenstich etwas auszurichten war. Er drehte jäh ab und brach im Galopp seitwärts aus.

Da schlug es hinter ihnen ein. Kambesembi hielt inne, als hätte er nur auf dieses Signal gewartet. Er kehrte um und trabte gehorsam dorthin, wohin sein Reiter wollte. In Gottesnamen denn zu dem Bauernhaus, wenn du dir das in den Kopf gesetzt hast!

Aber wo das Bauernhaus und der Gefechtsstand gewesen, war nur noch ein rauchender Trümmerhaufen.

Rauhe, neblige Novembertage kamen. Fußtief lag der zähe Lehmbrei auf den Wegen. Alle Bewegung war erschwert. Zusehends magerten die Pferde ab. So manches brave Tier brach vor Erschöpfung zusammen. Kambesembi hielt durch.

Wie oft wurde auf freiem Feld kampiert, in der Frostnacht, und jede Stunde einmal mußten die Pferde mit Strohwischern warm und trocken gerieben werden! Wie dankbar sie dafür waren! Zäh und geduldig harrten sie aus in aller Not, bis zum bitteren Ende.
Blutiger Winter mit viel Schnee, mit beißender Kälte und erfrorenen Gliedmaßen. Statt Hafer und Heu Hobelspäne und gefrorene Kartoffeln, und als sie zu Ende gingen, das faulende Stroh von den Dächern der Bauernhäuser. Zwischendurch, zum Trost, das trockene Brot, das die Männer mit ihren Pferden ehrlich teilten, bis zum letzten Bissen.
Unter dem Druck des gemeinsamen schweren Schicksals wuchsen sie noch enger zusammen als je zuvor, Männer und Pferde. Zwei Jahre Reiten und Schießen, Schießen und Reiten, Rastlosigkeit, Erschöpfung, Blut und Sterben, zwei Jahre lang. Ihr meint, nur ein Mensch könnte stärker sein als das Schicksal? Auch ein Tier vermag es. Unbekümmert, tanzend und wiehernd oder zitternd vor Angst gingen die Pferde ins Feuer, aber sie gingen, treu, zum letzten Opfer bereit, nicht für Gott, Kaiser und Vaterland, sondern aus Liebe zu ihren Reitern. Dann war die Uhr abgelaufen für das zweiköpfige Wesen, das Schlägel-Kambesembi hieß. Beide warf es zu Boden im gleichen Augenblick, beide lagen in ihrem Blut, und als sie wieder zum Bewußtsein erwachten, waren sie nicht mehr beisammen. Von da an verliefen ihre Schicksalswege getrennt voneinander, und wie sehr sie sich in stillen Stunden auch nacheinander sehnen mochten: Der wütende Krieg hatte sie auseinandergerissen und gestattete ihnen nicht, einander wieder zu finden.

Ein Jahr verging und noch ein Jahr. Dann war der Irrsinn vorüber. Der Irrsinn? Nein. Nur dieser eine Anfall von Irrsinn. Die schleichende Krankheit dauerte fort, bis zur nächsten passenden Gelegenheit, unter einem trügerischen Mäntelchen verborgen, das man Frieden nannte.
Der Krieg war verloren. Die Welt war grau. So grau wie diese Stadt, wie diese Straße und dieser Himmel, der einen dünnen kalten Regen in die abendliche Dämmerung goß.
Ein Mann ging darin. Er schritt langsam vor sich hin, den Mantelkragen hochgeschlagen und die Fäuste in die Taschen gebohrt. Was nun? Es gab keine Armee mehr. Die Schwadron war in alle Winde zersprengt. Die Gefährten, die Kameraden, die Freunde, die guten Pferde lagen in der Fremde verscharrt oder waren verschollen, aus dem Blickfeld entschwunden, zerstreut, untergetaucht, ein jedes für sich. Nichts war geblieben von dem, was im Leben dieses jungen Menschen so lange Schwerpunkt und Inhalt bedeutet hatte. Wo

gab es einen Freund, wo gab es eine Heimat? Die neue Zeit schien diese Begriffe nicht zu kennen. Und dieses Leben, das nur noch Vergangenheit hatte, war öd und entmutigend.

Trotzdem waltete über diesem Leben noch ein gütiges Geschick, das beschlossen hatte, einen Freund, einen letzten, an den Weg dieses einsamen Mannes zu stellen, der in sich versunken durch die Stadt ging; einen Freund, an den der Mann nicht mehr dachte. Dieser graue Abend sollte ein Licht für ihn entzünden ...

Vor dem kleinen Wirtshaus, das mit zwei trüb erhellten Fenstern in die enge Straße sah, stand ein Wagen, mit leeren Kisten und Plunder beladen. Ein Pferd war davor gespannt, das einmal schön und stolz gewesen sein mußte. Immer noch war es hoch und edel gestaltet. Aber das Leben mit dem Menschen hatte es gebrochen. Struppig und ungepflegt war es, die hohen, weiß gestiefelten Beine waren geknickt, und das Haupt hing kraftlos zur Erde.

Ohne Decke stand es im Regen, und das Wasser rann in kleinen schwarzen Bächen vom Rücken zum Bauch und über die Beine, über Hals und Gesicht, tropfte von der Unterlippe zu Boden.

Es träumte vor sich hin mit halb geschlossenen Augen, und wenn es auch kein Erinnern hatte an Einzelheiten eines früheren Lebens, so war doch in der Tiefe seiner Seele ein Wissen um ein Vergangenes, das groß, strahlend und wärmend gewesen: das Glück; und ein Gefühl, daß die Gegenwart unendlich trostlos und jammervoll war. Und aus dem formenlosen Dunkel dieses Wissens löste sich erst undeutlich, dann immer klarer die Gestalt eines Menschen, den dieses Pferd geliebt hatte, und den es noch liebte; den ein verständnisloses Schicksal von ihm getrennt. Plötzlich wurde es gewahr, daß die Erinnerung an diesen Menschen nicht von ungefähr aus dem Abgrund des Unterbewußten gestiegen, sondern geweckt und geformt worden durch einen Schritt, der durch die Enge der dunklen Straße hallte; den das Pferd kannte, weil er jenem Mann angehörte, dem Freund, dem Gefährten, *Ihm!*

Und dem Ahnungslosen, aus dem Brüten Erwachenden streckte sich jäh ein Gesicht entgegen mit einem leisen, glücklichen Wiehern, das Gesicht eines Pferdes, das im strömenden Regen allein vor einem Wirtshaus stand und auf den Gehsteig getreten war, um diesen Mann zu begrüßen. Obwohl der Mann dieses Pferd nicht sogleich erkannte, ahnte er, was für ein Pferd das war.

»Kambesembi!« rief er, »Kambesembi!« und die Stimme versagte ihm. Immer noch unsicher, prüfte er die Beine, den Rücken, die Haltung des Pferdes. Aber es konnte keinen Zweifel geben! Der Mann faßte den Kopf des Pferdes und drückte sein Gesicht daran.

»Kambesembi, mein Kambesembi!« sagte er leise. Er klopfte das Pferd, er küßte es auf die Nasenkuppe. Er griff in die Taschen, obwohl er doch wußte, daß nichts Eßbares darin war.

»Warte«, sprach er, »ich komm gleich wieder!«

Hastig wandte er sich ab, betrat das Gasthaus. Er mußte diesem Kutscher klarmachen, daß man ein Pferd nicht unbedeckt im Regen stehen lassen dürfe ...

»Wem gehört das Fuhrwerk da draußen?« fragte er. Die wenigen Gäste erhoben die Köpfe, erstaunt ob der unerwarteten, lauten Frage, drehten sich unwillig ihren Gläsern zu.

Was wollte der Mann hier? Er trug einen abgerissenen Soldatenmantel und das Gesicht voll Bartstoppeln. Solche Leute hatten eine Art, immer sogleich zu verraten, von welcher Sorte sie waren, durch ihre Haltung, durch ihren Ton und überhaupt. Eine Art, die unpopulär war und auf die Nerven ging...

Niemand antwortete. Der Wirt erschien, wischte die Hände an der Schürze ab. Nein, hier sei niemand, dem das Fuhrwerk gehörte. Vielleicht beim Kaufmann nebenan!

Mit einer Scheibe Brot und einigen Stücken Zucker in der Hand trat der Soldat wieder auf die Straße. Aber da stand kein Fuhrwerk mehr.

Der Mann horchte ins Dunkel mit erhobenem Kopf. Er lief voran, spähte um die Straßenecken, eilte zurück.

Erregt brach er in die abendliche Beschaulichkeit des kleinen Ladens ein, der nach Gewürzen und Petroleum roch, fragte.

Ja, hier sei der Kutscher gewesen ...

»Wer war es? Und woher?«

Das aber wußte man nicht zu sagen. Er sei zum erstenmal hier vorbeigekommen ...

Eine Weile stand der Mann noch vor dem Hause, die kleinen Geschenke in den Händen haltend.

»Kambesembi ...«

Ohne es recht zu wissen, flüsterte er immer wieder dieses Wort. Es war eine Ratlosigkeit, eine Liebkosung, die niemand vernahm, eine Anklage gegen die Unlogik und Unabwendbarkeit des Schicksals, ein Freundesruf, der sich verlor in der dunklen Weite und Leere der Welt.

William Holt

Mann und Pferd begegnen sich

Eines Tages begegnete mir auf der Straße in der kleinen Stadt Todmorden in Yorkshire ein schneeweißes Pferd.

Mir fiel ein, daß abergläubische Menschen in meiner Kindheit beim Anblick eines Schimmels dreimal ausspuckten und sich dabei etwas wünschten. Ich tat es – für alle Fälle! – und sah dann das wunderhübsche Pferd noch einmal an. Doch als ich den Wagen gewahrte, den es zog, war ich entsetzt: es war ein zweirädriger Lumpensammlerkarren, beladen mit rostigem Eisen!

Einen größeren Gegensatz konnte es gar nicht geben. Das Fell des Pferdes war makellos weiß, seine Mähne wunderschön lang, und sein Schweif berührte fast den Boden. Als es näher kam, blieb es plötzlich stehen und schaute mich groß und fragend an.

Nie werde ich wissen, ob sein Kutscher es zufällig anhielt, oder ob es aus eigenem Ermessen nicht weiterging. In jedem Fall – es war für uns beide *Schicksal!*

Ich sah ihm in die sanften, ausgesprochen klug blickenden Augen, deren Sicht durch abscheuliche Lederscheuklappen eingeengt war. Außerdem war es sehr mager. Wie um Himmels willen war dieses Märchenpferd vor diesen Karren geraten?!

Ich sprach den Kutscher an, einen älteren, nicht unsympathischen Mann. Nun, er sei kürzlich erst nach Todmorden gekommen, von Leeds herüber, beantwortete er meine Frage, und das Pferd heiße »Trigger«.

Ich wollte wissen, wo sein Stall war.

Der Lumpensammler lächelte nachsichtig: »Es hat keinen Stall, hat sein Lebtag keinen gekannt ...«

Als ich fragte, wo er denn das Pferd in der Nacht ließe, antwortete er, Trigger sei im Freien geboren, und hier in Todmorden lasse er ihn nachts einfach am Eisenbahndamm frei, dort könne er grasen.

»Ach du armer Kerl!« murmelte ich. Doch mein Bedauern schien fehl am Platz; Triggers Augen, die fest auf mir ruhten, waren keineswegs traurig, vielmehr heiter und gelassen.

Als der wunderschöne Schimmel mit seinem so gar nicht zu ihm passenden Karren weiterging, stellte ich fest, daß er nur ein einziges Hufeisen hatte. Ich blieb auf derselben Stelle stehen; ein seltsames Gefühl hatte mich überkommen, Mitleid und Sehnsucht zugleich, ja, mehr als das. Phantastische Gedanken wirbelten mir durch den Kopf; es war, als wäre vor mir plötzlich ein Fenster aufgestoßen worden, das den Blick in eine andere Welt freigab. Wie ein Blitz durchzuckte mich ein Entschluß. Mit klopfendem Herzen eilte ich dem Karren nach. Als er wieder zum Stehen kam, fragte ich den Kutscher, ob er das Pferd wohl verkaufen würde.

Trigger spitzte aufmerksam die Ohren und drehte den Kopf zu mir herum. In seinen Augen las ich Zustimmung.

Der Lumpenhändler schüttelte erst lächelnd den Kopf; dann sah er mich eine Weile stumm an, ehe er sagte, gegebenenfalls müsse ich auch den Karren kaufen ... Er erzählte mir, es gehe ihm nicht zum besten, er habe selbst schon in Erwägung gezogen, das Pferd wegzugeben. Die Geschäfte ließen mehr und mehr zu wünschen übrig, überdies sei er nicht ganz gesund und müsse sich nach einer Tätigkeit umsehen, die er im Hause ausführen könnte.

Ich erklärte mich einverstanden, Pferd und Wagen zu kaufen, wie sie waren.

»Gut, dann kommen Sie morgen zu mir«, antwortete der Mann und fuhr weiter.

In der Nacht besuchte ich Trigger am Eisenbahndamm. Ich blieb ein Stück von ihm entfernt an einer Brücke stehen, verdeckt von Eisenträgern. Er zupfte gemächlich an dem hohen Unkraut und dem mageren Gras. In der Dunkelheit wirkte er wie eine Geistererscheinung.

Plötzlich donnerte ein Schnellzug unter der Brücke durch. Triggers Kopf fuhr erschrocken in die Höhe, und er lief an der abschüssigen Böschung entlang. Funken stoben ins Unkraut, und nachdem der letzte Wagen vorübergerattert war, konnte ich Triggers Hufe auf der Schlacke knirschen hören. Schließlich hielt er inne, offenbar beruhigt, und schabte seine Flanke an einem Telegrafenmast. Dann stand er lange Zeit still, mit dem Rücken gegen den Wind, und verlegte das Gewicht von einem Vorderbein aufs andere. Seine verzottelte Mähne flatterte im Wind. Weit und breit war kein anderes Tier, das seine Einsamkeit geteilt hätte, aber er machte einen zufriedenen und glücklichen Eindruck. Ich hütete mich, ihn zu stören.

Am folgenden Tag kaufte ich ihn mitsamt dem zweirädrigen Karren, dem alten Eisen und allem Zubehör. Ich führte ihn den Hügel hinauf zu meinem alten Haus in der Nähe des Moors, kippte den Karren mit seiner Last an einer abgelegenen Stelle um und befreite Trigger von seinem viel zu schweren

Zuggeschirr. Dann schnallte ich die häßlichen Scheuklappen ab, hielt sie ihm vor die Augen und warf sie in hohem Bogen fort. Ich hatte das Gefühl, daß er begriff, was das bedeutete.

Mein altes gotisches Haus steht zwischen Wald- und Wiesenland und einigen Stallgebäuden.

Trigger steckte das Maul tief in den mit Hafer gefüllten Eimer, den ich ihm hinhielt, kaute schnell und gierig und warf mir einen erstaunten Seitenblick zu. Offenbar war er an so nahrhaftes und schmackhaftes Futter nicht gewöhnt. Ich bürstete seine ungepflegte Mähne, und er trat fügsam zur Seite, als ich ihm über die Flanken strich. Ich entdeckte eine alte Narbe über seinem linken Kniegelenk; offenbar hatte er sich einmal verletzt, und die Wunde war nicht genäht worden. Nachdem er seinen Hafer restlos verspeist hatte, schnüffelte er an meinem Ärmel.

Seine Verwunderung über den Hafer war nichts im Vergleich zu seiner Freude, als er auf meiner Wiese freigelassen wurde. Er schnaubte, schlug mit den Hinterbeinen aus und galoppierte über den weichen Boden unter seinen Hufen. Meine beiden Hunde, ein großer Neufundländer und ein winziger Shi Tzu, bellten ihm neidisch nach.

Ganz plötzlich blieb er stehen, senkte den Kopf zur Erde und beschnüffelte vorsichtig das Gras. Dann warf er sich zu Boden und wälzte sich.

Bald darauf streckte er die Vorderbeine vor und sprang auf. Er schüttelte sich so heftig, daß er taumelte. Nach diesem Gruß an die Freiheit begann er das fette Gras zu rupfen. Er sah bildhübsch aus mit seinem langen Schweif. Damit er begriff, daß er von jetzt an hier zu Hause war, brachte ich ihn in dieser Nacht im Stall unter. Er stand in tiefem Stroh und hatte ein großes Bündel Heu in der Raufe. Am nächsten Morgen wieherte er laut, als er meine Schritte hörte. Sein aus tiefster Brust kommender Schrei war wie der eines wilden Tieres. Als ich die Stalltür aufmachte, sah er mich an und wieherte mit ganz hohen Tönen, als wollte er sagen: ›Warum hast du mich nicht viel früher gekauft?‹ Seinem Protest folgte mehrmaliges tiefes, lustiges Wiehern, das im Stall widerhallte, als ob die Saiten einer Baßgeige gezupft würden.

Das waren die weit zurückliegenden Tage meines ersten Zusammentreffens mit Trigger, lange bevor ich daran dachte, ihn zu reiten, lange bevor ich auch nur davon träumte, mit ihm zusammen eine große Reise zu unternehmen. Als ich mich dieses zauberhaften Pferdes annahm und es auf mein Besitztum Kilnhurst brachte, hatte ich nichts anderes im Sinn, als es glücklich zu machen, wie man sich auch eines streunenden Hundes erbarmt. Ich kaufte Trigger als Haustier. Ich ahnte damals nicht, daß in Wirklichkeit er mich mit Beschlag belegte. Meines Erachtens hatte ich ihn von seiner Plackerei erlöst und wahrscheinlich vor dem Schinder gerettet; er aber war gekommen, um mich davonzutragen. Dieser wunderschöne Araber war durch mich nicht vom Elend befreit worden, sondern gelangte nach der Befreiung zu größerem Glücksempfinden, weil er zu einem Menschen kam, der denselben Geschmack und dieselben Neigungen hatte wie er, zu einem, der wie er die Freiheit liebte. Und er gab mir, was ich damals noch nicht ahnte: die Möglichkeit, mich aus den Fesseln des Alltags zu lösen. Er rettete mich.

Es wurde unvermeidlich, Trigger zu reiten, denn wie ein Hund folgte er mir überallhin, selbst wenn ich in die Stadt ging. In seiner Freude, bei mir sein zu dürfen, begann er zu traben, so daß mir nichts anderes übrigblieb, als neben ihm her zu rennen. Folglich kaufte ich einen Sattel. Das war der Anfang; er wollte es so. Er wollte mich dazu bringen, mit ihm wegzugehen ... Nie stimmten Sehnsüchte und Wünsche zweier Lebewesen mehr überein! Unsere Ritte wurden immer länger und führten uns immer weiter von daheim weg. Ich wurde wieder zum Kind, und wir waren wie zwei Schulbuben, die sich entschlossen haben, durchzubrennen.

Anfänglich war ich so vermessen, anzunehmen, daß ich ihm eine neue Welt der Freiheit zeigte; aber ich fand bald heraus, daß *er* mir den Weg wies und mir eine Welt eröffnete, die ich nie zuvor beachtet hatte. Als ich das endlich merkte, ließ ich ihn den Weg wählen. Er führte mich an Stellen, die ich noch nie bewußt gesehen hatte, obwohl einige gar nicht weit von meinem Haus entfernt waren: stille geheimnisvolle Plätze, kaum eine Galoppminute abseits der verkehrsreichen Straße, nur zu Fuß oder zu Pferd erreichbar. Dort lagen wir im Gras und träumten von einer märchenhaften Zukunft.

Eines Tages sah mir Trigger erstaunt zu, als ich vor einem Ausritt umfangreichere Vorbereitungen als sonst traf. Sollte er das etwa alles schleppen? Eine warme Wolldecke, eine wasserdichte Unterlage, zwei neue Satteltaschen aus Segeltuch — was hatte das zu bedeuten?

Das war nur die Ausrüstung für den Beginn unserer Ausflüge (vorläufig in der Heimat), auf denen ich ihn und mich erproben wollte, ob wir beide wetterfest und verläßliche Kameraden durch dick und dünn wären. Und ob sich später einmal eine sehr weite Reise auf diese Weise finanzieren lassen würde: von der Hand in den Mund! Das heißt, in England durch den Verkauf eines meiner Bücher und später, in fremden Ländern, durch meine Skizzen und Bilder ...

Nach einem längeren Ritt breitete ich am Abend dieses Tages auf einer

Wiese die wasserdichte Unterlage aus, meine Wolldecke darüber, benutzte den umgedrehten Sattel als Kopfkissen und legte mich so zum Schlafen nieder.
Trigger beobachtete mich verwundert, graste sich in immer engeren Kreisen an mich heran, und ehe ich einschlief, sah ich ihn neben mir stehen, eine reizende Silhouette vor dem nächtlichen Sternenhimmel.
Als ich am Morgen aufwachte, lag er neben mir.
Wir unternahmen im Lauf der nächsten Wochen und Monate unzählige Ausflüge in die weitere Umgebung von Todmorden. Ich fand ziemlich viele willige Käufer für meinen Roman »The Wizard of Whirlaw« (»Der Hexer von Whirlaw«), so daß wir Yorkshire in allen Himmelsrichtungen durchstreifen konnten, wobei ich Land und Leute gründlich kennenlernte.
Einmal hatten wir ein unangenehmes Abenteuer, das verhängnisvoll hätte enden können.
Ich ritt auf einem schmalen Treidelpfad entlang, der neben einem heutzutage nicht mehr benutzten Kanal verläuft. Etwa sechzehn Kilometer von Todmorden entfernt führt der alte Kanal durch einen Berg, und hier – im sogenannten »Langen Tunnel« – ist das Wasser tief und dunkel.
Trigger ging immer am äußersten Rand des schmalen Treidelpfades, damit sich die Satteltasche nicht an der Mauer schabte. Trotz seinem sicheren Tritt wurde uns dieser Umstand zum Verhängnis, als ich durch den langen Tunnel ritt und plötzlich ein Schuljunge in dem vor uns liegenden Ausgang auftauchte. Trigger erschrak, glitt seitlich ab, und wir stürzten in den Kanal. Im Bruchteil einer Sekunde tauchten wir beide unter.
Trigger schwamm sofort dem Tageslicht am Ausgang des Tunnels zu, und ich schwamm neben ihm, von Besorgnis erfüllt, weil sich die Satteltaschen mit Wasser füllten und bald so schwer wie Mühlsteine werden mußten.
Am Ende des Tunnels wollte Trigger den Uferdamm erklimmen. Er brachte seine Vorderhufe zwar hinauf, rutschte jedoch ab und fiel auf mich. Er machte mehrere Versuche, aber der Damm war zu hoch. Endlich gab er es auf und schwamm zur anderen Seite hinüber. Wenn sich dort eine Wiese befunden hätte, wären wir ohne Schwierigkeiten aus dem Wasser gekommen, aber wir sahen uns statt dessen einer fünfzehn Meter hohen Felswand gegenüber. Wir saßen in einer Falle.
Ich schwamm meinem Pferd nach, um ihm die Satteltaschen abzuschnallen, aber Trigger hatte schon die Möglichkeit entdeckt, sich vor dem Ertrinken zu retten: Hals und Schultern ragten bereits aus dem Wasser – er hatte Boden unter den Füßen gefunden, eine schmale ansteigende Klippe. Es gelang

ihm aus dem Wasser zu klettern. Ich tat es ihm gleich und nahm ihm den Sattel mit den Taschen ab. Er stand ganz still und schüttelte sich nicht einmal das Wasser aus dem Fell.
Ich dankte Gott für diese Klippe. Wenigstens war Trigger vor dem Ertrinken bewahrt. Ich wartete geduldig, weil ich annahm, daß der Junge, der ja Zeuge des Vorfalls gewesen und weggerannt war, Hilfe holen würde. Wir warteten und warteten. Es wurde Abend. Ich entschloß mich endlich, durch den Tunnel zurückzuschwimmen. Aber Trigger ließ sich nicht dazu bewegen, sich dem dunklen Wasser anzuvertrauen.
Während ich tropfnaß, verzweifelt und ratlos neben meinem Pferd stand, sah ich auf einmal den Kopf eines Mannes über der gegenüberliegenden Mauer auftauchen. Rettung nahte! Polizisten erschienen, die Feuerwehr wurde alarmiert, man schob zwei lange Leitern nebeneinander über den Kanal und legte Planken darüber. Das war gut gemeint, Menschen konnten diese Notbrücke überqueren, aber ein Pferd nicht, denn die Planken verschoben sich, und es hätte mit den Hufen dazwischengeraten und sich die Beine brechen können.
Ich schlug vor, die Planken auf der anderen Seite aufeinander zu schichten, so daß eine Art Rampe entstand. Ich trieb Trigger ins Wasser darauf zu, aber er drehte sogleich wieder um – ihn dünkte die schmale Klippe sicherer als die wackeligen Planken.
Zum Glück traf jetzt die Rettungsmannschaft des Tierschutzvereins mit einem großen Netz und starken Seilen ein. Ich zog das Netz über Triggers Hinterteil und befestigte es um seinen Körper. Zwei Seile wurden auf der anderen Seite um einen Baum geschlungen. Ich trieb das verängstigte Pferd mit aller Gewalt wieder ins Wasser, und die Helfer zogen an den Seilen. Nachdem ich abgestiegen war, erkletterte Trigger die Rampe. Er glitt zwar aus, konnte jedoch dank dem Netz aufs Trockene gezogen werden. Alle packten hilfreich zu. Wir brachten ihn zur nahegelegenen Feuerwache, wo ein Eimer mit warmer Kleie seine Lebensgeister weckte, während ich in einer benachbarten Badeanstalt ein heißes Bad nahm und meine durchnäßten Sachen in einem Apparat getrocknet wurden.
Danach schliefen wir auf einer Wiese am Ufer des Flusses Ryburn. Trigger legte sich dichter neben mich als je zuvor; die gemeinsam überstandene Gefahr hatte uns noch näher zusammengeführt.
In der Folgezeit unternahmen wir noch viele Ritte, schliefen auf Feldern, an Berghängen oder am Rand des Moores, und meine Träume von einer großen Reise zu Pferde nahmen immer festere Gestalt an.

Judah Waten Vaters Pferde

Vater erlebte mit seinen Pferden nichts als Scherereien. Bis er Ginger, den großen Fuchswallach erstand, hatte es mit jedem von ihnen irgendeinen Haken. Aber die meisten sahen gut aus; denn wie es Männer gibt, die auf jede hübsche Frau hereinfallen, so konnte Vater, glaube ich, keinem schönen Pferd widerstehen, selbst wenn man ihn davor warnte.

Da hatten wir zum Beispiel Prinz, den Vater auf dem Roßmarkt eingehandelt hatte; eine eindrucksvolle Erscheinung vor unserem Federwagen. Sein seidiges schwarzes Fell, die weißbestrumpften Beine und die Blesse auf der Stirn unterschieden ihn von jedem anderen Pferd in der Nachbarschaft. Prinz war früher ein Rennpferd gewesen, und er konnte nichts dafür, daß er nun der Karrengaul eines Flaschensammlers war und nicht ein Star der Rennbahn. Ein Trainer und ein Jockey hatten Schande über ihn gebracht, und er war für immer vom Rennen ausgeschlossen worden. Vater konnte sich das Vergnügen nicht versagen, jedermann von der großen Vergangenheit seines Pferdes zu erzählen, und wenn er seine Geschichten über Prinz auspackte, mußte sogar Mutter zuhören.

Aber solange Vater Prinz hatte, begannen seine Sorgen schon in aller Frühe, sobald er sich auf seine Flaschenrunde machte. Ob dazu aufgefordert oder nicht, der Gaul fiel in einen flotten Trab und – was noch schlimmer war – blieb nie stehen, wo Vater halten wollte. Vater schrie und schimpfte in allen Sprachen, die ihm zu Gebote standen, und riß aus Leibeskräften an den Zügeln, aber Prinz hörte noch immer das Echo donnernder Hufe und trabte weit über jede Haltestelle hinaus.

Wenn Vater ihn dann endlich zum Stehen gebracht hatte, mußte er zusehen, daß er schleunigst in den Hinterhöfen seine leeren Flaschen einsammelte und zum Wagen zurückbrachte, denn Prinz hatte die Gewohnheit, sich plötzlich in Gang zu setzen, so daß Vater gerade noch mit Ach und Krach auf den Kutschbock klettern und die Zügel fassen konnte. Ohne Rücksicht auf die kostbare Ladung trabte Prinz großspurig dahin, und Vater, der fürchtete, es könnte uns ein Unglück zustoßen, redete ihm gut zu, brüllte Flüche, ja hob sogar die Peitsche, aber er dachte wohl nie ernstlich daran, sie zu gebrauchen. Er warf mir aus den Augenwinkeln einen verlegenen Blick zu und erklärte: »Wenn ich ihm die Peitsche zu schmecken gebe, fängt er mir am Ende noch an zu galoppieren, und dann ist's um uns geschehen.«

Wir wußten alle beide, daß Prinz für einen Flaschenhändler so gut wie völlig unbrauchbar war — einer von Vaters üblichen Mißgriffen.

Eines Tages erreichten die Dinge ihren Höhepunkt.

Prinz war besonders widerwärtig gewesen. Er hatte die wilde Fahrt in vollen Zügen genossen und schüttelte glücklich wiehernd die Mähne, als wir in unseren Hof einfuhren. Vater sprang vom Bock und hängte die Sperrkette ins Rad. Einen Augenblick betrachtete er schweigend den Wagen, der dank dem Mutwillen des Pferdes halb leer war. Er murmelte etwas in seinen Schnauzbart von einem Pferd, das ihm der Teufel geschickt hatte, um ihn ins Unglück zu stürzen. Dann ging er auf den nichtsahnenden Prinz zu und schlug ihm mit geballter Faust kräftig ins Gesicht. Das Pferd scheute zurück und starrte ihn, am ganzen Körper zitternd, stumm an.

Vater drehte sich nach mir um und machte ein belämmertes Gesicht.

»Warum habe ich das getan?« sagte er reumütig, mehr zu sich selbst als zu mir. »Er ist wie ein Mensch, nur stumm. Woher soll er wissen, wie er sich vor dem Wagen eines Flaschenhändlers aufführen muß? Hab' ich denn gleich gewußt, was ich zu tun habe? Er ist ein Herr, der ins Elend geraten ist. Er ist es nicht gewohnt, für seinen Lebensunterhalt zu arbeiten.«

Voller Reue streichelte er zärtlich den Hals des Pferdes, und Prinz schob seine Nüstern unter Vaters Arm.

»Er ist ein guter Kerl«, sagte Vater erleichtert. »Er hat mir schon verziehen.«

Aber bald mußte er seinen Traber verkaufen. Den anderen Flaschenhändlern und den Nachbarn, die sich nach dem Pferd erkundigten, erklärte er in recht unbestimmten Redensarten, Prinz sei für einen Flaschenwagen zu gut, aber später, wenn er sich einen Zweisitzer leisten könne, wolle er ihn zurückkaufen.

Nach dem Rennpferd kam eine kräftige Schecke, und wieder einmal hatte sich Vater von der Schönheit des Tieres verführen lassen. Es zeigte sich, daß die Stute noch schlimmer war als Prinz. Sie scheute und bockte und hatte einen aristokratischen Geschmack. Nur den feinsten Haferhäcksel fraß sie.

Vater war fest entschlossen, sie für seine Zwecke abzurichten. Er weigerte sich, der Wahrheit ins Auge zu blicken und behauptete, er sehe nicht ein, warum die Schecke nicht ein gutes Pferd für einen Flaschenhändler abgeben sollte.

»Ich werde sie schon Mores lehren!« sagte er drohend. Nach der Niederlage mit Prinz brauchte er einen kleinen Triumph, um sein Selbstvertrauen wiederzugewinnen.
Und manchmal sah es auch einen ganzen Vormittag lang so aus, als hätte er es geschafft. Er seufzte vor Erleichterung, strich sich stolz den Schnurrbart und stieß mich in die Rippen:
»Sieh dir das an!« Er zeigte auf das breite, schaukelnde Hinterteil der Stute. »Ein Goldstück ist das. Man darf nur nicht gleich aufgeben.«
»Warum zittert sie bloß jedesmal, wenn wir an einem Auto vorbeifahren?« fragte ich.
»Du mit deinen dummen Fragen«, antwortete er gereizt. »Mußt du mich auch noch ärgern?«
Um die Wahrheit zu sagen: Vater konnte nicht oft behaupten, er habe die Stute fest in der Hand. Eines Tages scheute sie vor einem Auto und warf um ein Haar unseren Wagen um, so daß ein paar Säcke voll Flaschen auf den Boden kollerten.
Vater und ich sprangen ab und besahen uns die Glasscherben, die über die ganze Straße verstreut lagen, und Vater schüttelte resigniert den Kopf und sagte: »Kein Mensch kann mit einer fickerigen Stute in Frieden leben. Sie will nichts als ihr Fressen und ihr Vergnügen, und vor der Arbeit bockt sie. Aber ich werd's ihr schon noch zeigen!«
Nur: wie wollte er es ihr denn zeigen? Er hatte seine ganze Geduld und sein ganzes Wissen erschöpft, als ihm endlich ein Bekannter einfiel, ein Pferdezüchter, der ihm der rechte Mann schien, um der Stute die harten Tatsachen des Lebens beizubringen.
Eines Morgens, kurz nach Tagesanbruch, traten wir die lange Fahrt nach der Farm an. Die Sonne war gerade über den roten Rand des Horizonts gestiegen, als wir die Stadt verließen, die in weißen, zuckerigen Dunst gehüllt lag. Es war zu Beginn des Frühjahrs, und die hohe Kuppel des hellblauen Himmels, die bis ans Ende der Welt reichte, war reingewaschen und von keinem Wölkchen befleckt.
Wir verließen die breite Landstraße und bogen in einen schmalen, holperigen Fuhrweg ein, der zwischen hohen Gummibäumen hinführte. Um uns her stieg der schwere Geruch von Eukalyptus, Farnen und unbebauter, feuchter Erde auf. In den höchsten Ästen schwatzten die Elstern, als fragten sie sich, was das einsame Gefährt da unten verloren habe. Unsere Schecke stellte die Ohren auf, warf den Kopf zurück und trabte den ganzen Weg leicht und anmutig dahin. Ihre lange schwarze Mähne flatterte in der schwachen Brise.

Vater betrachtete sie zärtlich. »Sie ist wie ausgewechselt«, sagte er. »Das Land ist gut für ihre Nerven.«

Gegen Mittag sahen wir in bläulichem Dunst die glänzenden Schuppen und das rote Blechdach der Farm vor uns liegen. In einiger Entfernung vom Haus grasten ein paar Pferde zusammen mit einer Herde rostbrauner und weißer Rinder. Nicht weit davon, in einer Einzäunung, stand ein kastanienbraunes Pferd unbeweglich unter einem einzelnen Baum, die eine Hinterhand auf die Kante des Hufs gestellt. »Das ist mir einmal ein vernünftiges Tier«, sagte Vater und betrachtete den Fuchs eingehend.

Der Farmer hieß Anderson. Er und Vater setzten sich auf die Veranda und unterhielten sich über den Regen, der längst fällig war, über die Ernte, die niederen Preise, die der Landmann erzielte, und die elende Lage des Flaschensammlergewerbes. Sie schienen an ihrem Gespräch Gefallen zu finden, denn sie redeten und redeten, und keiner hatte es eilig, auf den Zweck unseres Besuches zu kommen.

In der warmen Stille, die nur von den beiden Stimmen und dem Gezwitscher der Vögel durchbrochen wurde, saß ich unter einer Fichte vor der Veranda und wartete ungeduldig, daß Vater und Mr. Anderson sich endlich ausgesprochen hätten. Ohne Appetit aß ich die belegten Brote, die Mutter uns eingepackt hatte, und trank Milch aus einer Limonadenflasche. Ab und zu warf ich Steine nach den Vögeln, die in meiner Nähe umherhüpften.

Endlich erhoben sich die Männer und gingen zu unserer Schecke hinüber, und ich lief ihnen nach. Mit einem schnellen, sicheren Griff öffnete Mr. Anderson der Stute das Maul und prüfte ihre Zähne. Dann befühlte er ihre Fesseln und strich ihr mit der Hand über den Bauch. Er beendete seine Untersuchung mit einem Schlag auf ihre breite Kruppe.

»Eine Stute taugt nicht für den Wagen«, sagte er nachdenklich. »Aber hier wird sie sich schon anständig aufführen. Meine Ackergäule dulden keinen Unfug.«

Er verließ uns, um den Fuchs zu holen, den wir im Schatten hatten stehen sehen, und als er mit ihm zurückkam, sagte er zu Vater:

»Wenn Ihnen Ginger nicht zusagt, können Sie die Stute wiederhaben. Aber ich wette, Sie werden mit dem Tausch zufrieden sein. Ginger ist ein verständiges Tier. Er hat einen Bäckerwagen gezogen ... Er ist wohl nicht so jung wie die Stute, aber er hat mehr hier oben drin«, schloß er und zeigte auf seinen eigenen Kopf.

Vater sagte kein Wort. Er beäugte den Fuchs voll Argwohn, und ich ahmte seine abschätzenden Blicke nach. Viel war an dem Pferd nicht zu sehen, und

es kam mir recht beschämend vor, nach der Stute nun mit so einem häßlichen Vieh kutschieren zu müssen.
Die Stute war schnell ausgespannt, und Ginger wurde in die Deichsel geschoben. Er schien mit seinem neuen Los zufrieden, denn er muckte nicht und gehorchte Vaters Befehlen aufs Wort. Aber Vater ließ mich nicht zu sich auf den Wagen steigen, bevor er den Fuchs nicht ordentlich ausprobiert hatte. Er ließ ihn um den Hof laufen und wenden, hielt und fuhr wieder an, stieg ab und wieder auf, während Mr. Anderson brüllte und auf einer Petroleumkanne einen Heidenlärm machte, um zu zeigen, was für gute Nerven das Pferd hatte.
Ginger bestand alle Prüfungen mit Auszeichnung und gehörte uns.
Trotz dem günstigen Handel konnte Vater auf der ganzen Rückfahrt die Trennung von einem so schönen Pferd, wie es unsere Schecke war, nicht verwinden. Er sagte, er hoffe, Mr. Anderson werde sie nicht mit der Peitsche schlagen, und er war überzeugt, daß sie ihn vorwurfsvoll angesehen hatte, als wir die Farm verließen. Hätte Ginger besser ausgesehen, würde sich Vater um die Schecke kaum noch Sorgen gemacht haben.
Er zeigte mit der Peitsche auf den Fuchs und sagte:
»Nun sieh dir das häßliche Vieh nur an. Sein Schwanz fegt den Staub auf, der Bauch hängt ihm durch, und der Hintern geht hin und her wie ein Pendel. Und sieh dir bloß die Haarbüschel über den Hufen an!« Und nach einer Weile sagte er angewidert:
»So ein Klepper!«
Doch bald mußte Vater brummend zugeben, daß Ginger von allen Pferden, die er bisher gehabt hatte, das brauchbarste war. Er hatte ein ruhiges Temperament und brachte nie die Flaschenladung in Gefahr. Aber er war ein Dickschädel und ließ sich nicht antreiben – da half alles Schreien und Peitschenknallen nichts. Ob der Wagen voller Flaschen oder leer war, Ginger zockelte im gleichen gemächlichen Schritt dahin. Insgeheim fühlte ich mich Vater überlegen, der dem Pferd gegenüber völlig machtlos schien. Ich bildete mir ein, daß ich mir den Gaul schon gefügig machen wollte, wenn ich nur Gelegenheit dazu hätte.
Auch in mancher anderen Hinsicht hatte sich Vater Gingers Willen zu beugen. Zu Mittag mußte er jedesmal zappelnd und wutschnaubend warten, bis Ginger das letzte Stückchen Häcksel gefressen hatte. Ein paarmal hatte er versucht, ihm den halbleeren Futtersack wegzunehmen, aber Ginger hatte die Zähne gezeigt und nach ihm geschnappt, und da er sehr langsam fraß, mußte sich Vater zum erstenmal in seinem Leben beim Essen Zeit lassen.

Was Vater aber am meisten ärgerte, war Gingers Angewohnheit, immer in die Straßen einzubiegen, in denen er früher gearbeitet hatte. In diesen Straßen hielt er, wie einst vor dem Bäckerwagen, bei jedem zweiten Haus, und Vater war machtlos. Wenn es zufällig genug Flaschen in der Straße gab, rechtfertigte er sich, indem er sagte, es sei ja gleich, wo er seine Flaschen kaufe. Gab es aber keine Flaschen in den Häusern, so fluchte er auf Ginger und schrie:
»Ich habe einen Boß im Genick sitzen, der mir sagt, wo ich Flaschen kaufen muß. Die Pest soll er kriegen!«
Wenn er besonders schlecht auf Ginger zu sprechen war und seine vergeblichen Versuche, den Willen des Pferdes zu brechen, ihn ganz krank gemacht hatten, dachte er reumütig an Prinz und die Stute zurück und sang ihr Lob, als wäre nie etwas geschehen, das seine Freude an ihrer Schönheit getrübt hätte. An Ginger ließ er dann kein gutes Haar.
»Er ist häßlich wie die Sünde, und einen Schmerbauch hat er obendrein. Er ist ein hinterlistiger alter Fuchs. Warum muß ich mich mit so was abplagen!«
Vater Kampf mit Ginger wurde unter den jüdischen Flaschensammlern und Händlern, mit denen wir auf unseren Runden und auf dem Sammelplatz zusammenkamen, ausgiebig besprochen und belacht.
Einmal, zur Mittagszeit, trafen wir eine ganze Gruppe bei einer Pferdetränke am Stadtrand. Die Männer saßen im Straßengraben und aßen ihre belegten Brote, während ihre Pferde fraßen und sich ausruhten.
Nachdem Ginger aus dem Trog getrunken hatte, führte Vater ihn zu einem Baum, in dessen Schatten er seinen Häcksel fressen konnte. Dann setzten wir uns zu den anderen, um unsere Butterbrote und harten Eier zu verzehren. Einer der Händler, der Kaninchenfelle aufkaufte, zeigte auf Ginger und sagte tiefernst: »Ein guter Tausch, dein Klepper. Wenn er auch nur einen Tag jünger als zwölf Jahre ist, bin ich der Prince of Wales. Du solltest ihn auf der Ausstellung zeigen. Er würde bestimmt einen Preis kriegen.«
Und ein Flaschensammler sagte langsam und ganz erstaunt:
»Hör einmal, sei mir nicht bös', wenn ich das sage, aber du siehst deinem Gaul immer ähnlicher. Das kommt davon, daß du dir von ihm auf der Nase herumtanzen läßt. Das ist wie mit den Weibern. Laß dir von ihnen auf der Nase herumtanzen, und du verlierst dein eigenes Gesicht, wirst ihnen immer ähnlicher.«
Ich sah unwillkürlich das Pferd an und dann Vater. Es war natürlich Unsinn, aber ich glaubte, eine Ähnlichkeit zwischen den beiden festzustellen. Es mußte an Vaters Schnurrbart liegen, und an den rötlichen Stoppeln in seinem Gesicht.

Ich hätte gerne mit den anderen gelacht, aber Vaters Miene hielt mich davon ab. Ich wußte, daß er sich nicht gern hänseln ließ, und seinen Augen sah ich an, daß er knapp vor dem Überkochen war.
Ein anderer Flaschensammler, den das Gelächter kühn machte, rief:
»Dein Klepper schwitzt wie ein fettes altes Schwein!«
Vater sprang auf. Bleich vor Zorn, schrie er dem Mann ins Gesicht:
»Und du? Wenn ich dich vor den Wagen spanne und dir einen Strohhalm in den Hintern stecke und ›Hüh!‹ schreie, siehst du noch viel eher aus wie ein Schwein!«
Die Männer schwiegen betreten, und diesen Augenblick benutzte Ginger, um seine schlechten Manieren unter Beweis zu stellen.
»Da seht ihr, was er von eurem Geschwätz hält«, spottete Vater.
Die bestürzten Flaschensammler und Händler begannen Vater zu besänftigen.
»Wir haben's ja nicht bös' gemeint«, sagte einer und ein anderer: »Wenn dir das Pferd recht ist, soll's uns auch recht sein.«
Aber sie blieben nicht länger, und als sie davonfuhren, riefen sie zurück:
»Einen schönen Tag wünsch' ich dir!« und: »Gesund sollst du bleiben!«
Aber trotz dieser freundlichen Abschiedsworte kam Vater über ihre Sticheleien nicht hinweg.
»Was haben sie gegen mein Pferd?« murmelte er. »Ein braver Arbeiter, der niemand was zuleide tut. Und sie lachen über ihn und reißen ihn in Stücke. Es gibt Leute, die müssen über alles herziehen. Ein Pferd ist ihnen nicht zu schlecht, um zu zeigen, wie stark sie sind. Mein Wort, das ist eine böse Welt!«
Mit diesem Tag begann Vaters Liebe zu Ginger. Er sagte nie mehr ein hartes Wort über ihn und duldete das auch von keinem anderen. Er übersah sogar seine Häßlichkeit und sagte, daß schließlich allein der Charakter zähle.
Wie sehr Vater Ginger ins Herz geschlossen hatte, sollte ich bald am eigenen Leibe erfahren.
Wir hatten vor dem einzigen Haus einer Straße, die mehr wie ein Buschpfad aussah, gehalten, unweit der Endstation einer Straßenbahnlinie. Vater befahl mir, auf dem Wagen zu bleiben, hängte die Kette ins Rad und verschwand im Haus.
Eine Zeitlang betrachtete ich die ruhige Umgebung. In der Ferne hörte ich das Rumpeln der Straßenbahn und die Schläge eines Hammers in einem halbfertigen Haus, das in einer Einfriedung stand. Es war keine Stimme zu hören, kein Hund zu sehen. Die Vögel schienen in der Nachmittagsstille dieses Sommertages eingeschlafen zu sein.
Bald begann ich vor Ungeduld zu zappeln. Es schienen mir Stunden vergan-

gen zu sein, seit ich Vater zum letztenmal gesehen hatte. Ich rief Ginger an, der das Gras vor seinen Hufen abweidete und träge mit dem Schwanz wedelte. Er scherte sich nicht um mich und kaute weiter, den Kopf zu Boden gesenkt. Gelangweilt, weil ich nichts zu tun hatte, und wütend, weil das Pferd meine Befehle mißachtete, griff ich nach den Zügeln. Ich zog mit aller Kraft, bis Ginger den Kopf ein wenig hob, ihn unwillig schüttelte und zu seinem Fressen zurückkehrte.

Ein wilder Plan nahm in meinem Hirn Gestalt an. Wenn schon Vater nicht mit Ginger fertig wurde und ihm in allem nachgegeben hatte, so wollte ich ihm zeigen, daß ich aus anderem Holz war. Meine ganze Abneigung gegen das Pferd wallte in mir auf, als ich mit der einen Hand die Zügel ergriff und mit der anderen die Peitsche.

Ich schwenkte die Peitsche in die Luft und ließ sie leicht auf Gingers Rücken niederfallen. Er hob jäh den Kopf, und ich rief »Hü!« Aber er rührte sich nicht von der Stelle. Ich schlug noch einmal zu, nun schon fester. Er schnaubte und stampfte, und ich schlug ihn noch einmal und noch einmal.

Schaumflecken traten auf sein Maul, während er die Beißstange malmte, und mit einem plötzlichen Ruck zog er den Wagen einen Meter vorwärts, dann hielt ihn die Kette, die ins Rad geschlungen war, zurück.

Von meinem Erfolg begeistert, rief ich noch einmal: »Hü!« und hob die Peitsche. Aber in diesem Augenblick erschien Vater im Haustor, einen Sack voll Flaschen über der Schulter. Ich ließ die Peitsche sinken und lächelte ihm entgegen, als sei nichts geschehen. Er übersah mein Lächeln, tat, als hätte er nichts bemerkt, stellte den Sack ab und ging zu Ginger. Er streichelte zärtlich sein Gesicht und murmelte:

»Was hat er dir denn getan, hm?«

Als hätte ihn die Antwort des Pferdes zufriedengestellt, trat er mit erzwungener Ruhe an den Wagen, setzte sich neben mich und sagte leise, ohne mich anzusehen:

»So treibst du's also hinter meinem Rücken. Ein Tierquäler bist du, wie? Ich glaube, kein Tier, das nicht beißen kann, ist vor deinen Pfoten sicher.«

Als er ausgeredet hatte, packte er mich mit einem Arm und legte mich übers Knie.

Ich weiß nicht mehr, wie oft seine schwere Hand auf mein Hinterteil klatschte, aber ich fühle noch seinen heißen Atem im Genick, und seine Worte klingen mir noch in den Ohren:

»Stell dir vor, das Pferd schlägt zurück, du grausamer Halunke. Denk daran, wenn's dich das nächstemal in den Fingern juckt, ein Tier zu quälen. Ich

werd' dich lehren, ein Pferd zu schinden, das für sein täglich Brot schuftet, du Strolch!«
Als die Bestrafung vorüber war, sprang Vater vom Wagen und holte die Flaschen, die er auf dem Boden hatte liegen lassen. Er ging mit langsamen, übertrieben würdevollen Schritten, aber er sah sich dabei verstohlen um, ob jemand zu sehen sei.
Es war niemand da.

Tarjei Vesaas Das Pferd von Hogget

Der Gaul war hochbeinig und machte lange Schritte. Er zog sie weiter und weiter ins Gebirge hinauf.

Die jungen Burschen Jon von »Hogget« und sein gleichaltriger Gehilfe Nils lenkten ihn. Sie hatten beide kugelrunde, rotbackige Gesichter. Sie saßen auf dem leeren Schlitten und ließen sich in die schneebedeckte Weite hinaufziehen, um Heu zu holen. Stundenlang ging es aufwärts und erst am Abend spät irgendwann wieder heim. Man sah noch die Spuren im Schnee von den anderen Schlitten, die auch oben bei den Almhütten gewesen waren, um das Futter für den Winter auf die Höfe hinunterzubringen. Und oben in den Heuschobern war es noch so, als ob der Sommer sich dort versteckt hielte und Namen flüsterte, die ein Geheimnis waren.

Die beiden Burschen hatten viele süße Erinnerungen und pfiffen munter vor sich hin. Doch bald wurde der kalte Wind so beißend, daß einem die Lippen steif froren und das Pfeifen ganz von selbst aufhörte. Nun konnte man nur noch in Gedanken an den heimlichen Sommer ohne Ton vor sich hin flöten. Sie waren jetzt fast erwachsen, und es war ein schöner Sommer gewesen.

Sie sollten jedoch bald etwas anderes zu denken bekommen!

Irgendwo oben, wo alles öde und weiß war, wo nur hier und da ein Baumstumpf aus dem Schnee herausragte, brach das Pferd ein.

Im Sommer gab es hier Moor- und Schlammlöcher. Jetzt waren sie von einer dünnen Schnee- und Eisschicht verdeckt, so daß man die gefährlichen Stellen nicht sehen konnte. Und die Burschen kannten auch nicht jeden Fleck so genau hier auf dem Weg. Sie wollten gerade von der Straße mit den vereisten Schneewehen zu ihrem eigenen Heuschober abbiegen. Da hielt das Eis unter dem Schnee nicht mehr. Es krachte, splitterte, gab einen saugenden Laut, und das große Pferd versank. Das Moorwasser schlug braun und eisig über seine Flanken und bis zum Rücken hinauf. Doch weiter unten fand es Grund und blieb stehen. Nur der Kopf und ein Teil der Mähne ragten noch aus dem Moorloch heraus.

In der Sekunde des Versinkens gab der Gaul einen sonderbaren Laut von

sich. Was weiß man im Grunde von der Sprache der Pferde? Dieser Laut war wie ein dunkler Hilferuf, der in die eisige Einsamkeit aufstieg.
Unvermittelt durchjagte die Burschen der Schrecken, schmerzhaft und voller Entsetzen. Sie sahen, wie ihr Gaul die Augen verdrehte, so daß man nur noch das Weiße sah. Der Schlitten mit den beiden Burschen hatte sich gerade noch auf der Oberfläche der vereisten Fläche gehalten. Wie besessen sprangen sie jetzt von ihrem Gefährt. Der Gaul versuchte sich herauszuarbeiten. Aber da er noch mit Zügeln und Zaumzeug an dem schweren Schlitten festgespannt war, fiel er zurück und sank noch tiefer in das Moorloch.
Kopflos versuchten die beiden Burschen, ihn herauszuziehen. Nils rief, man müsse Leute holen, Jon rief, daß sie zuerst das Pferd vom Schlitten abspannen müßten. Sie mußten sich die Worte laut zubrüllen in dem eisigen Wind. Dann fischten sie beide bis zu den Ellenbogen im Eiswasser nach den Deichselnägeln. Das eisige Schneewasser drang in den Pferdekörper ein, und braunes Schlammwasser spritzte bei ihren Bemühungen über sie hin. Jetzt sinke ich auch, dachte jeder von ihnen. Sie arbeiteten in panischer Angst. Aber das Eis trug, bis sie die Nägel gefunden und herausgezogen hatten.
Das Tier stand unterdessen ganz still und wartete. Sie sahen nur einen Schimmer seiner Augen, die jetzt wie tiefe Brunnen aussahen. Sie sahen Angst darin.
Als es von Zaumzeug und Zügeln befreit war, versuchte es nochmals, seinen Körper nach vorn hochzustemmen, und machte mit den Vorderbeinen einen Schlag in die Luft. Aber die zu heftige Bewegung und die Schwere seines Körpers zogen es noch tiefer in den Schlamm. Es schlug so heftig mit den Vorderhufen in die Luft, daß seine blanken Hufeisen aneinander klirrten. Es war seltsam und wild. Und dann mußte es sich doch wieder absinken lassen.
Wenn du nur nicht wieder diesen schrecklichen Laut von dir geben willst, dachten die beiden Burschen. Nur diesen Laut nicht mehr.
Aber es sah sie nur an. Es ruderte mit dem Unterkiefer im Schlammwasser. Hin und her. Seine Nüstern konnten sich noch eben über Wasser halten.
Vor allen Dingen nicht mehr diesen grausigen Laut.
Es ruderte mit dem Unterkiefer hin und her.
Was meinte es wohl damit?
Aber es blieb stumm.

Jetzt waren alle Gedanken an die Mädchen weit entschwunden. Es war, als ob es niemals Mädchen oder Sommer gegeben hätte. Atemlos überlegten Jon und Nils, was sie tun sollten. Sich auf den Heimweg machen und Leute zu

Hilfe holen? Es würde viele Stunden dauern und bis dahin sicher zu spät sein. Sie würden erst in der Dunkelheit zurückkommen können. Bis dahin wäre das Pferd im Moor versunken. Und einer allein konnte es auch nicht durchstehen, das Tier hier den ganzen Tag über Wasser zu halten. Sie müßten beide hierbleiben, versuchen, es herauszuholen und etwas unter seine Beine zu schieben, damit es sich herausziehen konnte. Und inzwischen hofften sie, daß hier vielleicht doch noch Leute vorbeikämen. Einer der Nachbarn hatte gesagt, daß auch er heute ins Gebirge müsse, um das Heu zu holen. Dann müßte er ja bald hier vorbeikommen.

»Er sagte, er fahre heute«, versicherte Jon und versuchte, seine Stimme überzeugend und stark zu machen. Dann mußte er ja mit Sicherheit bald vorbeikommen. Vor den Augen des Tieres bestätigten sie sich dies gegenseitig und waren sich einig, daß dies der letzte Ausweg sei.

Ihre Kleider waren klatschnaß. Sie schlugen die Arme um sich, um Wärme in den Körper zu bekommen. Sie fühlten nicht, daß sie vor Kälte halb gelähmt waren. Hier oben blies ein stetiger Eiswind unter einem grauen Wolkenhimmel. Sie konnten sich vielleicht noch warm halten durch das Schlagen mit den Armen.

Aber er dort im Eiswasser?

Sie schrien ihm zu:

»He – he, du!« riefen sie sinnlos mit aller Kraft.

»He – he, du! He . . .!«

Als ob das ihm vielleicht helfen könnte, sich aufzurichten. Er ruderte mit dem Unterkiefer hin und her. Er sank ganz wenig, aber beständig tiefer.

Nils nahm die Axt und stürzte davon, um ein paar einsame, verkümmerte Birken zu fällen. Jon blieb bei dem Pferd. Er hatte die Zügel um die Brust des Pferdes geschlungen und die Enden um seine Hände gewickelt. So stand er einige Schritte hinter dem Pferd, spannte die Leinen, zog sie stramm und hielt das Tier hoch, so gut er konnte. Er wußte nicht, ob es half. Im Grunde hatte er das Gefühl, daß es vergeblich sei. Aber trotz allem mußte er weiter festhalten.

Er zog die Zügel so stramm an, daß sie vibrierten. Dann ließ er sie etwas erschlaffen, weil seine Kraft nachließ. Aber gleich darauf spannte er sie wieder.

Es ist gut, daß ich nicht vor ihm stehe und seine Augen sehe. Gut, daß es mich nicht sehen kann. Das Pferd aber drehte ihm den Kopf zu.

»He, he, du!« schrie Jon so laut und sinnlos, daß es über die ganze weiße Ebene schallte.

Das Pferd wandte den Kopf wieder geradeaus. Ein wolkenschwerer Dezembertag. Bald würde es dunkeln. Festhalten!
Jetzt schleppte sich Nils mit den Birkenzweigen heran. Sie waren vom Wind zerzaust und verkrüppelt. Nils schob sie vorsichtig hinten in das Loch unter die Pferdehufe, damit das Tier darauf Halt finden solle.
Nils wollte gleich wieder davonstürzen, um mehr zu holen.
»Du mußt mit mir abwechseln!« rief Jon und stöhnte laut.
Nils kam darauf schleunigst zurück. Er übernahm die gespannten Zügel. Er sah Jon nicht an, aber er wurde rot.
Dann rannte Jon davon. Er schwang seine verfrorenen Arme in der Luft. Der Wind war bissig kalt.
Die nächsten Birken standen weit entfernt. Auf dem Weg war niemand zu sehen. Kam dieser Nachbar denn nicht mehr? Doch weiter zu den Birken, laufen, fällen, sich rasende Bewegung machen.
Nils hielt inzwischen die Zügel. Auch er ließ sie locker und spannte sie dann wieder. Man wußte, wie die Kälte jetzt in den Pferdekörper eindrang. Man sah nur die Mähne, den Kopf und die Augen. Der Rest war unter Wasser.
Nils zog an den Zügeln.
Es sah aus, als ob das Wasser unendlich langsam stiege. Endlich kam Jon zurück.

Er kam mit mehr Reisig und Zweigen angejagt, und sie schoben sie ins Loch unter den Pferdekörper.
Jon wollte umkehren und wieder davonrennen, aber ein Ruf unterbrach ihn.
»Wolltest du dich drücken?«
Jon bleibt stehen: »Nein, keineswegs!«
»Doch, das wolltest du! Aber jetzt halte ich es nicht länger aus, hier zu stehen und zu ziehen!«
»Du tatest ja dasselbe, oder nicht?«
Sie schnappten nacheinander.
Sie waren so elend und verwirrt.
Sie waren in Not.
Jon übernahm wieder die Zügel, und Nils stürzte davon. Man hielt es nicht aus, zu sehen, wie das Wasser scheinbar langsam stieg.

Das Pferd ruderte mit dem Kinn.
Hätte es helfen können, das Tier auf den Knien zu bitten, nur mit dieser furchtbaren Bewegung aufzuhören, dann hätten sie es gern getan.

Aber jetzt fallen mir bald die Arme ab, und mein Rücken bricht in zwei Stücke, dachte Nils und strammte die Leine.
Mehr Birkenholz kam. Hinunter damit. Nun lösten sie sich, ohne zu streiten, ab. Auf der Straße ließ sich kein Nachbar sehen. Keine Aussicht auf Hilfe und einen Menschen, der mit Mannesmut der Sache beistehen könnte. Das Wasser stieg ganz langsam. Die Zeit? Sie wußten es nicht. Es galt nur, alles Feste in das Moorloch hinunterzustopfen, das offenbar bodenlos war. Dem Pferd etwas geben, worauf es Halt hatte, stehen und sich herausarbeiten konnte.
»He, du!« schrien sie ihm wieder zu, um es aufzumuntern. Und sie glaubten, es verstehe ihre Absicht.
Der Weg zu dem nächsten Birkengebüsch war immer weiter geworden, und ehe sie sich wieder bei der Arbeit ablösten, riefen sie plötzlich beide: »Der Schlitten!«
Und sofort begann der eine mit der Axt auf den Schlitten loszuhacken, ihn in große und kleine Teile zu zerlegen. Selbst die Latten, die das Heu zusammenhalten sollten, wurden zerhackt. Alles! Er steckte es alles hinunter ins Moorloch unter die Beine des Pferdes. Vielleicht sank es dadurch wenigstens nicht tiefer ein. Aber dort schien für alles und noch mehr Platz zu sein.
Doch vielleicht konnte man sich nun einen Augenblick ausruhen von all diesem Sägen, Hacken, Zerren und Halten.
Das Pferd wandte den Kopf nicht mehr. Es sah nur geradeaus. Aber das schien ihnen auch unerträglich. Sie mußten nach vorn laufen, um es anzusehen. Alles, was sie dachten und taten, verstand es. Das erkannten sie in den dunklen Brunnen seiner Augen.
»Noch mehr Holz her!«
»Das weiß ich ebensogut wie du!«
In der Anspannung war für sie nur noch eine böse Tonart am Platz. Derjenige, der das Glück hatte, zuerst wieder von hier fortzukommen, stürzte mit der blinkenden Axt in der Faust die Berghänge hinauf.
Eisiger, wolkiger, kurzer Wintertag.
Und der Nachbar?
Schon lange hatten sie, wie von einem Pfeil durchbohrt, eingesehen, daß hier heute niemand mehr kommen würde. Wenn irgend jemand in diese Höhen hinauf wollte, wäre er längst hier gewesen. Kein vertrauter Nachbar würde mehr auftauchen. Und jetzt konnte nicht mehr die Rede davon sein, sich auf den Heimweg zu machen.
Der jeweils Zurückbleibende schaffte es fast nicht mehr, das Tier länger an

den Zügeln hochzuhalten. Aber ohne das wäre es Schluß. Bald würde es dunkeln. Um drei Uhr würde die Dämmerung heraufziehen. Um vier Uhr würde es fast Nacht sein.
»He, he, du!« brüllten sie das Tier wieder mit heiseren Stimmen an. Und sie meinten zugleich sich selbst.
»Wir werden dich schon die Nacht über Wasser halten!« schrien sie.
»Und frühmorgens ist es anders, dann wird der Nachbar kommen!«
»Hörst du uns?«
Das half. Sie hielten ihn und hoben ihn hoch. Alles hing davon ab, ihn mit dem Kopf über Wasser zu halten.
Auch ihnen selbst half es.
Sie glaubten sicher, daß er sie verstand und fühlte, wie sie sich um ihn bemühten.

Waren sie erfroren? Ja ... Nein ... Es bedeutete nichts. Sie hatten keine Zeit, sich darüber Gedanken zu machen.
Nils war wieder auf dem Weg nach mehr Holz. Jon kämpfte und hielt die Leinen fest. Das Pferd ruderte langsam mit dem Kinn hin und her.
Zweige und Reisig kamen. Hinunter damit. Sie nahmen eine lose Schlittenkufe, um alles tief hinunterzustopfen. Trockene Holzteile des Schlittens kamen dabei aus dem glucksenden Moorwasser an die Oberfläche.
Bei dem nächsten Arbeitswechsel zwischen Jon und Nils dunkelte es schon sehr.
»Mehr Zweige!« riefen sie einander jedesmal zu.
Es ging so langsam, nahm so viel Zeit, um mit etwas zurückzukommen. Aber trotzdem war immer noch das eine oder andere weit draußen in Sturm und Dämmerung zu holen.
Als die Dämmerung auf sie heruntersank, wurden die Augen des Pferdes noch größer. In diesem sanften Abendlicht wagten sie nicht mehr, es so wild anzurufen. Das würde jetzt böse und häßlich klingen.

Das Pferd machte einen kleinen Ruck mit dem Kopf und wandte sich zu ihnen hin.
Es durchschauerte sie. Jetzt, jetzt war es soweit. Nun fühlte es sich fertig zum Ertrinken. Es gelang ihm, nochmals den Kopf zu heben, so daß er aus dem Wasser hervorkam. Die Augen konnten sie nun nicht länger erkennen. Aber es öffnete plötzlich die harten, vierkantigen Lefzen seines Maules und wandte sich ihnen ohne einen Laut zu.

Dann ging es unter. Das geschah alles so schnell, als ob die Beine unter ihm plötzlich versagt hätten. Der Zügel, der immer noch um die Brust des Pferdes geschlungen war, glitt ihnen aus den Händen, ehe sie sich dessen bewußt genug wurden und Widerstand leisten konnten.
Sie fühlten nur stechende Trauer. Jeder der beiden stand mit einem Zügelende in der Hand. Und nur, um etwas zu tun, wenn schon alles so unmöglich war, spannten sie beide wieder mit ihrer äußersten Kraft die beiden Enden und zogen stärker, als sie es je zuvor hätten schaffen können.
Das half.
Der Kopf kam wieder herauf.
Es war noch Leben in ihm.
Aus seinen Nüstern sprudelte und spritzte Wasser. Das Tier schnaufte. Sie schnauften mit. Es mußte eben nur für einen Moment das Bewußtsein verloren haben, oder seine Beine hatten sich vielleicht in einem Kältekrampf unter ihm zusammengezogen. Auf jeden Fall war es nicht der Untergrund im Moor, der nachgegeben hatte.
Das wichtigste war: Das Pferd war da, und sie zogen wie verrückt an den Zügeln und riefen ihm jetzt wieder wie wahnsinnig zu:
»He, he, du! Komm, du!«
Sie schrien sich heißer und begrüßten seine Rückkehr, und es war ihnen gleichgültig, ob es nun in der zunehmenden Dämmerung wie ein greuliches Höllengebrüll anzuhören war.
Sein Kopf schwankte hin und her. Und sein Kinn ruderte wieder im Wasser. Aber dann fing es an zu arbeiten.
Als sie das sahen, wurden ihre Zurufe noch wilder. Und sie rissen und zerrten an ihm.
Erregt von dem Geschrei und in dem Gefühl, hochgezogen zu werden, fing es an, kräftig mit den Vorderbeinen zu arbeiten. Es bohrte, stampfte und schlug blindlings im Wasser. Und aus seinen Nüstern sprudelte es immer noch. Es befanden sich jetzt so viel Zweige und Reisig dort unten, daß sie sich durch seine heftigen Bewegungen zusammenballten und unter seinen Hufen zu einem Gewebe verflochten, das ihm, zusammen mit den Schlittenteilen und der ganzen unsichtbaren Suppe, einen neuen, festeren Grund gab. Eine Hilfe, um sich darauf aufzurichten.
»He, du, he, du, auf mit dir!« schrien sie ihm zu und hörten auf, an den Zügelenden zu ziehen, weil es ihn hintenüber zog.
Das Pferd antwortete ihnen mit einem Laut, der aus seinem tiefsten Herzensgrund kam. Es hatte jetzt die Vorderbeine auf dem Fundament, das sie ihm

in dem Moorloch zur Hilfe bereitet hatten, fest angespannt und zog sich mit einem seitlichen Ruck hoch, so daß es den Hinterkörper aus dem Sog frei bekam.

»He, he, weiter!« riefen sie ihm zu.

Jetzt galt es, blitzschnell zu handeln. Und das taten sie. Es gelang ihnen, die Zügel unter seinem Leib durchzuziehen und die Enden von beiden Seiten nach oben wieder in die Hände zu bekommen. Und damit konnten sie ihn von unten her halten und heben. Vorwärts jetzt! Dreckwasser und dicker Schlamm spritzten durch die Dämmerung. Die neue Lage, die das Pferd spürte, gab ihm auch neue Kräfte. Es gelang ihm, seinen Körper mehr und mehr aus dem Schlamm herauszuziehen.

Sie riefen ihr »He«, und zogen weiter. Dann machte es den letzten Sprung und kam ganz heraus. Es fiel sofort um und lag auf der Seite im Schnee. Schlaff, verschmiert und übergroß lag es da.

Jon und Nils lagen ebenso erschöpft neben ihm. Alle in einem großen Haufen. Eine Zeitlang dachten sie nichts.

Aber bald sagte der Eiswind ihnen, daß dies den sicheren Tod bedeute. Sie fühlten, wie die Lähmung in ihren Körper kroch. Sie waren ja auch so durchnäßt. Sie mußten aufstehen. Das Pferd mußte aufstehen.

Sie zerrten an ihm und riefen es an. Schwankend richtete es sich auf. Die steifen Beine trugen es noch. Jon und Nils wankten rechts und links an seiner Seite. Sie zogen es mit sich. Nur gehen! Zu der schauerlichen Kälte, die der Pferdeleib stundenlang in sich eingesogen hatte, kam hier nun auch noch der Eiswind. Der Körper zitterte.

Sie munterten das Tier mit He-Rufen auf und bekamen es auch auf den Weg in der Richtung zu dem nächsten Heuschober. Ihnen selbst ging es nicht besser, als daß sie sich halbwegs in die Pferdezügel hängten, um überhaupt lebend mit ihrem Gaul ans Ziel zu kommen.

Aber ihre innere Unruhe und Erregung half ihnen. Sie brüllten ihre aufmunternden Rufe und wirbelten und liefen ab und zu mit wildem Schlagen ihrer Arme hin und her, um etwas Wärme in sich zu bekommen. Und weiter ging es. Auch wenn das Pferd in seinem Elend umfiel und immer wieder auf die Beine gebracht werden mußte, so war das Ziel der Heuschober, von dem sie wußten, daß er noch halb mit Heu gefüllt war. Sie mußten alle drei dort hinkommen und hineinkriechen.

Die beiden Burschen hingen in den Zügeln. Das Pferd ging tapfer voraus, obwohl es vor Frost bebte. Die Dunkelheit hatte sich verdichtet, daher sahen sie sein Gesicht nicht mehr deutlich. So kamen sie endlich ans Ziel.

Die Scheune mit ihrem heimlichen Sommer lag im Dunkel. Es war fast nicht zu glauben. Sie öffneten die Tür, und zu allem Glück war sie hoch genug, daß das Pferd hinein konnte. Es war Heu da, aber nicht so viel, daß nicht für sie alle drei auch noch Platz gewesen wäre. Doch finster war es.
»Komm, komm du, he!«
Das Tier verstand sie. Es ging geradewegs in den duftenden Sommer hinein.
Das gab ihnen neue Kraft, und sie wußten, was sie jetzt zu tun hatten. Sie nahmen Heubüschel in ihre halb gelähmten Finger und begannen den Pferdekörper damit heftig abzureiben. Immer wieder neue Büschel. Das Tier hatte sich gleich in das warme Heu sinken lassen. Sie beugten sich über es und rieben es kräftig mit dem Heu. Sie sagten in diesem stockdunklen Raum sinnlose Dinge zu ihm:
»He, erst reiben wir dich trocken und kneten dich, dann packen wir dich ganz ins Heu ein, ganz hinunter in die Wärme, und uns selbst auch.«
Die stürmische Arbeit mit dem Pferd wärmte übrigens alle gut. Und plötzlich kam ihnen der Gedanke ans Essen. An den Proviantsack. Waren sie nicht hungrig wie die Wölfe? Natürlich. Aber jetzt drehte sich alles um das Pferd. Erst wenn es trocken war, würden sie ihre nassen Kleider ausziehen und sich mit ihm zusammen tief ins duftende Heu einpacken, so daß alles wieder Sommer und fröhliches Pfeifen sein würde.
Sie werkten. Sie lauschten: endlich hörten sie im Dunkel, daß das Pferd langsam zu fressen anfing.
Wirklich?
Soweit sie es verstanden, war es ein Wunder: »Oh, wir reiben und kneten dich! Dann packen wir das warme Heu, das nach allen Kräutern der Berge duftet, um dich – so macht man es!«
Alles, was an den grünen Gebirgshängen wuchs und, vom Duft der würzigen Kräuter erfüllt, seit ewiger Zeit gut ist.

Olai Aslagsson Bob

Anny hatte die Erzählung Al Browns nicht gehört. Sie war vor den anderen schlafen gegangen. In ihrem Alter hatte sie eine gewisse Schlafmenge nötiger als die anderen. Nicht immer weckte sie der Vater zum Frühstück. Er brachte es nicht übers Herz.

Wenn sie abends, während die Männer noch am Lagerfeuer saßen und ihre letzte Pfeife rauchten, gute Nacht sagte, bat sie ihren Vater immer, ihr zu versprechen, daß er sie mit den anderen wecken werde. Er versprach es stets. Sie glaubte ihm nie. Abends meinte sie auch, was sie sagte, aber es ist kaum zu bezweifeln, daß sie mehr als einmal unter den Decken lag und sich über den Betrug ihres Vaters freute. Sie standen so früh auf, die anderen, und sie liebte es so, am Morgen gut unter den Decken begraben zu liegen und auf den kalten Morgenwind, der vorbeisauste, zu lauschen.

An einem Oktobermorgen wurde Anny jedoch gleichzeitig mit den Männern geweckt. Man war jetzt nahezu damit fertig, die Viehherde zu sortieren. Es war übrigens auch nicht zu früh. Der Herbst machte sich auf manche Weise bemerkbar, das Wetter war sehr unzuverlässig geworden. In ein paar Tagen sollte das Schlachtvieh zur Eisenbahn getrieben werden, und jetzt mußte Thomson durchaus einen Brief wegen des Transports abschicken. Das sollte Anny besorgen.

Um diese Zeit waren die Pferde ziemlich abgetrieben. Einige waren zu Schaden gekommen, und die wenigen noch arbeitsfähigen brauchte man unbedingt. Es gab keine andere Möglichkeit, als Bob zu nehmen. Der war nicht bei der Arbeit zu gebrauchen, da er nicht eingeübt war. Aber er war jetzt ebenso groß wie die meisten Ponys, zweieinhalb Jahre alt und so gut eingeritten, daß Anny ihn über die Prärie reiten konnte.

Der Weg war weit. Das kleine Dorf, diese acht bis zehn Häuser, die sich zwischen hohen Bäumen am Ufer eines Flusses verbargen, lag einen guten Tagesritt entfernt. Der Morgen war grau und drückend, und es sah nach Regen aus. Nicht der leiseste Windhauch war zu spüren; aber in den höheren Luftschichten rollten dunkle Wolken über den grauen Himmel.

»Falls es regnen sollte, mußt du heute nacht beim Postmeister bleiben«, sagte Thomson zu ihr. »Und sei ja vorsichtig, wenn du über den Fluß setzt. Er hat nicht viel Wasser; aber wenn es auf dem Heimweg regnet, mußt du zur Fähre reiten. Das ist ein kleiner Umweg, aber es geht nicht anders.«

Sie ritt im Galopp vom Lager fort. Der Morgen war rauh, so daß Bob dazu aufgelegt war, sich warmzulaufen. Sie mußte ihn zurückhalten und seine Kräfte schonen, wofür er selber nicht Verstand genug besaß. Sie hatte einen langen, mühseligen Tag vor sich.

Nach einstündigem Ritt glückte es ihr, das eifrige Fohlen zu beruhigen. Plötzlich war es gehorsam geworden. Es hörte auf mit seinen ausgelassenen Seitensprüngen, seinem Kopfwerfen und seinen emsigen Bewegungen. Es schien zu verstehen, daß es heute Ernst war. Es fiel in einen langsamen und angenehmen Galopp – einen schaukelnden, kraftsparenden Galopp, wie ihn ein geübtes Pony einen ganzen Tag lang beibehalten kann.

Es war ein Morgen, so traurig, wie man ihn sich nur denken kann. Lautlos und leblos, herbstgrau und öde erstreckte sich die Prärie bis zum Fluß unter dem trostlosesten Himmel. Es war ein Tag, der Schweigen gebot. Bob fühlte das sicher auch. Sonst wäre er nicht so leicht zur Ruhe zu bringen gewesen. Die Kojoten fühlten es; denn nicht einer von ihnen ließ seine Stimme hören. Nicht ein Hase ließ sich sehen, und selbst der großschnäuzige Präriehund, der sonst nie einen Anlaß jemand auszuschelten ungenutzt läßt, verhielt sich heute ruhig.

Am Fluß war es, wo Bob das erste Zeichen von Unwilligkeit gab. Er war sonst nicht wasserscheu. Auf der Ranch machte er oft auf eigene Faust Schwimmtouren. Jetzt wollte er nicht in das Wasser gehen. Er weigerte sich, ging seitwärts, wenn Anny ihn zu zwingen versuchte. Zuweilen ging er rückwärts und drehte und wand sich, zuweilen ließ er sich einfach nicht von der Stelle bringen. Mehrmals witterte er und schien entsetzt über das, was er entdeckte. Einmal schnaufte er wie in höchster Angst. Und als sie ihn im Zorn die Sporen fühlen ließ, senkte er den Kopf und buckelte, bereit, sie abzuwerfen. Sie wurde ängstlich und rief ihn in ihrem drohendsten Ton – einem Ton, den er aus seiner frühesten Jugend kannte. Das half. Seine gespannten Muskeln erschlafften. Die Sporen zwangen ihn jetzt ins Wasser hinein. Langsam und widerwillig trug er sie hinüber. Sie mußte die Füße hochhalten, um nicht naß zu werden.

Bobs sonderbares Benehmen war etwas Neues für Anny. Es gab ihr viel zu denken. Was konnte ihn so erschreckt haben? An einem sonnigen Tag würde sie sich nicht im geringsten darum gekümmert haben; jetzt aber konnte sie

sich nicht von einem gewissen Gefühl des Unbehagens, einem Kribbeln am Rückgrat entlang befreien.
Das einzige, was sie sich denken konnte, war, daß er irgendein Raubtier gewittert hatte. Sie hielt scharf Ausblick nach den hohen, herbstnackten Bäumen, die vereinzelt am Flußufer standen. Aber sie sah nichts.
Es ist wohl nur eine Grille von ihm, dachte sie.
Jetzt zeigte er keine Spur von Furcht mehr. Er trabte den langen Hang südlich vom Fluß so rasch wie zuvor hinauf. Und als die Ebene erreicht war, nahm er ohne weiteres seinen früheren weichen, schaukelnden Galopp wieder auf. Um die Mittagszeit waren sie da.
Anny aß bei dem Postmeister, einem alten Bekannten Thomsons. Das ältliche Ehepaar, das selbst keine Kinder hatte, freute sich so über den Besuch, daß es seine ganze Überredungsgabe aufwandte, um sie zu veranlassen, die Nacht über zu bleiben.
Das Dorf, oder vielmehr der so bezeichnete Häuserhaufen, war so langweilig, wie man es sich nur vorstellen kann. Die wenigen Familien kannten einander in- und auswendig und konnten daher mit keinen Neuigkeiten aufwarten. Von Fremden sah man selten jemand anders als einen zufällig des Weges kommenden Cowboy, irgendeinen Proviantfahrer für die Schafhirten, einen Farmer, der etwas brauchte, das nicht mehr bis zur nächsten Stadtfahrt warten konnte, oder einen Goldsucher, der mit seinem Packtier vorbeizog.
Die Einwohner des Dorfes lebten daher ein sehr friedliches Leben. Die Bevölkerung vermehrte sich weder noch verringerte sie sich. Die Familien blieben immer dieselben. Niemand zog fort, niemand zu. Allerdings kam selbst hier von Zeit zu Zeit ein Kind zur Welt, wenn es auch, weiß Gott, unglaublich klingt. Dafür aber erreichte auch zuweilen der eine oder andere die Schwelle der Jahre und sagte dem Häuserhaufen Lebewohl.
Das Land hier war flach und eintönig. Der Fluß und einige wenige verstreute Bäume vermochten die Landschaft nicht zu beleben. Da lag es, dieses Dorf, jahrein, jahraus, Sommer auf Sommer, Winter auf Winter, ohne Schutz vor dem Sturm. Da lag es die langen trockenen Sommer hindurch, staubig und sonnverbrannt unter dem ewig blauen Himmel wie ein undeutlicher Punkt in der Prärie. Da lag es den Winter hindurch, während die Stürme heulten, das Schneetreiben in den schneidend kalten Nächten sauste und der Frostdonner im Eis des Flusses das hungrige Geheul der Raubtiere übertönte.
An einem grauen Herbsttage war das Dorf vielleicht noch weniger einladend als sonst und sicher melancholischer.
Anny entschuldigte sich. Sie habe ihrem Vater versprochen, vor Einbruch der

Dunkelheit zurück zu sein, falls das Wetter es erlaube. Es war ein schrecklicher Ort. Selbst beim Essen im Hause konnte sie ihre Gefühle nicht beherrschen. Ihr war, als müsse sie ersticken. So wird ein gefangenes wildes Tier sich fühlen, dachte sie, wenn es in der Falle auf den Jäger wartet.

Sowohl der Postmeister wie seine Frau erhoben Einwände. Ihr Pferd, das so jung und noch nicht ordentlich eingeritten sei, brauche Ruhe. Und es werde sicher später am Tage regnen.

Der Postmeister trat vor die Tür und erforschte den Himmel in allen Richtungen, und als er wieder hereinkam, schüttelte er ernst seinen grauen Kopf.

»Es gibt Regen, so sicher ich hier stehe, und das tüchtig!«

»Dann muß ich sehen, fortzukommen«, antwortete Anny, und trotz des Protestes der Eheleute begab sie sich zu Bob in den Stall.

»Wenn es Regen gibt, so hüte dich vor dem Fluß!« rief der Postmeister ihr nach. »Der Boden ist wassergetränkt und saugt nichts mehr auf. Alles geht in den Fluß! Sei ja vorsichtig!«

Sie winkte mit der Hand, daß sie verstanden habe, und ritt schnell über die graue Prärie davon.

Sie ritt schneller als am Vormittag, und sie war unruhiger. Der Morgen ist selbst bei trübem Wetter nicht so drückend wie ein wolkiger Nachmittag. Und jetzt war noch eine unheilverkündende Schwüle dazugekommen, eine ekelhaft klebrige Wärme, die eine Katastrophe anzukünden schien. Die Stille um sie her war unnatürlich. Und plötzlich fiel ihr Bobs merkwürdiges Benehmen heute morgen am Fluß ein. Sie glaubte es jetzt zu verstehen. Es war kein wildes Tier gewesen, dessen Witterung ihn erschreckt hatte. Es war der Fluß selbst, vor dem er zurückscheute. Sein Instinkt hatte etwas vorausgesehen, was ihn ängstlich machte, etwas, was außerhalb der Reichweite des menschlichen Instinkts lag.

Ohne es zu wissen, ritt sie jetzt schneller als beim Verlassen des Dorfes. Bob war willig, er schien zu verstehen, daß es kein Vergnügungsritt war.

Sie selbst war unruhig. Sie sah sich oft um, wie in der Furcht, von etwas – sie wußte nicht was – verfolgt zu werden. Der Ritt und die schwere Wärme brachten sie in Schweiß, und Bob fing an, naß zu werden.

Da plötzlich begann es zu wehen. Der Übergang war so unvermittelt, daß er einen mächtigen Eindruck auf sie machte. Der Wind schien aus allen Richtungen auf einmal zu kommen. Die Luft, die so totenstill gewesen war, befand sich plötzlich in dem gewaltigsten Aufruhr. Überall wirbelte der Wind Staubsäulen auf. In wenigen Sekunden war die Prärie, soweit sie sehen konnte, eine wirre Masse rotierender Staubwolken.

Der Himmel, der jetzt beinahe schwarz war, warf die seltsamsten Schatten auf die Erde. Das Heidekraut wand sich, jammerte, heulte und kreischte. Die vereinzelten Bäume am Fluß, die sie in ferner Undeutlichkeit sah, ließen ihre letzten gelben Blätter vor dem sausenden Wind davonsegeln. Die nackten schwarzen Zweige schienen um Gnade zu flehen, schienen sich in Schmerz und Verzweiflung zu winden. Was hatten sie getan, daß sie eine so barbarische Behandlung erleiden mußten?

Da trat plötzlich eine Erschlaffung ein. Ebenso unvermittelt, wie er gekommen, erstarb der Wind. Auf einen Schlag sanken die wirbelnden Staubwolken zusammen. Die Bäume rangen nicht mehr die Hände gen Himmel. Die Heide klagte nicht mehr, und die unvermittelte Stille jagte Anny Kälteschauer über den Rücken.

Es war so dunkel, wie ein Tag nur je werden kann. Kohlschwarze, rundliche Wolken, die jeden Augenblick explodieren zu können schienen, rollten drohend über den düstergrauen Himmel.

Dann begann auf einmal gerade über ihrem Kopf eine Wolke zu murmeln, zu knurren – erst ganz schwach, dann immer stärker, bis die Luft von einem mächtigen Heulen erfüllt war.

Die Blitze konnte man anfangs gar nicht sehen. Sie wurden vollständig von den untersten Wolken verborgen.

Aber der Lärm wurde stärker, das Knurren ward zu einem Gebrüll, und Blitz auf Blitz zerschnitt die Wolken.

Weder Anny noch Bob hatten jemals etwas annähernd so Entsetzliches erlebt. Bob war erschrocken und lief ums Leben, und Anny war ebenso ängstlich wie Bob. Es war grausam, es war unerträglich, die Blitze blendeten sie, und das Donnerkrachen drohte das Trommelfell zu sprengen.

Vielerlei Gedanken schossen ihr durch den Kopf. Das ging nicht mit rechten Dingen zu, das war nicht natürlich. Die Welt war wahnsinnig geworden. Anny fürchtete den Donner mehr als den Blitz.

Da wurde es plötzlich ganz still. Alles ging heute so schnell vor sich. Das war auch so unnatürlich. Selbst die schwarzen Wolken, die wie riesige Ballons vom Himmel herabhingen, wurden plötzlich ruhig. Kurz darauf begann es sich leicht zu lichten. Und ganz allmählich, ohne sichtliche Bewegung, wurden die Wolken von dem einförmigen Grau des Himmels verschluckt. Und ebenso plötzlich, wie alles andere geschah, begann es zu regnen. In weniger als einer Minute goß es in Strömen. Anny war triefend naß, ehe sie den Ölmantel angezogen hatte.

Jetzt konnte sie nicht mehr so unachtsam reiten. Sie mußte das Pferd halten, damit es nicht ausglitt und stürzte. Das brachte sie in Verzug, und wenn der Regen eine Weile dauerte, so würde sie auch gezwungen sein, den Umweg zur Fähre zu nehmen.

Eine Stunde oder so regnete es heftig. Als sie an die Stelle kam, wo sie am Morgen den Fluß überschritten hatte, war der Wasserstand beunruhigend gestiegen. In einer Stunde war der friedliche Fluß zu einem reißenden Ungeheuer geworden, dessen Getöse man aus weiter Ferne hörte. Große alte Windbrüche, die vielleicht jahrelang im Trockenen gelegen hatten, schossen jetzt mit reißender Schnelligkeit stromabwärts. Abgerissene Zweige und kleinere Bäume sausten auf den Schaumwirbeln dahin. Das Wasser war braun und dick. Es wäre Wahnsinn gewesen, den Fluß durchschwimmen zu wollen.

Plötzlich kam die Sonne zum Vorschein. Anny sah sich erschrocken um. Im Westen klärte es sich auf. Im Osten, wo der Himmel noch grau war, trat ein matter Regenbogen hervor.

Es half ja ein bißchen, daß die Sonne kam, und sie spornte das Pferd an. Bob machte einige Sprünge in der Richtung des Flusses, blieb aber stehen, ehe er das Wasser erreichte. Sie versuchte ihn hineinzuzwingen. Er weigerte sich. Auf den Druck der Sporen tanzte er seitwärts, schnaufte erschrocken nach dem Fluß hin, schüttelte den Kopf. Als sie ihn immer noch nicht in Frieden ließ, legte er den Kopf zwischen die Vorderbeine und buckelte, bereit, sie abzuwerfen. Da gab Anny es auf. Sie verstand, daß die Furcht des Füllens vor dem Fluß mehr als eine Laune war.

Die Sonne stand schon tief am Himmel, als sie das Haus des Fährmanns erblickte. Jetzt war der ganze Himmel klar. Die Erde dampfte, und die Luft war frisch und warm. Nichts außer dem schäumenden Fluß erinnerte an das Unwetter.

Aber es war offenbar ein Unglückstag für Anny. Als sie an die Tür des Fährmanns klopfte, erhielt sie keine Antwort. Sie sah nach ihm in den Nebengebäuden, rief nach ihm — alles vergebens. Eine magere Sau und ein halbes Dutzend Ferkel sowie ein paar räudige Hühner, die sie alle anglotzten, waren die einzigen Lebewesen ringsum. Sie setzte sich nieder und wartete.

Höchstwahrscheinlich war der Fährmann in die Stadt gereist und unterwegs vom Unwetter aufgehalten worden. Er war ein alter Witwer, der allein hier wohnte. Im Sommer, wenn der Fluß niedrig war, gab es wenig für ihn zu tun. Und er hatte das Unwetter wohl auch nicht vorausgesehen.

Der Fluß war hier verhältnismäßig breit und daher nicht so wild. Die Fähre war ein großes, flaches, viereckiges Ding, das vom Strom selbst getrieben wurde. Ein jetzt altes und rostiges Stahlkabel war in einer Höhe von acht

Fuß quer über den Fluß gespannt. Eine unförmige Talje an jedem Ende der Fähre verband sie mit dem Kabel. Wenn man eine der Taljen lockerte, so daß die Strömung die Fähre schräg traf, wurde sie vom Wasserdruck getrieben.

Anny wußte gut, wie man mit der Fähre umzugehen hatte; aber sie wußte natürlich nicht, ob die Fähre instand und das Kabel in Ordnung war.

Es wurde spät. In einer halben Stunde mußte die Sonne den Horizont erreicht haben. Schon jetzt waren die Schatten lang. Die grenzenlose Öde um sie her ging ihr auf die Nerven. In einer Stunde war es dunkle Nacht.

Ein unheimliches Gefühl übermannte sie und zwang sie, zusammen mit dem Gedanken an die Angst ihres Vaters, zu dem Entschluß, selbst die Fähre hinüberzubringen.

Entschlossen ritt sie an Bord, warf los und lockerte die Talje. Die Fähre bewegte sich vorwärts, zuerst langsam, dann um so schneller, je mehr die Strömung an Schnelligkeit zunahm.

Ihr schien es indessen nicht schnell genug zu gehen; es galt nämlich, über die Mitte des Flusses, wo die Strömung am stärksten war, zu kommen, solange er noch einigermaßen frei von Treibholz war. Jederzeit konnte ein Windbruch oder ein Baumstamm in dem Wirbel auftauchen und die Fähre in den Grund bohren.

Kaum hatte sie den Gedanken zu Ende gedacht, als auch schon ein mächtiger Windbruch auftauchte und mit reißender Schnelligkeit gerade auf die Fähre lossteuerte. Sie erblaßte und war einen Augenblick unschlüssig, ungewiß, ob sie die Schnelligkeit erhöhen oder verringern solle. Instinktiv wählte sie das erste.

Das junge Mädchen war natürlich sehr verwirrt, war sie doch mit dieser Arbeit nicht vertraut, und gegen ihren Willen wurde ihr das Tau aus der Hand gerissen und fuhr kreischend durch die Blöcke. Die Fähre schwang mit der Strömung herum und blieb an der Vordertalje in der Mitte des Kabels, wo die Strömung am stärksten war, ohne Fahrt oder Steuerung hängen.

Blaß vor Schrecken starrte Anny auf den Windbruch, der mit toller Geschwindigkeit gerade auf die Fähre lossteuerte. In wenigen Sekunden mußte das Schreckliche geschehen – nur ein Augenblick – jetzt – da! Sie schloß die Augen und klammerte sich an das Geländer.

Der Stoß war furchtbar. Es knackte und knirschte in dem alten Fahrzeug. Bob wurde auf das Deck geschleudert. Das uralte Kabel kreischte unter dem plötzlichen Druck, gab nach und riß. Die Fähre zitterte und bebte und schoß dann den Fluß hinab.

Gerade als dies geschah, erschien der alte Al Brown auf dem Schauplatz. Im Lager war man Annys wegen unruhig geworden, und so hatten Thomson und Brown beschlossen, ihr entgegenzureiten. Thomson ritt zu der Stelle, wo sie den Fluß am Morgen überschritten hatte. Er kam dorthin, als sie gerade weitergeritten war; aber er wußte das nicht und wartete.

Am Lagerfeuer erzählte Brown später am Abend, was er erlebt hatte:

»Ich kam gerade hin, als das Kabel riß; aber ich hörte das Krachen des Zusammenstoßes, ehe ich etwas sehen konnte. Das hohe Ufer verbarg den Fluß vor mir.

Der Windbruch hatte keine Wurzeln, er war wie abgesägt, und der Stoß war so heftig, daß der ganze Bug des Fährbootes (wenn mir jemand sagen kann, welches Ende von dem Ding der Bug ist) zerschmettert wurde. Als ich eine Stelle erreicht hatte, wo ich die Fähre sehen konnte, schoß sie mit mächtiger Schnelligkeit den Strom hinab und schlingerte so heftig, daß Bob sich nicht auf den Beinen halten konnte. Anny hielt sich am Geländer fest. Ihr Hut war heruntergefallen, und ich konnte sehen, daß sie sehr blaß war.

Jeder wird wissen, woran ich dachte. Ich sah in Gedanken den großen Felsblock einen halben Kilometer weiter abwärts, und man brauchte nicht viel Phantasie dazu, um vorauszusehen, was geschehen würde. Ich ritt am Flußufer hinab, so schnell mein Pony konnte, und kam gerade zeitig genug, um zu sehen, wie die Fähre an dem Steinblock zerschellte.

Zuerst konnte ich nichts sehen als ein Chaos von Schaum und Holz. Aber im nächsten Augenblick sah ich Anny auf allen vieren auf den Felsen klettern und mit so gewandten Bewegungen, daß sie offenbar nicht zu Schaden gekommen war. Und gleich darauf sah ich Bobs Kopf zwischen den Trümmern auftauchen. Er schwamm nach dem Ufer, wo ich hielt. Es war ein reines Wunder, daß er lebend herauskam.

Ich gab dem Pony jetzt die Sporen und brachte es wirklich in den Fluß hinein. Es hat an und für sich keine Vorliebe fürs Wasser; aber es hatte nicht mehr Zeit, sich zu bedenken, als ich selbst. Denn ich war mir durchaus nicht klar darüber, was ich machen sollte.

Aber die Strömung war zu stark für das Pferd. Wir waren längst noch nicht weit genug draußen im Fluß, als wir auch schon an dem Stein vorbeitrieben. Das Pony strampelte sich fast das Leben zum Leibe heraus, um wieder an Land zu kommen. Ich ritt den Fluß weiter hinauf, um ihm mehr Spielraum zu lassen. Aber es hatte genug bekommen. Weder im Guten noch im Bösen konnte ich es dazu bringen, einen neuen Versuch zu machen.

Bob war ganz außer sich. Er konnte nicht stillstehen, sondern lief am Flußufer auf und nieder, immer den Blick auf den Stein gerichtet. Zuweilen blieb er eine kurze Weile stehen und wieherte. Im nächsten Augenblick war er wieder in Bewegung. Zuweilen kam er in seiner Ratlosigkeit zu mir gelaufen. Aber er kam nie ganz heran. Er schien sich nicht überwinden zu können, sich so weit von der Stelle, wo Anny lag, zu entfernen.

Plötzlich pfiff Anny ihm. Er wieherte und scharrte ungeduldig im Sand und watete schließlich in den Fluß hinein. Als das Wasser ihm bis zu den Knien reichte, schüttelte er den Kopf und kehrte um. Es wußte sich keinen Rat, das arme Tier. Es zerriß sich zwischen der Liebe zu Anny und der Angst vor dem Fluß.

Aber gerade das brachte mich zu dem Glauben, daß Bob vielleicht seine Widerspenstigkeit vergessen und mich nicht abwerfen würde, wenn ich ihn zu reiten versuchte. Es war jedenfalls einen Versuch wert, und es gab auch keine andere Möglichkeit. Mein eigenes Pony weigerte sich sehr bestimmt, ins Wasser zu gehen.

Ich trat zu Bob, redete ihm zu und streichelte ihn. Er war so von seiner Angst erfüllt, daß er mich gar nicht beachtete. Einmal steckte er das Maul in meine Jacke und schnüffelte, als wolle er herausfinden, wer ich sei. Daß er mich nicht kannte, zeigte er deutlich genug. Er wandte sich ungeduldig von mir ab. Als aber Anny in demselben Augenblick wieder um Hilfe pfiff, drehte er sich plötzlich zu mir um und puffte mich so hart mit dem Maul, daß ich beinah umfiel.

Ich führte ihn das Ufer hinauf, damit er mehr Spielraum hätte. Er verstand selbstverständlich nicht meine Absicht und folgte mir nur widerwillig. Jeden zweiten Schritt blieb er stehen und drohte umzukehren. Die ganze Zeit hielt er den Kopf schief und beobachtete den Felsen im Fluß. Ich redete ihm gut zu, besorgt, daß Anny pfeifen würde, ehe ich weit genug gekommen war. Dann hätte er sicher gleich kehrtgemacht und wäre zurückgelaufen. Anny erzählte mir übrigens später, daß sie dasselbe gedacht und mit Pfeifen gewartet habe, bis ich ihr zu verstehen gegeben hatte, daß es an der Zeit sei.

Nach vielen Worten und großer Angst kam ich endlich so weit den Fluß hinauf, daß ich den Versuch wagen durfte. Ich stand neben dem Füllen, die Zügel in der linken Hand, den linken Fuß im Steigbügel, die rechte Hand auf dem Sattelknauf. Ich glaubte nicht, daß das Füllen meine Vorbereitungen bemerkte, und es machte keinen Eindruck auf Bob, als ich Anny mit dem Hut winkte.

Jetzt sah ich, daß Anny die Finger in den Mund steckte, und ich machte mich bereit. Scharf und stark erreichte der Ton uns durch das Rauschen des Flusses.

Das Füllen zuckte zusammen. Es galt, den Augenblick zu benutzen. Ich warf mich in den Sattel und gab Bob die Sporen. Nicht ein Gedanke, mich abzuwerfen, entstand in seinem Kopf. In langen Sprüngen setzte er hinein, es schien ihn zu ermutigen, daß er mich auf dem Rücken hatte.
Es ging gut – über alles Erwarten gut. Die Strömung führte uns mit großer Schnelligkeit hinab. Ich mußte das Füllen bewundern. Es gehorchte ohne Einwand den Zügeln, es war, als verstände es, in welcher Richtung es schwimmen mußte, um gegen den Felsen getrieben zu werden.
Der Fels bot nicht Platz genug, daß ein Pferd hinaufspringen konnte. Der Rettungsversuch mußte im Vorbeischwimmen mit dem Lasso vom Rücken des Pferdes aus vorgenommen werden. Ich hielt den Lasso bereit und winkte Anny, daß sie so nahe wie möglich ans Wasser kommen sollte. Glückte es jetzt nicht, so hatte das Füllen kaum Kräfte genug für einen zweiten Versuch.
Als wir ungefähr zehn Fuß vom Stein entfernt waren, warf ich den Lasso. Anny faßte die Schlinge, schlüpfte hinein und zog sie sich unter den Armen zusammen. Wir trieben mit solcher Schnelligkeit vorbei, daß sie keine Zeit hatte zu springen, sondern in den Fluß gezerrt wurde. Ich wandte das Pferd nach dem Lande und zog den Lasso ein. Dann gab ich ihr einen Steigbügel zum Festhalten. Ich selbst sprang an der entgegengesetzten Seite ab und klammerte mich an den andern Steigbügel.
Es war leichter gewesen, in die Stromwirbel hinein- als herauszukommen. Sowohl Anny wie ich taten alles, um dem Füllen zu helfen. Das Tier brauchte alle Kräfte, die es in seinem jungen, starken Körper hatte. Als wir endlich an Land kamen, zitterte es vor Überanstrengung und schnaubte so schwer, daß es stöhnte. Aber es hatte nur Augen für Anny. Es konnte nicht aufhören, sie zu beschnüffeln und mit dem Maul zu puffen. So groß war seine Liebe. Mir gönnte es nicht einen Blick.
Ja, es ist ein merkwürdiges Tier! In meinem Leben hab' ich nie seinesgleichen gesehen!«.

Leo N. Tolstoj Leinwandmesser

I

Immer höher und höher hob sich der Himmel, immer weiter breitete sich das Morgenrot aus, immer weißer wurde der matte Silberschimmer des Taus, immer blasser die Mondsichel, immer vernehmlicher das leise Rauschen des Waldes. Die Menschen standen von ihrem Lager auf, und im herrschaftlichen Gestüt hörte man die Pferde immer öfter schnauben und im Stroh stampfen. Sie wieherten kreischend und zornig, drängten sich zusammen und schienen um etwas zu streiten.

»Na, na! Nur ruhig! Ihr habt wohl Hunger, was?« sagte der alte Pferdehüter und öffnete das knarrende Tor. »Wohin?« schrie er und jagte eine Stute zurück, die sich durch das Tor drängen wollte.

Der Pferdehüter Nestor trug einen Kosakenrock und einen rotgestickten Ledergurt; die Peitsche hatte er um die Schulter geschlungen, an seinem Gürtel hing ein Beutel mit Brot, in den Händen hielt er einen Sattel und einen Zaum.

Die Pferde waren über den spöttischen Ton des Pferdehüters weder erschrocken noch gekränkt, sie schienen sich nichts daraus zu machen und gingen ruhig von dem Tor weg. Nur eine alte dunkelbraune Stute mit dichter Mähne legte das eine Ohr an und drehte sich schnell auf der Hinterhand herum. Eine junge Stute, die ganz hinten stand und die das alles nichts anging, wieherte schrill und schlug nach dem ersten besten Pferd in ihrer Nähe aus.

»Na, na!« schrie der Pferdehüter noch lauter und drohender und ging in eine Ecke des Hofes.

Von allen Pferden auf dem Hof – es mochten etwa hundert sein – zeigte die geringste Ungeduld ein scheckiger Wallach. Er stand allein in der Ecke eines offenen Schuppens und leckte mit zusammengekniffenen Augen an einem Eichenpfosten. Es war schwer zu sagen, ob der Wallach einen besonderen Genuß davon hatte – jedenfalls machte er eine ernste, nachdenkliche Miene.

»Hör auf, du Narr!« rief ihm der Pferdehüter in demselben Ton zu, ging auf ihn zu und legte den Sattel und die fettglänzende Schweißdecke neben ihn

auf einen Düngerhaufen. Der scheckige Wallach hörte auf zu lecken, blieb regungslos stehen und sah den Pferdehüter lange an. Er lachte nicht, er wurde nicht zornig, er machte keine finstere Miene, er schüttelte nur den ganzen Leib und wandte sich mit einem tiefen Seufzer ab. Der Pferdehüter faßte ihn um den Hals und legte ihm den Zaum an.
»Was seufzst du denn?« fragte Nestor.
Der Wallach wedelte mit dem Schweif, als wollte er sagen: ›Nur so, Nestor, es ist nichts weiter.‹ Nestor legte ihm die Schweißdecke und den Sattel auf, wobei der Wallach die Ohren zurücklegte, wohl um sein Mißvergnügen auszudrücken, aber er wurde dafür nur »Aas!« geschimpft, und der Gurt wurde festgezogen. Der Wallach blies sich auf, aber Nestor steckte ihm einen Finger ins Maul und stieß ihn mit dem Knie gegen den Bauch, so daß er ausatmen mußte. Als Nestor dann den Gurt mit den Zähnen anzog, legte der Wallach wieder die Ohren zurück und sah sich sogar um. Er wußte zwar, daß ihm das nichts half, hielt es aber doch für nötig zu zeigen, daß ihm das unangenehm sei und daß er das immer zeigen werde. Als er gesattelt war, setzte er den geschwollenen rechten Vorderfuß seitwärts und begann am Gebiß zu kauen, auch wieder mit irgendeinem besonderen Hintergedanken, denn er mußte schon längst wissen, daß das Gebiß keinen Geschmack hat.
Nestor stieg mittels des kurzen Steigbügels auf den Wallach, wickelte die Peitsche los, zog seinen Rockschoß unter dem Knie hervor, setzte sich in der besonderen Art der Kutscher, Jäger und Pferdehüter im Sattel zurecht und zog die Zügel an. Der Wallach hob den Kopf und bekundete damit seine Bereitwilligkeit zu gehen, wohin man ihm befehlen würde, rührte sich aber nicht vom Fleck. Er wußte, daß sein Reiter noch ein großes Geschrei machen und dem anderen Pferdehüter Waska und den Pferden noch allerlei Befehle erteilen würde, ehe es losging. Tatsächlich begann Nestor zu schreien: »Waska, he Waska! Hast du die Mutterstuten herausgelassen? Wohin, du Waldschrat? He! Du schläfst wohl? Mach das Tor auf, laß die Mutterstuten vorausgehen ...«
Das Tor knarrte. Ein Pferd am Zügel haltend, stand Waska verdrossen und schläfrig am Pfosten und ließ die Pferde hinaus. Die Pferde gingen behutsam durch das Stroh, schnupperten daran, und nacheinander kamen heraus: junge Stuten, Jährlinge mit kurzgeschnittener Mähne, Fohlen und schwerfällige Mutterstuten, die ihre Leiber vorsichtig durch das Tor trugen. Die jungen Stuten drängten sich bisweilen zu zweien und dreien zusammen, legten einander den Kopf auf den Rücken und fielen am Tor in einen leichten Trab, wofür sie jedesmal von den Pferdehütern beschimpft wurden. Die Fohlen

liefen manchmal zu den Beinen fremder Mutterstuten und antworteten mit hellem Wiehern auf den kurzen Lockruf ihrer Mütter.
Dicht vor dem Tor bog eine junge übermütige Stute den Kopf nach unten und zur Seite, schlug aus und kreischte auf, aber sie wagte doch nicht, die alte graue Fliegenschimmelstute Schuldyba zu überholen, die mit ruhigem, schwerfälligem Schritt und schaukelndem Bauch würdevoll wie immer vor den anderen Pferden herging.
Nach einigen Minuten lag der vorher so belebte Hof traurig und verlassen da. Trübselig ragten die Pfosten unter dem leeren Schuppen auf, und überall war nur zertretenes, mit Mist vermengtes Stroh zu sehen. Diese Leere war für den scheckigen Wallach zwar ein altgewohntes Bild, schien ihn aber doch traurig zu stimmen. Langsam, als wollte er Verbeugungen machen, senkte und hob er den Kopf, seufzte, soweit es ihm der fest angezogene Sattelgurt erlaubte, und hinkte, den alten Nestor auf dem knochigen Rücken, mit seinen krummen Beinen mühsam hinter der Herde her.
›Ich weiß schon: sobald wir auf die Landstraße kommen, wird er Feuer schlagen und sein hölzernes Pfeifchen mit dem Messingbeschlag und dem Kettchen anzünden‹, dachte der Wallach. ›Das freut mich, denn frühmorgens, wenn alles mit Tau bedeckt ist, habe ich diesen Geruch sehr gern, und er weckt auch viele angenehme Erinnerungen. Ärgerlich ist nur, daß der Alte sich Gott weiß was einbildet, sobald er seine Pfeife zwischen den Zähnen hat; dann kommt er sich vor wie ein Held und muß unbedingt schief im Sattel sitzen. Und gerade auf *der* Seite, wo es mir weh tut. Nun, meinetwegen, es ist mir nichts Neues, daß ich leiden muß, damit andere ihr Vergnügen haben. Ich finde sogar schon eine Art Pferdevergnügen daran. Mag er ruhig großtun, der arme Kerl! Er spielt ja nur den Helden, wenn ihn keiner sieht. Meinetwegen kann er auch schief sitzen‹, dachte der Wallach und trottete vorsichtig auf seinen krummen Beinen in der Mitte der Straße dahin.

2

Als Nestor die Herde zum Fluß getrieben hatte, wo sie weiden sollte, saß er ab und nahm den Sattel herunter. Unterdessen begann sich die Herde langsam über die noch nicht zertretene Weide zu verteilen, die mit dem Tau und dem Dunst bedeckt war, die von der Wiese und vom Fluß aufstiegen.
Nestor nahm dem Schecken den Zaum ab und kraulte ihn am Hals, worauf der Wallach zum Zeichen seiner Dankbarkeit und Zufriedenheit die Augen

schloß. »Das hat er gern, der alte Hund!« sagte Nestor. Aber der Wallach hatte dieses Kraulen gar nicht gern, er tat nur aus Zartgefühl so, als sei es ihm angenehm, und schüttelte den Kopf, um sein Einverständnis auszudrücken. Aber plötzlich stieß Nestor den Kopf des Wallachs ohne jeden Grund und ohne jede Vorbereitung zurück – er dachte vielleicht, eine allzugroße Familiarität könnte bei dem Schecken falsche Vorstellungen von seinem eigenen Wert erwecken –, holte mit dem Zügel aus und schlug den Wallach sehr schmerzhaft mit der Schnalle ans Bein. Dann ging er, ohne ein Wort zu sagen, die Anhöhe hinauf zu dem Baumstumpf, neben dem er sich gewöhnlich niederließ.

Diese Behandlung kränkte den Schecken, aber er ließ es sich nicht anmerken. Er schwenkte langsam den fast kahlen Schweif, schnupperte hier und da, rupfte ein wenig Gras ab, um sich zu zerstreuen, und ging zum Fluß. Er kümmerte sich nicht im geringsten darum, was die jungen Stuten, die jährigen Hengste und die Fohlen in ihrer Freude über den schönen Morgen anstellten, und da er wußte, daß es, namentlich in seinem Alter, das gesündeste war, zuerst auf nüchternen Magen einen ordentlichen Schluck zu trinken und dann erst zu fressen, suchte er sich am Ufer eine leicht abschüssige freie Stelle, ging so weit in den Fluß, daß Hufe und Kötenhaare naß wurden, steckte das Maul ins Wasser und begann mit seinen zerrissenen Lippen zu trinken. Dabei bewegte er die Flanken, die allmählich voller wurden, und wedelte mit der kahlen Rübe seines dünnen, scheckigen Schweifes.

Eine mutwillige braune Stute, die den Alten immer hänselte und ihm allerlei Schabernack spielte, kam auf ihn zu und tat, als wollte sie trinken, doch trübte sie ihm nur das Wasser vor der Nase. Aber der Schecke hatte sich schon sattgetrunken und schien die Absicht der braunen Stute gar nicht zu bemerken; er zog seine Beine, die tief in den weichen Boden eingesunken waren, ruhig eins nach dem andern heraus, schüttelte den Kopf, ging ein Stück weit von der Jugend weg und begann zu fressen. Er spreizte die Beine bald auf diese, bald auf jene Weise, um nicht unnötig viel Gras zu zertreten, und fraß volle drei Stunden lang, fast ohne den Kopf zu heben. Als er sich vollgefressen hatte, daß ihm der Bauch wie ein Sack von den mageren, derben Rippen herunterhing, stellte er sich gleichmäßig auf alle vier kranken Beine, um möglichst wenig Schmerzen zu spüren, besonders im rechten Vorderbein, das am schwächsten war. Dann nickte er ein.

Es gibt ein würdevolles Greisenalter, es gibt ein häßliches und ein klägliches. Manchmal ist das Greisenalter auch häßlich und würdevoll zugleich. Von dieser Art war das Greisenalter des scheckigen Wallachs.

Der Wallach war von hohem Wuchs, nicht weniger als zwei Arschin drei Werschok. Früher war er schwarzscheckig gewesen, aber jetzt hatten die schwarzen Flecken eine schmutzigbraune Färbung angenommen. Er hatte drei dunkle Flecke: einen am Kopf mit einer schiefen Blesse auf der Nase, der bis zur Mitte des Halses reichte. Die lange Mähne — ganz voll Kletten — war an manchen Stellen weiß, an anderen braun. Der zweite Fleck zog sich an der rechten Seite bis zur Mitte des Bauches hin, der dritte Fleck war auf der Kruppe und reichte bis zum oberen Teil des Schwanzes und bis zur Mitte der Schenkel. Der übrige Teil des Schwanzes war weißlichbunt. Der große, knochige Kopf mit den eingefallenen Stellen über den Augen und der herabhängenden, eingerissenen schwarzen Unterlippe hing schwer und tief an dem vor Magerkeit krummen Hals herunter, der aussah, als wäre er aus Holz. Hinter der hängenden Unterlippe sah man die seitlich zwischen die Zähne geklemmte schwärzliche Zunge und die gelben Stummel der abgekauten Unterzähne. Die Ohren, deren eines zerrissen war, hingen tief herunter und bewegten sich nur von Zeit zu Zeit lässig, um die zudringlichen Fliegen zu verscheuchen. Hinter dem einen Ohr hing ein langes Büschel Schopfhaar herab, die fast kahle Stirn war eingesunken und rauh, an den breiten Unterkiefern hing die Haut wie ein Sack herunter. An Hals und Kopf waren die Adern zu Knoten verflochten, die bei jeder Berührung durch eine Fliege zuckten und zitterten. Das ernste Gesicht hatte einen geduldigen, tiefnachdenklichen, gequälten Ausdruck. Die Vorderbeine des Wallachs waren an den Knien bogenförmig gekrümmt, an beiden Hufen waren Geschwülste, und an dem einen, bis zur Mitte schwarzbraunen Vorderbein saß eine faustgroße Beule dicht am Knie. Die Hinterbeine waren weniger schwach, aber an den Schenkeln, wo kein Haar mehr nachwuchs, schon seit langer Zeit abgescheuert. Die Beine wirkten bei der Magerkeit des Rumpfes unverhältnismäßig lang. Die Rippen waren zwar kräftig und derb, zeichneten sich aber so deutlich unter dem Fell ab, daß es aussah, als wäre die Haut in den Vertiefungen dazwischen angetrocknet. Widerrist und Rücken waren mit Spuren alter Hiebe übersät, und hinten war eine frische Schramme, die geschwollen war und eiterte; die fast kahle schwarze Schweifrübe mit den deutlich erkennbaren Wirbeln stand von der Kruppe ab. Auf der braunen Hinterhand, nicht weit vom Schwanz, war eine mit weißen Haaren bewachsene handgroße Wunde, die anscheinend von einem Biß herrührte, und am Schulterblatt sah man eine zweite, schon vernarbte Wunde. Hinterbeine und Schweif waren infolge steter Magenverstimmung unsauber, das kurze, struppige Haar des Fells stand am ganzen Körper in die Höhe. Aber trotz seines

abstoßenden, greisenhaften Aussehens wurde man unwillkürlich nachdenklich, wenn man dieses Pferd näher betrachtete, und ein Kenner hätte sofort gesagt, das müsse seinerzeit ein auffallend schönes Pferd gewesen sein.
Ein Kenner hätte sogar gesagt, daß es in Rußland nur *eine* Pferderasse gebe, die ein so breites Knochengerüst habe, diese gewaltigen Schenkelknochen, diese Hufe, diese schlanken Beine und diesen fein gebogenen Hals, und vor allem diese Kopfform, diese großen, schwarzen, leuchtenden Augen, die rassigen Aderklümpchen an Kopf und Hals und ein so feines, dichtes Fell. In der Tat, es lag etwas Würdevolles in der Gestalt des Pferdes, an dem alle Merkmale der Gebrechlichkeit, durch das gescheckte Fell noch betont, sich in erschreckender Weise mit dem Ausdruck von Selbstvertrauen und dem ruhigen Bewußtsein der eigenen Schönheit vereinigten.
Wie eine lebende Ruine stand das Pferd einsam mitten auf der taunassen Wiese, und in seiner Nähe lärmte es vom Stampfen, Schnauben und dem jugendfrohen Wiehern und Kreischen der weit zerstreuten Herde.

3

Die Sonne stand schon über dem Wald und blitzte hell auf dem Gras und auf den Windungen des Flusses. Der Tau trocknete und sammelte sich in Tropfen, wie leichter Rauch zerrann der letzte Morgennebel. Krause Wölkchen erschienen am Himmel, aber es ging noch kein Wind. Jenseits des Flusses stand dichter grüner Roggen, der bereits Ähren ansetzte, und es roch nach frischem Grün und Blumen. Aus dem Wald rief der Kuckuck, und Nestor, der lang auf dem Rücken lag, zählte, wie viele Jahre er noch leben werde. Die Lerchen stiegen über dem Roggenfeld und über der Wiese empor. Ein verspäteter Hase, der zwischen die Pferde geraten war, rettete sich in großen Sprüngen, setzte sich neben einen Busch und lauschte. Waska schlief, den Kopf ins Gras gedrückt, die um ihn weidenden jungen Stuten entfernten sich langsam von ihm und zerstreuten sich in der Niederung. Auch die älteren Stuten schritten weiter, leise schnaubend und eine helle Spur im Tau hinter sich lassend, und wählten immer solche Stellen aus, wo niemand sie stören konnte; aber sie weideten nicht mehr, sondern fraßen nur noch manchmal ein paar schmackhafte Halme. Die ganze Herde bewegte sich unmerklich in einer Richtung. Wieder schritt die alte Schuldyba den anderen würdevoll voran und machte ihnen auf diese Weise klar, daß man weiter weggehen konnte. Die junge Rappstute Muschka, die zum ersten Mal gefohlt hatte,

wieherte ununterbrochen, hob den Schweif und schnaubte ihrem lilafarbenen Füllen zu, das mit zitternden Knien unbeholfen seine Mutter umkreiste. Die junge braune Lastotschka mit dem glatten, wie Atlas glänzenden Fell senkte den Kopf so tief, daß der schwarze seidige Haarschopf ihr in Stirn und Augen fiel, spielte mit dem Gras, indem sie Hälmchen ausriß und wieder fallen ließ, und stampfte mit dem taufeuchten Fuß, an dem das Kötenhaar einen dichten Büschel bildete. Eines der älteren Fohlen hatte sich wohl ein neues Spiel ausgedacht: den kurzen, krausen Schweif wie einen Helmbusch aufgerichtet, jagte es schon zum sechsundzwanzigsten Mal um seine Mutter im Kreise herum, die die Manieren ihres Sohnes genau zu kennen schien, ruhig das Gras abrupfte und nur von Zeit zu Zeit mit dem großen schwarzen Auge nach dem Fohlen schielte. Eins der kleinsten Saugfohlen, ein schwarzes dickköpfiges Tierchen mit einem wie verwundert zwischen den Ohren gesträubten Haarschopf und kurzem Schwänzchen, das sich noch nach der Seite krümmte, nach der es im Mutterleib gekrümmt gewesen war, stand wie angewurzelt da, spitzte die Ohren und starrte mit stumpfem Blick ein anderes Fohlen an, das immer einen Sprung machte und dann rückwärts ging; es blieb unklar, ob das zuschauende Fohlen neidisch war oder sich überlegte, warum sich das andere wohl so benehme. Einige Fohlen schoben die Mäuler unter den Leib ihrer Mütter und saugten, andere liefen trotz aller Lockrufe der Muttertiere aus unerfindlichen Gründen in kurzem, ungeschicktem Trab davon, blieben dann unvermittelt stehen und stießen ein lautes, verzweifeltes Gewieher aus; andere lagen dicht nebeneinander auf der Seite, andere lernten Gras fressen, andere kratzten sich mit dem Hinterfuß hinter dem Ohr. Zwei trächtige Stuten hatten sich ein wenig von der Herde entfernt, gingen langsam weiter und fraßen immer noch. Man sah, daß ihr Zustand von den anderen respektiert wurde und keins von den jüngeren Pferden heranzukommen und sie zu stören wagte. Und wenn eine übermütige Stute doch auf den Einfall kam, sich ihnen zu nähern, genügte eine Bewegung des Ohrs und des Schweifs, um ihr die Unziemlichkeit ihres Betragens klarzumachen.
Die Jährlinge taten, als wären sie schon erwachsene, gesetzte Pferde, und erlaubten sich nur selten, ein paar Sprünge zu machen und sich einer lustigen Gesellschaft anzuschließen. Sie bogen ihre Schwanenhälse mit den geschorenen Mähnen, fraßen mit Anstand ihr Gras und schwenkten ihre kurzen Schwänzchen, als ob sie auch schon Schweife hätten. Ganz wie die Großen legten sich manche hin, wälzten sich oder kratzten einander. Die lustigste Gesellschaft bildeten die zwei- und dreijährigen Stuten. Sie gingen fast alle in einer gesonderten Gruppe und waren wie eine Schar fröhlicher junger Mäd-

chen. Man hörte sie stampfen, kreischen, wiehern und schnauben. Sie drängten sich zusammen, legten einander die Köpfe auf die Schultern, beschnupperten sich, sprangen mit allen vieren in die Höhe und liefen manchmal mit erhobenem Schweif halb im Trab, halb im Paßgang stolz und kokett vor ihren Gefährtinnen her. Die schönste und zugleich die Anführerin dieser ganzen Jugend war eine mutwillige braune Stute. Die anderen machten ihre Streiche nach, und der ganze Haufen der Schönen lief hinter ihr her. Die übermütige Stute war an diesem Morgen ganz besonders zum Spielen aufgelegt und ganz besonders lustig, wie es ja auch bei Menschen vorkommt. Schon an der Tränke hatte sie den alten Schecken geneckt; dann lief sie am Wasser entlang, tat, als wäre sie vor irgend etwas erschrocken, prustete und rannte ins Feld hinaus, so daß Waska ihr und den anderen, die hinter ihr herliefen, nachgaloppieren mußte. Dann fraß sie ein bißchen und fing an, sich zu wälzen; darauf foppte sie die alten Stuten dadurch, daß sie dicht vor ihnen herging, dann trieb sie ein Füllen weg und lief ihm nach, als ob sie es beißen wollte. Die Mutter erschrak und hörte auf zu fressen; das Fohlen schrie mit kläglicher Stimme, aber die übermütige Stute rührte es überhaupt nicht an, sie hatte es nur erschrecken und ihren Freundinnen, die ihre Schelmenstreiche mit großem Interesse verfolgten, ein Schauspiel geben wollen. Dann kam sie auf den Einfall, einem kleinen Grauschimmel den Kopf zu verdrehen; der Graue stapfte weit drüben über dem Fluß an einem Roggenfeld entlang, auf seinem Rücken saß ein Bauer, und der Pflug schleifte hinterher. Sie wandte sich leicht zur Seite, blieb in stolzer Haltung stehen, hob den Kopf, schüttelte sich und ließ ein süßes, zärtliches, langgedehntes Wiehern hören. Mutwille, tiefe Empfindung und leise Trauer klangen aus diesem Wiehern, aber auch Sehnsucht, Liebesverheißung und Liebesweh.

Dort im dichten Schilf lief ein Wachtelkönig hin und her und rief mit leidenschaftlichem Schrei seine Gefährtin zu sich, Kuckuck und Wachtel ließen ihren Liebesruf erklingen, und die Blumen sandten mit dem Wind einander ihren duftenden Blütenstaub zu.

›Auch ich bin jung und schön und stark‹, sagte das Wiehern der übermütigen Stute, ›aber bisher war es mir nie vergönnt, die Süße jenes Gefühls zu kosten, mich hat noch nie ein Liebhaber gesehen, wahrhaftig noch kein einziger.‹

Und das vielsagende Gewieher klang voll jugendlicher Sehnsucht über Niederung und Feld und drang bis zu dem grauen Pferdchen in der Ferne. Es spitzte die Ohren und blieb stehen. Der Bauer stieß ihm den Bastschuh in die Flanke, aber der Grauschimmel war wie verzaubert von dem silberhellen Klang des fernen Wieherns und wieherte zur Antwort. Der Bauer wurde

zornig, riß an den Zügeln und stieß ihm den Bastschuh so heftig in die Weichen, daß er aufhörte zu wiehern und weiterging. Aber dem Grauschimmel war ganz weh und traurig ums Herz, und noch lange drangen von den fernen Roggenfeldern die Töne eines leidenschaftlichen Wieherns und die zornige Stimme des Bauern zu der Pferdeherde herüber.
Wenn der Grauschimmel von dem bloßen Klang dieser Stimme schon so hingerissen war, daß er seine Pflicht vergaß, was wäre dann erst mit ihm geschehen, wenn er die mutwillige Schöne in ihrer ganzen Gestalt gesehen hätte, wie sie die Ohren spitzte, mit geblähten Nüstern die Luft einzog und an dem ganzen jungen, schönen Leibe zitternd nach ihm rief? Aber die übermütige Stute dachte nicht lange über den Eindruck nach, den sie hervorgerufen hatte. Als die Stimme des Grauschimmels verstummt war, wieherte sie noch einmal spöttisch, neigte den Kopf, scharrte mit dem Fuß in der Erde und lief dann zu dem scheckigen Wallach, um ihn aufzuwecken und zu foppen. Der Schecke wurde stets von diesen jungen Tieren gepeinigt und gehänselt und hatte von ihnen mehr zu leiden als von den Menschen. Er selbst tat weder den einen noch den anderen Böses. Die Menschen brauchten ihn und mißhandelten ihn, aber warum quälten ihn die jungen Pferde?

4

Er war alt, sie waren jung; er war mager, sie waren wohlgenährt; er war traurig, sie waren vergnügt. Folglich war er ein ganz fremdes, andersartiges Wesen, und sie konnten kein Mitleid mit ihm haben. Die Pferde haben nur mit sich selbst Mitleid und manchmal auch mit denen, in deren Haut sie sich hineinversetzen können. Aber der scheckige Wallach war doch nicht selber daran schuld, daß er alt und dürr und häßlich war. Man möchte meinen, daß es nicht seine eigene Schuld war, aber nach Ansicht der Pferde war er doch schuld daran, und nach dieser Ansicht waren immer nur die im Recht, die stark, jung und glücklich waren, die noch das ganze Leben vor sich hatten, die vor übermütiger Anstrengung mit jedem Muskel zitterten und den Schweif steil in die Höhe hoben. Der scheckige Wallach sah das vielleicht ein und gab in ruhigen Augenblicken zu, daß es seine eigene Schuld war, daß er sein Leben schon hinter sich hatte und nun dafür büßen mußte; aber er war trotz allem doch ein Pferd und konnte sich oft eines Gefühls von Kränkung, Kummer und Unwillen nicht erwehren, wenn er diese jungen Tiere ansah, die ihn für das bestraften, was am Ende ihres Lebens sie alle erwartete. Ein

weiterer Grund für die Unbarmherzigkeit der Pferde war ein gewisses aristokratisches Gefühl. Jedes von ihnen führte seinen Stammbaum väterlicherseits oder mütterlicherseits auf die berühmte Smetanka zurück, während niemand wußte, wo der Schecke herstammte. Er war ein hergelaufener Gaul, vor drei Jahren für achtzig Papierrubel auf dem Jahrmarkt gekauft.
Die braune Stute tat, als ginge sie spazieren, lief ganz dicht an der Nase des alten Wallachs vorbei und versetzte ihm einen Stoß. Er wußte schon, wie das gemeint war, und legte, ohne die Augen zu öffnen, die Ohren zurück und fletschte die Zähne. Die Stute drehte ihm ihr Hinterteil zu und tat, als wollte sie nach ihm ausschlagen. Er öffnete die Augen und ging zu einer anderen Stelle. Er hatte keine Lust mehr zu schlafen und begann zu fressen. Wieder lief die übermütige braune Stute mit ihren Freundinnen auf den Wallach zu. Eine zweijährige Stute mit einer Blesse, ein sehr dummes Pferd, das der Braunen alles nachmachte, näherte sich mit ihr zusammen dem alten Schecken und versuchte die Braune noch zu überbieten, wie alle Nachahmer es tun. Die braune Stute ging stets auf den Wallach zu, als ob sie nur mit sich selbst beschäftigt wäre, und lief dann dicht an seiner Nase vorbei, ohne ihn anzusehen, so daß er wirklich nicht wußte, ob er sich ärgern sollte oder nicht, und das wirkte dann in der Tat höchst komisch. So machte es die Braune auch jetzt, aber die Blesse, die ihr folgte und besonders ausgelassen war, versetzte dem Wallach einen Stoß mit der Brust. Er fletschte wieder die Zähne, kreischte auf, stürzte mit einer Geschwindigkeit, die man ihm gar nicht zugetraut hätte, hinter ihr her und biß sie in den Oberschenkel. Die Blesse schlug mit beiden Hinterfüßen aus und traf den Alten schwer auf die mageren, vorstehenden Rippen. Der Alte ächzte vor Schmerz, wollte sich noch einmal auf sie stürzen, überlegte sichs aber anders, seufzte tief und ging zur Seite. Das ganze junge Volk der Herde schien die Frechheit, die sich der Schecke der Blesse gegenüber herausgenommen hatte, als persönliche Beleidigung aufzufassen; sie ließen ihn den ganzen Tag nicht mehr fressen und gönnten ihm keinen Augenblick Ruhe, so daß der Pferdehüter mehrmals einschreiten mußte und gar nicht begreifen konnte, was plötzlich in sie gefahren war. Der Wallach war so niedergeschlagen, daß er von selbst zu Nestor ging, als der Alte die Herde wieder nach Hause treiben mußte, und er fühlte sich glücklicher und ruhiger, als Nestor ihn sattelte und aufsaß. Gott weiß, worüber der alte Wallach nachdachte, als er Nestor auf seinem Rücken nach Hause trug, ob er voller Bitterkeit an das freche, grausame junge Volk dachte oder mit dem verächtlichen Stolz des Alters seinen Beleidigern verzieh – jedenfalls ließ er sich seine Gedanken nicht anmerken, bis sie zu Hause waren.

An diesem Abend hatte Nestor Besuch von seinen Verwandten bekommen, und als er die Herde an den Hütten der Gutsleute vorbeitrieb, sah er einen Wagen mit einem Pferd, das an der Vortreppe seines Hauses angebunden war. Als er die Herde eingetrieben hatte, hatte er es so eilig, daß er den Wallach mit dem Sattel auf dem Rücken im Hof stehen ließ, Waska zurief, er solle absatteln, das Tor zumachte und zu seinem Besuch lief. Ob es nun daher kam, daß der Schecke, dieses ›schäbige Subjekt‹, das auf dem Pferdemarkt gekauft war und weder Vater noch Mutter kannte, die Blesse, eine Urenkelin der berühmten Smetanka, beleidigte und dadurch das aristokratische Empfinden des ganzen Gestüts verletzt hatte, oder daher, daß der Wallach mit dem hohen Sattel ohne Reiter den Pferden ein seltsamer, phantastischer Anblick war – jedenfalls ereignete sich in dieser Nacht etwas Ungewöhnliches auf dem Pferdehof. Alle Pferde, junge und alte, liefen zähnefletschend hinter dem Wallach her, jagten ihn im Hof herum, und man hörte, wie sie ihn dröhnend gegen die Flanken schlugen und wie er ächzte. Der Wallach konnte das nicht mehr ertragen, konnte den Hufschlägen nicht mehr ausweichen. Er blieb mitten im Hof stehen, sein Gesicht drückte zuerst die abstoßende, ohnmächtige Wut des kraftlosen Greisenalters und dann tiefe Verzweiflung aus. Er legte die Ohren zurück, und plötzlich geschah etwas so Seltsames, daß alle Pferde ganz still wurden. Wjasopuricha, die älteste Stute, ging auf den Wallach zu, beschnupperte ihn und seufzte. Auch der Wallach seufzte.

. . . .

5

In der Mitte des monderhellten Hofes stand die hohe, hagere Gestalt des Wallachs mit dem hohen Sattel und dem Knopf am Sattelbogen. Regungslos und in tiefem Schweigen standen die Pferde um ihn herum, als ob sie etwas Neues, Ungewöhnliches von ihm erfahren sollten. Und sie erfuhren auch wirklich etwas Neues, Unerwartetes von ihm.

Was sie von ihm hörten, war folgendes . . . .

. . . .

Die erste Nacht

»Ja, ich bin ein Sohn von Ljubesnyj I. und Baba. Mein Name ist nach dem Stammbaum Muschik I. Nach dem Stammbaum heiße ich Muschik I., im gewöhnlichen Leben aber Leinwandmesser. Diesen Beinamen haben mir die Leute wegen meines langen, weitausholenden Schritts gegeben, der in Rußland nicht seinesgleichen hatte. Was Abstammung angeht, gibt es auf der ganzen Welt kein Pferd, das edleren Geblüts wäre. Ich hätte euch das nie gesagt. Wozu auch? Ihr hättet mich ja doch nie erkannt, wie auch Wjasopuricha, die doch mit mir zusammen in Chrenowo war, mich erst jetzt wiedererkannt hat. Auch jetzt würdet ihr mir nicht glauben, wenn Wjasopuricha nicht mein Zeuge wäre. Ich hätte euch das niemals gesagt. Ich brauche kein Mitleid von den Pferden. Aber ihr habt es gewollt. Ja, ich bin jener Leinwandmesser, nach dessen Verbleib die Pferdekenner vergeblich forschen, jener Leinwandmesser, den der Graf selbst gekannt, aber aus seinem Gestüt verbannt hat, weil ich seinen Liebling Lebed überholt hatte.

. . . .

Als ich geboren wurde, wußte ich nicht, was ein Schecke ist, ich dachte, ich sei ein Pferd. Die erste Bemerkung, die über mein Fell gemacht wurde, erstaunte mich und meine Mutter sehr, wie ich mich noch genau erinnere. Ich wurde wahrscheinlich in der Nacht geboren; am Morgen stand ich, von meiner Mutter sauber geleckt, bereits auf den Füßen. Ich entsinne mich, daß ich immer ein Verlangen nach etwas spürte und daß mir alles höchst wunderlich und zugleich ganz selbstverständlich vorkam. Unsere Boxen lagen an einem langen, warmen Korridor und hatten Gittertüren, durch die man alles sehen konnte. Meine Mutter hielt mir das Euter hin, aber ich war noch so unerfahren, daß ich mit der Nase bald unter die Vorderbeine meiner Mutter, bald unter die Krippe stieß. Plötzlich wandte sich meine Mutter nach der Gittertür um, trat mit einem Bein über mich weg und ging zur Seite. Ein Stallknecht sah durch das Gitter in unsere Box herein.

›Ei, sieh mal an, Baba hat gefohlt!‹ sagte er und schob den Riegel zurück. Er kam herein, ging über das frische Stroh auf mich zu und umfaßte mich mit beiden Armen. ›Sieh mal, Taras‹, rief er, ›ein Schecke, die reinste Elster!‹ Ich riß mich los und fiel auf die Knie.

›So ein kleiner Teufel!‹ sagte er.

Meine Mutter wurde unruhig, machte aber keine Anstalten, mich zu schützen; sie seufzte nur schwer, ganz schwer und trat ein wenig zur Seite. Die Stallknechte kamen und betrachteten mich. Der eine lief den Stallmeister holen. Alle lachten, als sie mein scheckiges Fell sahen, und gaben mir allerlei sonderbare Namen. Der Sinn dieser Worte war nicht nur mir, sondern auch meiner Mutter unverständlich. Bisher war unter uns und allen meinen Verwandten kein einziger Schecke gewesen. Wir glaubten nicht, daß etwas Schlimmes dabei sei, denn meine Kraft und mein Körperbau wurden schon damals von allen gelobt.

›So ein flinkes Kerlchen!‹ sagte der Stallknecht. ›Man kann ihn kaum halten.‹
Nach einiger Zeit kam der Stallmeister; auch er wunderte sich über meine Farbe und schien sich sogar darüber zu ärgern.
›Von wem das kleine Scheusal das nur hat?‹ sagte er. ›Der General wird ihn sicher nicht im Gestüt behalten wollen. Ach, Baba, du hast mich schön angeführt‹, sagte er zu meiner Mutter. ›Wenn du wenigstens einen Bleß zur Welt gebracht hättest! Aber einen Schecken – nein!‹
Meine Mutter antwortete nicht und seufzte nur wieder, wie immer in ähnlichen Fällen.
›Zum Teufel, von wem er das nur hat? Wie ein Bauer sieht er aus‹, fuhr er fort. ›Im Gestüt können wir ihn nicht behalten, es ist eine wahre Schande! Aber er ist ein sehr gutes Pferd!‹ sagte er, und das sagten alle, die mich sahen.
Nach ein paar Tagen kam auch der General selbst, um mich zu betrachten, und wieder waren alle ganz entsetzt und schimpften auf mich und auf meine Mutter wegen meines gescheckten Fells. ›Aber er ist ein sehr gutes Pferd!‹ sagte jeder, der mich sah.
Bis zum Frühjahr wohnte jedes Füllen bei seiner Mutter im Stall der Mutterstuten, und erst als der Schnee auf den Dächern der Stallungen in der Sonne zu schmelzen begann, wurden wir manchmal mit unseren Müttern auf den großen, mit frischem Stroh belegten Hof hinausgelassen. Dort lernte ich zum ersten Mal alle meine Verwandten kennen, nähere und entferntere. Dort sah ich alle berühmten Stuten der damaligen Zeit mit ihren Füllen aus verschiedenen Türen herauskommen. Da war die alte Golandka, dann Muschka, eine Tochter von Smetanka, Krasnucha, das Reitpferd Dobrochoticha, lauter Berühmtheiten jener Zeit; alle versammelten sich mit ihren Fohlen auf dem Hof, gingen in der Sonne spazieren, wälzten sich auf dem frischen Stroh und beschnupperten einander wie ganz gewöhnliche Pferde. Den Anblick dieses Hofes, wo man die schönsten Stuten jener Zeit sah. habe ich bis auf den heutigen Tag nicht vergessen können. Es wird euch sonderbar vorkommen, daß auch ich einmal jung und feurig war, und doch war es so. Wiasopuricha, die ihr hier seht, war damals noch ein Jährling mit geschorener Mähne, ein reizendes, munteres, mutwilliges Pferdchen, aber – ich sage das nicht etwa, um sie zu kränken – sie gehörte damals zu den geringsten Pferden dieser Zucht, obwohl sie jetzt unter euch ihres edlen Blutes wegen für eine Seltenheit gilt.
Meine Buntscheckigkeit, die allen Menschen so sehr mißfiel, gefiel allen Pferden außerordentlich gut: alle umringten mich, bewunderten mich und spielten mit mir. Ich begann schon zu vergessen, was die Menschen über mein

scheckiges Fell gesagt hatten, und fühlte mich sehr glücklich. Aber bald lernte ich den ersten Kummer meines Lebens kennen, und seine Ursache war meine Mutter. Als es zu tauen anfing, als die Spatzen unter den Dächern zwitscherten und als der Frühling immer stärker in der Luft zu spüren war, begann meine Mutter ihr Benehmen mir gegenüber zu ändern. Ihr ganzes Wesen war wie umgewandelt; bald begann sie plötzlich ohne jeden Anlaß zu spielen und im Hof umherzutollen, was zu ihrem gesetzten Alter ganz und gar nicht paßte, bald war sie tief in Gedanken und wieherte laut, bald biß und schlug sie die anderen Stuten, bald beschnupperte sie mich und schnaubte unzufrieden, bald legte sie, wenn wir draußen in der Sonne waren, ihren Kopf auf die Schulter ihrer Cousine Kuptschicha, rieb ihr lange nachdenklich den Rücken und stieß mich vom Euter weg. Eines Tages kam der Stallmeister und ließ ihr ein Halfter anlegen, und dann wurde sie aus der Box hinausgeführt. Sie wieherte, ich antwortete und wollte ihr nachlaufen, aber sie sah sich nicht einmal nach mir um. In dem Augenblick, als sich die Tür hinter meiner Mutter schloß, packte mich der Stallknecht Taras mit beiden Händen und hielt mich fest. Ich riß mich los und warf den Stallknecht ins Stroh, aber die Tür war verschlossen, und ich hörte nur das Wiehern meiner Mutter, das sich immer weiter entfernte. Und in diesem Wiehern hörte ich keinen Ruf mehr, der mir galt, sondern etwas ganz anderes. Auf ihre Stimme antwortete weit in der Ferne eine mächtige Stimme, die Stimme Dobryjs I., wie ich später erfuhr, der von zwei Stallknechten zum Stelldichein mit meiner Mutter geführt wurde. Ich erinnere mich nicht mehr, wie Taras aus meiner Box hinauskam, denn ich war ganz traurig. Ich fühlte, daß ich die Liebe meiner Mutter für immer verloren hatte. ›Und alles nur, weil ich ein Schecke bin‹, dachte ich in Erinnerung an die Worte, die die Menschen über mein Fell gesagt hatten, und dann packte mich eine solche Wut, daß ich mit Kopf und Knien gegen die Wände der Box stieß – so lange, bis ich in Schweiß gebadet und völlig erschöpft war.

Nach einiger Zeit kehrte meine Mutter zu mir zurück. Ich hörte, wie sie in einem Trab, der ganz anders klang als sonst, durch den Korridor zu unserer Box gelaufen kam. Man öffnete ihr die Tür, und ich erkannte sie gar nicht wieder, so viel jünger und schöner war sie geworden. Sie beschnupperte mich, schnaubte und stieß ein lachendes Gewieher aus. Ich sah an ihrem ganzen Gebaren, daß sie mich nicht mehr liebte. Sie erzählte mir von Dobryjs Schönheit und von ihrer Liebe zu ihm. Diese Zusammenkünfte dauerten fort, und das Verhältnis zwischen mir und meiner Mutter wurde immer kälter.

Bald danach wurden wir auf die Weide gelassen. Von dieser Zeit an lernte

ich neue Freuden kennen, die mir den Verlust der Liebe meiner Mutter ersetzten. Ich hatte Freundinnen und Kameraden, wir lernten zusammen Gras fressen, ebenso wiehern wie die Großen und mit erhobenem Schweif um unsere Mütter herumgaloppieren. Das war eine glückliche Zeit. Alles war mir erlaubt, alle liebten mich, bewunderten mich und betrachteten alles, was ich tat, mit wohlwollender Nachsicht. Aber das dauerte nicht lange. Nach kurzer Zeit widerfuhr mir etwas Entsetzliches.« Der Wallach seufzte schwer, ganz schwer, und ging von den anderen Pferden weg.
Das Morgenrot glühte schon längst am Himmel. Das Tor knarrte, Nestor kam herein. Die Pferde gingen auseinander. Der Pferdehüter rückte den Sattel des Wallachs zurecht und trieb die Herde hinaus.

6
Die zweite Nacht

Sobald die Pferde am Abend eingetrieben waren, drängten sie sich wieder um den Schecken.
»Im August wurde ich von meiner Mutter getrennt«, fuhr der Schecke fort, »und ich war darüber nicht sonderlich bekümmert. Ich sah, daß meine Mutter schon einen jüngeren Bruder trug, den berühmten Usan, und ich war nicht mehr derselbe wir früher. Ich war nicht eifersüchtig, aber ich fühlte, daß ich kühler gegen sie wurde. Außerdem wußte ich, daß ich nach der Trennung von meiner Mutter in die allgemeine Fohlenabteilung kommen würde, wo wir zu zweit und zu dritt zusammenstanden und täglich ins Freie gelassen wurden. Ich stand in einer Box mit Milyj. Milyj ist ein Reitpferd geworden, später hat ihn der Kaiser geritten, und er ist auf Bildern und als Statue dargestellt worden. Damals war er noch ein einfaches Füllen, mit zartem, glänzendem Fell, einem Schwanenhals und schnurgeraden, schlanken Beinen. Er war immer vergnügt, gutmütig und freundlich, immer bereit zu spielen, die anderen Pferde zu lecken und mit ihnen oder mit den Menschen seine Späße zu treiben. Wir freundeten uns an, da wir zusammen lebten, und diese Freundschaft hat während unserer ganzen Jugend fortgedauert. Er war lustig und leichtsinnig. Er fing schon damals an zu lieben, schäkerte mit den Stuten und lachte über meine Unschuld. Und zu meinem Unglück begann ich es ihm aus Ehrgeiz nachzumachen und war sehr bald schrecklich verliebt. Und diese meine erste Neigung war die Ursache der größten Veränderung in meinem Leben, weil ich mich von der Liebe hinreißen ließ.
Wjasopuricha war ein Jahr älter als ich, und wir waren eng befreundet. Aber

gegen Ende des Herbstes merkte ich, daß sie mir auszuweichen begann ... Aber ich will nicht diese ganze unglückliche Geschichte meiner ersten Liebe erzählen; Wjasopuricha selbst wird sich an meine wahnwitzige Leidenschaft erinnern, die mit der wichtigsten Veränderung in meinem Leben endete. Die Pferdehüter kamen gerannt, jagten sie weg und schlugen mich. Am Abend wurde ich in eine besondere Box gebracht; ich wieherte die ganze Nacht, als hätte ich die Ereignisse des kommenden Tags vorausgeahnt.

Am Morgen kam der General, der Stallmeister, ein paar Stallknechte und Pferdehüter in den Korridor vor meiner Box, und dann erhob sich ein furchtbarer Lärm. Der General schrie den Stallmeister an, der Stallmeister verteidigte sich und sagte, er hätte verboten, mich hinauszulassen, und die Stallknechte hätten es eigenmächtig getan. Der General sagte, er würde sie allesamt durchpeitschen lassen, junge Hengste seien eben nicht zu halten. Der Stallmeister versprach alles auszuführen. Dann schwiegen sie und gingen fort. Ich hatte nichts von alldem begriffen, aber ich sah, daß sie etwas Schlimmes mit mir vorhatten.

. . . .

Tags darauf hörte ich für immer auf zu wiehern, ich wurde so, wie ich jetzt bin. Die ganze Welt hatte sich in meinen Augen verändert. Nichts machte mir Freude, ich zog mich ganz in mich selbst zurück und begann zu grübeln. Anfangs war mir alles zuwider. Ich hörte sogar auf zu trinken, zu fressen, zu gehen und dachte überhaupt nicht mehr ans Spielen. Manchmal kam mir noch der Einfall auszuschlagen, zu galoppieren, zu wiehern, aber gleichzeitig tauchte auch die furchtbare Frage auf: warum? wozu? Und meine letzte Kraft schwand dahin.

Einmal wurde ich abends im Hof umhergeführt, gerade um die Zeit, als die Herde von der Weide heimkam. Schon von weitem sah ich die Staubwolke mit den noch unklaren, mir so vertrauten Umrissen aller unserer Mutterstuten. Ich hörte das lustige Wiehern und Getrappel. Ich blieb stehen, obgleich der Strick des Halfters, an dem der Stallknecht zerrte, mich in den Nacken schnitt, und schaute auf die näher kommende Herde, wie man auf ein für immer verlorenes, unwiederbringliches Glück schaut. Als sie herankamen, konnte ich jedes einzelne Pferd unterscheiden, alle die schönen, prächtigen, gesunden, wohlgenährten Gestalten, die mir so vertraut waren. Einige von ihnen blickten mich an. Ich fühlte keinen Schmerz mehr, als der Stallknecht an meinem Halfter riß. Ich vergaß mich und begann in Erinnerung an frühere Zeiten zu wiehern und Trab zu laufen; aber mein Wiehern klang traurig, lächerlich und albern. In der Herde wurde nicht gelacht, aber ich merkte, daß viele Pferde sich aus Anstandsgefühl von mir abwandten. Ich machte offenbar einen widerwärtigen, kläglichen, peinlichen und vor allem lächerlichen Eindruck auf die anderen. Mein dünner, kraftloser Hals, mein großer Kopf (ich war damals sehr abgemagert), meine langen, plumpen Beine und mein ungeschickter, kurzer Trab, in dem ich nach alter Gewohnheit im Kreis um den Stallknecht lief — das alles kam ihnen lächerlich vor. Niemand antwortete auf mein Gewieher, alle wandten sich von mir ab. Ich begriff plötzlich alles, ich begriff, wie fern ich ihnen allen für immer stand, und ich erinnere mich nicht mehr, wie ich damals mit dem Stallknecht nach Hause gekommen bin.

Ich hatte auch früher schon einen Hang zum Ernst und zum Grübeln, aber jetzt ging eine tiefgreifende Umwandlung in meinem Innern vor. Meine Buntscheckigkeit, die bei den Menschen eine sonderbare Verachtung erweckte, das furchtbare Unglück, das unerwartet über mich hereingebrochen war, meine eigentümliche Stellung im Gestüt, die ich zwar empfand, mir aber einfach nicht erklären konnte, das alles bewirkte, daß ich mich ganz in mich selbst zurückzog. Ich dachte über die Ungerechtigkeit der Menschen nach, die mich dafür verdammten, daß ich ein Schecke war, ich dachte über die Unbeständigkeit der Mutterliebe und der weiblichen Liebe überhaupt nach und über ihre Abhängigkeit von physischen Bedingungen. Ganz besonders aber grübelte ich über die Eigenheiten jener sonderbaren Gattung von Lebewesen nach, mit der wir so eng verbunden sind und die wir Menschen nennen — Eigenheiten, deren Folge meine besondere Stellung im Gestüt war, die ich wohl empfand, aber nicht begreifen konnte. Was es mit dieser Besonderheit und mit den menschlichen Eigenheiten, auf denen sie beruhte, für eine Bewandtnis hatte, das entdeckte ich bei folgender Gelegenheit.

Es war im Winter, in der Festzeit. Einen Tag lang wurde ich weder gefüttert noch getränkt. Wie ich später erfuhr, kam das daher, daß unser Stallknecht betrunken war. Am selben Tag kam der Stallmeister zu mir herein, sah, daß ich nichts zu fressen hatte, und schimpfte mit sehr gemeinen Worten auf den Stallknecht, der gerade nicht da war. Dann ging er wieder weg. Am nächsten Tag kam der Stallknecht mit seinem Kameraden in unsere Box, um uns Heu zu geben. Ich bemerkte, daß er auffallend blaß und sehr traurig war und daß die Art, in der er seinen langen Rücken bewegte, etwas Eigentümliches und Mitleiderregendes hatte. Wütend warf er das Heu hinter die Raufe; ich wollte meinen Kopf über seine Schulter schieben, aber er schlug mich mit der Faust so schmerzhaft aufs Maul, daß ich zur Seite sprang. Dann trat er mich noch mit dem Stiefel in den Bauch.

›Wenn dieses verdammte Aas nicht wäre‹, sagte er, ›dann wäre nichts passiert.‹

›Was ist denn passiert?‹ fragte der andere Stallknecht. ›Ja, um die Pferde des Grafen kümmert er sich nicht, aber bei ‚seinem' schaut er zweimal am Tag nach.‹ ›Hat ihm der Graf den Schecken geschenkt?‹ fragte der andere.
›Ob verkauft oder geschenkt, das weiß der Teufel. Dem Grafen seine Pferde können alle vor Hunger krepieren, das ist ihm ganz egal, aber wehe, wenn man ‚seinem' Füllen kein Futter gibt! ‚Leg dich hin!' sagt er. ‚Und nun haut ordentlich zu!' Er hat kein Christentum in sich. Ein Vieh tut ihm mehr leid als ein Mensch. Man merkt gleich, daß er kein Kreuz auf der Brust trägt. Er hat selbst die Hiebe gezählt, der Barbar! Sogar der General hat mich noch nie so verprügeln lassen. Mein ganzer Rücken ist voll Striemen. Man sieht, daß der Kerl kein christliches Herz im Leib hat.‹
Was sie vom Durchpeitschen und vom Christentum sagten, das verstand ich gut; aber vollständig dunkel war mir damals noch, was der Ausdruck ›sein Füllen‹ bedeutete, an dem ich sah, daß es nach Ansicht der Menschen irgendeine Beziehung zwischen mir und dem Stallmeister gab. Worin diese Beziehung bestand, konnte ich damals durchaus nicht begreifen. Erst viel später, als man mich von den anderen Pferden getrennt hatte, verstand ich, was das bedeutete. Damals aber konnte ich gar nicht begreifen, was das eigentlich hieß, daß sie mich das Eigentum eines Menschen nannten. Der Ausdruck ›mein Pferd‹ bezog sich auf mich, ein lebendiges Pferd, und kam mir ebenso seltsam vor wie die Worte: ›mein Land, meine Luft, mein Wasser‹.
Aber diese Worte machten einen großen Eindruck auf mich, und ich dachte unablässig darüber nach. Doch viel später erst, nachdem ich die mannigfaltigsten Erfahrungen mit den Menschen gemacht hatte, begriff ich endlich, welche Bedeutung die Menschen diesen sonderbaren Worten beilegen. Diese Bedeutung ist folgende: Für das Leben der Menschen sind nicht die Taten das Bestimmende, sondern Worte. Es kommt ihnen weniger auf die Möglichkeit an, etwas zu tun oder nicht zu tun, als auf die Möglichkeit, gewisse konventionelle Worte zu gebrauchen, die sie auf allerlei Gegenstände anwenden. Solche Worte, die sie für sehr wichtig halten, sind: ›mein, meine, meins‹; sie beziehen sich auf die verschiedenartigsten Dinge, auf Lebewesen und Gegenstände, sogar auf die Erde, auf Menschen und Pferde. Die Menschen sind übereingekommen, daß immer nur einer von ihnen ein und dasselbe Ding ›mein‹ nennen darf. Und wer bei diesem Spiel, das sie miteinander vereinbart haben, die größte Anzahl von Dingen ›mein‹ nennt, den halten sie für den Glücklichsten. Warum das so ist, weiß ich nicht, aber es ist so. Früher habe ich mir das so zu erklären versucht, daß irgendein unmittelbarer Vorteil damit verbunden sein müßte, aber das erwies sich als unzutreffend.

Zum Beispiel: viele von den Menschen, die mich ihr Pferd nannten, ritten gar nicht auf mir, sondern ich wurde von ganz anderen Leuten geritten. Ich wurde auch nicht von ihnen gefüttert, sondern von anderen. Gutes taten mir nicht die Leute, die mich ›ihr Pferd‹ nannten, sondern Kutscher, Roßärzte und überhaupt fremde Menschen. Als ich dann später den Kreis meiner Beobachtungen erweiterte, überzeugte ich mich, daß der Begriff ›mein‹ nicht nur in bezug auf uns Pferde, sondern auch ganz allgemein lediglich auf einem niedrigen, animalischen Instinkt der Menschen beruht, den sie Eigentumssinn oder Eigentumsrecht nennen. Der Mensch sagt: ›mein Haus‹, obgleich er nie darin wohnt, sondern sich nur um die Erbauung und Erhaltung des Hauses kümmert. Der Kaufmann sagt: ›mein Laden‹, zum Beispiel ›mein Tuchladen‹ und läßt sich trotzdem nicht seine Kleider aus dem besten Tuch machen, das in seinem Laden ist. Es gibt Menschen, die ein Stück Land ihr eigen nennen und dieses Stück Land nie gesehen und es mit keinem Fuß betreten haben. Es gibt Menschen, die von anderen Menschen ›mein‹ sagen, und doch haben sie diese Menschen nie gesehen, und ihre ganze Beziehung zu diesen Menschen besteht darin, daß sie ihnen Böses tun. Es gibt Menschen, die Frauen als ›ihre Frauen‹ bezeichnen, aber diese Frauen leben mit anderen Männern. Und die Menschen streben im Leben nicht danach, das zu tun, was sie für gut und recht halten, sondern danach, möglichst viele Dinge ihr Eigentum zu nennen. Ich bin jetzt der Überzeugueg, daß gerade darin der Hauptunterschied zwischen den Menschen und uns besteht. Und schon darum — von unseren anderen Vorzügen vor den Menschen gar nicht zu reden — können wir mit Recht sagen, daß wir auf der Stufenleiter der Lebewesen höher stehen als die Menschen: das Handeln der Menschen, wenigstens all derer, mit denen ich zu tun hatte, wird von Worten bestimmt, das unsere von Taten. Der Stallmeister hatte also das Recht erhalten, mich ›sein‹ Pferd zu nennen, und darum ließ er den Stallknecht auspeitschen. Diese Entdeckung, die mich sehr betroffen machte, und die Gedanken und Urteile, die mein gescheckte Fell bei den Menschen hervorrief, und endlich die Grübeleien, zu denen mich der Verrat meiner Mutter veranlaßte, haben mich zu dem ernsten tiefsinnigen Wallach werden lassen, der ich bin.

Ich war dreifach unglücklich: ich war ein Schecke, ich war ein Wallach, und die Menschen meinten, daß ich nicht Gott und mir selbst angehörte, was doch jedem lebenden Wesen zusteht, sondern daß ich dem Stallmeister gehörte.

Daß die Menschen das von mir dachten, hatte mehrere Folgen. Die erste war, daß man mich abgesondert hielt, besser fütterte, häufiger an der Longe laufen ließ und mich früher einspannte. Zum ersten Mal wurde ich in meinem dritten Lebensjahr eingespannt. Ich erinnere mich, wie damals der Stallmeister selbst, der sich einbildete, daß ich ihm gehörte, mich mit Hilfe einer ganzen Schar von Stallknechten einspannte, da er Wildheit und Widersetzlichkeit von mir erwartete. Sie banden mich mit Stricken und führten mich in die Gabeldeichsel; auf den Rücken hatten sie mir ein breites Kreuz aus Riemen gelegt und banden es an der Deichsel fest, damit ich nicht ausschlagen konnte; ich aber hatte nur auf eine Gelegenheit gewartet, meine Lust und Liebe zur Arbeit zu zeigen.

Sie wunderten sich, daß ich wie ein altes Pferd in der Deichsel ging. Ich wurde eingefahren und übte mich im Traben. Mit jedem Tag machte ich größere Fortschritte, so daß nach drei Monaten der General selbst und viele andere Leute meinen Gang lobten. Aber merkwürdig: gerade deshalb, weil sie die Vorstellung hatten, daß ich nicht mir selber, sondern dem Stallmeister gehörte, erhielt mein Gang für sie eine ganz andere Bedeutung.

Die Hengste, meine Brüder, wurden zum Rennen eingefahren; man maß ihr Tempo, die Leute kamen, um ihnen zuzusehen, man spannte sie vor Wagen mit vergoldeten Beschlägen und legte ihnen teure Decken auf. Ich fuhr mit dem einfachen Wagen des Stallmeisters nach Tschesmenka und den anderen Vorwerken, wenn er dort zu tun hatte. Das alles kam daher, daß ich ein Schecke war, und hauptsächlich daher, daß ich nach Meinung der Leute nicht dem Grafen, sondern dem Stallmeister gehörte.

Wenn wir morgen noch leben, will ich euch erzählen, welche wichtige Folge dieses Eigentumsrecht, das sich der Stallmeister einbildete, für mich hatte.«

Diesen ganzen Tag über behandelten die Pferde den alten Leinwandmesser sehr respektvoll, aber Nestors Benehmen war so grob wie immer. Der kleine Grauschimmel des Bauern wieherte, als er in die Nähe der Herde kam, und die braune Stute kokettierte wieder mit ihm.

7
Die dritte Nacht

Der Mond war im Zunehmen, und seine schmale Sichel beleuchtete die Gestalt Leinwandmessers, der mitten im Hof stand. Die Pferde umringten ihn.

»Die wichtigste, erstaunlichste Folge des Umstands, daß ich nicht dem Grafen, nicht Gott, sondern dem Stallmeister gehörte«, fuhr der Schecke fort, »bestand für mich darin, daß gerade das, was unser Hauptverdienst ist — nämlich der flotte Gang —, die Ursache zu meiner Verbannung wurde. Lebed wurde in der Bahn eingefahren; da kam der Stallmeister mit mir aus Tsches-

menka zurück und hielt an der Bahn. Lebed lief an uns vorüber. Er ging gut, aber er stolzierte und wußte seine Kräfte nicht so gut zu nutzen wie ich — sobald nämlich ein Fußpaar die Erde berührt, muß sich das andere sofort heben, damit nicht die geringste Kraft sinnlos vergeudet wird, sondern jede Anstrengung zur Vorwärtsbewegung mitwirkt. Lebed kam also an uns vorüber. Ich drängte zur Fahrbahn, und der Stallmeister hielt mich nicht zurück. ›Na, wollen wir mal den Lebed mit meinem Schecken um die Wette laufen lassen?‹ rief er, und als Lebed zum zweiten Mal vorüberkam, ließ er mich laufen. Der andere hatte schon seine volle Geschwindigkeit, und deshalb blieb ich in der ersten Runde zurück; aber in der zweiten rückte ich auf, holte ihn ein, überholte ihn — und blieb vorne. Dann wurde ein zweiter Versuch gemacht — wieder dasselbe. Ich war der Schnellere. Und das versetzte alle in Schrecken. Sie beschlossen mich so bald wie möglich weit weg zu verkaufen, damit sie von mir nichts mehr zu sehen und zu hören bekämen. ›Wenn es der Graf erfährt, dann gibt es ein Unglück!‹ sagten sie. So wurde ich denn als Deichselpferd an einen Pferdehändler verkauft. Bei dem Pferdehändler blieb ich nicht lange: ein Husar, der Remonten einkaufte, erwarb mich. Alles, was mir in der letzten Zeit widerfahren war, war so ungerecht und grausam gewesen, daß ich mich freute, als man mich aus Chrenowo fortführte und für immer von allem trennte, was mir lieb und vertraut gewesen war. Ich hatte mich unter den anderen Pferden gar zu bedrückt gefühlt. Ihnen stand Liebe, Ehre, Freiheit bevor, mir nur Arbeit und Erniedrigung, Erniedrigung und Arbeit bis an mein Lebensende! Und warum? Weil ich ein Schecke war und deshalb das Pferd irgendeines Menschen werden mußte.«
Leinwandmesser konnte an diesem Abend nicht weitererzählen. Auf dem Pferdehof geschah etwas, das alle Pferde sehr erschreckte. Kuptschicha, eine trächtige Stute, die zuerst der Erzählung zugehört hatte, wandte sich plötzlich um und ging langsam in den Schuppen und begann dort so laut zu ächzen, daß alle Pferde auf sie aufmerksam wurden; dann legte sie sich nieder, stand wieder auf und legte sich von neuem hin. Die alten Mutterstuten wußten, was mit ihr vorging, aber die jüngeren Pferde gerieten in große Aufregung, ließen den Wallach stehen und umringten die Kranke. Am Morgen war ein neues Fohlen da, das sich nur schwankend auf den Beinen hielt. Nestor rief den Stallmeister, und die Stute und das Fohlen wurden in eine besondere Box gebracht, die anderen Pferde auf die Weide getrieben.

8

Die vierte Nacht

Am Abend, als das Tor geschlossen und alles still war, erzählte der Schecke weiter: »Während ich aus einer Hand in die andere überging, konnte ich viele Beobachtungen über Menschen und Pferde machen. Am längsten war ich bei zwei Besitzern in Moskau: bei dem Husarenoffizier, der ein Fürst war, und bei einer alten Frau, die nicht weit von der Kirche ›Zum Wunderbild des heiligen Nikolaus‹ wohnte.

Bei dem Husarenoffizier verbrachte ich die beste Zeit meines Lebens.

Er war die Ursache zu meinem Verderben, er hat niemand und nichts geliebt, und gerade deswegen liebte und liebe ich ihn. Mir gefiel an ihm gerade das, daß er schön, reich und glücklich war und darum keinen Menschen liebte. Ihr habt Verständnis für diese erhabene Empfindung, die nur uns Pferden eigen ist! Seine Kälte, seine Grausamkeit und meine Abhängigkeit von ihm verliehen meiner Liebe eine besondere Kraft. ›Schlag mich tot, jag mich zuschanden‹, dachte ich oft in unseren besten Zeiten, ›das macht mich nur noch glücklicher.‹

Er kaufte mich von dem Pferdehändler, dem mich der Stallmeister für achthundert Rubel verkauft hatte. Er kaufte mich deshalb, weil sich kein Mensch scheckige Pferde hielt. Das war meine beste Zeit. Er hatte eine Geliebte. Ich wußte das, weil ich ihn jeden Tag zu ihr brachte und sie auch manchmal beide spazierenfuhr. Seine Geliebte war eine Schönheit, und er war ein schöner Mann, und sein Kutscher auch. Deswegen hatte ich sie alle sehr gern, und ich hatte ein gutes Leben. Mein Tag verlief folgendermaßen: am Morgen kam der Stallknecht, um mich zu putzen, nicht der Kutscher selbst, sondern der Stallknecht. Er war ein junger Mensch, ein Bauernbursche vom Gut meines Herrn. Er öffnete die Tür, ließ den Stalldunst hinaus, mistete, nahm mir die Decke ab und begann meinen Körper mit Bürste und Striegel zu bearbeiten; wenn er den Striegel ausklopfte, blieben weißliche Streifen von Hautschuppen auf dem Bohlenbelag des Fußbodens zurück. Ich biß ihn scherzend in den Ärmel und stieß ihn sachte mit dem Fuß. Dann führte er uns einen nach dem anderen zu einem Kübel mit kaltem Wasser und bewunderte mein scheckiges Fell, das dank seiner Bemühungen spiegelglatt war, die kerzengeraden Beine mit den breiten Hufen und die glänzende Kruppe und den Rücken, so breit und straff, daß man darauf hätte schlafen können. Er legte Heu in die hohen Raufen und schüttete Hafer in die eichenen Krippen. Dann kam Feofan, der Kutscher.

Der Herr und der Kutscher waren einander sehr ähnlich. Der eine wie der andere fürchtete sich vor nichts und liebte nur sich selbst, und darum hatten alle Menschen sie besonders gern. Feofan trug ein rotes Hemd, Plüschhosen und eine ärmellose Jacke. Ich freute mich, wenn er feiertags in seiner Jacke und schön pomadisiert in den Stall kam und schrie: ›Na, du Vieh, hast du mich denn ganz vergessen!‹ und mich mit dem Stiel der Mistgabel in die Seite stieß, aber nie schmerzhaft, sondern nur zum Spaß. Ich verstand den Spaß sofort, legte ein Ohr zurück und klappte mit den Zähnen.

Wir hatten einen Rapphengst, der zu einem gleichfarbigen Paar gehörte. Nachts wurde ich manchmal mit ihm zusammen angespannt. Dieser Zentaur verstand keinen Spaß und war der reinste Teufel. Ich stand in der Box neben ihm, und er hat mich manchmal arg gebissen. Feofan fürchtete sich nicht vor ihm, er ging auf ihn los und schrie ihn an; es sah aus, als wollte er ihn totschlagen, aber der Schlag ging daneben, und Feofan zog ihm das Halfter an. Als ich einmal mit ihm zusammen angespannt war, fuhren wir im Galopp den Kusnezkij-Most hinunter. Weder der Herr noch der Kutscher hatten Angst, sie lachten, schrien das Volk an, hielten uns zurück und bogen um die Ecke – niemand war auch nur gequetscht worden.

In ihrem Dienst verlor ich meine besten Eigenschaften und mein halbes Leben, denn sie haben mich zuschanden gefahren und mich zur Unzeit getränkt. Aber trotzdem war es die beste Zeit meines Lebens. Um zwölf Uhr kam der Stallknecht, schirrte mich an, schmierte mir die Hufe, feuchtete mir Schopf und Mähne an und führte mich in die Deichsel.

Der Schlitten war aus Rohr geflochten und mit Samt ausgeschlagen, das Geschirr hatte kleine silberne Schnallen; manchmal trug ich auch ein Filetnetz. Das Geschirr war so breit und reich, daß man, wenn alle Lenkseile und Riemen festgeschnallt waren, nicht unterscheiden konnte, wo das Geschirr aufhörte und wo das Pferd anfing. Angespannt wurde im Schuppen, dann kam Feofan, mit einem Hinterteil breiter als die Schultern, einen breiten roten Gurt um den Leib, musterte den Anspann, setzte sich, strich seine Rockschöße zurecht, stellte den Fuß auf den Tritt, rief mir immer ein Scherzwort zu, nahm nur der Ordnung halber die Peitsche mit, die er fast nie gebrauchte, und sagte: ›Los!‹ Und bei jedem Schritt tänzelnd, trabe ich zum Tor hinaus, und die Köchin, die herausgekommen ist, um Spülicht auszugießen, bleibt auf der Schwelle stehen, und die Bauern, die Holz gebracht haben, reißen vor Staunen die Augen auf. Wir fahren ein Stück weit und halten. Diener kommen aus dem Hause, andere Kutscher kommen gefahren, und sie alle unterhalten sich miteinander. Alle warten, manchmal stehen wir drei Stunden vor der

Auffahrt, und von Zeit zu Zeit fahren wir ein Stück weit weg, wenden und halten wieder.

Endlich wird es laut im Hausflur, Tichon mit dem grauen Kopf und dem dicken Bauch kommt im Frack herausgelaufen und ruft: ›Vorfahren!‹ Damals herrschte noch nicht die dumme Mode, ›Vorwärts!‹ zu sagen, als ob ich nicht selbst wüßte, daß man nicht rückwärts, sondern vorwärts fährt. Feofan schnalzt mit der Zunge, fährt vor, und der Fürst kommt aus dem Hause, eilig, achtlos, als ob weder an dem Schlitten noch an dem Pferd noch an dem Kutscher etwas Bemerkenswertes wäre; dabei bog Feofan immer den Rücken ganz weit nach hinten und streckte die Arme in einer Weise aus, wie man sie wohl kaum lange halten kann. Der Fürst kommt also heraus, den Tschako auf dem Kopf und in einem Mantel mit grauem Biberkragen, der sein hübsches Gesicht mit den roten Wangen und den schwarzen Augenbrauen verbirgt, obwohl es sich sehr wohl sehen lassen konnte. Mit dem Säbel, den Sporen und den kupfernen Absätzen der Überschuhe klappernd, schreitet er eilig über den Teppich und schenkt weder mir noch Feofan die geringste Beachtung. Alle Leute betrachten und bewundern uns, nur er nicht. Feofan schnalzt wieder mit der Zunge, ich lege mich ins Geschirr, wir fahren respektvoll im Schritt vor und halten; ich schiele nach dem Fürsten und schüttle meinen rassigen Kopf mit dem feinen Haarschopf. Wenn der Fürst guter Laune ist, scherzt er mit Feofan, und Feofan wendet nur ganz leicht den schönen Kopf und antwortet. Ohne die Arme sinken zu lassen, macht er eine kaum merkliche, aber mir verständliche Bewegung mit den Zügeln, und an jedem Muskel zitternd, trabe ich los, eins, zwei, eins, zwei; ich mache immer längere Schritte und schleudere Schnee und Schmutz unter das Vorderteil des Schlittens. Damals herrschte noch nicht die dumme Mode, ›Oh!‹ zu schreien, als ob dem Kutscher etwas weh täte, damals hieß es: ›Heda, Vorsicht!‹ Und Feofan schreit ›Heda, Vorsicht!‹, und die Leute treten zur Seite, bleiben stehen, recken die Hälse und schauen dem schönen Wallach, dem schönen Kutscher und dem schönen Herrn nach.

Damals machte es mir besonders viel Vergnügen, einen Traber zu überholen. Manchmal, wenn Feofan und ich von weitem ein Gefährt vor uns sahen, das unserer Anstrengung würdig war, flogen wir wie ein Wirbelwind dahin. Wir kommen näher, immer näher, schon schleudere ich den Schmutz gegen die Rückenlehne des Schlittens, schon bin ich auf gleicher Höhe mit dem Fahrgast und schnaube über seinem Kopf, erreiche das Rückenpolster des Pferdes, das Krummholz, und schon sehe ich Pferd und Schlitten nicht mehr und höre nur noch ein immer ferneres Geräusch hinter mir. Aber der Fürst, Feofan und

ich – wir schweigen und tun, als ob wir nur mit unseren eigenen Angelegenheiten beschäftigt wären, als ob wir die mit schlechten Pferden bespannten Gefährte, die wir unterwegs treffen, überhaupt nicht beachteten. Ja, es machte mir Vergnügen, andere Pferde zu überholen, aber ich freute mich auch, wenn ich einem guten Traber begegnete. Ein Laut, ein Blick – und im Nu jagten wir wieder allein weiter, jeder in seiner Richtung.«
Das Tor knarrte, man hörte Nestors und Waskas Stimmen.

Die fünfte Nacht

Das Wetter war umgeschlagen. Es war trüb; und am Morgen war kein Tau gefallen, aber es war warm, und die Mücken waren zudringlich. Sobald die Herde am Abend eingetrieben war, sammelten sich die Pferde um den Schecken, und er erzählte seine Geschichte zu Ende.
»Die glücklichste Zeit meines Lebens war bald vorbei, sie dauerte nur zwei Jahre. Am Ende des zweiten Winters geschah das freudigste Ereignis meines Lebens und gleich darauf mein größtes Unglück. Es war in der Butterwoche, und ich fuhr den Fürsten zum Trabrennen. An diesem Rennen nahmen die Traber Atlasnyi und Bytschok teil. Ich weiß nicht, was mein Herr dort im Pavillon machte, ich weiß nur, daß er herauskam und seinem Feofan befahl, auf die Rennbahn zu fahren. Ich erinnere mich, wie ich auf die Bahn gelenkt und zusammen mit Atlasnyi aufgestellt wurde. Atlasnyi lief mit einem Nebenreiter, ich aber so, wie ich war, mit dem Stadtschlitten. In der Kurve ließ ich ihn hinter mir und wurde mit lautem Lachen und begeistertem Geschrei begrüßt.
Als ich umhergeführt wurde, ging ein ganzer Menschenschwarm hinter mir her, und ein halbes Dutzend Leute boten dem Fürsten Tausende von Rubeln für mich. Aber er lachte nur und zeigte seine weißen Zähne.
›Nein‹, sagte er, ›dieses Pferd ist mein bester Freund, ich gebe es nicht her, und wenn Sie mir ganze Berge von Gold dafür bieten. Auf Wiedersehen, meine Herren!‹ Und er knöpfte den Schlittenkorb auf und stieg ein.
›Nach der Stoschinka!‹ – Dort wohnte seine Geliebte, und wir flogen dorthin. Das war unser letzter glücklicher Tag.
Wir kamen bei seiner Geliebten an. Er hatte sie immer die Seine genannt, aber sie hatte sich in einen anderen verliebt und war mit ihm durchgegangen. Das erfuhr er jetzt in ihrer Wohnung. Es war fünf Uhr, und ohne mich ausspannen zu lassen, fuhr er ihr nach. Ich sollte Galopp laufen und wurde mit der Peitsche geschlagen, was noch nie geschehen war. Zum ersten Mal in meinem

Leben kam ich mit der Gangart nicht gleich zurecht, ich schämte mich und wollte meinen Fehler wiedergutmachen; aber auf einmal hörte ich, wie der Fürst mit ganz entstellter Stimme schrie: ›Hau zu!‹ Und die Peitsche pfiff, und ich fühlte einen brennenden Hieb; ich galoppierte so schnell, daß ich mit dem Huf gegen das Eisen am Vorderteil des Schlittens schlug. Nach fünfundzwanzig Werst holten wir die Geliebte des Fürsten ein. Ich hatte ihn zu seinem Ziel gebracht, aber ich zitterte die ganze Nacht und konnte nichts fressen. Am Morgen gab man mir Wasser. Ich trank und hörte für immer auf, das Pferd zu sein, das ich gewesen war. Ich wurde krank, man quälte mich und machte mich zum Krüppel — ›kurieren‹ nennen das die Menschen. Die Hufe gingen mir ab, ich litt an Venenerweiterung, meine Beine wurden krumm, die Brust versagte, ich wurde matt und schwach. Man verkaufte mich an einen Pferdehändler. Er fütterte mich mit Mohrrüben und noch etwas anderem und machte ein Ding aus mir, das keinerlei Ähnlichkeit mehr mit mir hatte, aber einen Nichtkenner täuschen konnte. Meine Kraft und mein schwungvoller Gang waren dahin. Außerdem quälte mich der Pferdehändler auch dadurch, daß er, sobald Käufer erschienen, in meinen Stand kam, mich mit der Peitsche schlug und so ängstigte, daß ich wie rasend wurde. Dann wischte er die Striemen auf meinem Fell weg und führte mich vor.
Von dem Pferdehändler kaufte mich eine alte Dame. Sie fuhr immer zur Kirche des heiligen Nikolaus und ließ ihren Kutscher sehr oft durchpeitschen. Der Kutscher weinte in meinem Stand, und so lernte ich, daß Tränen einen angenehmen, salzigen Geschmack haben. Dann starb die alte Dame. Ihr Gutsverwalter nahm mich mit aufs Land und verkaufte mich an einen Krämer; da überfraß ich mich an grünem Weizen und wurde noch kränker. Der Krämer verkaufte mich an einen Bauern. Bei dem mußte ich den Pflug ziehen, bekam fast nichts zu fressen, und er brachte mir mit der Pflugschar eine schlimme Wunde am Fuß bei. Ich wurde wieder krank. Ein Zigeuner tauschte mich ein. Er quälte mich furchtbar und verkaufte mich schließlich an den hiesigen Gutsverwalter. So bin ich hierhergekommen.«
Alle schwiegen. Es begann leise zu regnen.

9

Als die Herde am folgenden Abend zurückkehrte, traf sie am Tor den Herrn mit einem Gast. Schuldyba, die vorausging, schielte nach den beiden Männern: der mit dem Strohhut auf dem Kopf war der junge Gutsherr, der andere war ein hochgewachsener, dicker Offizier mit aufgedunsenem Gesicht.

Die alte Stute warf den beiden einen schrägen Blick zu, drängte den Offizier gegen den Pfosten und lief an ihm vorüber; die jüngeren Pferde wurden unruhig und scheuten, besonders als der Herr mit seinem Gast mitten zwischen die Herde trat und sich mit ihm über seine Pferde unterhielt.
»Den grauen Apfelschimmel da habe ich von Wojejkow gekauft«, sagte der Gutsherr.
»Und die junge Rappstute mit den weißen Fesseln — wo hast du die her? Ein schönes Pferd!« sagte der Gast. Sie musterten noch viele Pferde, indem sie ihnen entgegenliefen und sie zum Stehen brachten. Auch die braune Stute fand besondere Beachtung.
»Die stammt von den Reitpferden in Chrenowo ab«, sagte der Gutsherr.
Sie hatten nicht alle vorüberkommenden Pferde betrachten können und gingen deshalb noch in den Hof. Der Gutsherr rief Nestor zu, und der Alte kam eilig im Trab angeritten, wobei er dem Schecken die Absätze heftig in die Flanken stieß. Der Schecke hinkte, da er immer mit einem Bein einknickte, aber seinem eifrigen Gang war anzusehen, daß er sich niemals auflehnen würde, und wenn man ihm befehlen würde, unter Aufbietung aller Kräfte bis ans Ende der Welt zu laufen. Er war sogar bereit, Galopp zu laufen, und setzte mit dem rechten Fuß dazu an.
»Ein besseres Pferd als diese Stute — das kann ich ohne Übertreibung sagen — gibt es in ganz Rußland nicht«, sagte der Gutsbesitzer und zeigte auf eine der Stuten. Auch der Gast lobte die Stute. Der Gutsherr lief aufgeregt hin und her, zeigte dem Gast die einzelnen Pferde und erzählte ihm ihre Geschichte.
Das Gerede des Gutsherrn schien den Gast zu langweilen, er sagte zerstreut: »Ja, ja, ja« und zwang sich, ein paar Fragen zu stellen, um sich den Anschein zu geben, als interessiere ihn das alles.
»Sieh mal«, sagte der Gutsherr, ohne auf die letzte Frage zu antworten, »diese Beine ... Diese Stute hat mich eine Menge Geld gekostet, aber ich habe schon einen Dreijährigen von ihr, der im Wagen geht.«
»Geht er gut?« fragte der Gast.
So musterten sie fast alle Pferde, und schließlich gab es nichts mehr zu zeigen. Beide verstummten. »Nun, wollen wir gehen?«
»Ja, gut.« Sie verließen den Pferdehof. Der Gast freute sich, daß die Besichtigung der Pferde vorbei war und daß er nun ins Gutshaus gehen konnte, wo es etwas zu essen, zu trinken und zu rauchen gab; er wurde sichtlich heiterer. Als er an Nestor vorbeikam, der, weiterer Befehle gewärtig, auf dem Schecken saß, klopfte er dem Schecken mit seiner großen fleischigen Hand auf die Kruppe.

»Der ist ja so bunt wie eine Elster!« sagte er. »So einen Schecken habe ich auch einmal gehabt. Ich habe dir davon erzählt, erinnerst du dich?«
Als der Gutsherr merkte, daß nicht mehr von seinen eigenen Pferden gesprochen wurde, hörte er nicht weiter zu, wandte sich um und betrachtete noch einmal seine Herde.
Plötzlich hörte er dicht neben seinem Ohr ein törichtes, schwaches, greisenhaftes Wiehern. Das war der Schecke. Sein Gewieher klang verlegen und brach jäh ab. Weder der Gast noch der Gutsherr achteten auf dieses Wiehern und gingen zum Gutshaus. Leinwandmesser hatte in dem alt aussehenden Mann mit dem aufgedunsenen Gesicht seinen geliebten Herrn wiedererkannt, den einst so glänzenden, reichen, schönen Fürsten Serpuchowskoj.

10

. . . .

Der feine Regen hatte noch nicht aufgehört. Auf dem Pferdehof sah es trüb und düster aus, ganz anders als im Gutshaus. In dem prunkvollen Salon war der Tisch zu einem üppigen Abendtee gedeckt. Am Teetisch saßen der Herr und die Dame des Hauses und der heute angekommene Gast.
Die Dame des Hauses, die neben dem Samowar saß, war in anderen Umständen, was an ihrem gewölbten Leib, der geraden Haltung ihres leicht nach hinten gebogenen Rückens, an ihrer Körperfülle und besonders an ihren großen, sanft und würdevoll nach innen blickenden Augen deutlich zu merken war.
Der Gastgeber hielt ein Kistchen besonders guter, zehn Jahre alter Zigarren in der Hand – Zigarren, die seiner Behauptung nach sonst niemand besaß – und prahlte damit vor dem Gast. Der Gastgeber war ein schöner Mann von etwa fünfundzwanzig Jahren, frisch, gepflegt und sorgfältig frisiert. Im Hause trug er einen neuen, bequemen, in London angefertigten Anzug aus dickem Stoff, an seiner Uhrkette hingen große, wertvolle Berloques. Seine Hemdknöpfe waren aus massivem Gold und mit Türkisen besetzt. Den Bart trug er à la Napoléon III., und die Spitzen seines Schnurrbarts waren so schön pomadisiert und hochgezwirbelt, wie man es sonst nur in Paris sah. Die Dame des Hauses trug ein Kleid aus Seidenmusselin mit großen bunten Blumenbuketts und auffallend große goldene Spangen in dem dichten rötlichen Haar, das zwar nicht ganz ihr eigenes, aber doch sehr schön war. An Armen und Fingern trug sie viele teure Armbänder und Ringe. Der Samowar war aus Silber, das Teegeschirr aus dünnem Porzellan. Ein vornehmer Lakai in

Frack, weißer Weste und Halsbinde stand wie eine Bildsäule an der Tür und harrte der Befehle seiner Herrschaft. Die reichgeschwungenen Möbel waren hell, die großgeblümten Tapeten dunkel. Neben dem Tisch klingelte ein außerordentlich schlankes Windspiel mit seinem silbernen Halsband; der Hund führte einen überaus schwierigen englischen Namen, den sie beide falsch aussprachen, weil sie kein Englisch konnten. In einer Ecke stand zwischen blühenden Gewächsen ein Klavier mit Intarsien. Die ganze Einrichtung wirkte neu, luxuriös und elegant. Alles war sehr schön, trug aber den besonderen Stempel des Übertriebenen, des Reichtums und verriet Mangel an geistigen Interessen.

Der Hausherr, ein kräftiger Sanguiniker, war ein großer Freund des Trabersports; er gehörte zu der nie aussterbenden Gattung von Leuten, die in Zobelpelzen ausfahren, den Schauspielerinnen teure Buketts zuwerfen, in den teuersten Restaurants den teuersten Wein trinken, der gerade Mode ist, bei Pferderennen Preise mit ihrem Namen stiften und sich die teuerste Geliebte halten.

Der Gast, Nikita Serpuchowskoj, war ein Mann von ungefähr vierzig Jahren, hochgewachsen, dick, kahlköpfig, mit großem Schnurrbart und Backenbart. Er mußte einmal ein sehr schöner Mann gewesen sein. Jetzt war er physisch, moralisch und pekuniär offenbar arg heruntergekommen.

Er hatte so viele Schulden, daß er in den Staatsdienst treten mußte, um nicht ins Schuldgefängnis zu kommen. Er reiste jetzt in die Gouvernementshauptstadt, wo er eine Stelle als Gestütsdirektor übernehmen sollte, die ihm hochgestellte Verwandte verschafft hatten. Er trug eine Litewka und blaue Hosen, wie man sie nur an reichen Leuten sieht, seine Wäsche war fein, seine Uhr englisches Fabrikat. Seine Stiefel hatten wunderliche fingerdicke Sohlen.

Nikita Serpuchowskoj hatte in seinem Leben ein Vermögen von zwei Millionen Rubel durchgebracht und außerdem hundertzwanzigtausend Rubel Schulden gemacht. Von einem solchen Kapital bleibt immer noch eine Nachwirkung zurück, die dem Betreffenden Kredit verschafft und ihm die Möglichkeit gibt, noch zehn Jahre fast luxuriös weiterzuleben. Diese zehn Jahre waren nun vorüber, die Nachwirkung hatte aufgehört, und nun begann ein trauriges Leben für Nikita. Er fing an zu trinken, das heißt sich zu berauschen, was früher nicht seine Art gewesen war. Zu trinken hatte er eigentlich nie angefangen und nie aufgehört. Am deutlichsten aber war sein Niedergang an seinem unruhigen Blick zu erkennen — er ließ seine Augen unstet umherwandern —, an seiner unsicheren Sprechweise und an seinen Bewegungen. Diese Unruhe fiel deswegen auf, weil man merkte, daß sie offenbar erst vor kurzem über ihn gekommen war, denn man sah ihm an, daß er sein ganzes Leben lang gewohnt gewesen war, niemanden und nichts zu fürchten, und daß schweres Leid ihn erst jetzt, erst vor kurzer Zeit, so ängstlich gemacht hatte, was seiner Natur gar nicht entsprach. Die Gastgeber bemerkten das und wechselten einen verständnisvollen Blick miteinander; anscheinend wollten sie eine nähere Erörterung dieses Themas bis zum Schlafengehen verschieben. Sie ertrugen den armen Nikita mit Geduld und behandelten ihn sogar sehr liebenswürdig. Der Anblick des glücklichen jungen Gutsherrn hatte etwas Demütigendes für Nikita; denn dieses Glück erinnerte ihn an seine eigene unwiederbringliche Vergangenheit und erweckte ein schmerzliches Gefühl des Neides in ihm.

»Wird Sie die Zigarre auch nicht belästigen, Marie?« fragte er die Dame des Hauses in jenem besonderen Ton, den man sich nur durch lange Erfahrung aneignen kann, in jenem höflichen, freundschaftlichen, aber etwas geringschätzigen Ton, in dem die Herren der Gesellschaft mit ausgehaltenen Damen im Unterschied zu Ehefrauen sprechen. Nicht daß er Marie hätte kränken wollen, im Gegenteil, er wollte sich jetzt bei ihr und bei dem Hausherrn einschmeicheln, obwohl er sich das selbst um keinen Preis eingestanden hätte. Aber er war nun einmal gewohnt, mit solchen Frauen so zu sprechen. Er wußte, daß sie vielleicht erstaunt und vielleicht gar beleidigt gewesen wäre, wenn er sie wie eine Dame behandelt hätte. Außerdem mußte er ja für die wirkliche Frau seines Standesgenossen einen gewissen ehrerbietigen Ton in Reserve halten. Damen wie die anwesende behandelte er stets respektvoll, nicht etwa deshalb, weil er die sogenannten ›Überzeugungen‹ geteilt hätte, die in den Zeitungen über die Achtung vor der Persönlichkeit, über die Bedeutungslosigkeit der Ehe und so weiter gepredigt werden — dieses dumme Zeug las er überhaupt nicht —, sondern weil sich alle anständigen Leute so benehmen und er ein anständiger Mensch war, wenn auch etwas heruntergekommen.

Er nahm eine Zigarre. Aber der Hausherr faßte mit einer ungeschickten Handbewegung eine ganze Handvoll Zigarren und bot sie dem Gast an.

»Hier nimm! Du wirst sehen, wie gut sie sind.«

Nikita lehnte die Zigarren mit einer Handbewegung ab, und seine Augen blitzten kaum merklich auf, als ob er sich gekränkt fühlte und sich schämte.

»Danke.« Er zog seine Zigarrentasche heraus. »Versuch doch einmal meine.«

Die Wirtin hatte ein feines Gefühl. Sie hatte seine Verstimmung bemerkt und beeilte sich, ein Gespräch mit ihm zu beginnen.

»Ich mag Zigarren sehr gern. Ich würde selbst rauchen, wenn nicht schon meine ganze Umgebung rauchte.«

Sie lächelte ihm freundlich und gutmütig zu, und er antwortete mit einem unsicheren Lächeln. Ihm fehlten zwei Zähne.
»Nein, nimm lieber diese Zigarre«, fuhr der wenig feinfühlige Hausherr fort. »Die anderen sind leichter. Fritz, bringen Sie noch einen Kasten«, sagte er auf deutsch zu dem Diener, »dort sind zwei.«
Der deutsche Diener brachte noch eine Kiste Zigarren.
»Was rauchst du am liebsten? Starke? Die da sind sehr gut. Nimm sie doch alle«, fuhr er fort und schob sie ihm hin. Er war offenbar froh, daß er jemand hatte, vor dem er mit seinen Kostbarkeiten prahlen konnte, und merkte nichts. Serpuchowskoj zündete sich eine Zigarre an und beeilte sich, das vorher begonnene Gespräch fortzusetzen.
»Ja, wieviel hat dich Atlasnyj gekostet?« fragte er.
»Eine ganze Masse, nicht weniger als fünftausend, aber dafür habe ich schon eine gute Sicherheit. Das ist eine Nachkommenschaft, sage ich dir!«
»Laufen sie im Rennen?« fragte Serpuchowskoj.
»Ja, ausgezeichnet! Ein Sohn von Atlasnyj hat neulich drei Preise gewonnen, in Tula, in Moskau und in Petersburg. Er ist mit Wojejkows Rappen Woron gelaufen.«
»Der ist etwas feucht. Stark holländisch, kann ich dir sagen«, bemerkte Serpuchowskoj.
»Na, und was ich für die Mutterstuten bezahlt habe! Morgen werde ich sie dir zeigen. Für Dobrynja habe ich dreitausend bezahlt und für Laskowaja zweitausend.«
Und wieder begann der Hausherr seine Reichtümer aufzuzählen. Die Dame sah, daß das dem Gast unangenehm war und daß er nur so tat, als hörte er zu.
»Trinken Sie noch eine Tasse Tee?« fragte sie den Hausherrn.
»Nein«, antwortete er und erzählte weiter. Sie erhob sich, er hielt sie zurück, umarmte und küßte sie.
Serpuchowskoj sah die beiden an und verzog sein Gesicht zu einem unnatürlichen Lächeln; aber als der Hausherr aufstand, die Dame umschlang und so mit ihr bis zur Portiere ging, veränderte sich Nikitas Miene, und sein aufgedunsenes Gesicht drückte plötzlich Verzweiflung und Wut aus.

II

Der Hausherr kam zurück und setzte sich lächelnd Nikita gegenüber. Sie schwiegen eine Weile.
»Ja, du sagtest, du hättest von Wojejkow Pferde gekauft«, sagte Serpuchowskoj in lässigem Ton.
»Ja, Atlasnyj habe ich von ihm. Ich hätte gern Stuten von Dubowitzkij gekauft, aber es war nur noch Schund übrig.«
»Der ist verkracht«, sagte Serpuchowskoj, stockte plötzlich und sah sich um. Es war ihm eingefallen, daß er diesem Bankrotteur zwanzigtausend Rubel schuldete. Und wenn man jemanden ›verkracht‹ nennen wollte, dann traf diese Bezeichnung vor allem auf ihn selber zu.
Wieder schwiegen sie eine ganze Weile. Der Hausherr ging im Geist seine Besitztümer durch, um noch etwas zu finden, womit er vor seinem Gast prahlen konnte; Serpuchowskoj überlegte, womit er wohl zeigen könnte, daß er sich nicht für verkracht hielt. Aber bei beiden arbeitete der Denkapparat sehr langsam, obwohl sie sich durch Zigarren aufzumuntern suchten. ›Wann wird es denn etwas zu trinken geben?‹ dachte Serpuchowskoj. – ›Wir müssen unbedingt etwas trinken, in seiner Gesellschaft stirbt man ja vor Langeweile‹, dachte der Hausherr.
»Bleibst du längere Zeit hier?« fragte Serpuchowskoj.
»Ungefähr noch einen Monat. Wollen wir jetzt zu Abend essen? – Fritz, ist alles bereit?«
Sie gingen ins Eßzimmer. Auf dem Tisch unter der Lampe standen Kerzen und allerlei ungewöhnliche Dinge: Siphons, mit Püppchen gezierte Pfropfen, auserlesener Wein in Karaffen, auserlesene kalte Speisen und Schnäpse. Sie tranken, aßen, tranken und aßen wieder, und das Gespräch kam langsam in Gang. Serpuchowskoj war ganz rot im Gesicht und redete nun ganz unbefangen.
Sie sprachen von den Frauen, die sie sich gehalten hatten, von einer Zigeunerin, einer Tänzerin und einer Französin.
»Na, hast du die Mathieu sitzenlassen?« fragte der Hausherr.
Das war die Geliebte, die Serpuchowskoj ruiniert hatte.
»Nein, umgekehrt, sie mich. Ach, Bruder, wenn ich daran denke, wieviel Geld ich in meinem Leben verschwendet habe! Jetzt bin ich froh, wenn ich tausend Rubel auftreibe und wenn ich von allen Menschen weit weg bin. Ich kann einfach nicht mehr in Moskau leben. Ach, wozu noch davon reden!«
Dem Hausherrn war es langweilig, Serpuchowskoj zuzuhören. Er wollte von

sich sprechen und prahlen. Aber auch Serpuchowskoj wollte von sich sprechen, von seiner glänzenden Vergangenheit. Der Hausherr schenkte ihm Wein ein und wartete darauf, daß der andere zu reden aufhörte; er wollte erzählen, daß er sein Gestüt so gut eingerichtet habe wie nie jemand zuvor und daß seine Marie ihn nicht nur um des Geldes willen, sondern wirklich von Herzen liebe.

»Ich wollte dir noch sagen, daß in meinem Gestüt ...« begann er. Aber Serpuchowskoj unterbrach ihn.

»Es gab eine Zeit, kann ich dir sagen«, begann er, »wo ich gern lebte und zu leben verstand. Du hast vorhin von Trabrennen gesprochen. Welches ist denn dein schnellstes Pferd?«

Der Hausherr freute sich, daß er nun einen Anlaß hatte, von seinem Gestüt weiterzuerzählen, und wollte schon damit anfangen; aber Serpuchowskoj unterbrach ihn wieder.

»Ja, ja«, sagte er, »ihr Gestütsbesitzer tut ja alles nur aus Eitelkeit, nicht aber zu eurem Vergnügen oder für das praktische Leben. Bei mir war das anders. Ich habe dir ja schon gesagt, daß ich ein Pferd hatte, einen Schecken, genauso einen wie der, den dein Pferdehüter reitet. Ach, war das ein Pferd! Du hast es nicht gekannt, denn das war im Jahr 42, als ich gerade nach Moskau gekommen war. Ich ging zu einem Pferdehändler und sah einen scheckigen Wallach. Schön proportioniert. Er gefiel mir. Preis? Tausend Rubel. Ja, er gefiel mir, und ich nahm ihn. Das war das beste Pferd, das ich je besaß. So eins hast du nicht, und so ein Pferd wird es nie wieder geben. Ich habe nie ein besseres Pferd gesehen, sein Gang, seine Kraft und seine Schönheit waren unübertrefflich. Du warst damals noch ein kleiner Junge und kannst es nicht gekannt haben, aber du hast sicher von ihm gehört. Ganz Moskau kannte mein Pferd.«

»Ja, ich habe von ihm gehört«, sagte der Hausherr mißmutig. »Aber ich wollte dir von meinem ...«

»Du hast also von ihm gehört. Ich hatte den Wallach ohne Stammbaum und ohne Zeugnisse gekauft und erfuhr erst später, woher er stammte. Wojejkow und ich haben es herausgebracht. Er war ein Sohn von Ljubesnyj I. und hieß Leinwandmesser, weil er so lief, wie wenn man Leinwand mißt. Weil er ein Schecke war, hatte man ihn in dem Gestüt von Chrenowo dem Stallmeister geschenkt, und der hatte ihn kastrieren lassen und an den Pferdehändler verkauft. Solche Pferde gibt es jetzt gar nicht mehr, lieber Freund. Ach, das waren noch Zeiten! Ach, goldne Jugendzeit!« sang er aus einem bekannten Zigeunerlied. Er war schon ziemlich angeheitert. »Ja, das war eine schöne

Zeit! Ich war fünfundzwanzig Jahre alt, hatte achtzigtausend Rubel im Jahr, noch kein einziges graues Haar und Zähne wie Perlen. Ich hatte in allem Glück ... Und jetzt ist alles vorbei.«
»Aber Pferde mit solchem Feuer gab es damals nicht«, sagte der Hausherr, der sich die Gesprächspause zunutze machen wollte. »Ich sage dir, meine ersten Pferde gingen ohne ...«
»Ach was, deine Pferde! Damals gab es feurigere ...«
»Das kann ich mir gar nicht vorstellen.«
»Doch, doch. Ich erinnere mich, als ob es heute gewesen wäre, wie ich in Moskau einmal mit meinem Schecken zu einem Trabrennen fuhr. Eigene Pferde von mir liefen nicht. Ich liebte Traber nicht, ich hielt mir Vollblüter — General, Cholet und Mahomet. Ich fuhr also mit dem Schecken. Mein Kutscher war ein prächtiger Bursche, ich hatte ihn sehr gern. Er hat sich auch dem Trunk ergeben. Ich kam also an. ›Serpuchowskoj‹, sagten ein paar Bekannte zu mir, ›wann wirst du dir denn Traber anschaffen?‹ — ›Ach, ihr mit euren Bauerngäulen!‹ antwortete ich. ›Die mag der Teufel holen! Der Schecke, den ich vor meinem Schlitten habe, überholt sie alle.‹ — ›Nie im Leben!‹ — ›Ich wette um tausend Rubel.‹ Sie schlugen ein, und wir ließen die Pferde laufen. In fünf Sekunden war meiner weit voran, und ich hatte tausend Rubel gewonnen. Aber das war noch gar nichts. Ich bin mit Vollblutpferden vor der Troika hundert Werst in drei Stunden gefahren. Ganz Moskau weiß es.« Und Serpuchowskoj flunkerte weiter und redete unaufhörlich, so daß der Hausherr nicht zu Worte kam und ihm mit trübseligem Gesicht gegenübersaß; er konnte sich nur damit zerstreuen, daß er sich und ihm Wein einschenkte.
Es begann schon hell zu werden, aber sie saßen immer noch da. Der Hausherr langweilte sich schrecklich. Er stand auf.
»Na, wenn wir schlafen gehen wollen — meinetwegen!« sagte Serpuchowskoj, erhob sich und ging schwankend und schwer atmend nach dem ihm angewiesenen Zimmer.

Der Hausherr lag bei seiner Geliebten.
»Nein, er ist wirklich unmöglich. Betrinkt sich und flunkert in einem fort.«
»Und mir macht er den Hof.«
»Ich fürchte, er wird mich anpumpen wollen.«
Serpuchowskoj lag in den Kleidern auf seinem Bett und keuchte.
›Ich glaube, ich habe viel geflunkert‹, dachte er. ›Na, egal! Der Wein war gut, aber der Kerl ist ein Schwein. Eine Krämerseele. Und ich bin auch ein

Schwein‹, sagte er zu sich selbst und lachte auf. ›Früher habe ich Weiber ausgehalten, und jetzt halten sie mich aus. Ja, die Winkler hält mich aus, ich nehme Geld von ihr. Und das ist auch ganz in Ordnung. Aber ich muß mich ausziehen. Die Stiefel kriege ich nicht aus.‹

»Heda! Heda!« rief er, aber der ihm zugewiesene Diener war schon längst schlafen gegangen.

Er setzte sich, zog die Litewka und die Weste aus und trat sich mit einiger Mühe die Hosen von den Beinen herunter, aber die Stiefel konnte er lange nicht ausziehen, weil ihm sein weicher Bauch im Weg war. Mit Mühe und Not zerrte er den einen Stiefel vom Fuß, mit dem anderen quälte er sich vergebens ab; schließlich war er ganz erschöpft und außer Atem. So warf er sich denn, mit dem einen Fuß noch im Stiefelschaft, aufs Bett, begann zu schnarchen und erfüllte das ganze Zimmer mit dem Geruch von Tabak, Wein und greisenhafter Unsauberkeit.

12

Wenn Leinwandmesser in dieser Nacht wieder seinen Erinnerungen nachhängen wollte, so riß ihn Waska aus seinen Gedanken heraus. Er warf ihm eine Decke über, saß auf und galoppierte davon. Bis zum Morgen ließ er ihn vor der Tür der Schenke neben einem Bauernpferd stehen. Sie beleckten sich. Am Morgen kam Leinwandmesser wieder zur Herde und kratzte sich unaufhörlich.

›Da juckt es mich ganz schrecklich‹, dachte er.

So vergingen fünf Tage. Der Roßarzt wurde gerufen. Er sagte höchst vergnügt:

»Das ist Räude. Verkaufen sie ihn an die Zigeuner!«

»Wozu? Dann wollen wir ihn lieber abstechen, damit er uns aus den Augen kommt.«

Es war ein stiller, klarer Morgen. Die Herde war auf der Weide, Leinwandmesser war zu Hause geblieben. Da kam ein sonderbarer Mann, hager, schwarzhaarig, schmutzig, in einem langen Rock, der ganz mit etwas Schwarzem bespritzt war. Das war der Abdecker. Ohne Leinwandmesser anzusehen, nahm er ihn am Halfter und führte ihn weg. Leinwandmesser ging ruhig mit, ohne sich umzusehen; wie immer schleppte er die Beine nach und blieb mit den Hinterfüßen im Stroh hängen. Als er aus dem Tor kam, streckte er den Hals nach dem Brunnen, aber der Abdecker zerrte ihn fort und sagte: »Das hat keinen Zweck.«.

Der Abdecker und Waska gingen zu einer kleinen Talmulde hinter dem Ziegelschuppen und machten halt, als ob an diesem ganz gewöhnlichen Ort etwas Besonderes wäre. Der Abdecker gab Waska das Halfter, zog den Rock aus, streifte die Ärmel seines Hemdes auf und zog ein Messer und einen Wetzstein aus dem Stiefelschaft. Der Wallach reckte den Kopf nach dem Halfterriemen und wollte aus Langeweile daran kauen, konnte ihn aber nicht erreichen. Er seufzte und schloß die Augen. Seine Unterlippe hing herab, man sah seine abgenutzten gelben Zähne, und er nickte über dem Geräusch des Messerwetzens ein. Nur das kranke Bein mit der Beule, das er seitwärts gestellt hatte, zuckte von Zeit zu Zeit. Plötzlich fühlte er, daß ihn jemand am Unterkiefer faßte und ihm den Kopf in die Höhe hob. Er öffnete die Augen. Vor ihm waren zwei Hunde. Der eine schnupperte nach dem Abdecker hin, der andere saß da und starrte den Wallach an, als ob er etwas von ihm erwartete. Der Wallach sah sie an und rieb seinen Backenknochen an der Hand, die ihn hielt. ›Sie wollen mich sicher kurieren‹, dachte er. ›Na, meinetwegen.‹ Und wirklich fühlte er, daß sie etwas an seiner Kehle machten. Er spürte einen Schmerz, zuckte zusammen, schlenkerte mit dem einen Bein, hielt sich aber aufrecht und wartete, was weiter geschehen werde. Was weiter kam, war, daß ihm etwas Flüssiges in großem Strom über Hals und Brust lief. Er seufzte so tief, daß seine Flanken bebten. Und es wurde ihm viel leichter. Die ganze schwere Last des Lebens war von ihm genommen. Er schloß die Augen und neigte den Kopf – niemand hielt ihn fest. Sein Hals bog sich nach unten, die Beine begannen zu zittern, der ganze Körper schwankte. Er war darüber eher erstaunt als erschrocken. Alles war ihm so neu. Er wunderte sich und machte eine krampfhafte Bewegung nach vorn, nach oben, aber vergebens. Seine Beine versagten den Dienst, er neigte sich zur Seite, und als er die Füße anders setzen wollte, fiel er nach vorn und auf die linke Seite. Der Abdecker wartete, bis die Zuckungen aufgehört hatten und jagte die Hunde weg, die näher gekommen waren. Dann packte er den Wallach an den Beinen, drehte ihn auf den Rücken, befahl Waska, das eine Bein festzuhalten, und begann das Fell abzuziehen.

»Es war ein gutes Pferd«, sagte Waska.

»Wenn es nur nicht so mager wäre, dann wäre das Fell ganz gut«, sagte der Abdecker.

Die Herde kam am Abend auf der Anhöhe vorüber, und die Pferde, die am linken Rand gingen, sahen unten etwas Rotes, an dem sich die Hunde eifrig zu schaffen machten; darüber flogen Raben und Geier. Der eine Hund hatte die Vorderbeine gegen den Kadaver gestemmt, schlenkerte den Kopf hin und her und riß das Stück, das er gepackt hatte, mit einem krachenden Geräusch ab. Die braune Stute blieb stehen, reckte den Hals vor und zog witternd die Luft ein. Nur mit Mühe konnte sie fortgetrieben werden.

In der Morgendämmerung saßen ein paar großköpfige junge Wölfe auf einer Lichtung in einer mit dichtem Gestrüpp bewachsenen Schlucht des alten Waldes und heulten vergnügt. Es waren fünf Wölfe: vier fast gleich große und ein kleiner, dessen Kopf größer war als der Rumpf. Eine magere, im Haaren begriffene Wölfin, die ihren vollen Bauch mit den hängenden Zitzen an der Erde hinschleppte, kam aus dem Gebüsch und setzte sich hin. Die jungen Wölfe standen im Halbkreis vor ihr. Sie ging zu dem kleinsten, ließ den Schwanz hängen und senkte den Kopf. Dann machte sie einige krampfhafte Bewegungen, öffnete den Rachen mit den spitzen Zähnen und spie mit großer Anstrengung ein Stück Pferdefleisch aus. Die größeren Wölfchen umringten sie, aber sie fuhr drohend auf sie los und gab alles dem kleinsten. Der Kleine knurrte wütend, zog das Stück Fleisch unter sich und begann zu fressen. Dann spie die Wölfin auch für die anderen Fleisch aus und legte sich vor ihnen auf die Erde, um auszuruhen.

Eine Woche später lagen bei dem Ziegelschuppen nur noch der große Schädel und zwei Schenkelknochen, alles andere war weggeschleppt worden. Im Sommer nahm ein Bauer, der Knochen sammelte, auch die Schenkelknochen und den Schädel mit und verkaufte sie.

Serpuchowskojs toter Leib, der in dieser Welt umhergewandelt war und gegessen und getrunken hatte, wurde erst viel später der Erde übergeben. Weder seine Haut noch sein Fleisch noch seine Knochen waren zu irgend etwas nütze. Und wie sein in dieser Welt umherwandelnder toter Leib schon seit zwanzig Jahren allen eine große Last gewesen war, so war auch seine Beerdigung nur eine überflüssige Mühe für die Menschen. Schon längst hatte ihn niemand mehr gebraucht, schon längst war er allen zur Last geworden, aber die Toten, die die Toten begraben, fanden es trotzdem nötig, diesem sogleich in Verwesung übergehenden, aufgedunsenen Leib eine schöne Uniform und schöne Stiefel anzuziehen, ihn in einen schönen neuen Sarg mit neuen Quasten an den vier Ecken zu legen, dann diesen neuen Sarg in einen anderen bleiernen Sarg zu stellen, ihn nach Moskau zu bringen, dort vor langer Zeit bestattete menschliche Gebeine wieder auszugraben, an just dieser Stelle diesen faulenden, von Würmern wimmelnden Leib in der neuen Uniform und den blank geputzten Stiefeln zu verbergen und alles mit Erde zuzuschütten.

Quellenverzeichnis

Siegfried Stander: *In der Kalahari.* Aus: *Das Pferd.* (c) Paul Zsolnay Verlag Ges. m.b.H., Wien/Hamburg 1969. Übersetzung: Utta Roy-Seifert.

Mary O'Hara: *Der Kampf mit dem Adler.* Aus: *Sturmwind, Flickas Sohn.* Verlag Ullstein GmbH, Berlin 1967.

Glenn Balch: *Die Pferdefänger kommen.* Aus: *Der Tigerschimmel.* Franz Schneekluth Verlag KG., Celle 1950. Mit freundlicher Genehmigung von Linder AG, Zürich und Curtis Brown, Ltd., New York. Übersetzung: Arthur-Heinz Lehmann.

Bertrand Shurtleff: *Der lange Winter.* Aus: *Gehetzte Hufe.* Erika Klopp Verlag, Berlin, 1954. Übersetzung: Lena Stepath.

Joseph E. Chipperfield: *Checoba.* Aus: *Checoba. Der wilde Hengst der Komantschen.* Erich Hoffmann Verlag, Heidenheim 1966. Übersetzung: Barbara Herrmann-Schwink.

Nicholas Kalashnikoff: *Springer.* Aus: *Der Hengst vom Baikalsee.* Sigbert Mohn Verlag 1961. Mit freundlicher Genehmigung von Joan Daves, New York. Copyright 1944, renewed 1972 by the Estate of Nicholas Kalashnikoff. Übersetzung: Adolf Himmel.

Ernest Thompson-Seton: *Kasta-Kohl, das wilde Pferd.* Mit Genehmigung der Franckh'schen Verlagshandlung entnommen aus Thompson-Seton: *Die schönsten Tiergeschichten,* Stuttgart 1972. Übersetzung: Max v. Pannwitz.

Björnstjerne Björnson: *Blacken.* Aus: *Blacken,* Reclam-Bd. 1867 c. Mit freundlicher Genehmigung des Verlages Philipp Reclam jun., Leipzig.

Michail Scholochow: *Trofim und das Fohlen:* Aus: *Der Tod des großen Ochsen.* Hrsg.: Richard Hoffmann und W. A. Oerley, Paul Neff Verlag, Wien-Berlin-Stuttgart 1962. Übersetzung: Ottomar Buchholz.

R. P. Hobson: *Die wilde Jagd von Vancouver.* Entnommen aus R. P. Hobson: *Bewährung im Sattel.* Erschienen im Franz Schneekluth Verlag, München. Übersetzung: Karl Gutzmer.

Elisabeth Castonier: *Fairy Queen und Ma Belle.* Aus: *Mill Farm.* Heimeran Verlag, München 1959.

Jasper Huntley: *Das Rennen.* Aus: *Abendwind.* Erich Hoffmann Verlag, Heidenheim 1962. Übersetzung: Dagmar-Renate Jehnich.

Enrique Amorim: *Die Goldfuchsstute.* Aus: Albert Theile (Hrsg.): *Lateinamerika erzählt,* Fischer-Bücherei, Fischer Taschenbuch Verlag GmbH. Übersetzung: Albert Theile.

John Steinbeck: *Das Geschenk.* Aus: *Der rote Pony,* Diana Verlag, Zürich.

Curt Strohmeyer: *Schicksal: Pechvogel oder Glückspilz?* Aus: *Ich lebe mit den Tieren.* Safari-Verlag, Berlin 1957.

Günther Schwab: *Kambesembi.* Aus: *Trost bei Tieren.* Albert Müller Verlag, Rüschlikon-Zürich, 1960.

William Holt: *Mann und Pferd begegnen sich.* Aus: *Zu Pferd durch Europa.* Albert Müller Verlag, Rüschlikon-Zürich 1968. Übersetzung: Marga Ruperti.

Judah Waten: *Vaters Pferde.* Aus: *Der Tod des großen Ochsen.* Hrsg.: Richard Hoffmann und W. A. Oerley, Paul Neff Verlag, Wien-Berlin-Stuttgart 1962. Mit freundl. Genehmigung von Judah Waten, Melbourne. Übersetzung: Joachim A. Frank.

Tarjei Vesaas: *Das Pferd von Hogget.* Aus: *Regen im Haar.* Benziger Verlag, Zürich, Köln. Übersetzung: Elisabeth Stahlschmidt.

Olai Aslagsson: *Bob.* Aus: *Der Herr der Steppe.* Gebrüder Weiss Verlag, Berlin.

Leo N. Tolstoj: *Leinwandmesser.* Aus: *Sämtliche Erzählungen,* Zweiter Band, Insel-Verlag Frankfurt am Main 1961. Übersetzung: Gisela Drohla.